DIODORE DE SICILE

EXTRAIT DE LA BIBLIOTHÈQUE CHARPENTIER.

HISTOIRE DES FRANÇAIS
DEPUIS LE TEMPS DES GAULOIS JUSQU'EN 1830,
PAR THÉOPHILE LAVALLÉE,
AUTEUR DE LA GÉOGRAPHIE HISTORIQUE, PHYSIQUE ET MILITAIRE,

Quatre beaux volumes. Prix : 14 francs.

Il est peu de livres qui aient obtenu le succès de celui-ci. Il n'en est pas dont la vente augmente autant chaque année. On en jugera par ce fait, que de tous les ouvrages qui composent la *Bibliothèque Charpentier*, et parmi lesquels on compte tant de chefs-d'œuvre, l'*Histoire des Français* est celui qui se vend le plus. Ce succès tient beaucoup, sans doute, au sujet du livre, et c'est une preuve que le patriotisme n'est pas éteint en France; toutefois, il faut en rapporter une bonne part au talent de l'historien, à son amour de la liberté, de la justice, de la vérité, de la religion, qui éclatent à chaque page de son récit. La presse de tous les partis a rendu compte de l'*Histoire des Français*, comme d'un livre « *qui mérite toutes les sympathies et qui doit avoir une décisive influence sur les destinées du pays.* » (SIÈCLE du 20 janvier 1840.)

Le JOURNAL DES DÉBATS du 18 février 1839 s'exprime ainsi sur l'*Histoire des Français* :

« Depuis vingt ans les études historiques ont été renouvelées en France. De la perspective nouvelle où les révolutions modernes ont placé les esprits à l'égard du passé, l'*Histoire de France* était à refaire : elle a été refaite avec succès. Les savants travaux de MM. Guizot, Thierry, Sismondi, ont fait subir à l'histoire une révolution parallèle à celle qui a changé l'ordre social. Une tâche moins glorieuse, mais non moins importante et non moins utile, restait à remplir. Il fallait mettre les lumières nouvelles de la science à la portée de tous; il fallait populariser les idées de nos grands historiens. Ce qui manquait jusqu'à présent au monde et à la jeunesse des écoles, c'était un livre où fussent résumés les derniers travaux de la science historique. M. Lavallée a entrepris de combler cette lacune, et son ouvrage est le fruit de douze années d'efforts consacrés à cette tâche honorable.... L'*Histoire des Français* est un livre bien fait. La méthode excellente qui en a conçu le plan, divisé et classé les parties, en fait un ouvrage éminemment classique. Le style est celui qui convient à l'histoire : toujours simple, clair, facile, il sait, quand il le faut, s'animer jusqu'à l'éloquence. Ainsi M. Lavallée a noblement rempli la tâche utile et honorable qu'il s'était donnée ; et nous avons rarement à signaler d'aussi consciencieux travaux à l'estime publique. »

ALLOURY.

(*Extrait du* NATIONAL *du 28 avril 1839.*)

« M. Lavallée a consacré à l'élaboration de son œuvre douze années de travaux non interrompus. Ce temps lui a permis de connaître l'importance relative des différentes époques et de ménager entre les parties cette exacte proportion que l'histoire réclame impérieusement et qui est la condition vitale de toutes les œuvres d'art. Sur ce point important, M. Lavallée nous semble irréprochable. Une condition non moins essentielle de l'intérêt, c'est l'unité de pensée qui relie tous les faits, pour les conduire à travers le temps à un but déterminé ; cette unité, l'auteur l'a trouvée dans son patriotisme. A ses yeux, toutes les vicissitudes de la vie guerrière et politique des Français ne sont que les phases diverses d'un fait unique, savoir : la constitution d'un grand peuple destiné par la Providence à devenir le moteur de toutes les évolutions de l'humanité, son guide et son initiateur dans la voie indéfinie du progrès. Cette idée enchaîne rigoureusement tous les faits et donne à la marche de l'histoire la lente majesté de l'épopée.

« La double pensée de patriotisme et de moralité qui domine l'histoire de M. Lavallée, est propre à lui donner un caractère populaire, et nous fait désirer que son livre dépossède enfin la fastidieuse compilation d'Anquetil. »

GERUSEZ,
Professeur d'éloquence à la faculté des Lettres.

Nous pourrions multiplier ces citations ; mais l'*Histoire des Français* est aujourd'hui un livre jugé. Nous rapporterons seulement l'opinion de M. Guizot, qui a dit de cet ouvrage que c'était le résultat le plus glorieux pour lui, et, pour tous, le plus utile de ses leçons de la Sorbonne. « *Vous avez su mieux que personne*, écrivait ce grand historien à M. Th. Lavallée, *condenser les faits sans les entasser ; et en condensant les faits, vous avez aussi parfaitement résumé les idées.* »

DE L'IMPRIMERIE DE CRAPELET, RUE DE VAUGIRARD, 9.

BIBLIOTHÈQUE HISTORIQUE

DE

DIODORE DE SICILE

TRADUCTION NOUVELLE

AVEC UNE PRÉFACE, DES NOTES ET UN INDEX

PAR M. FERD. HOEFER

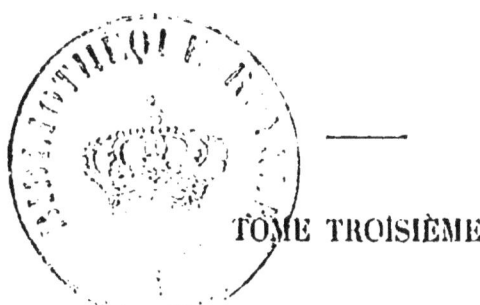

TOME TROISIÈME

PARIS
CHARPENTIER, LIBRAIRE-ÉDITEUR
17, RUE DE LILLE

1846

BIBLIOTHÈQUE HISTORIQUE

DE

DIODORE DE SICILE.

LIVRE QUINZIÈME.

SOMMAIRE.

Les Perses font la guerre à Évagoras en Cypre. — Les Lacédémoniens, contrairement aux traités conclus, font sortir les Mantinéens de leur patrie. — Poésies de Denys le tyran. — Arrestation de Téribaze, et son élargissement. — Mort de Gao, et mise en jugement d'Oronte. — Amyntas et les Lacédémoniens font la guerre aux Athéniens. — Les Lacédémoniens s'emparent de la Cadmée. — Les Lacédémoniens asservissent, contrairement aux traités, les villes grecques. — Colonisation de l'île de Pharos dans la mer Adriatique. — Expédition de Denys dans la Tyrrhénie; pillage d'un temple. — Expédition de Denys contre les Carthaginois; victoire et défaite. — Les Thébains reconquièrent la Cadmée. — Les Carthaginois sont décimés par une maladie pestilentielle. — Guerre béotique; histoire de cette guerre. — Expédition des Triballes contre Abdère. — Expédition des Perses contre l'Égypte. — Les Thébains, victorieux des Lacédémoniens dans la célèbre bataille de Leuctres, aspirent à l'empire des Grecs. — Exploits des Thébains pendant leur invasion dans le Péloponnèse. — Conduite d'Iphicrate; ses inventions stratégiques. — Expédition des Lacédémoniens contre Corcyre. — Tremblement de terre et inondation arrivés dans le Péloponnèse; flambeau ardent apparu au ciel. — Massacre, appelé scytalisme, arrivé chez les Argiens. — Jason, tyran de Phères, et ses successeurs. — Rétablissement de Messine par les Thébains. — Expédition des Béotiens dans la Thessalie.

I. Accoutumés dans tout le cours de cet ouvrage à nous servir de l'autorité de l'histoire pour donner aux hommes vertueux des éloges mérités et infliger aux méchants un juste blâme, nous espérons ainsi diriger les âmes bien nées vers de belles entreprises par la perspective d'une gloire immortelle, et par la crainte de reproches mérités détourner du sentier du vice ceux qui ont de mauvais penchants. Parvenus actuellement à l'époque où les Lacédémoniens vaincus, contre toute attente, à Leuctres, éprouvèrent de grands malheurs, et vaincus une seconde fois à Mantinée, perdirent l'empire de la Grèce, nous pensons devoir suivre nos principes en condamnant les Lacédémoniens devant le tribunal de l'histoire. Qui, en effet, ne voudrait pas blâmer les Lacédémoniens? Après avoir hérité de leurs ancêtres l'empire le mieux assis, et qui, grâce à la vertu de leurs pères, s'était conservé pendant plus de cinq siècles, ils l'ont perdu, cet empire, par leur propre faute. Les anciens Spartiates avaient acquis cette immense gloire par des guerres périlleuses et sanglantes et en se conduisant humainement à l'égard des vaincus. Mais leurs descendants, durs et hautains avec leurs alliés, et suscitant aux Grecs des guerres injustes et violentes, ont par leur politique inconsidérée causé la perte de leur suprématie. Car, au premier revers, leurs alliés saisirent le moment de se venger de leurs oppresseurs, et bientôt ces hommes, dont les pères passaient pour invincibles, tombèrent dans le mépris qui s'attache à tous ceux qui dégénèrent de la vertu des ancêtres. C'est ainsi que les Thébains, soumis pendant plusieurs générations à des vainqueurs puissants, renversèrent inopinément l'autorité des Lacédémoniens et devinrent eux-mêmes les maîtres de la Grèce. Les Lacédémoniens déchus de leur puissance, ne purent jamais recouvrer leur ancienne splendeur. Mais ces réflexions suffisent pour faire ressortir les fautes des Lacédémoniens.

Nous allons maintenant reprendre le fil de notre histoire d'après l'ordre chronologique. Le livre précédent, le XIV° de tout l'ouvrage, se termine à l'asservissement des Rhégiens par Denys et à la prise de Rome par les Gaulois, événements qui ont précédé l'année dans laquelle les Perses descendirent en Cypre pour faire la guerre au roi Évagoras. Nous commencerons ce livre par le récit de cette guerre et nous le finirons à l'année antérieure à l'avénement de Philippe, fils d'Amyntas, au trône de Macédoine.

II. Mystichidès étant archonte d'Athènes, les Romains nommèrent, au lieu de consuls, trois tribuns militaires, Marcus Furius, Caïus et Émilius[1]. Dans cette année, Artaxerxès, roi des Perses, marcha contre Évagoras, roi de Cypre. Occupé depuis longtemps à des préparatifs de guerre, il mit sur pied des troupes considérables de mer et de terre. Son armée de terre se composait de trois cent mille hommes, y compris la cavalerie; il équipa plus de trois cents trirèmes, et confia le commandement de l'armée de terre à Oronte, son gendre, et celui de la flotte à Téribaze[2], homme d'une grande considération parmi les Perses. Ces deux chefs, ayant rassemblé leurs forces à Phocée et à Cymes, s'avancèrent vers la Cilicie, et de là ils vinrent aborder en Cypre où ils prirent aussitôt des mesures pour conduire la guerre activement. Cependant Évagoras conclut un traité d'alliance avec Acoris, roi d'Égypte, ennemi des Perses, et en obtint des troupes considérables. Il reçut en même temps d'Hécatomnus, souverain de la Carie avec lequel il entretenait des intelligences secrètes, une somme d'argent destinée à la solde des soldats étrangers. Enfin plusieurs autres ennemis déclarés ou secrets des Perses, prirent part à cette guerre. Évagoras était maître de la plupart des villes de Cypre, et dans la Phénicie il possédait Tyr et quelques autres cités. Il avait une flotte de quatre-vingt-dix trirèmes dont vingt fournies par les Tyriens, et soixante-dix par les Cypriens. Son armée de terre se composait de six mille hommes et d'un plus grand nombre de troupes alliées. De plus, bien pourvu d'argent, il avait pris à sa solde beaucoup de mercenaires. Enfin, le roi des Barbares [Arabes] et quelques autres [souverains], mécontents du roi des Perses, lui envoyèrent aussi de nombreuses troupes.

III. Comptant sur toutes ces forces, Évagoras entreprit la guerre hardiment. Il se servit d'abord d'un grand nombre de bâtiments corsaires pour attaquer les navires qui apportaient les vivres à l'ennemi; il fit couler les uns, dispersa les autres et s'empara de quelques-uns. Il arriva donc que les marchands n'osè-

---

[1] Troisième année de la xcviii⁰ olympiade; année 386 avant J.-C.

[2] On peut écrire *Téribaze* ou *Tiribaze*, suivant la prononciation qu'on adopte pour l'η dans Τηρίβαζος.

rent plus apporter des grains dans l'île de Cypre où des troupes si considérables se trouvaient rassemblées. Aussi la disette se fit-elle bientôt sentir dans le camp des Perses. Cette disette causa une révolte; les soldats mercenaires des Perses tombèrent sur leurs chefs, en tuèrent quelques-uns et répandirent le trouble et le désordre dans le camp; ce ne fut qu'avec peine que les généraux des Perses et le commandant de la flotte, nommé Gao, parvinrent à apaiser la rébellion. Ces chefs partirent avec toute la flotte et rapportèrent de la Cilicie une masse de vivres, ce qui ramena l'abondance et la tranquillité dans le camp. Quant à Évagoras, Acoris lui avait envoyé d'Égypte du blé, de l'argent et d'autres fournitures. Comme il se voyait, sous le rapport des forces navales, de beaucoup inférieur à l'ennemi, il équipa soixante autres navires et en demanda cinquante à Acoris, qui les lui envoya de l'Égypte; il réunit ainsi un total de deux cents trirèmes. Il les orna d'un attirail guerrier, les exerça continuellement aux manœuvres et se disposa à un combat naval. Averti que la flotte royale se portait sur Citium, il vint à l'improviste l'attaquer avec une escadre serrée et eut de beaucoup l'avantage sur les Perses. Tombant avec des forces rangées en bataille, sur un ennemi en désordre et pris au dépourvu, il se fraya d'emblée le chemin de la victoire. Il détruisit quelques navires ennemis et en prit plusieurs autres. Cependant Gao, commandant de la flotte des Perses, ainsi que les autres chefs, tinrent ferme; il s'engagea un combat acharné dans lequel Évagoras, d'abord victorieux, fut, après une courageuse défense, écrasé par Gao et obligé de fuir après avoir perdu un grand nombre de trirèmes.

IV. Les Perses sortis vainqueurs de ce combat naval réunirent leurs troupes de terre et de mer dans la ville de Citium. De là, ils allèrent mettre le siége devant Salamine, bloquant cette ville par terre et par mer. Après ce combat, Téribaze passa en Cilicie d'où il se rendit auprès du roi auquel il annonça la nouvelle de la victoire et reçut deux mille talents[1] pour la continuation de la guerre. Évagoras, qui avant le combat naval avait

---

[1] Onze millions de francs.

remporté un avantage sur terre avec un corps d'armée, présuma d'abord beaucoup de ses forces; mais défait dans le combat naval et assiégé dans la ville où il s'était renfermé, il perdit courage. Cependant il jugea à propos de continuer la guerre ; il laissa à son fils Pythagoras le commandement de toutes ses armées réunies en Cypre, et, prenant avec lui dix trirèmes, il parvint à la faveur de la nuit, à s'échapper clandestinement de Salamine. Il aborda en Égypte, et dans une entrevue qu'il eut avec le roi, il l'engagea à pousser vigoureusement une guerre qui devait lui être commune contre les Perses.

V. Pendant que ces événements se passaient, les Lacédémoniens résolurent de marcher sur Mantinée, sans tenir compte des traités conclus. Voici le motif de cette expédition. La Grèce entière était en paix depuis le traité d'Antalcidas, d'après lequel toutes les villes avaient expulsé les garnisons étrangères et recouvré leur indépendance. Mais les Lacédémoniens aimant la guerre par nature et par goût, supportèrent la paix comme un lourd fardeau ; car, avides d'étendre leur domination en Grèce, ils avaient en vue de nouveaux projets. Ils fomentèrent donc des troubles dans les villes et excitèrent des émeutes par le moyen de leurs partisans dévoués. Quelques villes leur offraient des prétextes pour troubler l'ordre. En effet, rendues à l'indépendance, elles demandèrent un compte rigoureux à ceux qui avaient exercé l'autorité suprême pendant la domination des Lacédémoniens. Comme quelques-uns de ces chefs dont le souvenir était odieux au peuple, furent accablés d'amers reproches et plusieurs d'entre eux condamnés au bannissement, les Lacédémoniens prirent la défense de la faction opposée. Ils reçurent chez eux ces bannis et les firent rentrer dans leur patrie par la force des armes. Ils se rendirent ainsi maîtres d'abord des villes trop faibles pour se défendre ; attaquant ensuite des villes plus considérables, ils les subjuguèrent, et ne restèrent pas deux ans à observer les conditions de la paix. La ville de Mantinée, voisine de Sparte, renfermant une population vigoureuse, leur semblait prendre un trop grand accroissement dans la paix : ils se hâtèrent d'en abaisser l'orgueil. Ils envoyèrent donc d'abord des députés à Mantinée, chargés d'ordonner aux habitants la destruction de leurs murs et de rentrer dans les cinq anciens bourgs qui composaient jadis Mantinée. Comme cet ordre ne fut point exécuté, ils mirent en campagne une armée et vinrent assiéger la ville. De leur côté, les Mantinéens envoyèrent des députés aux Athéniens pour leur demander du secours ; mais ceux-ci ne voulurent pas violer les conditions de la paix. Les Mantinéens soutinrent donc le siége avec leurs propres forces, et se défendirent vigoureusement contre les ennemis. Telle fut l'origine des nouvelles guerres allumées dans la Grèce.

VI. En Sicile, Denys, tyran des Syracusains, délivré des guerres des Carthaginois, jouissait du repos dans une paix profonde. Il s'occupa avec ardeur à faire des vers. Il fit venir auprès de lui les poëtes les plus renommés, les traita avec distinction, et, profitant de leur société, il trouva en eux des maîtres et des juges. Enivré des éloges qu'il reçut en raison des faveurs qu'il prodiguait, Denys tira plus de vanité de ses vers que de ses exploits guerriers. Parmi les poëtes admis à sa cour se trouvait Philoxène, le poëte dithyrambique, très-renommé dans ce genre de compositions. Un jour, on récita, dans un banquet, de mauvais vers que le tyran avait composés[1]. Lorsqu'on lui en demanda son jugement, Philoxène répondit avec trop de franchise. Le tyran, blessé de la réponse, lui reprocha de ne blâmer ses vers que par jalousie, et ordonna à ses satellites de le conduire sur-le-champ aux carrières[2]. Le lendemain, les amis de Philoxène obtinrent sa grâce, et le tyran l'invita même à sa table. La boisson fit prolonger la conversation ; Denys, toujours fier de ses poésies, récita quelques distiques auxquels il attacha un grand prix ; et il demanda encore à Philoxène ce qu'il en pensait. Celui-ci ne répondit rien ; mais, appelant les satellites de Denys, il leur dit : « Reconduisez-moi aux carrières. » Frappé de cette saillie, Denys sourit et supporta la franchise du poëte qui, en

---

[1] Voyez Cicéron, *Disputat. Tusculan.*, V, 21.
[2] Travaux forcés des criminels. Voyez plus haut, XIII, 33.

excitant le rire, avait émoussé la pointe de la critique. Peu de temps après, Denys et ses familiers ayant reproché au poëte sa franchise intempestive, Philoxène fit une singulière promesse: il promit que dans ses réponses il saurait concilier la vérité avec le respect dû à Denys, et il tint parole. Car le tyran ayant récité un jour quelques distiques sur un sujet lamentable, et demandant ensuite comment on trouvait les vers, Philoxène répondit avec amphibologie qu'ils lui faisaient pitié. En effet, Denys attribua cette pitié aux effets sympathiques que produisent les bons poëtes, et regarda la réponse comme l'éloge de ses vers; tandis que les autres, l'entendant dans le véritable sens, n'y virent que l'opinion du poëte, que les vers de Denys étaient pitoyables.

VII. Platon, le philosophe, eut à peu près le même sort que Philoxène. Denys l'appela auprès de lui, l'accueillit d'abord avec la plus grande distinction, bien que Platon s'exprimât avec la liberté d'un philosophe; mais blessé plus tard de la franchise de quelques discours, il lui retira tout à fait ses bonnes grâces et le fit conduire au marché public et vendre comme esclave au prix de vingt mines [1]. Les autres philosophes se réunirent pour le racheter et le renvoyèrent en Grèce, en lui rappelant comme un avis salutaire qu'un philosophe doit parler à un tyran le plus doucement possible. Denys, toujours possédé de sa passion pour la poésie, envoya aux jeux olympiques des déclamateurs ayant la meilleure voix pour chanter devant la foule les vers qu'il avait composés. Ces déclamateurs frappèrent d'abord les auditeurs par la beauté de leur organe; mais l'attention se fixant ensuite sur le poëme, le mépris remplaça l'étonnement et un immense éclat de rire se fit entendre. Denys, apprenant le mauvais succès de ses vers, tomba dans une profonde tristesse; et, comme son chagrin augmentait de jour en jour, son esprit fut atteint de manie; il croyait que tout le monde était jaloux de lui et que ses amis lui dressaient des piéges. Enfin, sa tristesse et son égarement arrivèrent au point qu'il fit, sur des accusations fausses, mettre à mort un grand nombre de ses amis et en condamna

---

[1] Mille huit cent vingt-deux francs.

plusieurs à l'exil. Parmi ces derniers se trouvèrent Philistus et Leptine, son frère, deux hommes distingués par leur courage et par les nombreux et grands services qu'ils lui avaient rendus dans les guerres ; ils se réfugièrent à Thurium, en Italie, et furent très-bien reçus par les Italiotes; plus tard, Denys offrit lui-même de se réconcilier avec eux, les rappela à Syracuse et les rétablit dans leur ancienne faveur. Leptine épousa même la fille de Denys. Tels furent les événements arrivés dans le cours de cette année.

VIII. Dexithéus étant archonte d'Athènes, les Romains nommèrent consuls Lucius Lucrétius et Servius Sulpitius [1]. Dans cette année, Évagoras, roi des Salaminiens, revint d'Égypte en Cypre, apportant avec lui l'argent que lui avait avancé Acoris, roi d'Égypte, en moins grande quantité qu'il ne l'avait espéré. Il trouva Salamine vivement assiégée par les ennemis et, se voyant abandonné de ses alliés, il fut obligé de parlementer. Téribaze, qui avait le commandement en chef de l'armée des Perses, déclara qu'il ne cesserait les hostilités qu'à la condition qu'Évagoras évacuât toutes les villes de Cypre, à l'exception de Salamine dont Évagoras garderait l'autorité souveraine en payant un tribut annuel au roi des Perses et en lui obéissant comme un esclave à un maître. Quelques dures que fussent ces conditions, Évagoras n'eut d'autre choix que de les accepter. Il refusa cependant d'obéir comme un esclave à son maître, et ajouta qu'il lui serait soumis comme un roi peut l'être à un roi. Téribaze n'y donnant point son consentement, Oronte, le second général des Perses, jaloux de Téribaze, écrivit secrètement une lettre à Artaxerxès dans laquelle il accusait Téribaze d'abord de n'avoir pas pris d'assaut Salamine tandis qu'il le pouvait, d'avoir reçu des parlementaires et eu des conférences avec l'ennemi; d'avoir conclu pour son propre compte une alliance avec les Lacédémoniens; de plus, il l'accusa d'avoir envoyé consulter l'oracle de la pythie afin de savoir si l'occasion était favorable pour la révolte; enfin, ce qui était le chef d'accusation le plus grave, de s'être concilié l'affection des commandants de troupes par des distinctions hono-

---

[1] Quatrième année de la xcviii⁰ olympiade; année 385 avant J.-C.

rifiques, par des présents et par des promesses. Le roi, ayant lu cette lettre et ajouté foi aux accusations calomnieuses qu'elle contenait, écrivit à Oronte d'arrêter Téribaze et de le lui envoyer. Cet ordre fut exécuté ; Téribaze, conduit devant le roi, demanda à être jugé ; mais il fut pour le moment mis en prison ; et plus tard le roi, engagé dans une guerre contre les Cadusiens, suspendit la procédure commencée contre Téribaze et en ajourna le jugement.

IX. Oronte, qui avait succédé à Téribaze dans le commandement des troupes réunies à Cypre, voyant qu'Évagoras reprenait courage et continuait à soutenir le siége, et que, d'un autre côté, les soldats mécontents de l'arrestation de Téribaze, montraient de l'insubordination et menaçaient d'abandonner le siége, craignit quelque événement fâcheux : il envoya à Évagoras des parlementaires avec ordre de traiter de la paix aux mêmes conditions qu'il avait proposées à Téribaze. Évagoras, délivré contre son attente de la crainte de voir tomber sa capitale entre les mains de l'ennemi, conclut la paix proposée en conservant le titre de roi de Salamine, en payant un tribut annuel et en se soumettant comme un roi qui obéit à un roi qui ordonne. Ce fut ainsi que se termina la guerre de Cypre, qui avait duré près de dix ans ; mais une grande partie de ce temps avait été employée en préparatifs, et la guerre elle-même n'avait réellement duré en tout que deux ans.

Gao, le nauarque, qui avait épousé la fille de Téribaze, craignant d'être enveloppé dans les accusations dirigées contre son beau-père, et d'être puni par le roi, résolut de pourvoir à sa sûreté par des entreprises nouvelles. Muni d'argent et de troupes, il communiqua aux triérarques qui s'étaient attachés à son parti, le dessein d'abandonner le roi. Aussitôt il envoya à Acoris, roi d'Égypte, une députation, et lui offrit son alliance contre Artaxerxès ; il écrivit aussi aux Lacédémoniens des lettres dans lesquelles il les excitait contre le roi, leur offrit de fortes sommes d'argent et leur fit de grandes promesses, en leur donnant l'assurance qu'il les aiderait à reconquérir la prépondérance qu'ils avaient autrefois exercée sur la Grèce. Les Spartiates, qui depuis longtemps avaient songé à reconquérir leur suprématie, fomentaient alors des troubles dans les villes de la Grèce qu'ils cherchaient évidemment à assujettir. D'un autre côté, déshonorés par l'apparence d'avoir, dans le traité conclu avec le roi, trahi les Grecs de l'Asie, ils voulaient se laver de cette tache et cherchaient un prétexte plausible pour déclarer la guerre à Artaxerxès. Ils acceptèrent donc avec joie l'alliance que Gao leur offrait.

X. Cependant Artaxerxès, après avoir terminé la guerre avec les Cadusiens, fit reprendre l'affaire de Téribaze et désigna pour juges trois hommes des plus considérés de la Perse. Ce fut dans ce temps-là que d'autres juges, convaincus d'avoir prononcé des sentences injustes, furent écorchés vifs et qu'on avait étendu leurs peaux sur les siéges du tribunal, afin de mettre sous les yeux des juges l'exemple de la punition qui les attendait dans le cas où ils rendraient des arrêts iniques. Ces accusateurs produisirent donc la lettre d'Oronte, et déclarèrent, après l'avoir lue, qu'elle suffisait pour faire condamner Téribaze. Mais ce dernier, pour justifier sa conduite à l'égard d'Évagoras, donna lecture du traité dans lequel Oronte avait stipulé qu'Évagoras fût soumis à Artaxerxès comme un roi l'est à un roi, tandis que lui, Téribaze, avait exigé que la soumission d'Évagoras fût celle d'un esclave à son maître. Quant au chef d'accusation qui concernait l'oracle, il donna pour défense que le dieu ne rendait jamais de réponse aux questions adressées sur la mort de qui que ce soit; et, pour confirmer cette assertion, il invoqua le témoignage de tous les Grecs présents. Quant à l'alliance des Lacédémoniens, il répondit qu'il l'avait recherchée, non pas dans son intérêt particulier, mais pour le service du roi, ajoutant que c'est par le traité conclu avec les Lacédémoniens, que le roi était devenu le maître de tous les Grecs de l'Asie, que Sparte lui avait livrés. Il termina sa défense en rappelant aux juges les services qu'il avait autrefois rendus au roi; il fit remarquer qu'il avait entre autres rendu au roi un service bien grand qui lui avait valu l'attention et l'amitié la plus intime du roi. En effet, le roi étant un jour à la chasse, et monté sur son char, deux lions se précipitèrent sur lui : après avoir déchiré deux chevaux du quadrige, ils allaient se jeter sur le roi. Dans ce moment, Téribaze accourut, tua les deux lions et sauva le roi d'un grand danger. Il ajouta, pour compléter sa défense, que, dans les guerres, on avait préconisé son courage, et dans les conseils qu'il avait donnés, il avait été assez heureux pour que le roi n'eût jamais à se repentir de les avoir suivis. Après avoir prononcé cette apologie, Téribaze fut à l'unanimité absous des crimes dont il était accusé.

XI. Cependant le roi fit venir les juges un à un, et leur demanda sur quel motif chacun d'eux avait prononcé l'acquittement de l'accusé. Le premier répondit que les charges élevées contre l'accusé lui paraissaient douteuses, tandis que les services que Téribaze avait rendus étaient prouvés ; le second, qu'en supposant l'accusation fondée, les services l'emporteraient encore sur les fautes que l'accusé avait commises ; le troisième, qu'il ne faisait point entrer en ligne de compte les services que Téribaze avait rendus, parce qu'il en avait été amplement récompensé par les faveurs dont le roi l'avait comblé ; mais qu'en examinant les charges élevées contre l'accusé, il ne les croyait pas assez motivées pour mériter une condamnation. Le roi loua les juges, comme ayant bien rempli leurs devoirs, il revêtit Téribaze des plus hautes dignités, tandis qu'Oronte, convaincu de calomnie, fut rayé du nombre des favoris du roi et marqué d'infamie. Tel fut l'état des choses dans l'Asie.

XII. En Grèce, les Lacédémoniens continuaient le siége de Mantinée, dont les habitants avaient passé tout l'été à se défendre courageusement. En effet, de tous les Arcadiens, les Mantinéens étaient les plus estimés pour leur bravoure ; aussi furent-ils jadis les plus fidèles auxiliaires et alliés des Spartiates. Comme, à l'entrée de l'hiver, le fleuve qui passe à Mantinée s'était considérablement accru par des pluies abondantes, les Lacédémoniens détournèrent, au moyen de grandes digues, le cours du fleuve, et le firent passer dans la ville, dont l'intérieur et tous les environs furent submergés; les maisons furent renversées, et les Mantinéens, effrayés, furent réduits à livrer leur ville aux Lacédémoniens. Ceux-ci, en l'occupant, n'infligèrent aucun mauvais traitement aux habitants, mais ils leur ordonnèrent de retourner s'établir dans leurs anciens bourgs. Ce fut ainsi que les Mantinéens se virent obligés de détruire leur propre patrie et de se transporter dans des villages.

XIII. Pendant que ces événements avaient lieu, Denys, tyran des Syracusains, résolut de fonder plusieurs villes sur les bords de la mer Adriatique. Par ce moyen, il voulait s'assurer la navigation sur la mer Ionienne et le passage de ses bâtiments dans l'Épire, et avoir en sa possession des villes propres à servir de station navale. Il se hâta donc de faire passer des forces considérables en Épire, et de piller le temple de Delphes qui était plein de trésors. Il conclut aussi un traité d'alliance avec les Illyriens, par l'intermédiaire d'Alcétas le Molosse, qui, chassé de ses États, séjournait alors à Syracuse. Comme les Illyriens étaient en guerre, Denys leur envoya un secours de deux mille hommes et cinq cents armures grecques. Les Illyriens distribuèrent ces armures à leurs meilleurs guerriers, et incorporèrent dans leurs troupes les soldats auxiliaires. Après avoir rassemblé une armée nombreuse, ils pénétrèrent dans l'Épire, emmenant avec eux Alcétas, pour le rétablir sur le trône des Molosses. Ne trouvant aucune résistance, ils ravagèrent d'abord la campagne; mais les Molosses étant ensuite venus à leur rencontre, il s'engagea un combat acharné d'où les Illyriens sortirent victorieux, après avoir taillé en pièce plus de quinze cents Molosses. Les Lacédémoniens, apprenant les revers que venaient d'éprouver les Épirotes, envoyèrent aux Molosses des secours pour les aider à arrêter l'audace des Barbares.

Pendant que ces choses se passaient, les Pariens, pour obéir à un oracle, envoyèrent une colonie dans l'Adriatique, et fondèrent, avec l'aide de Denys le tyran, une ville dans l'île de Pharos. Ce même tyran avait envoyé, plusieurs années auparavant, une colonie dans l'Adriatique, où il avait fondé une ville nommée Lissus. De retour, il profita des loisirs de la paix, pour construire des bassins pouvant contenir deux cents trirèmes, et entoura la ville d'une enceinte plus grande qu'aucune de celles qui environnent les villes grecques. Denys bâtit aussi de vastes gymnases sur les bords du fleuve Anapus, éleva des temples aux dieux et ne négligea rien de ce qui pouvait contribuer à l'accroissement et à la magnificence de Syracuse.

XIV. L'année étant révolue, Diotrephès fut nommé archonte d'Athènes, et les Romains élurent pour consuls Lucius Valérius et Aulus Manlius; on célébra en Élide la XCIXe olympiade, dans laquelle Dicon de Syracuse fut vainqueur à la course du stade [1]. A cette époque, les Pariens établis dans l'île de Pharos avaient permis aux Barbares, anciens habitants de cette île, d'occuper tranquillement une place extrêmement forte, et avaient eux-mêmes fondé sur le bord de la mer une ville qu'ils ceignirent d'une muraille. Mais comme ensuite les anciens habitants de l'île voyaient de mauvais œil l'établissement des Grecs, ils appelèrent à leur secours les Illyriens, situés sur le rivage opposé : un grand nombre de petits navires, portant plus de dix mille hommes, abordèrent ainsi dans l'île de Pharos, dévastèrent les possessions des Grecs, auxquels ils tuèrent beaucoup de monde. Mais dès que le gouverneur, que Denys avait établi à Lissus, fut informé de cette agression, il vint avec plusieurs trirèmes attaquer les embarcations des Illyriens; les unes furent coulées bas, les autres saisies; il tua aux Barbares plus de cinq mille hommes et fit environ deux mille prisonniers.

Denys, manquant d'argent, équipa une flotte de soixante trirèmes et marcha contre la Tyrrhénie sous le prétexte d'exterminer les pirates, mais en réalité pour piller un temple célèbre rempli de riches offrandes et qui était situé dans le port de la ville d'Agylle, en Tyrrhénie; ce port s'appelait Pyrgoi [2]. Denys y aborda pendant la nuit, y fit débarquer ses troupes, et,

---

[1] Première année de la XCIXe olympiade; année 384 avant J.-C.
[2] Πύργοι, les tours.

commençant l'attaque dès la pointe du jour, il vint à bout de son entreprise. Comme la place n'était gardée que par un petit nombre de soldats, il força les postes, pilla le temple et ramassa ainsi au moins mille talents [1]. Mais les Agylléens étant accourus, il s'engagea un combat dans lequel Denys fit un grand nombre de prisonniers. Après avoir dévasté leur territoire, il retourna à Syracuse. Il retira cinq cents talents de la vente des dépouilles de l'ennemi. Enrichi par cette expédition, il paya la solde de ses nombreuses troupes, mit sur pied une armée puissante, et s'apprêta ouvertement à faire la guerre aux Carthaginois. Tels sont les événements arrivés dans le cours de cette année.

XV. Phanostrate étant archonte d'Athènes, les Romains élurent, au lieu de consuls, quatre tribuns militaires, Lucius Lucrétius, Sextius Sulpicius, Lucius Émilius et Lucius Furius [2]. Dans cette année, Denys, tyran des Syracusains, qui avait armé contre les Carthaginois, cherchait un prétexte raisonnable pour leur déclarer la guerre. Voyant que les villes soumises aux Carthaginois étaient disposées à la révolte, il accueillit toutes celles qui voulaient se soulever, et, contractant avec elles des alliances, il les poussa à l'insurrection. Les Carthaginois envoyèrent d'abord des députés au tyran pour lui demander la reddition des villes qui leur appartenaient; mais il rejeta leur demande. Ce fut là l'origine de la guerre. Les Carthaginois firent avec leurs voisins des traités d'alliance et entreprirent en commun la guerre contre le tyran. Prévoyant que cette guerre serait longue et sérieuse, ils enrôlèrent les citoyens en état de porter les armes et engagèrent à leur service beaucoup de troupes étrangères par la promesse d'une solde élevée. Le roi Magon [3] eut le commandement de l'armée; il fit passer plusieurs milliers d'hommes en Sicile et en Italie, se proposant d'entretenir la guerre dans les deux pays à la fois. Denys partagea son armée en deux

---

[1] Environ cinq millions cinq cent mille francs.

[2] Deuxième année de la xcixᵉ olympiade; année 383 avant J.-C.

[3] Voyez XIII, 13. Le nom de *Magon* vient sans doute du chaldéen ou phénicien מג (*mag*), mage.

corps : l'un était destiné à combattre les Italiotes, et l'autre les Phéniciens. Les deux armées se livrèrent d'abord un grand nombre d'escarmouches qui ne décidèrent rien de sérieux. Enfin il y eut deux batailles grandes et célèbres : dans l'une, qui se livra près d'un lieu appelé Cabala[1], Denys fit des prodiges de valeur et remporta la victoire après avoir tué plus de dix mille Barbares et fait au moins cinq mille prisonniers; le reste de l'armée fut obligé de se réfugier sur une hauteur fortifiée par la nature, mais complétement dépourvue d'eau. Le roi Magon lui-même périt après une brillante défense. Abattus par ce grand revers, les Phéniciens, envoyèrent aussitôt des parlementaires pour traiter de la paix. Denys déclara que cette paix serait conclue à la seule condition que les Carthaginois évacueraient les villes de la Sicile et lui rembourseraient tous les frais de la guerre.

XVI. Sentant la dureté et l'insolence de cette condition, les Carthaginois eurent recours à leurs artifices ordinaires et firent tomber Denys dans les piéges qu'ils lui tendaient. Ils firent donc semblant de trouver les propositions de paix raisonnables ; mais ils ajoutèrent qu'ils n'avaient pas de plein pouvoir pour rendre les villes de la Sicile. Ils demandèrent donc à Denys quelques jours de trêve pour s'entendre à ce sujet avec leurs magistrats. Le tyran accorda leur demande et se réjouissait de se voir bientôt maître de toute la Sicile. Pendant cet intervalle les Carthaginois firent à leur roi Magon des funérailles magnifiques, et nommèrent à sa place au commandement militaire son fils, qui était encore très-jeune, mais plein d'une noble ambition et d'un grand courage. Il employa tout le temps de la trêve à la revue et à l'exercice de ses troupes. Par des exercices continuels, par ses exhortations, il forma bientôt une armée bien disciplinée et puissante. Le terme de la trêve expiré, les deux armées se trouvèrent prêtes à tenir la campagne et remplies d'une ardeur guerrière. Il s'engagea donc près de Cronium un

---

[1] Ce nom est phénicien, de קבל (cabbal) recevoir.

combat acharné, et le destin capricieux répara par une victoire la défaite première des Carthaginois ; car les Syracusains, précédemment vainqueurs, avaient tiré de leurs succès une confiance qui devint inopinément la cause de leur perte, et ceux qui étaient vaincus jusque-là, découragés par leur défaite, remportèrent une victoire aussi grande qu'imprévue.

XVII. Leptine, guerrier courageux, qui commandait dans cette bataille l'aile gauche de l'armée de Denys, se battit en héros, et après avoir fait mordre la poussière à un grand nombre de Carthaginois, il mourut lui-même glorieusement. La mort de ce chef ranima l'ardeur des Carthaginois, qui forcèrent les rangs ennemis et les mirent en fuite. Dans le commencement, Denys, à la tête de sa troupe d'élite, eut l'avantage sur les ennemis ; mais lorsqu'il apprit la mort de Leptine et la déroute de l'aile gauche, les soldats de Denys furent saisis d'épouvante et se livrèrent à la fuite. La déroute devint complète, et les Carthaginois, poursuivant les fuyards sans relâche, se recommandaient les uns aux autres de ne faire aucun quartier ; aussi tous ceux qui tombèrent entre leurs mains furent mis à mort et tout le champ de bataille fut couvert de cadavres. Le massacre fut tel que les Carthaginois, stimulés par le souvenir de leurs anciens revers, tuèrent aux Siciliens plus de quatorze mille hommes ; les débris de l'armée se réfugièrent dans le camp et parvinrent à se sauver à la faveur de la nuit qui survint. Sortis victorieux de cette grande bataille, les Carthaginois se retirèrent à Panorme ; ils surent supporter leur succès en hommes, et envoyèrent une députation qui offrit à Denys la faculté de terminer la guerre. Le tyran accueillit avec joie les propositions qui lui furent faites, et la paix fut conclue à la condition que les deux partis conserveraient leurs anciennes possessions. Les Carthaginois se réservèrent cependant la ville et le territoire de Sélinonte ainsi que la partie du territoire agrigentin qui s'étend jusqu'au fleuve Halycus. Denys paya aux Carthaginois mille talents. Telle fut la situation des affaires en Sicile.

XVIII. En Asie, Gao, qui commandait la flotte des Perses

dans la guerre cypriote, s'était révolté contre le roi et avait entraîné les Lacédémoniens et le roi d'Égypte dans une guerre contre les Perses, lorsqu'il fut assassiné par des ordres secrets et ne put accomplir son dessein. Après la mort de ce chef, Tachos, qui lui succéda dans la direction des affaires, réunit autour de lui une armée et fonda une ville dans le voisinage de la mer, sur un rocher où se trouvait déjà un temple d'Apollon ; cette ville reçut le nom de Leucé[1]. Tachos mourut peu de temps après ; les Clazoméniens et les Cyméens se disputèrent la possession de cette ville. Ils voulurent d'abord décider l'affaire par la guerre ; mais ensuite, sur le conseil que quelqu'un leur donna, ils consultèrent l'oracle pour savoir à laquelle des deux villes, de Clazomène ou de Cymes, appartiendrait Leucé. La pythie répondit que Leucé appartiendrait à celui qui, le premier, lui offrirait un sacrifice, et que ceux qui devaient l'offrir partiraient de chacune des deux villes dès le lever du soleil, le jour fixé. Ce jour ayant été arrêté, les Cyméens ne doutèrent pas du gain de leur cause parce qu'ils étaient plus près de Leucé ; mais les Clazoméniens qui se trouvaient à une plus grande distance, imaginèrent le stratagème suivant pour s'assurer la victoire. Ils tirèrent de leur sein des colons désignés par le sort, qui allèrent fonder une ville tout près de Leucé ; ce fut en partant de cette colonie au lever du soleil que les Clazoméniens arrivèrent avant les Cyméens, et offrirent les premiers un sacrifice. Devenus par ce stratagème maîtres de Leucé, ils instituèrent une fête annuelle qui reçut le nom de *Prophthasie*[2]. C'est ainsi que se terminèrent spontanément les troubles des villes grecques de l'Asie.

XIX. Après la mort de Gao et de Tachos, les Lacédémoniens renoncèrent aux affaires de l'Asie, mais se préparant à recouvrer leur autorité sur la Grèce, ils gagnèrent quelques-unes des villes par la persuasion, et soumirent les autres de force par

---

[1] Λευκή, scil. πόλις, ville blanche. Selon Strabon, cette ville était située entre Smyrne et Phocée. (Liv. XIV, p. 957, édit. Casaub.)
[2] Προφθασία, avance, de φθάνω, j'arrive le premier.

la rentrée des exilés. Ils aspiraient ainsi ouvertement à l'empire de la Grèce, contrairement aux clauses du traité d'Antalcidas, conclu avec le roi des Perses. En Macédoine, le roi Amyntas, vaincu par les Illyriens, et ayant renoncé à l'espoir de recouvrer sa souveraineté, avait donné aux Olynthiens une grande partie de son territoire limitrophe. Depuis que le roi eut renoncé à ses droits de souveraineté, les Olynthiens jouirent tranquillement du revenu de ce territoire, et lorsque, quelque temps après, le roi rentra, contre toute attente, dans ses états et reprit l'autorité suprême, il redemanda aux Olynthiens le territoire dont il leur avait fait don; mais ceux-ci refusèrent de le lui rendre. Amyntas mit aussitôt sur pied une armée, et, s'alliant avec les Lacédémoniens, il les engagea à envoyer un général et des troupes contre les Olynthiens. Les Lacédémoniens, jugeant à propos de s'avancer du côté de la Thrace, levèrent, tant parmi leurs propres citoyens que parmi leurs alliés, une armée de plus de dix mille hommes, dont ils donnèrent le commandement à Phoebidas le Spartiate, avec ordre d'aller au secours d'Amyntas et de marcher avec lui contre les Olynthiens. En même temps ils envoyèrent une autre armée contre les Phliontins; ils les vainquirent dans un combat, ils les soumirent à la domination des Lacédémoniens. Dans ce même moment, les rois des Lacédémoniens différaient entre eux d'opinion sur ces entreprises. Argésipolis, homme pacifique, juste et prudent, fut d'avis qu'il fallait s'en tenir au serment et ne point violer les traités en asservissant les Grecs; car, ajouta-t-il, Sparte se déshonore elle-même si, après avoir livré les Grecs de l'Asie aux Perses, elle cherche encore à soumettre les villes de la Grèce qu'elle avait juré de laisser se gouverner par leurs propres lois. Agésilas, au contraire, homme entreprenant et aimant la guerre, aspirait à la suprématie sur les Grecs.

XX. Ménandre étant archonte d'Athènes, les Romains nommèrent, au lieu de consuls, six tribuns militaires, Quintus Sulpicius, Caïus Fabius, Cornélius Servius, Publius Ugo, Sextus Aninus et Caïus Marcus[1]. Dans cette année, les Lacédémoniens

[1] Troisième année de la XCIX^e olympiade; année 382 avant J.-C.

s'emparèrent de la Cadmée, citadelle de Thèbes, par le motif que nous allons rapporter. Voyant que la Béotie possédait un grand nombre de villes peuplées d'habitants guerriers, et que Thèbes, en quelque sorte la citadelle de toute la Béotie, conservait son ancienne splendeur, les Lacédémoniens craignirent que les Thébains ne saisissent le premier moment favorable pour s'emparer de l'empire de la Grèce. Les Spartiates ordonnèrent donc secrètement à leurs généraux d'occuper la Cadmée dès que les circonstances le permettraient. Cet ordre fut exécuté. Phœbidas le Spartiate, qui commandait l'armée destinée à agir contre les Olynthiens, vint surprendre la citadelle. Les Thébains, irrités, coururent aux armes; il se livra un combat dans lequel Phœbidas fut vainqueur ; il condamna à l'exil trois cents Thébains des plus distingués, intimida les autres, laissa une forte garnison dans la place, et revint à son affaire principale. Cependant les Lacédémoniens qui s'étaient, par cet acte, déshonorés aux yeux de tous les Grecs, condamnèrent Phœbidas à une amende ; mais ils ne retirèrent pas la garnison qu'ils avaient placée à Thèbes. Ainsi, les Thébains, dépouillés de leur indépendance, furent forcés de se soumettre aux Lacédémoniens. Pendant que les Olynthiens étaient en guerre avec Amyntas, roi des Macédoniens, les Lacédémoniens ôtèrent à Phœbidas le commandement de l'armée et lui donnèrent pour successeur Eudamidas, le frère de Phœbidas. Ils lui confièrent trois mille hoplites et l'envoyèrent continuer la guerre contre les Olynthiens.

XXI. Eudamidas envahit le territoire des Olynthiens et leur fit la guerre de concert avec Amyntas. Les Olynthiens qui avaient réuni des troupes supérieures en nombre à celles de l'ennemi, eurent l'avantage dans les combats. Les Lacédémoniens levèrent alors une armée plus considérable, dont ils donnèrent le commandement à Téleutias; c'était le frère du roi Agésilas, admiré pour sa bravoure par tous ses concitoyens. Il partit donc du Péloponnèse à la tête de son armée, et s'avança dans le voisinage d'Olynthe où il rejoignit les troupes d'Eudamidas. Se trouvant alors en état de tenir tête à l'ennemi, il ravagea d'abord le territoire des Olynthiens et fit un immense butin qu'il distribua à ses soldats. Enfin, les Olynthiens s'étant de leur côté réunis à tous leurs alliés, on en vint à une bataille; dans le premier moment la victoire resta indécise, mais ensuite le combat se renouvelant avec plus d'acharnement, Téleutias tomba après une brillante résistance ; plus de douze cents Lacédémoniens restèrent sur le champ de bataille. Pendant que les Olynthiens se réjouissaient de leur succès, les Lacédémoniens, pour réparer l'échec qu'ils venaient d'essuyer, firent de nouveaux préparatifs de guerre et envoyèrent des troupes plus nombreuses encore. Les Olynthiens, voyant qu'ils avaient affaire aux forces supérieures des Spartiates, et que la guerre serait longue, firent de grandes provisions de vivres et tirèrent des soldats de leurs alliés.

XXII. Démophile étant archonte d'Athènes, les Romains investirent de l'autorité consulaire les tribuns militaires Publius Cornélius, Lucius Virginius, Lucius Papirius, Marcus Furius, Valérius Aulus, Manlius Lucius et Posthumius Quintus[1]. Dans cette année, les Lacédémoniens nommèrent au commandement militaire le roi Argésipolis, et après lui avoir confié une armée suffisante, ils décrétèrent la guerre contre les Olynthiens. Argésipolis envahit le territoire des Olynthiens, se rallia aux anciennes troupes qui se trouvaient dans le camp, et recommença la guerre contre les habitants. Les Olynthiens, sans livrer aucune bataille décisive, passèrent toute l'année en escarmouches et en petits combats.

XXIII. L'année étant révolue, Pythéas fut nommé archonte d'Athènes, les Romains élurent, au lieu de consuls, six tribuns militaires, Titus Quintius, Lucius Servilius, Lucius Julius, Acylius Décius, Lucrétius Ancus et Sévérius Sulpicius, et on célébra en Élide la centième olympiade, dans laquelle Dionysiodore de Tarente fut vainqueur à la course du stade[2]. Dans cette

---

[1] Quatrième année de la xcix^e olympiade ; année 381 avant J.-C.
[2] Première année de la c^e olympiade ; année 480 avant J.-C.

année, Agésipolis, roi des Lacédémoniens, mourut de maladie après un règne de quatorze ans ; il eut pour successeur Cléombrote qui régna neuf ans. Les Lacédémoniens nommèrent Polybiade au commandement militaire et l'envoyèrent continuer la guerre contre les Olynthiens. Ainsi mis à la tête de l'armée, il déploya beaucoup d'activité et fit preuve de talents stratégiques. Il remporta plusieurs avantages ; continuant la guerre avec succès, il sortit victorieux de plusieurs combats et parvint à refouler les Olynthiens dans leur ville dont il fit le siége. Enfin, ayant répandu l'épouvante parmi les ennemis, il réussit à les soumettre aux Lacédémoniens. Les Olynthiens furent ainsi inscrits dans l'alliance des Spartiates, et beaucoup d'autres villes s'empressèrent de reconnaître l'autorité des Lacédémoniens. Ce fut là l'époque de la plus grande puissance des Lacédémoniens : ils tenaient le sceptre de la Grèce sur terre et sur mer. En effet, les Thébains étaient paralysés par une garnison lacédémonienne ; les Corinthiens et les Argiens ne s'étaient pas encore relevés des dernières guerres, et les Athéniens avaient terni leur gloire par le partage des terres des peuples soumis. Les Lacédémoniens, au contraire, disposant d'une nombreuse population, entretenaient partout l'esprit militaire et se rendaient redoutables par les forces qu'ils pouvaient mettre sur pied ; aussi les plus grands souverains de l'époque (je veux parler du roi des Perses et de Denys, tyran de Sicile), courtisaient la puissance de Spartiates et briguaient leur alliance.

XXIV. Nicon étant archonte d'Athènes, les Romains nommèrent, au lieu de consuls, six tribuns militaires, Lucius Papirius, Caïus Cornélius, Lucius Ménénius, Caïus Servilius, Valérius Aulus et Quintus Fabius[1]. Dans cette année les Carthaginois, qui avaient fait passer une armée en Italie, firent rentrer à Hippone les habitants qui en avaient été chassés, et réunissant tous les exilés, ils en soignèrent particulièrement les intérêts. Quelque temps après, une maladie pestilentielle atteignit les habitants de Carthage ; cette maladie fit de si rapides progrès qu'un grand nombre de citoyens en mourut, et l'État fut près

---

[1] Deuxième année de la c⁰ olympiade ; année 379 avant J.-C.

de sa ruine. En effet, les Libyens ne redoutant plus les Carthaginois, se révoltèrent, et les habitants de la Sardaigne, jugeant le moment favorable, se soulevèrent également contre les Carthaginois. Carthage semblait alors comme frappée de la colère céleste. Des troubles et des terreurs paniques se répandaient dans la ville, qui était tumultueusement agitée; beaucoup d'habitants sortaient de leurs maisons, l'épée à la main, comme si les ennemis eussent pénétré dans la ville, et se battaient les uns contre les autres; ils se tuaient et se blessaient entre eux. Enfin, la divinité ayant été apaisée par des sacrifices, les calamités cessèrent. Les Carthaginois firent promptement rentrer les Libyens dans l'obéissance et reprirent l'île de Sardaigne.

XXV. Nausinicus étant archonte d'Athènes, les Romains choisirent, au lieu de consuls, quatre tribuns militaires, Marcus Cornélius, Servilius Quintius, Marcus Furius, Lucius Quintus[1]. Dans cette année, les Lacédémoniens déclarèrent aux Béotiens la guerre, qui reçut le nom de *béotique*. En voici l'origine. Les Lacédémoniens continuaient à occuper injustement la Cadmée et avaient condamné à l'exil un grand nombre de citoyens distingués. Ces exilés se réunirent, et, avec le secours des Athéniens, rentrèrent de nuit dans leur patrie. Ils commencèrent d'abord par tuer, dans leur propre maison, les partisans des Lacédémoniens, surpris pendant leur sommeil; ils appelèrent ensuite tous les citoyens à la délivrance de la patrie; et tous les Thébains accoururent pour les aider dans leur entreprise. Des troupes nombreuses se rassemblèrent tout armées et entreprirent, dès la pointe du jour, le siége de la Cadmée. La garnison lacédémonienne, qui occupait la citadelle, comptant environ quinze cents hommes y compris les alliés, envoya des messagers à Sparte, chargés d'apporter la nouvelle du soulèvement des Thébains et de demander le plus prompt secours. En attendant, les Lacédémoniens se défendirent du haut de la citadelle contre les assiégeants; ils leur tuèrent beaucoup de monde et en blessèrent un grand nombre. Les Thébains, sachant que les Lacédémoniens

[1] Troisième année de la c⁰ olympiade; année 378 avant J.-C.

attendaient l'arrivée d'un grand renfort, envoyèrent des députés à Athènes. Ces députés rappelèrent au peuple athénien que les Thébains étaient venus à leur secours, à l'époque où il fut asservi par les trente tyrans, et le supplièrent de faire tous ses efforts pour les aider à reconquérir la Cadmée avant l'arrivée d'une armée lacédémonienne.

XXVI. Le peuple d'Athènes, après avoir écouté les députés thébains, décréta qu'on enverrait sur-le-champ le plus grand nombre de troupes possible pour la délivrance de Thèbes. En prenant cette résolution, les Athéniens s'acquittaient d'une dette de reconnaissance, en même temps qu'ils espéraient ainsi s'attacher les Béotiens qui seconderaient leurs efforts pour renverser la domination orgueilleuse des Lacédémoniens; car les Béotiens formaient alors la population la plus nombreuse et la plus brave de la Grèce. Enfin Démophon fut désigné pour commander une armée de cinq mille hoplites et de cinq cents cavaliers. Le lendemain, à la pointe du jour, il partit d'Athènes et chercha par des marches forcées à prévenir les Lacédémoniens. Indépendamment de ce secours, le peuple d'Athènes était prêt à diriger, en cas de besoin, toutes ses forces sur la Béotie. Cependant Démophon abrégea sa route et se montra tout à coup aux Thébains. Comme il était accouru des autres villes un grand nombre de soldats de la Béotie, les Thébains parvinrent à mettre sur pied une armée considérable. Cette armée ne se composa pas de moins de douze mille hoplites et de deux mille cavaliers. Tout le monde étant disposé à pousser vigoureusement le siége de la citadelle, l'armée fut partagée en plusieurs corps qui, se relevant successivement, livraient nuit et jour des assauts continuels.

XXVII. Ceux qui occupaient la Cadmée, animés par leur chef, se défendirent vaillamment, dans l'espoir que les Lacédémoniens leur enverraient promptement un renfort considérable. Tant qu'ils avaient assez de vivres, ils soutinrent les attaques, et, grâce à la position forte de la citadelle, parvinrent à tuer ou blesser un grand nombre d'assiégeants; mais dès que la disette se fit sentir et que les Lacédémoniens tardèrent à leur envoyer des convois de vivres, la discorde éclata entre eux : les soldats de Lacédémone étaient d'avis qu'il fallait tenir ferme jusqu'à la mort, tandis que les soldats envoyés par les villes alliées des Spartiates et qui étaient en majorité se déclarèrent pour la reddition de la Cadmée. Les soldats de Sparte, étant en petit nombre, furent forcés de céder et de livrer la citadelle. Ils se rendirent donc par capitulation et obtinrent la liberté de retourner dans le Péloponnèse. Cependant les Lacédémoniens s'avançaient sur Thèbes avec une armée considérable; mais comme ils arrivèrent trop tard, leur expédition fut sans résultat. Ils mirent en jugement les trois chefs qui commandaient la garnison; deux furent condamnés à mort, et le troisième à une amende si forte qu'il ne fut pas en état de la payer. Après la reddition de la citadelle de Thèbes, les Athéniens se retirèrent dans leurs foyers, et les Thébains mirent le siége devant Thespies; mais leur entreprise ne réussit pas.

Tandis que ces événements avaient lieu, les Romains envoyèrent en Sardaigne[1] une colonie de cinq cents hommes qui furent exemptés de tout tribut.

XXVIII. Callias étant archonte d'Athènes, les Romains nommèrent, au lieu de consuls, quatre tribuns militaires, Lucius Papirius, Marcus Publius, Titus Cornélius, Quintus Lucius[2], Dans cette année, les Béotiens, ranimés par le revers que les Lacédémoniens venaient d'éprouver à Thèbes, conclurent entre eux une alliance étroite, et mirent sur pied une armée considérable, dans la prévision que les Lacédémoniens viendraient envahir la Béotie avec de fortes troupes. Les Athéniens, de leur côté, envoyèrent les principaux citoyens en députation auprès de toutes les villes soumises aux Lacédémoniens, pour les appeler à la délivrance commune, car le joug des Lacédémoniens était devenu insupportable à force d'orgueil et d'insolence. Aussi beau-

---

[1] Le texte donne *Sardonie* (Σαρδωνία). Mais les Romains n'ont tenté aucune entreprise contre la Sardaigne avant la première guerre punique. Peut-être faut-il lire *Satricum* où les Romains ont envoyé des colons sept années après la prise de Rome par les Gaulois. (*Velleius Patercul.*, I, 14.)

[2] Quatrième année de la c⁰ olympiade; année 377 avant J.-C.

coup de villes se déclarèrent-elles immédiatement pour les Athéniens. Au premier rang on compte les habitants de Chio et de Byzance, puis les Rhodiens, les Mityléneens et beaucoup d'autres insulaires. Ce soulèvement des Grecs s'étendant de plus en plus, un grand nombre de villes embrassèrent le parti des Athéniens. Le peuple d'Athènes, exalté alors par l'affection que lui témoignaient tous ses alliés, convoqua une assemblée générale dans laquelle chaque ville envoya ses représentants. Il fut arrêté d'un commun accord que cette assemblée aurait son siége à Athènes, et que chaque ville confédérée, tant grande que petite, y aurait un droit égal de suffrages; que toutes seraient indépendantes et reconnaîtraient seulement les Athéniens comme chefs de la confédération. Les Lacédémoniens, ne voyant plus de remède pour arrêter ce soulèvement général, envoyèrent partout des députations et cherchaient par des caresses ou par des promesses à étouffer les ferments de révolte. Ils n'en continuèrent pas moins à pousser avec énergie les préparatifs de guerre, prévoyant bien que la guerre béotique serait longue et sérieuse, puisque les Thébains s'étaient alliés avec les Athéniens et que tous les autres Grecs faisaient partie de l'assemblée générale.

XXIX. Pendant que ces choses se passaient, Acoris, roi des Égyptiens, animé d'intentions hostiles contre le roi des Perses, rassembla une armée nombreuse composée d'étrangers qu'il avait attirés à son service par la promesse d'une solde élevée. Parmi ces étrangers se trouvèrent aussi beaucoup de Grecs qui devaient prendre part à l'expédition projetée; mais manquant de chefs habiles, le roi fit venir Chabrias, l'Athénien, homme remarquable par ses talents militaires, et qui, par sa bravoure, s'était acquis une grande renommée. Chabrias, sans avoir demandé l'autorisation du peuple, prit le commandement des troupes égyptiennes et s'empressa de faire la guerre aux Perses. Pharnabaze, qui, commandait l'armée du roi des Perses, fit, de son côté, de grands préparatifs de guerre. Il envoya d'abord des députés à Athènes pour accuser Chabrias d'avoir pris le commandement des troupes égyptiennes et d'aliéner ainsi l'affection du roi à l'égard du peuple athénien; en même temps il demanda qu'on lui envoyât Iphicrate pour servir comme général dans l'armée du roi. Les Athéniens, qui avaient grand intérêt à se concilier la bienveillance du roi des Perses et à s'attacher Pharnabaze, rappelèrent immédiatement Chabrias de l'Égypte et firent partir Iphicrate au secours des Perses.

La paix, conclue précédemment entre les Lacédémoniens et les Athéniens, s'était maintenue intacte jusqu'à cette époque. Mais Sphodriade le Spartiate, commandant militaire, homme d'un caractère altier et violent, écouta le conseil du roi des Lacédémoniens et occupa le Pirée, sans demander le consentement des éphores. Sphodriade, à la tête de plus de dix mille hommes, tenta de s'emparer de ce port pendant la nuit; mais, les Athéniens en ayant été avertis, il manqua son entreprise et revint sans avoir rien exécuté. Il fut traduit devant le conseil des Spartiates; mais, grâce aux efforts des rois, il fut absous contre toute règle de justice. Aussi les Athéniens, indignés de cet événement, décrétèrent-ils que les traités avaient été violés par les Lacédémoniens; et, leur déclarant la guerre, ils nommèrent au commandement de l'armée trois des plus illustres capitaines, Timothée, Chabrias et Callistrate. Ils décrétèrent aussi une levée de vingt mille hoplites, de cinq cents cavaliers et l'armement de deux cents bâtiments. En même temps ils admirent les Thébains dans le conseil général aux mêmes conditions que les autres villes confédérées. Enfin, ils décidèrent que les terres seraient rendues aux propriétaires qui les avaient anciennement reçues en partage, et ils votèrent une loi qui défendit à tout Athénien de cultiver le sol hors de l'Attique. Ce fut par cette conduite si sage que les Athéniens se concilièrent l'affection des Grecs, en même temps qu'ils consolidèrent leur propre puissance.

XXX. Parmi les nombreuses villes qui embrassèrent alors le parti des Athéniens, on cite en première ligne, comme alliées les plus zélées, les villes de l'Eubée, en exceptant Hestiée. Cette ville avait reçu de grands bienfaits des Lacédémoniens, tandis que les Athéniens lui avaient fait une guerre sanglante ; aussi gardait-elle aux Athéniens avec raison une haine implacable, en même temps qu'elle se montrait envers les Spartiates d'une fidélité inaltérable. Cependant les Athéniens avaient pour alliés soixante-dix villes ayant toutes un égal droit de suffrage dans le conseil général. Il arriva donc que l'autorité des Athéniens augmentant de jour en jour à mesure que celle des Lacédémoniens s'affaiblissait, ces deux cités furent bientôt arrivées au point de combattre à force égale. Les Athéniens, dont les affaires prospéraient à souhait, envoyèrent une armée dans l'Eubée pour protéger les alliés et faire la guerre aux ennemis.

Un peu avant ces temps était venu en Eubée un certain Néogène qui, avec l'aide de Jason de Phères, avait levé des troupes ; et, après s'être emparé de la citadelle d'Hestiée, il s'était proclamé tyran de cette contrée et de la ville d'Orope. Mais, comme il gouvernait le pays avec hauteur et arrogance, les Lacédémoniens lui envoyèrent Thérippidas, qui chercha d'abord, par la voie de la persuasion, à faire sortir le tyran de la citadelle. Mais, comme ce moyen fut sans résultat, il appela les habitants à la liberté, assiégea la place et rendit les Oropiens à la liberté. C'est pour ce motif que les habitants du territoire d'Hestiée étaient si attachés aux Spartiates et leur conservaient une amitié inaltérable. L'armée envoyée par les Athéniens sous les ordres de Chabrias, dévasta donc les terres des Hestiéens ; et celui-ci s'empara d'une place appelée Métropolis, située sur une hauteur retranchée, l'entoura d'une enceinte, et y laissa une garnison. Il fit ensuite voile vers les îles Cyclades, entraîna dans l'alliance des Athéniens Péparéthos, Sciathos et quelques autres îles soumises aux Lacédémoniens.

XXXI. Les Lacédémoniens se voyant dans l'impossibilité d'arrêter ce soulèvement général qui avait pour effet l'abandon de leur alliance, se relâchèrent de leur ancienne dureté et traitèrent les villes avec plus de douceur. Par ce changement de conduite, par des paroles bienveillantes et des bienfaits réels, ils gagnèrent l'affection de tous les alliés qui leur restaient. Mais comme la guerre menaçait de devenir grave, ils comprirent combien elle exigeait de leur part de soins et d'attention; ils songèrent sérieusement aux préparatifs de guerre, à l'organisation et à la répartition de leurs troupes et à tout ce qui concerne les services de l'État. Ils partagèrent en dix sections les villes et le nombre des soldats à fournir. La première section comprit les Lacédémoniens, la seconde et la troisième, les Arcadiens; la quatrième, les Éliens; la cinquième, les Achéens; la sixième, les Corinthiens et les Mégariens; la septième, les Sicyoniens, les Phliasiens et les habitants de l'Acté; la huitième, les Acarnaniens; la neuvième, les Phocidiens et les Locriens; enfin, les Olynthiens et les habitants de la Thrace, alliés des Lacédémoniens, formèrent la dernière section. Dans chaque corps, il y avait un hoplite sur deux hommes armés à la légère, et quatre hoplites sur un cavalier. Toute l'armée était commandée par le roi Agésilas, renommé pour sa bravoure et ses connaissances stratégiques, et n'ayant été jusqu'ici presque jamais vaincu. Dans toutes les guerres où il s'était trouvé, il avait excité l'admiration, et, à l'époque où les Lacédémoniens étaient aux prises avec les Perses, il avait vaincu des armées beaucoup plus fortes que la sienne; il s'était avancé très-loin dans l'Asie et s'était rendu maître de tous les passages; et si les Lacédémoniens, mus par des raisons politiques, ne l'avaient point alors rappelé, il aurait mis tout l'empire des Perses à deux doigts de sa perte. Enfin c'était un homme actif, d'une bravoure tempérée par beaucoup de prudence et capable des entreprises les plus hardies. C'est pourquoi les Spartiates, sentant toute la gravité de cette guerre, avaient confié à cet homme le commandement de l'armée et toute la conduite de l'expédition.

XXXII. Agésilas entra à la tête de son armée dans la Béotie; il avait sous ses ordres plus de dix-huit mille hommes, dont cinq corps composés de Lacédémoniens; chaque corps comprenant cinq cents hommes. Parmi ces combattants ne se trouvait point la cohorte qui, chez les Spartiates, porte le nom de *Scirite*[1]; cette cohorte occupe un rang particulier, elle se tient aux côtés du roi et vole au secours des détachements serrés de près par l'ennemi; elle était formée d'hommes d'élites, frappait le coup décisif dans les batailles et déterminait souvent la victoire. La cavalerie d'Agésilas se composait de quinze cents hommes. Il arriva ainsi à Thespies, ville défendue par une garnison lacédémonienne et campa dans le voisinage pour faire prendre à ses troupes quelques jours de repos. Cependant les Athéniens apprenant que les Lacédémoniens étaient entrés en Béotie, volèrent au secours de Thèbes avec une armée de cinq mille hommes d'infanterie et de deux cents cavaliers. Ces troupes s'étant concentrées sur un seul point, les Thébains prirent position sur une hauteur étendue, située à vingt stades de Thèbes; et comptant pour leur défense sur la difficulté du terrain, ils attendirent l'attaque de l'ennemi; car, intimidés par la renommée d'Agésilas, ils n'osèrent point se mesurer avec lui en rase campagne. Cependant Agésilas rangea son armée en bataille et s'avança contre les Béotiens. Arrivé en leur présence, il détacha d'abord l'infanterie légère et l'opposa à l'ennemi pour s'assurer comment les Thébains se comporteraient dans le combat; mais cette attaque ayant été facilement repoussée par les Thébains qui occupaient une position avantageuse, Agésilas mit en mouvement toute sa ligne disposée de manière à répandre partout l'épouvante. Chabrias l'Athénien, qui commandait les mercenaires, ordonna à ses soldats de recevoir les ennemis sans se déconcerter, de ne point quitter leur rang, et, le bouclier appuyé contre le genou, de présenter aux assaillants la lance droite. Tous obéirent comme un seul homme. Agésilas frappé du bon ordre et du sang-froid que gardaient les Thébains, ne jugea pas à propos de forcer la position dans laquelle ils se trouvaient, ni de réduire des hommes braves à se battre en désespérés. Il tenta donc une nouvelle expérience en cherchant, par la perspective

[1] Les *scirites* étaient toujours placés à l'aile gauche et séparément des autres soldats. (Thucydide, V, 67.)

de la victoire, à les attirer dans la plaine. Mais les Thébains ne donnant point dans ce piége, et gardant la position qu'ils occupaient, Agésilas ramena sa phalange d'infanterie, et, lançant dans la campagne sa cavalerie et ses bataillons d'infanterie légère, il dévasta impunément la campagne et recueillit un immense butin.

XXXIII. Cependant les Spartiates qui formaient le conseil d'Agésilas, ainsi que les chefs de corps, s'étonnèrent qu'un guerrier aussi entreprenant qu'Agésilas, commandant des forces supérieures en nombre, eût refusé de livrer bataille à l'ennemi. Mais Agésilas se contenta de répondre que les Lacédémoniens avaient déjà vaincu sans s'être exposés à aucun danger, puisque les Béotiens n'avaient osé défendre leur campagne qui venait d'être ravagée; tandis que, s'il les avait forcés à un combat réglé, l'issue d'une pareille tentative aurait pu exposer les Lacédémoniens à un échec imprévu. Agésilas, avec la perspicacité qui le distinguait, semblait alors prévoir ce qui arriva par la suite. Ces paroles, par l'accomplissement qu'elles eurent, étaient non pas l'opinion d'un homme, mais en quelque sorte un oracle des dieux. En effet, les Lacédémoniens, attaquant les Thébains avec des forces supérieures et les forçant à se battre pour la liberté, éprouvèrent de grands revers. Vaincus d'abord à Leuctres, ils y perdirent un grand nombre de citoyens, parmi lesquels se trouva le roi Cléombrote; ensuite, complétement battus à Mantinée, ils perdirent sans retour l'empire de la Grèce. Ainsi, la fortune nous apprend que les présomptueux sont humiliés, et que dans ses espérances, l'homme ne doit jamais dépasser de justes limites.

Agésilas, bornant son ambition à ce premier succès, conserva son armée intacte et la ramena dans le Péloponnèse. Les Thébains, sauvés par la stratégie de Chabrias, admirèrent le talent militaire de ce général. En effet, Chabrias, qui s'était déjà fait connaître par tant d'exploits, se distingua particulièrement par le stratagème qu'il avait employé; ce fut dans la position où il donnait cet ordre à ses soldats, qu'il fut représenté sur les statues que lui décerna le peuple d'Athènes. Après la retraite d'Agésilas, les Thébains s'avancèrent sur Thespies et tuèrent un avant-poste de deux cents hommes ; après avoir livré à la ville de continuels assauts, mais inutilement, ils reconduisirent leur armée à Thèbes. Phœbidas le Lacédémonien, qui avait sous ses ordres une garnison nombreuse à Thespies, fit alors une sortie et tomba brusquement sur les Thébains en retraite ; mais il perdit dans cette action plus de cinq cents hommes, et lui-même, après une brillante résistance, et couvert de blessures reçues par devant, périt en héros.

XXXIV. Quelque temps après, les Lacédémoniens dirigèrent toutes leurs troupes sur Thèbes. De leur côté, les Thébains se saisirent de quelques postes d'un accès difficile, et empêchèrent l'ennemi de ravager la campagne, sans oser cependant l'attaquer de front en rase campagne ; mais Agésilas combattant au premier rang, ils s'avancèrent peu à peu. Le combat devint long et acharné ; Agésilas eut d'abord le dessus ; mais les Thébains étant ensuite sortis de la ville, et accourus en masse au secours des leurs, Agésilas, averti de ce mouvement, fit sonner la retraite. Les Thébains, qui se voyaient alors pour la première fois ne pas être inférieurs aux Lacédémoniens, élevèrent un trophée, et, dès ce moment, ne redoutèrent plus l'armée des Spartiates. Telle fut l'issue de l'engagement entre les troupes de terre.

A cette même époque, il y eut un grand combat naval entre Naxos et Paros. En voici l'origine. Pollis, commandant de la flotte lacédémonienne, averti que les Athéniens attendaient un convoi de vivres, se mit en embuscade, épiant le moment favorable pour tomber sur les vaisseaux de transport, chargés de provisions. Le peuple athénien, prévenu du danger, fit partir une flotte pour escorter le convoi et parvint à le faire entrer dans le Pirée. Après cela, Chabrias, nauarque des Athéniens, se porta avec toute la flotte sur Naxos et en fit le siége ; jaloux de prendre la ville d'assaut, il débarqua les machines de guerre et les fit jouer contre les murailles. Pendant que ces dispositions se faisaient, Pollis, commandant de la flotte lacédémonienne, se porta au secours des Naxiens. Les deux nauarques rivalisèrent d'ardeur pour en venir à un combat, et disposèrent leurs navires pour l'attaque. Pollis avait sous ses ordres soixante-cinq trirèmes, et Chabrias quatre-vingt-trois. Pollis, qui commandait l'aile droite, attaqua le premier l'aile gauche de la flotte ennemie, qui avait pour chef Cédon l'Athénien. Après un combat acharné, il tua Cédon, et coula bas le bâtiment que celui-ci montait. Ensuite, courant sus aux autres bâtiments, et les déchirant à coups d'éperon, il en détruisit quelques-uns et mit les autres en fuite. A cet aspect, Chabrias détacha une division de sa flotte pour voler au secours de l'aile maltraitée, et rétablit ainsi le combat. Quant à lui, à la tête de la plus forte partie de la flotte, il fit preuve d'une grande bravoure, fit sombrer un grand nombre de trirèmes et en prit plusieurs.

XXXV. Après avoir remporté la victoire et mis en déroute tous les bâtiments de l'ennemi, il s'abstint de leur poursuite : il se rappela le combat naval des Arginuses, à l'occasion duquel le peuple, accusant les généraux victorieux d'avoir laissé les morts sans sépulture, les condamna à mort au lieu de les combler de bienfaits ; il n'eut garde de s'exposer au même traitement. Chabrias, au lieu de poursuivre l'ennemi, fit donc recueillir les corps qui flottaient sur l'eau, sauva ceux qui étaient encore vivants et ensevelit les morts. S'il ne s'était point occupé à ce soin, il aurait facilement détruit toute la flotte des ennemis. Dans cette bataille navale, les Athéniens perdirent dix-huit trirèmes et les Lacédémoniens vingt-quatre, non compris huit autres qui tombèrent avec tout leur équipage au pouvoir des vainqueurs. Après cette victoire signalée, Chabrias entra dans le Pirée, avec de riches dépouilles et fut fort honoré par les citoyens. Ce fut la première victoire que les Athéniens eussent remportée sur mer depuis la guerre du Péloponnèse : car ce n'était point avec leurs propres forces qu'ils avaient gagné la bataille de Cnide, mais avec la flotte du roi des Perses.

Tandis que ces événements se passaient, il arriva qu'en Italie Marcus Manlius fut puni de mort à Rome, convaincu d'avoir aspiré à la tyrannie.

XXXVI. Chariandre étant archonte d'Athènes, les Romains nommèrent, au lieu de consuls, quatre tribuns militaires, Servius Sulpicius, Lucius Papirius, Cornélius Titus et Marcus Quintius; et on célébra en Élide la CI[e] olympiade, dans laquelle Damon de Thurium fut vainqueur à la course du stade[1]. Dans cette année, les Triballes, peuple de la Thrace, pressés par la disette, firent invasion sur le territoire limitrophe et se procurèrent des vivres en pays étranger. Ils pénétrèrent dans le pays limitrophe de la Thrace au nombre de plus de trente mille, et dévastèrent impunément le territoire des Abdéritains. Maîtres d'un immense butin, ils se retirèrent en désordre et en bravant l'ennemi. Les Abdéritains, s'étant levés en masse, profitèrent de ce moment pour tomber sur eux et en tuèrent plus de deux mille. Les Barbares, irrités de cet échec, et voulant se venger des Abdéritains, envahirent de nouveau leur territoire; mais animés par leur premier succès et soutenus par un renfort que leur avaient envoyé les Thraces leurs voisins, les Abdéritains tinrent tête aux Barbares. Il se livra un combat acharné dans lequel les Abdéritains, subitement abandonnés par les Thraces, et réduits à leurs propres forces, furent enveloppés par une multitude de Barbares et restèrent presque tous sur le champ de bataille. Les Abdéritains, abattus par un si grand revers, allaient être assiégés dans leur ville, lorsque apparut Chabrias l'Athénien à la tête d'une armée, il délivra les Abdéritains des dangers qui les menaçaient, chassa les Barbares de la contrée et laissa une forte garnison dans Abdère; mais il fut assassiné par quelques traîtres. Timothée, prenant le commandement de la flotte, se dirigea sur Céphallénie, approcha ses navires de la ville et engagea les villes de l'Acarnanie à embrasser le parti des Athéniens; il se fit un ami d'Alcétas, roi des Molosses, attira dans ses intérêts les villes des environs et défit les Lacédémoniens dans la bataille navale de Leucade. Tous ces succès furent obtenus promptement et facilement, tantôt par la voie de la persuasion, tantôt par la force des armes. Aussi la renommée de ce

---

[1] Première année de la CI[e] olympiade; année 376 avant J.-C.

général fut-elle grande, non-seulement auprès de ses concitoyens, mais encore auprès des autres Grecs. Telle était la situation de Timothée.

XXXVII. Pendant que ces événements avaient lieu, les Thébains marchèrent sur Orchomène avec cinq cents hommes d'élite, et accomplirent un exploit digne de mémoire : les Lacédémoniens avaient à Orchomène une forte garnison ; elle fut attaquée par les Thébains, et il s'engagea un combat opiniâtre dans lequel les Thébains, se battant contre des forces doubles, vainquirent les Lacédémoniens. Pareille chose ne s'était jamais vue jusqu'alors, car on regardait déjà comme un avantage signalé de vaincre les Lacédémoniens avec des forces supérieures. Aussi les Thébains devinrent-ils, dès ce moment, pleins d'ambition ; et la renommée de leur bravoure se répandant de plus en plus, ils entrèrent ouvertement en lutte pour l'empire des Grecs.

Dans cette même année, l'historien Hermias de Méthymne, termine son histoire de la Sicile, divisée en dix livres, et selon d'autres, en douze.

XXXVIII. Hippodamus étant archonte d'Athènes, les Romains nommèrent, au lieu de consuls, quatre tribuns militaires, Lucius Valérius, Crispus Manlius, Fabius Servilius, Sulpicius Lucrétius[1]. Dans cette année, Artaxerxès, roi des Perses, sur le point de faire la guerre aux Égyptiens et empressé de prendre à sa solde beaucoup de troupes étrangères, résolut de mettre un terme aux guerres qui désolaient la Grèce ; car il espérait que les Grecs, délivrés des guerres intestines, s'engageraient volontiers à son service. Il envoya donc des députés dans toute la Grèce, pour exhorter les villes à conclure une paix générale. Les Grecs, las des guerres continuelles, accueillirent avec joie la proposition d'Artaxerxès ; ils conclurent donc la paix aux conditions que toutes les villes seraient indépendantes et qu'elles ne recevraient plus de garnison étrangère. Les Grecs nommèrent donc des commissaires chargés de visiter chaque ville et d'en faire sortir toutes les garnisons. Les Thébains seuls s'opposèrent

---

[1] Deuxième année de la ci⁰ olympiade ; année 375 avant J.-C.

ce que ce traité s'appliquât à chaque ville en particulier; ils exigeaient que toute la Boétie fût tributaire des Thébains. Mais ils trouvèrent dans les Athéniens les adversaires les plus prononcés de cette prétention; Callistrate, le démagogue, porta la parole pour les Athéniens, tandis qu'Épaminondas prononça dans le conseil général un discours admirable en faveur des Thébains. Tous les Grecs ratifièrent le traité qui avait été conclu; les Thébains seuls refusèrent d'y adhérer; car Épaminondas avait, par son courage, inspiré tant de confiance à ses concitoyens, qu'ils osèrent protester contre des décrets votés à l'unanimité. Les Lacédémoniens et les Athéniens, qui avaient été constamment en lutte au sujet de la suprématie sur la Grèce, convinrent alors entre eux que les premiers seraient jugés dignes de commander sur terre et les seconds sur mer; mais les uns et les autres ne virent pas sans inquiétude une troisième puissance rivale s'élever à côté d'eux; ils cherchèrent donc à arracher de la dépendance des Thébains les villes de la Béotie.

XXXIX. Les Thébains étaient des hommes distingués par la force et la souplesse de leurs corps; vainqueurs des Lacédémoniens en plusieurs combats, ils avaient une haute idée d'eux-mêmes et prétendaient au commandement sur terre. Ils ne furent pas déçus dans leur espoir, car ils avaient alors à leur tête plusieurs généraux braves et habiles, dont les plus illustres étaient Pélopidas, Gorgias, Épaminondas. Ce dernier l'emporta par son courage et par son habileté stratégique, non-seulement sur ses compatriotes, mais sur tous les peuples de la Grèce. Il était instruit dans toutes les sciences et principalement dans la philosophie pythagoricienne; doué, en outre, d'avantages physiques, il n'est pas surprenant qu'il ait accompli les plus brillantes actions. C'est ainsi qu'obligé de se battre avec un petit nombre de soldats thébains contre les forces réunies des Lacédémoniens et de leurs alliés, il se montra tellement supérieur à ses ennemis réputés invincibles, qu'il tua de sa propre main le roi des Lacédémoniens, Cléombrote, et qu'il tailla en pièces presque toute la troupe qui lui était opposée. C'est à la pénétration de son esprit et au courage qui avait été développé en lui dès son enfance, qu'il devait l'exécution de ces hauts faits. Mais nous parlerons plus tard de tout cela en détail; reprenons maintenant le fil de notre récit.

XL. La conclusion du traité qui accorda aux cités grecques la liberté de se gouverner selon leurs propres lois, fut suivie de troubles et de graves désordres. Ces troubles éclatèrent surtout dans les villes du Péloponnèse. Habituées à un régime oligarchique et ayant alors établi une démocratie insensée, ces villes condamnèrent beaucoup de braves citoyens à l'exil; on prononçait leurs arrêts sur des accusations calomnieuses; on ne voyait partout que troubles, bannissements et confiscations. On sévissait principalement contre les citoyens qui, à l'époque de la domination des Lacédémoniens, avaient été à la tête de l'administration; car la masse du peuple, qui avait recouvré sa liberté, avait gardé le souvenir de ceux qui jadis lui avaient imposé leurs ordres. Cependant les bannis de Phiala s'emparèrent d'abord d'une place forte appelée Hérée, d'où ils firent des incursions sur le territoire phialéen. Pendant une fête de Bacchus, les exilés tombèrent à l'improviste sur les spectateurs assis dans le théâtre; ils en égorgèrent un grand nombre, en forcèrent plusieurs à embrasser leur cause, et retournèrent à Sparte. Les exilés de Corinthe, qui s'étaient rassemblés chez les Argiens, tentèrent aussi de rentrer dans leur patrie. Mais accueillis d'abord dans la ville par quelques domestiques et amis, ils furent dénoncés et sur le point d'être arrêtés; dans la crainte de tomber entre les mains de leurs ennemis, ils se donnèrent la mort réciproquement. Les Corinthiens mirent en jugement plusieurs citoyens accusés d'avoir pris part à la tentative des exilés et les condamnèrent, les uns, à la mort, les autres à l'exil. Dans la ville des Mégariens, quelques citoyens avaient essayé de renverser le gouvernement; mais étant tombés entre les mains du peuple, ils furent pour la plupart tués ou chassés. De même, à Sicyone, quelques citoyens, convaincus d'avoir fomenté des troubles, furent mis à mort. Chez les Phliasiens, les exilés, dont le nombre était considérable, s'étaient établis dans une position forte, avaient réuni une multitude de mercenaires et livrèrent aux habitants sortis de la ville un combat en règle. Les bannis furent victorieux et tuèrent aux Phliasiens plus de trois cents hommes. Plus tard, les Phliasiens prirent leur revanche sur les bannis, trahis par quelques sentinelles : ils en tuèrent plus de six cents, le reste, expulsé de la contrée, fut obligé de se réfugier à Argos. Telle était la situation critique des affaires dans les villes du Péloponnèse.

XLI. Socratide étant archonte d'Athènes, les Romains nommèrent, au lieu de consuls, quatre tribuns militaires, Quintus Crassus, Servilius Cornélius, Spurius Papirius et Fabius Albus [1]. Dans cette année, le roi Artaxerxès marcha contre les Égyptiens qui s'étaient révoltés contre les Perses. Les troupes barbares étaient commandées par Pharnabaze, et Iphicrate l'Athénien avait sous ses ordres vingt mille mercenaires [2]. Le roi l'avait fait venir auprès de lui, et, en considération de ses talents militaires, lui avait donné un commandement dans son armée. Pharnabaze avait déjà passé plusieurs années en préparatifs; Iphicrate, voyant que ce satrape était aussi hautain dans ses discours que nonchalant dans ses actions, lui dit, en manière d'avertissement, qu'il s'étonnait de le voir si prompt en paroles et si lent en actions. A quoi Pharnabaze répondit : Je suis maître de mes paroles, mais le roi est maître de mes actes. Enfin l'armée des Perses s'assembla dans la ville d'Acé [3] : on compta deux cent mille Barbares sous les ordres d'Artabaze [4] et vingt mille mercenaires grecs commandés par Iphicrate. La flotte se composait de trois cents trirèmes et de deux cents navires à trente rames ; quant aux vaisseaux de transport chargés de vivres et d'autres munitions de guerre, leur nombre était considérable. Au commencement de l'été, les généraux

---

[1] Troisième année de la cie olympiade ; année 374 avant J.-C.
[2] Suivant Cornelius Nepos (*Iphicrates*, c. 2.) Iphicrate ne commandait que douze mille mercenaires.
[3] Aujourd'hui Saint-Jean-d'Acre.
[4] C'est sans doute *Pharnabaze* qu'il faut lire ici.

du roi mirent en mouvement toute l'armée et s'avancèrent vers l'Égypte de concert avec la flotte. Arrivés près du Nil, ils trouvèrent les Égyptiens ouvertement préparés à la guerre : Pharnabaze, qui avait mis beaucoup de lenteur à cette expédition, avait donné aux ennemis beaucoup de loisir pour faire leurs préparatifs ; car les généraux perses ne sont nullement des maîtres absolus, il faut que pour toute chose ils en réfèrent au roi et attendent ses réponses.

XLII. Nectanebis, roi des Égyptiens, instruit du nombre des troupes perses, ne perdit point courage, confiant surtout en la position avantageuse du pays; car l'Égypte est d'un accès très-difficile. De plus, il avait bien fortifié tous les passages qui donnent accès soit par terre, soit par les sept bouches du Nil qui verse ses eaux dans la mer d'Égypte. A chacune de ces embouchures, sur les deux rives, avait été élevée une ville garnie de hautes tours; un pont en bois dominait l'entrée du canal. La bouche Pélusiaque est la mieux défendue parce qu'elle s'offre la première à ceux qui viennent du côté de la Syrie et qu'elle passe pour le principal point d'attaque de l'ennemi. Des fossés avaient été creusés et des enceintes construites dans les endroits les plus propres au débarquement. Les abords par terre avaient été convertis en lacs, et les parties navigables fortifiées par des digues. Il était donc difficile à la flotte de mouiller, à la cavalerie de manœuvrer, et aux troupes de terre de s'avancer. Les généraux réunis autour de Pharnabaze, voyant que la bouche Pélusiaque était admirablement fortifiée et gardée par une armée nombreuse, renoncèrent entièrement d'en forcer le passage et résolurent de pénétrer par une autre embouchure. Ils regagnèrent donc le large et, manœuvrant en sorte que les bâtiments ne fussent pas aperçus par l'ennemi, ils se portèrent sur la bouche Mendésienne dont la rive est très-étendue. Là, ils débarquèrent trois mille hommes que Pharnabaze et Iphicrate firent marcher contre la petite ville fortifiée à l'entrée de cette bouche. Les Égyptiens accoururent au secours de cette place avec leur cavalerie et trois mille hommes d'infanterie. Il s'engagea un combat acharné ; comme les Perses recevaient des troupes fraîches débarquées de leurs nombreux navires, les Égyptiens furent bientôt enveloppés ; ils perdirent beaucoup de monde, un grand nombre d'entre eux furent faits prisonniers et le reste refoulé dans la ville. Iphicrate, attaquant la garnison en dedans des murs, se rendit maître de la forteresse, la détruisit et vendit les habitants comme esclaves.

XLIII. Après ce succès, il s'éleva entre les généraux Perses un différend qui fit avorter l'expédition. Iphicrate, averti par les prisonniers que Memphis, la ville la plus importante de l'Égypte, avait été laissée sans défense, proposa de se diriger immédiatement sur Memphis avant que les Égyptiens y eussent concentré leurs troupes. Pharnabaze était au contraire d'avis d'attendre l'arrivée de toute l'armée des Perses, afin de rendre le succès de cette entreprise plus certain. Iphicrate demanda alors qu'il lui fût permis de marcher contre Memphis avec les mercenaires qu'il avait sous la main, promettant de s'en rendre maître. Mais l'audace et la bravoure de ce général le rendirent suspect et firent craindre qu'il n'occupât l'Égypte pour son propre compte. Pharnabaze se refusa donc à cette proposition. Iphicrate protestait que si l'on ne saisissait pas ce moment opportun, toute l'expédition échouerait. Les généraux perses étaient jaloux d'Iphicrate, et répandirent des calomnies contre lui. Cependant les Égyptiens, qui avaient eu le temps de se reconnaître, envoyèrent à Memphis une garnison suffisante ; ils rassemblèrent toutes leurs forces devant la petite ville que les Perses venaient de détruire et, ayant l'avantage de se servir d'armes bien solides, ils harcelèrent continuellement l'ennemi. Enfin, recevant sans cesse des renforts, ils faisaient essuyer de grandes pertes aux Perses, en même temps qu'ils retrempaient leur courage. L'armée des Perses fut occupée autour de cette place jusqu'à l'époque où soufflent les vents étésiens et où le Nil, inondant toute la contrée, rend l'Égypte presque imprenable. Ces obstacles naturels s'opposant à l'exécution de l'entreprise projetée, les généraux perses résolurent d'évacuer l'Égypte. Ils revinrent donc dans l'Asie où la discorde entre Pharnabaze et Iphicrate éclata ouvertement. Iphicrate, craignant d'être arrêté et d'éprouver le même sort que Conon l'Athénien[1], jugea prudent de quitter secrètement le camp des Perses. Il fit donc préparer un navire sur lequel il s'embarqua la nuit et retourna ainsi à Athènes. Pharnabaze fit partir des députés pour accuser Iphicrate d'avoir fait manquer l'expédition d'Égypte. Les Athéniens répondirent aux envoyés perses que s'ils le trouvaient coupable ils le puniraient comme il le mériterait. Peu de temps après, ils nommèrent Iphicrate commandant de leur flotte.

XLIV. Il n'est pas hors de propos de rapporter ici ce que l'histoire raconte des grandes qualités d'Iphicrate. Il passait pour posséder des connaissances profondes en stratégie et pour être doué d'une sagacité naturelle remarquable. Il avait acquis dans la guerre de Perse une expérience consommée dans l'art militaire, mais il s'était surtout occupé de ce qui concerne l'armement des troupes. Les Grecs s'étaient jusqu'alors servis de grands boucliers difficiles à manier; il supprima ces boucliers et introduisit les peltes dont le maniement présentait le double avantage de couvrir suffisamment le corps et de laisser le soldat libre de tous ses mouvements. Cette réforme utile ayant été adoptée, les hommes aux anciens boucliers, appelés autrefois *hoplites* à cause de leurs boucliers, reçurent alors le nom de *peltastes*[2] du bouclier léger qu'ils portaient. Quant à la lance et à l'épée, il leur fit subir un changement tout opposé; car il donna à la lance une fois et demie plus de longueur qu'elle n'en avait et allongea l'épée presque du double. L'expérience sanctionna cette réforme et ajouta encore à la réputation de ce général. Il inventa aussi pour les soldats une chaussure plus légère et plus facile à dénouer, qui a été, après lui, appelée *iphicratide*, nom qu'elle porte encore aujourd'hui. Il introduisit encore dans

---

[1] Voyez Cornelius Nepos, *Conon*, c. 5.
[2] Η πέλτη, bouclier court.

l'armée beaucoup d'autres réformes utiles qu'il serait trop long de décrire ici.

Ainsi donc l'expédition des Perses contre l'Égypte, qui avait occasionné tant de frais, échoua contre toute attente.

XLV. En Grèce les villes étaient troublées par des changements politiques ; et l'anarchie devint bientôt générale. Les Lacédémoniens soutenaient les gouvernements oligarchiques, tandis que les Athéniens se déclaraient pour la démocratie. Ces deux États n'observèrent donc pas longtemps les clauses du traité ; et lorsqu'ensuite ils vinrent au secours de leurs villes patronées, ils se firent réellement la guerre au mépris des conditions de la paix générale. A Zacynthe, le peuple, vivement irrité contre les magistrats institués par les Lacédémoniens, les chassa tous de la ville. Ceux-ci se réfugièrent auprès de Timothée, commandant de la flotte athénienne, et prirent service sur ses navires[1]. S'étant ainsi assurés de la coopération de Timothée, ils vinrent débarquer dans l'île et s'emparer d'une place forte située au bord de la mer et qui portait le nom d'Arcadie. Partant de là, et soutenus par Timothée, ils faisaient beaucoup de mal aux habitants de la ville. Les Zacynthiens demandèrent donc du secours aux Lacédémoniens ; ces derniers envoyèrent d'abord des députés à Athènes pour se plaindre de la conduite de Timothée, et lorsqu'ils virent que le peuple inclinait en faveur des bannis, ils équipèrent une flotte de vingt-cinq trirèmes et la firent partir sous les ordres d'Aristocrate au secours des Zacynthiens.

XLVI. Tandis que ces événements se passaient, quelques

---

[1] Le texte est ici évidemment tronqué ; car on ne comprend pas que les magistrats de Zacynthe, partisans déclarés des Lacédémoniens, soient venus se réfugier sur la flotte de leurs ennemis les Athéniens. De deux choses l'une, ou il faut avec Miot compléter le texte par l'intercalation suivante : « Mais ramenés par les Lacédémoniens, ces exilés bannirent à leur tour leurs ennemis qui vinrent chercher un asile sur la flotte Athénienne, etc. ; » ou bien depuis τοῖς ἐπὶ τῆς Λακεδαιμονίων ἐπιστατείας.......... jusqu'à ἐφυγάδευσε πάντας, il faut changer la phrase de façon qu'elle présente un sens tout opposé, et que ce ne soit plus les partisans des Lacédémoniens, mais bien ceux des Athéniens qui soient obligés de chercher un refuge sur la flotte de Timothée : c'est cette dernière version que je propose pour rétablir le contexte.

Corcyréens, partisans des Lacédémoniens, s'insurgèrent contre le peuple et invitèrent les Spartiates à leur envoyer une flotte, leur promettant de livrer Corcyre. Les Lacédémoniens, pénétrés de l'importance de ce poste pour saisir l'empire de la mer, s'empressèrent de profiter de l'occasion qui se présentait pour se rendre maîtres de la ville des Corcyréens. Ils firent donc immédiatement partir pour Corcyre une flotte de vingt-deux trirèmes, commandée par Alcidas. Ils feignirent de destiner cette flotte contre la Sicile, afin qu'étant admis comme amis par les Corcyréens, ils s'emparassent de la ville avec le secours des exilés ; mais les Corcyréens, devinant le stratagème des Spartiates, gardèrent leur ville soigneusement, en même temps qu'ils envoyèrent à Athènes des députés chargés de demander du renfort. Les Athéniens résolurent de venir au secours des Corcyréens et des exilés de Zacynthe ; ils firent partir pour Zacynthe Ctésiclès, qui devait se mettre à la tête des exilés, et ils se disposèrent à mettre en mer une flotte destinée aux Corcyréens.

Pendant que ces choses se passaient, les Platéens, en Béotie, se déclarèrent en faveur des Athéniens, et leur demandèrent des troupes, décidés à leur livrer la ville. Mais les *béotarques* [1], irrités contre les Platéens, se hâtèrent de prévenir le secours des Athéniens en mettant immédiatement sur pied une armée considérable. Arrivés aux environs de la ville de Platée, ils attaquèrent les habitants à l'improviste ; la plupart des Platéens, répandus dans la campagne, furent saisis par la cavalerie ennemie, les autres se réfugièrent dans la ville ; mais se voyant sans alliés, ils furent obligés de capituler et de se rendre à discrétion. Il leur fut permis de sortir de la ville, en emportant leurs meubles, avec défense de jamais remettre le pied sur le territoire béotien. Après cela, les Thébains rasèrent Platée et détruisirent Thespies, qui avait montré des sentiments hostiles. Les Platéens, avec leurs enfants et leurs femmes, se réfugièrent à Athènes, et

---

[1] Βοιωτάρχαι, chefs de la confédération béotienne.

obtinrent, par un décret du peuple, le droit de cité. Telle était la situation des affaires en Béotie.

XLVII. Les Lacédémoniens nommèrent Mnasippe au commandement de la flotte qu'ils envoyèrent à Corcyre. Cette flotte se composait de soixante-cinq trirèmes, portant mille cinq cents soldats. Mnasippe aborda dans l'île et accueillit les bannis ; il entra dans le port, s'empara de quatre navires et en força trois autres à se jeter sur la côte où ils furent brûlés par les Corcyréens, afin qu'ils ne tombassent point au pouvoir de l'ennemi. Il battit ensuite les troupes de terre, occupant une hauteur, et répandit la terreur dans toute l'île. Les Athéniens avaient depuis longtemps fait partir Timothée, fils de Conon, pour aller au secours des Corcyréens avec soixante navires. Ce général s'était auparavant dirigé sur la Thrace, où il engagea plusieurs villes à embrasser son alliance, et augmenta sa flotte de trente trirèmes. Le retard qu'il avait mis à se porter au secours des Corcyréens, irrita le peuple, qui lui ôta le commandement. Cependant, lorsqu'il entra dans le port d'Athènes, amenant avec lui une foule de députés qui avaient embrassé l'alliance d'Athènes, et qu'il se montra accompagné des trente trirèmes dont il avait accru sa flotte, armée en guerre, le peuple se repentit et rendit à Timothée le commandement. Il ajouta encore à sa flotte quarante autres trirèmes, de manière à porter les forces navales à un total de cent trente trirèmes. Enfin, on amassa des provisions de vivres, de flèches et toute sorte de munitions. Pour le moment, le peuple nomma Ctésiclès commandant militaire et l'envoya avec les cinq cents hommes au secours des Corcyréens. Ctésiclès profita de la nuit pour aborder à Corcyre à l'insu des assiégeants. Il trouva les habitants en proie à des dissensions civiles, et l'administration de la guerre dans un état déplorable. Il apaisa la discorde, mit l'administration de la ville sur un meilleur pied et ranima le courage des assiégés. Il attaqua d'abord les assiégeants à l'improviste et leur tua deux cents hommes ; puis, dans un grand combat qui s'engagea ensuite, il tua Mnasippe lui-même et beaucoup d'autres avec lui.

Enfin, assiégeant, pour ainsi dire, les assaillants eux-mêmes, il s'attira de grands éloges. Lorsque la guerre corcyréenne fut à peu près terminée, la flotte athénienne partit pour Corcyre sous les ordres de Timothée et d'Iphicrate. Ces généraux, s'étant attardés, ne firent rien qui soit digne de mémoire, si ce n'est que, rencontrant des trirèmes siciliennes que Denys avait envoyées au secours des Lacédémoniens, sous le commandement de Cisside et de Crinippe, ils les capturèrent avec tout leur équipage. Ces trirèmes, au nombre de neuf, furent vendues; ils en retirèrent plus de soixante talents[1] avec lesquels ils soldèrent l'armée.

Sur ces entrefaites, Nicoclès l'eunuque tua par trahison Évagoras, roi de Cypre, et usurpa le royaume des Salaminiens.

En Italie, les Romains vainquirent, en bataille rangée, les habitants de Préneste, et taillèrent en pièces la plupart de leurs ennemis.

XLVIII. Astée étant archonte d'Athènes, les Romains élurent, au lieu de consuls, six tribuns militaires, Marcus Furius, Lucius Furius, Aulus Posthumius, Lucius Lucrétius, Marcus Fabius et Lucius Posthumius[2]. Dans cette année, le Péloponnèse fut désolé par de grands tremblements de terre et par des inondations incroyables qui détruisirent les campagnes et les villes. Jamais on n'avait vu jusqu'alors la Grèce désolée par de si grands désastres : des villes entières disparaissaient avec leur population, comme si une puissance divine avait juré la perte et la destruction des hommes. Le moment même où ces fléaux se firent sentir les rendit encore plus affreux. Ainsi, les tremblements de terre n'arrivaient point le jour, sans quoi les malheureux auraient pu être secourus; mais ils se manifestaient la nuit; les maisons étaient renversées par de terribles secousses, et les hommes, égarés dans les ténèbres et pris à l'improviste, étaient dans l'impossibilité de trouver quelque moyen de salut. La plupart des habitants furent ensevelis sous les décombres; et

[1] Environ trois cent trente mille francs.
[2] Quatrième année de la CIe olympiade, année 373 avant J.-C.

lorsque, à la pointe du jour, ils se précipitèrent hors de leur maison dans l'espoir d'échapper au fléau, ils tombèrent dans un danger encore plus grand et plus inattendu : la mer, prodigieusement grossie, était sortie de son lit et inondait de ses flots les hommes qui disparurent avec leurs foyers. Ces désastres frappèrent particulièrement deux villes de l'Achaïe, Hélice et Bura. Hélice était, avant le tremblement de terre qui la désola, la ville la plus célèbre de l'Achaïe. Ces malheurs donnèrent lieu à de grandes recherches. Les physiciens essaient d'en trouver l'explication, non pas dans la colère des dieux, mais dans des causes naturelles et nécessaires[1]. D'autres, pénétrés de sentiments religieux, regardent ces calamités comme un châtiment divin pour servir d'exemple aux impies. C'est ce que maintenant nous allons examiner en détail.

XLIX. Neuf villes d'Ionie avaient coutume de tenir une assemblée générale appelée la *Panionie*. Elles offraient d'anciens et de grands sacrifices à Neptune, dans un endroit désert, aux environs de Mycale. Mais les guerres qui éclatèrent dans cette contrée mettant obstacle à la célébration de la Panionie, on changea le lieu de la solennité, qui fut célébrée dans un endroit sûr, près d'Éphèse. On envoya en même temps des théores pour consulter la pythie. L'oracle répondit qu'il fallait enlever les statues des antiques autels qui se trouvaient à Hélice, dans la contrée qui portait alors le nom d'*Ionie* et qui s'appelle aujourd'hui *Achaïe*. Conformément à la réponse de l'oracle, les Ioniens envoyèrent donc dans l'Achaïe des hommes chargés de prendre ces statues. Ces envoyés entrèrent en négociation avec l'assemblée des Achéens pour en obtenir ce qui était l'objet de leur mission. Or, les habitants d'Hélice conservaient une ancienne tradition selon laquelle ils seraient menacés d'un grand danger si les Ioniens venaient à sacrifier sur l'autel de Neptune.

---

[1] Voyez Sénèque, *Quæst. natur.*, VI, 23. Strabon, VIII, p. 590, de l'édit. Casaub.

[2] Suivant d'autres écrivains, ces villes étaient au nombre de douze. Voyez Hérodote, I, 145; et Strabon, VIII, p. 593.

Se rappelant cette tradition d'un ancien oracle, ils refusèrent aux Ioniens les statues demandées, alléguant qu'elles n'étaient pas une propriété commune des Achéens, mais une propriété particulière, sacrée. Les habitants de Bura appuyèrent les habitants d'Hélice. Cependant les Ioniens obtinrent par un décret de l'assemblée des Achéens la permission de sacrifier sur l'autel de Neptune, ainsi que l'avait ordonné l'oracle. Mais les Héliciens dispersèrent les offrandes des Ioniens, arrachèrent les théores de l'autel et commirent ainsi un sacrilége. C'est, dit-on, irrité de cet outrage que Neptune dévasta ces villes impies par des tremblements de terre et des inondations. Pour prouver que ces désastres sont l'effet de la colère de Neptune, on allègue que ce dieu a dans son pouvoir les tremblements de terre et les inondations ; que le Péloponnèse passe de temps immémorial pour la demeure de Neptune ; que ce pays est pour ainsi dire consacré à Neptune, et qu'en général toutes les villes du Péloponnèse vénèrent le plus ce dieu parmi les immortels. On ajoute aussi que le Péloponnèse renferme de grandes cavités souterraines et de vastes réservoirs d'eau. En effet, on y voit deux fleuves qui évidemment coulent sous terre : l'un, près de Phénée[1], disparut dans des temps anciens, en se perdant dans les profondeurs du sol ; l'autre, près de Styphalium, se précipite dans un gouffre, et, parcourant ainsi sous terre une distance de deux cents stades, sort auprès de la ville d'Argos. Enfin, pour confirmer ce qui vient d'être dit, on ajoute qu'à l'exception des deux villes coupables, aucune autre n'eut à souffrir de semblables maux. Mais en voilà assez sur ce sujet.

L. Alcisthène étant archonte d'Athènes, les Romains nommèrent, au lieu de consuls, huit tribuns militaires, Lucius Valérius, Publius Ancus, Caïus Térentius, Lucius Ménénius, Caïus Sulpicius, Titus Papirius, Lucius Émilius et Fabius Marcus, et on célébra en Élide la CII[e] olympiade, dans laquelle Da-

---

[1] Voyez Pausanias, VIII, 20 ; et Strabon, VIII, p. 596.

mon de Thurium fut vainqueur à la course du stade [1]. Dans ce temps, la divinité annonça aux Lacédémoniens la perte de l'empire de la Grèce qu'ils avaient possédé pendant près de cinq cents ans. On aperçut au ciel, plusieurs nuits de suite, un flambeau ardent qui, d'après sa forme, avait reçu le nom de *outre ignée*. En effet, peu de temps après, les Spartiates furent vaincus dans une grande bataille et perdirent sans retour leur suprématie. Quelques physiciens attribuaient l'origine de ce phénomène à des causes naturelles et soutenaient que de semblables apparitions se manifestent à des périodes nécessairement déterminées, et que les Chaldéens de Babylone et d'autres astrologues en font des prédictions certaines ; qu'ainsi, au lieu d'être surpris de l'apparition de ces phénomènes, il faudrait au contraire s'étonner s'ils ne revenaient pas chacun à sa période, en accomplissant, par leurs mouvements éternels, des révolutions définies. Quoi qu'il en soit, ce flambeau du ciel était d'un tel éclat et d'une lumière si intense qu'il formait sur la terre des ombres semblables à celles de la lune [2].

À cette époque, le roi Artaxerxès, voyant la Grèce de nouveau déchirée par des troubles, envoya des députés pour engager les Grecs à mettre un terme à ces guerres intestines et à faire une paix universelle basée sur les mêmes conditions qu'autrefois. Les Grecs accueillirent avec joie cette proposition. Toutes les villes, à l'exception de Thèbes, conclurent donc une paix générale ; car les Thébains, comprenant sous la juridiction de leur seule ville la Béotie entière, furent exclus de ce traité par les Grecs, qui voulaient que chaque ville donnât par un serment son adhésion au traité général. Ainsi les Thébains mis, comme autrefois, en dehors du traité, continuèrent à gouverner la Béotie sous une seule et même juridiction. Indignés de cela, les Lacédémoniens résolurent de marcher contre eux avec une armée nombreuse et de les traiter comme un ennemi commun ; car

---

[1] Première année de la CII[e] olympiade; année 372 avant J.-C.
[2] Il est sans doute ici question de l'apparition d'une comète. Comparez Aristote, *Meteorologica*, I, 6 ; Sénèque, *Quæst. nat.*, VII, 6.

ils voyaient l'accroissement des Thébains d'un œil jaloux, et craignaient que ces derniers, une fois maîtres de la Béotie entière, ne profitassent d'une occasion favorable pour renverser la domination de Sparte. Passant tout leur temps dans les gymnases, les Thébains étaient doués d'une grande force de corps et naturellement portés à la guerre. Ils ne le cédaient en courage à aucun peuple grec. Ils avaient des chefs nombreux et distingués par leur bravoure. On cite comme les plus célèbres, Épaminondas, Gorgias et Pélopidas. Ainsi Thèbes, se souvenant de sa célébrité aux temps héroïques, était pleine de confiance en elle-même et aspirait à de grandes choses. Cette année fut donc employée par les Lacédémoniens en préparatifs de guerre ; ils levèrent des troupes parmi les citoyens aussi bien que chez les alliés.

LI. Phrasiclide étant archonte d'Athènes, les Romains nommèrent, au lieu de consuls, huit tribuns militaires, Publius Manlius, Caïus Érénutius, Caïus Sextus, Tibérius Julius, Lucius Albinius, Publius Trébonius, Caïus Manlius, Lucius Anthestius[1]. Dans cette année, les Thébains, exclus du traité général, furent réduits à leurs propres ressources pour soutenir la guerre contre les Lacédémoniens. Ils n'avaient aucune ville alliée, car toutes les villes étaient comprises dans le pacte de paix commun. Profitant de cet isolement, les Lacédémoniens déclarèrent la guerre aux Thébains dans l'espérance de réduire Thèbes en esclavage. Les préparatifs des Lacédémoniens se faisaient ouvertement, et comme les Thébains étaient sans alliés, tout le monde crut que les Spartiates viendraient facilement à bout de les dompter. Les Grecs, qui étaient animés de bons sentiments à l'égard des Thébains, les plaignirent d'avance du sort qui les attendait. Ceux, au contraire, qui étaient animés de sentiments hostiles, se réjouissaient de ce que les Thébains ne tarderaient pas à tomber dans la servitude. Enfin, les Lacédémoniens avaient mis sur pied une armée nombreuse dont ils confièrent le commandement au roi Cléombrote. Ils envoyèrent d'abord des

---

[1] Deuxième année de la CIIe olympiade ; année 371 avant J.-C.

députés à Thèbes, exigeant que toutes les villes de la Béotie fussent reconnues indépendantes ; que Platée et Thespies fussent relevées et le territoire rendu à ses anciens possesseurs. Les Thébains répondirent que, ne se mêlant point des affaires de la Laconie, les Spartiates ne devaient pas non plus s'occuper de celles de la Béotie. Sur cette réponse, les Lacédémoniens firent partir sur-le-champ Cléombrote pour marcher avec son armée sur Thèbes. Les alliés des Lacédémoniens prirent volontiers part à cette guerre, dans l'espoir qu'il n'y aurait ni combat ni bataille, et qu'ils se rendraient maîtres de la Béotie sans coup-férir.

LII. Cependant, les Lacédémoniens s'avancèrent. Arrivés à Chéronée[1] ils y établirent leur camp, et attendirent les alliés retardataires. Les Thébains, à l'approche de l'ennemi, décrétèrent que les femmes et les enfants seraient transportés à Athènes. Ils nommèrent ensuite Épaminondas au commandement de l'armée, et lui confièrent toute la conduite de la guerre, avec l'adjonction de six béotarques. Épaminondas appela sous les armes toute la population valide des Thébains, et il forma ainsi, avec les citoyens de Thèbes et d'autres Béotiens les plus robustes, une armée d'élite qui ne dépassa pas six mille hommes. Au sortir de la ville, beaucoup de soldats remarquèrent des augures d'un mauvais présage pour l'armée. Ainsi, Épaminondas rencontra sous les portes de la ville, un héraut conduisant un aveugle qui s'était échappé ; ce héraut proclamait à haute voix, selon la coutume, qu'il ne fallait pas le laisser sortir de Thèbes ni le faire disparaître ; mais qu'il fallait le ramener pour qu'il ait la vie sauve. Les plus âgés de ceux qui entendaient le cri de ce héraut, le prirent pour un mauvais augure ; les plus jeunes ne disaient rien, afin de ne pas, par un mouvement de lâcheté, détourner Épaminondas de sa marche. Épaminondas, se tournant vers ceux qui voulaient qu'il tînt compte des augures, répliqua par ce vers d'Homère : « Le seul et le meilleur augure, c'est de dé-

---

[1] C'est *Coronée* qu'il faudrait lire ici. Chéronée étant située plus près de la Phocide, ne se trouvait pas sur la route des Lacédémoniens.

« fendre sa patrie[1]. » A peine cette réplique avait-elle été adressée aux timides pour relever leur courage, qu'un second augure apparut, d'un présage plus mauvais encore. Le scribe du camp, portant une lance à laquelle était fixée une banderole, s'avança pour transmettre l'ordre des chefs, lorsque le vent enleva cette banderole et la porta sur une colonne élevée sur un tombeau; Sous ce monument funèbre étaient ensevelis quelques-uns des Lacédémoniens et des Péloponnésiens qui étaient morts en combattant sous les ordres d'Agésilas. A ce présage, les vieillards insistèrent de nouveau, protestant qu'il ne fallait point avancer contre la volonté formelle des dieux. Sans rien leur répondre, Épaminondas continua sa marche, pensant que la considération du beau et du juste doit l'emporter sur les augures. C'est ainsi qu'Épaminondas se montra vraiment philosophe en mettant sagement en pratique les leçons reçues pendant sa jeunesse. Il fut néanmoins blâmé par la foule; mais justifié ensuite par les immenses avantages qu'il procura à sa patrie, il s'acquit la réputation d'un habile général. Il porta son armée aussitôt en avant et s'empara des défilés de Coronée où il établit son camp.

LIII. Averti que les ennemis avaient occupé le défilé, Cléombrote renonça à forcer ce passage. Il continua sa marche par la Phocide, et, suivant une route difficile le long des côtes, il envahit la Béotie sans rencontrer aucun obstacle; il s'était emparé, en passant, de quelques forts et de plusieurs trirèmes. Enfin, arrivé à l'endroit qu'on appelle Leuctres, il dressa son camp et fit reposer ses soldats des fatigues de la route. Cependant les Béotiens s'avancèrent sur l'ennemi, et arrivés assez près, ils aperçurent de quelques hauteurs les Lacédémoniens occupant toute la plaine de Leuctres. L'étendue de cette armée leur fit concevoir de vives inquiétudes. Les béotarques se réunirent alors en conseil et délibérèrent s'il fallait rester et se battre contre des forces bien supérieures en nombre, ou se retirer et gagner une position plus avantageuse pour livrer un combat. Les voix des six béotarques furent partagées également, trois opinèrent pour

---

[1] *Iliade*, XII, vers 241.

la retraite et trois pour le combat immédiat[1]. Épaminondas était de l'avis de ces derniers. La discussion allait se prolonger, lorsqu'arriva le septième béotarque qui, gagné par les considérations développées par Épaminondas, fit par sa voix prévaloir la dernière opinion. Il fut donc décidé de risquer une bataille décisive. Cependant, Épaminondas s'apercevant que ses soldats étaient encore frappés d'une crainte superstitieuse au sujet des augures, cherchait avec la sagacité qui lui était propre un moyen de donner le change à la crainte superstitieuse du vulgaire. Il engagea donc quelques hommes nouvellement arrivés de Thèbes, à répandre le bruit que les armes suspendues au temple d'Hercule avaient disparu soudain, et que l'on disait à Thèbes que les anciens héros les avaient enlevées pour venir au secours des Béotiens[2]. Il avait aussi apposté un homme supposé tout récemment sorti de l'antre de Trophonius[3]; cet homme annonça que la divinité ordonnait aux Thébains, lorsqu'ils auraient vaincu à Leuctres, d'instituer, en l'honneur de Jupiter roi, un jeu coronnaire. C'est depuis lors que les Béotiens ont conservé l'usage de cette solennité à Lébadie.

LIV. Épaminondas fut secondé dans ses desseins par Léandrias le Spartiate qui, exilé de Lacédémone, servait alors dans l'armée des Thébains. Car, amené devant l'assemblée, Léandrias déclara que c'était une ancienne tradition chez les Spartiates qu'ils perdraient leur suprématie lorsqu'ils seraient vaincus à Leuctres par les Thébains. Épaminondas reçut aussi la visite de quelques devins du pays qui lui dirent que les Lacédémoniens éprouveraient un grand revers près du tombeau des filles de Leuctrus et de Scédasus. Voici pourquoi : Leuctrus avait laissé son nom à cette plaine ; les filles de Leuctrus et de Scédasus fu-

---

[1] Le conseil des béotarques était une espèce de comité de salut public, surveillant et entravant les mouvements des généraux. Ils paraissent avoir été au nombre de douze. (Thucydide, IV, 91.)

[2] Cicéron (*de Divinatione*, I, 34) raconte ce même prodige comme extrait de Callisthène.

[3] L'antre de Trophonius était situé près de Lébadie. Voyez Élien, V. H., III, 45, et la note de Perizonius.

rent violées par des députés de Lacédémone. Ces filles outragées, ne pouvant survivre à leur déshonneur, se donnèrent elles-mêmes la mort en maudissant le pays qui avait choisi de tels députés. Sur ce récit et beaucoup d'autres semblables, Épaminondas assembla ses soldats, les exhorta au combat par des discours appropriés à la circonstance, et gagna tous les esprits en sa faveur. Enfin, délivrés de leur crainte superstitieuse, les soldats se montrèrent résolus au combat.

Dans ce même temps, les Thébains reçurent aussi un secours de quinze cents fantassins et de cinq cents cavaliers envoyés par les Thessaliens. Jason, qui commandait cette armée, essaya d'abord les voies de la persuasion pour amener les Lacédémoniens et les Béotiens à conclure une trêve, au lieu de tenter les caprices de la fortune. La trêve fut conclue; et Cléombrote se disposait déjà à quitter la Béotie, lorsqu'il rencontra un renfort considérable, envoyé par les Lacédémoniens et leurs alliés, sous le commandement d'Archidamus, fils d'Agésilas. Car les Spartiates, qui avaient remarqué, non sans crainte, la résolution, l'audace et le courage désespéré des Béotiens, avaient fait partir une seconde armée afin de tenir tête, par le nombre, à l'intrépidité de leurs adversaires. Lorsque toutes ces troupes se furent concentrées, les Lacédémoniens pensèrent qu'il serait honteux de trembler devant la valeur des Béotiens. En conséquence, au mépris de la trêve conclue, ils se replièrent en toute hâte sur Leuctres. Les Béotiens étant prêts au combat, les deux armées se mirent en ordre de bataille.

LV. Dans l'armée lacédémonienne, les chefs descendants d'Hercule, le roi Cléombrote et Archidamus, fils du roi Agésilas, commandaient les deux ailes. Chez les Béotiens, Épaminondas se prépara à une victoire célèbre par une combinaison stratégique de son invention : il choisit les meilleurs soldats de toute l'armée et les plaça à l'une des ailes où il devait lui-même combattre. Il mit à l'autre aile les soldats les moins robustes avec l'ordre de feindre une fuite et de lâcher peu à peu le terrain au choc de l'ennemi. Il donna donc à sa phalange une disposition oblique et résolut de confier à l'aile occupée par le corps d'élite le sort de la bataille. Dès que les trompettes eurent sonné la charge, les deux armées s'avancèrent l'une contre l'autre en poussant le cri de guerre. Les Lacédémoniens attaquèrent les deux ailes en donnant à leur phalange la forme d'un croissant. L'une des ailes de l'armée béotienne fléchit, tandis que l'autre chargea l'ennemi au pas de course. Dans ce premier choc, la victoire resta indécise; mais bientôt le corps d'élite qui environnait Épaminondas gagna du terrain, grâce à sa bravoure et à ses rangs serrés, et tailla en pièces un grand nombre de Péloponnésiens. Les ennemis ne soutinrent pas le choc de ce vaillant corps d'élite : les uns tombèrent et les autres furent criblés de blessures, toutes reçues par devant. Tant que Cléombrote, roi des Lacédémoniens, était en vie, le nombre des guerriers qui le couvraient de leurs boucliers et étaient prêts à mourir pour lui, rendait la victoire incertaine. Mais lorsque le roi, après s'être exposé à tous les dangers, fut impuissant à résister à la force des adversaires et mourut en héros, couvert de blessures, alors les morts s'amoncelèrent autour du roi tombé.

LVI. L'aile de l'armée lacédémonienne ayant été mise en désordre par la perte de son chef, les troupes d'Épaminondas serrèrent de près les Lacédémoniens et rompirent peu à peu les rangs ennemis. Les Lacédémoniens soutinrent un combat glorieux autour du corps du roi qu'ils arrachèrent des mains de l'ennemi; mais ils ne parvinrent pas à remporter la victoire. Car le brave corps d'élite, animé par la bravoure et les exhortations d'Épaminondas, repoussèrent, quoique avec peine, les Lacédémoniens qui, cédant le terrain, ne conservèrent plus l'ordre de leurs rangs; ils laissèrent beaucoup de monde sur le champ de bataille, et lorsque la perte du chef fut connue, toute l'armée se livra à la fuite. Épaminondas poursuivit les fuyards, en fit périr un grand nombre et remporta une victoire mémorable. Les Thébains s'acquirent ainsi une immense réputation de bravoure pour s'être mesurés avec les plus vaillants des Grecs et pour avoir vaincu des forces de beaucoup supérieures aux leurs. Le général Épaminondas fut l'objet des plus grands éloges pour sa valeur et le talent stratégique qu'il avait déployés en combattant des chefs réputés invincibles. Les Lacédémoniens perdirent dans cette bataille au moins quatre mille hommes, et les Béotiens environ trois cents. On conclut ensuite un traité pour l'enlèvement des morts et le retour des Lacédémoniens dans le Péloponnèse. Telle fut l'issue de la bataille de Leuctres.

LVII. L'année étant révolue, Dyscinète fut nommé archonte d'Athènes, et les Romains élurent, au lieu de consuls, quatre tribuns militaires, Quintus Servilius, Lucius Furius, Caïus Licinius et Publius Cœlius[1]. A cette époque, les Thébains marchèrent contre Orchomène dans le dessein d'en réduire les habitants à l'esclavage; mais, sur le conseil d'Épaminondas, que, pour aspirer à l'empire de la Grèce, il fallait conserver par l'humanité ce qu'on avait acquis par la valeur, ils renoncèrent à cette entreprise et admirent les Orchoméniens au nombre de leurs alliés. Ils firent de même à l'égard des Phocidiens, des Étoliens, des Locriens, et rentrèrent dans la Béotie.

Jason, tyran de Phères, qui devenait de jour en jour plus puissant, envahit la Locride; il prit par trahison Héraclée en Trachinie, la détruisit et en donna le territoire aux Œtéens et aux Méliens. Il marcha ensuite contre la Perrhæbie, gagna quelques villes par la voie de la persuasion et soumit les autres par la force. Mais l'agrandissement de sa puissance et son ambition devinrent suspects aux habitants de la Thessalie.

Pendant que ces choses se passaient, la ville d'Argos fut le théâtre d'une insurrection; les massacres étaient tels que les Grecs ne se souvenaient pas d'en avoir jamais vu de semblables. Cette insurrection reçut le nom de *Scytalisme*[2] du genre de mort que s'infligeaient les habitants.

LVIII. Voici l'origine de cette insurrection. La ville d'Argos avait un gouvernement démocratique; quelques orateurs démagogues avaient excité la multitude contre les citoyens qui se faisaient

---

[1] Troisième année de la cii^e olympiade; année 370 avant J.-C.
[2] De σκυτάλη, lanière, bâton.

remarquer par leurs richesses et leurs dignités ; or, ces citoyens poursuivis par la calomnie avaient conspiré le renversement du gouvernement démocratique. Quelques-uns des conjurés ayant été mis à la torture, les autres, pour se soustraire aux mêmes tourments, se donnèrent eux-mêmes la mort. Cependant un de ceux qui avaient été mis à la torture, avoua le fait de la conspiration et dénonça trente des principaux citoyens. Le peuple, sans autre forme de procès, égorgea tous ceux qui lui avaient été dénoncés et vendit leurs biens. Cependant, les orateurs démagogues, par leurs accusations calomnieuses, rendirent suspects un grand nombre d'autres citoyens, et la multitude devint tellement exaspérée que tous ceux qui lui avaient été dénoncés furent condamnés à mort. C'est ainsi que périrent plus de douze cents citoyens des plus influents, et le peuple n'épargna pas même ses meneurs ; car ces derniers, effrayés de la gravité des circonstances, et craignant qu'il ne leur en arrivât autant, avaient cessé de se porter accusateurs. La populace se crut alors abandonnée par eux et porta sa rage au point de massacrer tous les démagogues. C'est ainsi que, par l'effet d'une vengeance divine, ils éprouvèrent eux-mêmes un châtiment mérité. L'orage passé, le peuple rentra dans le calme primitif[1].

LIX. A cette même époque, Lycomède de Tégée persuada aux Arcadiens de se constituer en un seul État et de former un conseil général composé de mille membres, en qui résiderait l'autorité de la guerre et de la paix. A la suite de cette proposition, il éclata un grand soulèvement chez les Arcadiens. Les insurgés recoururent aux armes ; un grand nombre d'entre eux furent tués, et plus de quatorze cents se retirèrent, les uns à Sparte, les autres à Palantium. Ces derniers furent livrés par les Palantins et égorgés par leurs vainqueurs ; ceux qui s'étaient réfugiés à Sparte engagèrent les Lacédémoniens à marcher contre l'Arcadie. C'est pourquoi le roi Agésilas, à la tête d'une armée et

---

[1] Ce tableau rappelle avec une effrayante fidélité les pages sanglantes de la révolution française, tant il est vrai qu'en tout temps et en tout lieu les passions humaines offrent le même spectacle.

des bannis eux-mêmes, envahit le territoire des Tégéates, qui passaient pour avoir provoqué cette insurrection ainsi que la condamnation des bannis. Il dévasta la campagne, livra des assauts à la ville de Tégée et répandit la terreur parmi les Arcadiens insurgés.

LX. Dans cet intervalle, Jason, tyran de Phères, distingué par sa prudence et ses talents militaires, avait attiré dans son alliance plusieurs peuples voisins; en même temps il engageait les Thessaliens à aspirer à la domination des Grecs, leur disant que c'était là le prix d'une lutte pour tous ceux qui voudraient y prendre part. Les Lacédémoniens étaient déchus depuis leur défaite à Leuctres; les Athéniens ne prétendaient qu'à la suprématie maritime; les Thébains étaient indignes de l'empire de la Grèce; les Argiens étaient affaiblis par les troubles intérieurs et les massacres récents. Les Thessaliens mirent donc Jason à la tête de leur gouvernement et lui confièrent l'administration de la guerre. Après avoir pris la direction des affaires, Jason se lia avec quelques peuples voisins et fit une alliance avec Amyntas, roi des Macédoniens.

Cette année fut marquée par quelque chose de particulier : trois souverains moururent à la fois; Amyntas, fils de Tharrhaléus, roi de Macédoine, termina ses jours après un règne de vingt-quatre ans, et laissa trois fils, Alexandre, Perdiccas et Philippe. Alexandre lui succéda et ne régna qu'un an. Argésipolis, roi des Lacédémoniens, mourut aussi après avoir régné un an, et eut pour successeur Cléomène, son frère, qui régna trente-quatre ans. Enfin, le troisième souverain, Jason de Phères, nommé chef de la Thessalie, et qui paraissait gouverner avec douceur, fut assassiné, selon le rapport d'Éphore, par la trahison de sept jeunes gens que l'amour de la gloire avait fait conspirateurs; mais, selon quelques autres historiens, il fut tué par son frère Polydore, qui lui succéda, mais ne régna qu'un an.

C'est à cette année que l'historien Duris de Samos commence son histoire de la Grèce[1].

---

[1] Duris, dont les anciens font souvent mention, avait écrit Ἑλληνικὰ καὶ Μακεδονικά (Histoire de la Grèce et de la Macédoine).

LXI. Lysistrate étant archonte d'Athènes, une sédition éclata chez les Romains : les uns voulaient nommer des consuls, les autres opinaient pour des tribuns militaires. Quelque temps après l'anarchie causée par cette sédition, on décréta le choix de six tribuns militaires qui furent Lucius Émilius, Caïus Virginius, Servilius Sulpicius, Lucius Quintius, Caïus Cornélius, Caïus Valérius[1]. Dans ce temps, Polydore de Phères, souverain des Thessaliens, fut empoisonné[2] par son frère Alexandre, dans un repas où il l'enivra. Son frère Alexandre, qui lui succéda, régna onze ans. Cet usurpateur, qui avait gagné le trône par la violence et le crime, ne démentit pas, par son règne, son mauvais naturel. Ses prédécesseurs s'étaient fait aimer du peuple par leur douceur ; celui-ci devint, au contraire, un objet de haine par sa conduite inique et cruelle. Ses cruautés allèrent si loin que quelques Larisséens désignés, pour leur noble origine, sous le nom d'*Aleuades*[3], conspirèrent pour renverser la dynastie. Ils sortirent de Larisse et se rendirent en Macédoine pour engager Alexandre, roi de ce pays, à expulser le tyran. Dans cet intervalle, Alexandre de Phères, averti de cette conspiration, mit en campagne tous les hommes en état de porter les armes, dans le dessein de porter la guerre en Macédoine. Le roi des Macédoniens, ayant auprès de lui les bannis de Larisse, prévint l'ennemi, se dirigea avec une armée sur Larisse, et s'empara de cette ville avec l'aide de quelques habitants qui l'avaient introduit dans l'intérieur des murs. Il mit ensuite le siège devant la citadelle qu'il prit ; il occupa aussi la ville de Cranon, mais il promit aux Thessaliens de leur rendre l'une et l'autre ville. Cependant, au mépris de son honneur, il y établit des garnisons considérables et gardait les villes pour lui. Alexandre de Phères, traqué de toutes parts, revint à Phères. Telle était la situation des affaires en Thessalie.

[1] Quatrième année de la cne olympiade ; année 369 avant J.-C.
[2] Les anciens indiquaient rarement le genre de poisons employés. — Alexandre était, non pas le frère, mais le neveu de Polydore. L'assassin s'appelait Polyphron, que tua Alexandre d'un coup de lance, pour venger la mort de son oncle.
[3] Voyez Hérodote, VII, 6 et 130.

LXII. Dans le Péloponnèse, les Lacédémoniens envoyèrent Polytropus en Arcadie, à la tête de mille hoplites choisis parmi les citoyens de Sparte, et de cinq cents réfugiés argiens et béotiens. Ce général entra à Orchomène en Arcadie, et occupa cette ville qui favorisait le parti des Lacédémoniens. Lycomède de Mantinée, général des Arcadiens, s'avança sur Orchomène à la tête d'un corps de cinq mille hommes, appelé l'*élite*. Les Lacédémoniens conduisirent leur armée hors de la ville et livrèrent un combat acharné dans lequel ils perdirent leur chef et deux cents guerriers; le reste fut poursuivi jusque dans la ville. Les Arcadiens, quoique victorieux, redoutèrent la puissance de Sparte et ne se crurent pas assez forts pour continuer à faire la guerre aux Lacédémoniens. Ils s'allièrent donc avec les Argiens et les Éliens, et envoyèrent des députés à Athènes pour demander des secours contre les Spartiates. Mais cette demande n'ayant point été accueillie, ils s'adressèrent aux Thébains pour le même objet. Les Béotiens leur envoyèrent sur-le-champ une armée, dans laquelle servaient des Locriens et des Phocidiens. Cette armée s'avança vers le Péloponnèse sous les ordres des béotarques Épaminondas et Pélopidas : les autres béotarques avaient volontairement résigné leur autorité en considération de l'habileté et de la bravoure de ces deux hommes. Arrivés aux frontières de l'Arcadie, ils furent rejoints de toutes parts par les Arcadiens, les Éliens, les Argiens et tous les autres alliés. Ils se réunirent ainsi au nombre de plus de cinquante mille hommes; les chefs se réunirent alors en conseil et décidèrent de marcher sur Sparte en ravageant le territoire de la Laconie.

LXIII. Cependant les Lacédémoniens étaient tombés dans un très-grand embarras : dans la déroute de Leuctres, ils avaient perdu toute leur jeunesse, beaucoup de monde dans d'autres défaites, et se trouvaient par la désertion de leurs alliés réduits à un très-petit nombre de citoyens. Ils se virent ainsi forcés d'implorer le secours des Athéniens, de ces mêmes Athéniens auxquels ils avaient jadis donné les trente tyrans, dont ils avaient rasé les murailles avec défense de les relever, et dont ils avaient résolu de détruire la ville de fond en comble et de réduire le territoire en un pâturage de troupeaux. Rien n'est donc plus puissant que la nécessité et le sort qui contraignirent ces fiers Lacédémoniens à implorer le secours de leurs plus grands ennemis. Pourtant ils ne furent pas déçus dans leurs espérances. Le peuple athénien fut aussi noble que généreux ; sans s'effrayer des forces des Thébains : il décréta qu'on viendrait au secours des Lacédémoniens exposés au danger de l'esclavage : douze mille jeunes gens furent enrôlés en un seul jour, et se mirent immédiatement en campagne sous les ordres d'Iphicrate. Pendant que les ennemis avaient établi leurs camps sur la frontière de la Laconie, les Lacédémoniens sortirent tous de Sparte pour aller à leur rencontre, et, quoique faibles en nombre, ils étaient forts en courage. Épaminondas, voyant qu'il serait difficile de pénétrer sur le territoire des Lacédémoniens, ne jugea pas prudent de s'y engager avec toute son armée ; il la divisa donc en quatre corps, afin d'y pénétrer sur plusieurs points à la fois.

LXIV. Le premier corps, composé des Béotiens, prit le chemin direct de Sellasie et détacha les habitants de cette ville de l'alliance des Lacédémoniens. Les Argiens pénétrèrent par les frontières du territoire de Tégée et livrèrent un combat aux troupes qui gardaient le passage. Dans ce combat, Alexandre le Spartiate, commandant de la garnison, perdit la vie, et deux cents hommes avec lui ; parmi ces derniers se trouvaient aussi les réfugiés béotiens. Le troisième corps, comprenant les Arcadiens, et qui était en même temps le plus fort, envahit le territoire de Scirite gardé par une troupe nombreuse sous les ordres d'Ischolas, homme d'une bravoure et d'une prudence remarquables. Il commandait les meilleurs soldats de Sparte, et fit un exploit héroïque et digne de mémoire. Sachant que, s'il s'engageait dans un combat, tous les siens seraient tués par des ennemis supérieurs en nombre, et que, si d'un côté il était indigne de Sparte d'abandonner le passage dont la garde lui avait été confiée, d'un autre côté il rendrait un service à la patrie en conservant son armée, il résolut de remplir l'un et l'autre devoir en prenant pour exemple la valeur du roi Léonidas aux Thermopyles. Il choisit donc tous les jeunes gens de sa troupe et les renvoya à Sparte pour servir la patrie dans le danger extrême où elle se trouvait. Défendant ensuite le passage avec les soldats qui lui restaient, il tua un grand nombre d'ennemis; mais il fut enveloppé par les Arcadiens et tué avec tous les siens. Les Éliens, qui composaient le quatrième corps, arrivèrent par des chemins ouverts jusqu'à Sellasie; c'était là le point de ralliement de toute l'armée qui marcha de Sellasie sur Sparte, ravageant la campagne par le fer et le feu.

LXV. Les Lacédémoniens, qui pendant cinq cents ans avaient préservé leur territoire de toute dévastation, ne purent supporter le spectacle que leur offrait alors l'ennemi. Ils sortirent de leur ville, animés par la rage; mais, retenus par les gens plus âgés qui les avertissaient de ne point trop s'écarter de la ville, afin qu'elle ne fût point exposée aux attaques des assaillants, ils se laissèrent persuader et ne songèrent plus qu'à la défense de leur cité. Cependant Épaminondas traversa le mont Taygète, arriva sur l'Eurotas et passa ce fleuve dont le cours est très-rapide dans la saison de l'hiver; les Lacédémoniens, voyant l'armée ennemie mise en désordre par la difficulté du passage, profitèrent de ce moment pour l'attaquer. Ils laissèrent leurs femmes et les vieillards pour garder la ville; rangeant ensuite en bataille tous les jeunes gens, ils tombèrent sur l'ennemi et firent un grand carnage parmi ceux qui passaient le fleuve. Cependant les Béotiens et les Arcadiens se défendirent contre les ennemis qu'ils enveloppèrent par le nombre. Enfin les Spartiates, après avoir tué beaucoup de monde, rentrèrent dans la ville en laissant un éclatant témoignage de leur propre bravoure. Cependant Épaminondas conduisit hardiment son armée à l'assaut de Sparte. Les Spartiates, défendus par l'avantage de la position, tuèrent la plupart de ceux qui s'avançaient avec trop de témérité. Les assaillants déployèrent tous leurs efforts et semblaient sur le point d'emporter Sparte de vive force, lorsque Épaminondas, voyant ses soldats ou morts ou blessés, fit sonner la retraite. En passant devant la ville, les ennemis provoquèrent les Spartiates au combat en rase campagne, ou leur crièrent de s'avouer inférieurs à leurs ennemis. Les Spartiates répondirent qu'ils saisiraient un moment propice pour livrer une bataille décisive. Sur quoi les assiégeants se retirèrent, ravagèrent toute la Laconie, et, après avoir amassé un immense butin, ils revinrent dans l'Arcadie. Les Athéniens, arrivés trop tard, retournèrent aussi dans l'Attique, sans avoir rien fait de mémorable. Les Lacédémoniens reçurent de leurs alliés un secours de quatre mille hommes, et, après avoir réuni à leurs troupes mille hilotes auxquels ils venaient de donner la liberté ainsi que deux cents réfugiés béotiens et plusieurs corps auxiliaires envoyés des villes voisines, ils mirent en campagne une armée capable de tenir tête à l'ennemi. Avec cette armée compacte et bien exercée, ils se préparèrent courageusement à livrer une bataille décisive.

LXVI. Épaminondas, homme plein de grands projets et aspirant à une gloire immortelle, conseilla aux Arcadiens et autres alliés de rétablir la ville de Messène qui, plusieurs années auparavant, avait été détruite par les Lacédémoniens et qui était avantageusement située pour menacer Sparte. Ce conseil ayant été unanimement adopté, Épaminondas fit un appel au reste des Messéniens et à tous les étrangers qui voulaient s'associer à cette entreprise. Il réunit ainsi un grand nombre de colons pour relever Messène. Partageant ensuite entre eux les terres, il fit cultiver les champs; après avoir ainsi rebâti une des villes les plus célèbres de la Grèce, il s'acquit une grande réputation auprès de tous les hommes.

Il ne sera pas hors de propos de dire ici un mot sur l'origine de Messène, cette ville plusieurs fois prise et détruite. Messène était anciennement possédée par les descendants de Nélée et de Nestor jusqu'à la guerre de Troie; elle appartint ensuite à Oreste, fils d'Agamemnon, qui la laissa à sa postérité jusqu'au retour des Héraclides. Depuis le retour de ceux-ci, Cresphonte eut cette ville en partage et ses descendants y régnèrent pendant quelque temps, lorsqu'ils furent chassés par les Lacédémoniens qui se rendirent maîtres de Messène. Ensuite, Téléclès, roi de Sparte, ayant été tué dans un combat, les Lacédémoniens continuèrent à faire la guerre aux Messéniens. Cette guerre dura, dit-on, vingt ans ; car les Lacédémoniens avaient juré de ne pas rentrer dans Sparte avant d'avoir pris Messène. Ce fut pendant cette guerre que naquirent ceux qu'on appela *Parthéniens*[1], qui allèrent fonder Tarente en Italie. Comme par la suite les Messéniens furent traités en esclaves par les Lacédémoniens, Aristomène engagea les Messéniens à secouer le joug des Spartiates, auxquels il fit beaucoup de mal. Ce fut alors que les Athéniens donnèrent Tyrtée pour général aux Spartiates. D'autres soutiennent cependant qu'Aristomène est venu au monde pendant la guerre de vingt ans. La dernière guerre des Messéniens prit naissance à l'occasion d'un grand tremblement de terre qui avait renversé presque toute la ville de Sparte et fait périr ses habitants. Les Messéniens qui avaient survécu aux dernières guerres, se réunirent alors aux hilotes rebelles pour fonder la ville d'Ithome, et Messène resta pendant longtemps un amas de décombres. Mais, malheureux dans toutes ces guerres et chassés de toutes parts, ils s'établirent à Naupacte, ville que les Athéniens leur avaient donnée pour demeure. Quelques-uns passèrent en Céphalonie, quelques autres en Sicile, où ils fondèrent la ville qui, d'après eux, a reçu le nom de *Messine*. Enfin, à l'époque actuelle, les Thébains, sur le conseil d'Épaminondas, firent un appel à tous les Messéniens dispersés dans la Grèce pour les engager à rétablir Messène et à reprendre possession de leur ancien territoire. Telles sont les vicissitudes qu'éprouva Messène.

LXVII. Tous les faits de la guerre de Laconie que nous venons de rapporter, les Thébains les accomplirent dans l'espace de quatre-vingt-cinq jours. Ils laissèrent une garnison suffisante à Messène, et retournèrent chez eux. Les Lacédémoniens, déli-

---

[1] Ils avaient été engendrés à Sparte pendant l'absence des maris occupés à la guerre messénienne.

vrés miraculeusement des ennemis, envoyèrent les plus illustres Spartiates en députation à Athènes et entrèrent en conférence au sujet de la suprématie sur la Grèce. Il fut convenu que les Athéniens seraient maîtres sur mer et les Lacédémoniens sur terre. Plus tard, l'une et l'autre ville s'attribuèrent ce double commandement.

Les Arcadiens nommèrent Lycomède au commandement du corps d'élite composé de cinq mille hommes, et marchèrent sur Pallène en Laconie. Ils prirent cette ville d'assaut et passèrent au fil de l'épée la garnison lacédémonienne qui s'y trouvait et qui était composée de plus de trois cents hommes. Ils réduisirent la ville en servitude, ravagèrent la campagne et retournèrent chez eux, avant que les Lacédémoniens eussent pu arriver au secours de Pallène.

Les Béotiens, invités par les Thessaliens à venir délivrer leur ville en renversant la tyrannie d'Alexandre de Phères, envoyèrent en Thessalie Pélopidas à la tête d'une armée, en lui ordonnant de régler les affaires de la Thessalie selon les intérêts des Béotiens. Ce général entra à Larisse, et s'empara de la citadelle, qui était gardée par Alexandre le Macédonien. Après cette prise, il pénétra dans la Macédoine, conclut une alliance avec Alexandre, roi de ce pays, et reçut en otage son frère Philippe qu'il envoya à Thèbes. Après avoir réglé les affaires de la Thessalie de la façon qui lui paraissait la plus conforme aux intérêts des Béotiens, il retourna dans sa patrie.

LXVIII. Sur ces entrefaites, les Arcadiens, les Argiens et les Éliens résolurent d'attaquer de concert les Lacédémoniens, et envoyèrent une députation à Thèbes pour inviter les Béotiens à prendre part à cette expédition. Ceux-ci donnèrent sur-le-champ à Épaminondas et à quelques autres béotarques le commandement de sept mille hommes d'infanterie et de six cents cavaliers. Lorsque les Athéniens apprirent que l'armée des Béotiens s'avançait vers le Péloponnèse, ils firent partir des troupes sous la conduite de Chabrias. Arrivé à Corinthe, ce général réunit à ses troupes les soldats envoyés par les Mégariens, par les Pellénéens et les Corinthiens, et forma ainsi une armée de dix mille hommes, et, après que les Lacédémoniens furent arrivés à Corinthe avec leurs alliés, le total de cette armée s'éleva à vingt mille hommes au moins. Là, ils arrêtèrent de fortifier le passage et de s'opposer à l'entrée des Béotiens dans le Péloponnèse. En conséquence, depuis Cenchrée jusqu'au Léchée, ils élevèrent des retranchements munis de fossés profonds. Ces travaux furent promptement achevés, car les nombreux ouvriers qui y étaient employés mirent beaucoup de zèle à terminer ces fortifications avant l'arrivée des Béotiens. Arrivé avec son armée, Épaminondas examina les lieux, et, remarquant que la position occupée par les Lacédémoniens était la plus abordable, il provoqua d'abord au combat des ennemis presque trois fois plus forts que lui. Mais comme personne n'osait sortir de ces retranchements par lesquels l'ennemi était défendu, il se décida à en faire l'assaut. Plusieurs attaques vives furent ainsi dirigées contre toute la ligne des retranchements, mais particulièrement contre la position occupée par les Lacédémoniens, laquelle était plus abordable et par conséquent plus difficile à défendre. Les combattants déployèrent des deux côtés beaucoup d'ardeur ; Épaminondas, à la tête du corps d'élite des Thébains, eut beaucoup de peine à forcer les lignes lacédémoniennes. Il parvint cependant à enfoncer ce poste et à faire entrer son armée dans le Péloponnèse. Cet exploit ne le cède à aucun de ceux qu'il avait déjà accomplis.

LXIX. Épaminondas continua immédiatement sa route vers Trézène et Épidaure. Il dévasta la campagne, mais ne put point se rendre maître des villes qui étaient défendues par de fortes garnisons. Il s'approcha de Sicyone et de Phlionte, et répandit la consternation dans quelques autres villes. De là il marcha sur Corinthe. Les Corinthiens firent une sortie, mais ils furent vaincus en rase campagne et refoulés dans leurs murs. Les Béotiens furent exaltés par ce succès ; quelques-uns d'entre eux eurent l'audace d'entrer dans la ville avec les fuyards. A cette vue, les habitants effrayés se renfermèrent dans leurs maisons ; mais

Chabrias, général des Athéniens, se conduisit avec tant de présence d'esprit et de courage, qu'il repoussa hors de la ville les Béotiens qui y étaient entrés, et en tua un grand nombre. Stimulés par l'émulation, les Béotiens rangèrent toutes leurs troupes en bataille, et tentèrent une attaque décisive sur Corinthe. Mais Chabrias, à la tête des Athéniens, sortit de la ville et vint occuper une position favorable pour résister aux assaillants. Confiant en leur force physique et en leur grande expérience militaire, les Thébains se flattaient de culbuter les Athéniens. Mais Chabrias, profitant de l'avantage de sa position, et soutenu par les renforts qui lui étaient envoyés de la ville, tua ou blessa un grand nombre d'ennemis. Après avoir essuyé beaucoup de pertes, les Béotiens se retirèrent sans avoir obtenu aucun résultat. Ce fut ainsi que Chabrias, admiré par sa bravoure et ses talents militaires, parvint à repousser les ennemis.

LXX. En ce même temps, il arriva à Corinthe par mer deux mille Celtes et Ibériens. Ils avaient été envoyés au secours des Lacédémoniens par Denys le tyran, et avaient reçu pour cinq mois de solde. Les Grecs, pour les mettre à l'épreuve, les placèrent sur la première ligne dans les combats. Ces étrangers se conduisirent avec bravoure et firent perdre beaucoup de monde aux Béotiens et à leurs alliés. Après s'être distingués par leur valeur et leur habileté à manier les armes, ils furent honorés par les Lacédémoniens, auxquels ils avaient rendu de grands services, et retournèrent en Sicile vers la fin de l'été.

Peu de temps après, Philiscus aborda en Grèce; il était envoyé par le roi Artaxerxès pour exhorter les Grecs à cesser leurs guerres et à conclure une paix générale. Ils y consentirent tous très-volontiers, à l'exception des Thébains, qui persistèrent dans leur dessein de comprendre la Béotie sous une seule domination. Sur le refus d'adhérer au traité de paix, Philiscus laissa aux Lacédémoniens un corps auxiliaire de deux mille hommes soldés d'avance, et revint dans l'Asie. Dans cet intervalle, Euphron le Sicyonien, connu pour son audace et son extravagance, entreprit, avec le secours des Argiens, de s'emparer de la tyrannie. Il réussit en effet dans son entreprise, condamna à l'exil quarante Sicyoniens des plus opulents, et vendit leurs biens à l'enchère. Après s'être ainsi procuré beaucoup de richesses, il rassembla des mercenaires et se déclara souverain de la ville.

LXXI. Nausigène étant archonte d'Athènes, les Romains nommèrent, au lieu de consuls, quatre tribuns militaires, Lucius Papirius, Lucius Ménénius, Servius Cornélius, Servius Sulpicius ; on célébra en Élide la CIII^e olympiade, dans laquelle Pythostrate d'Athènes fut vainqueur à la course du stade [1]. Dans cette année, Ptolémée l'Alorite, fils d'Amyntas [2], tua par trahison son frère Alexandre et occupa pendant trois ans le trône de la Macédoine.

Dans la Béotie, Pélopidas, rival d'Épaminondas et jaloux de sa réputation militaire et des services que ce dernier avait rendus aux Béotiens dans le Péloponnèse, ambitionna de faire, en dehors du Péloponnèse, quelque chose d'utile pour les Thébains. Emmenant donc avec lui Isménias, son ami, homme d'un courage admirable, il entra dans la Thessalie. Arrivé en présence d'Alexandre, tyran de Phères, il fut arrêté sans motif, ainsi qu'Isménias, et tous les deux jetés en prison. Indignés de cet acte, les Thébains firent sur-le-champ passer en Thessalie une armée de huit mille hoplites et de six cents cavaliers. Effrayé de cette expédition, Alexandre envoya des députés à Athènes, chargés de demander du secours. Le peuple décréta sur-le-champ un secours de trente navires et de mille soldats qui partirent sous les ordres d'Autoclès. Pendant que celui-ci côtoyait les rivages de l'Eubée, les Thébains entrèrent dans la Thessalie. Cependant Alexandre avait rassemblé toutes ses troupes de terre, et sa cavalerie était plus nombreuse que celle des Béotiens, ce qui n'empêcha pas les Béotiens de se décider à un combat décisif, comptant sur la coopération des Thessaliens. Mais lorsqu'ils furent abandonnés par ces derniers, et que, d'un autre côté, Alexandre reçut les secours que

---

[1] Première année de la CIII^e olympiade ; année 368 avant J.-C.
[2] L'auteur a dit plus haut (chap. 60) qu'Amyntas avait pour fils Alexandre, Perdiccas et Philippe. Ptolémée était étranger à la famille royale.

LIVRE XV.

lui avaient envoyés les Athéniens et quelques autres alliés, et qu'enfin l'armée commençait à manquer de vivres et d'autres provisions, alors les béotarques résolurent de retourner chez eux. Les Béotiens levèrent donc leur camp, et comme ils traversaient un pays de plaine, Alexandre les poursuivit avec sa nombreuse cavalerie, et attaqua leur arrière-garde. Maltraités sans relâche par les projectiles de l'ennemi, les Béotiens perdirent beaucoup de monde et tombèrent couverts de blessures. Enfin, ne pouvant ni avancer ni reculer, l'armée se trouva dans une position d'autant plus critique, que les vivres étaient devenues très-rares. Déjà elle désespérait de son salut, lorsqu'elle choisit pour son chef Épaminondas, qui servait alors comme simple soldat. Investi de ce commandement, Épaminondas forma, avec quelques cavaliers et quelques hommes armés à la légère, un détachement d'élite qu'il plaça à l'arrière-garde pour résister à l'attaque de l'ennemi et protéger les hoplites qui formaient l'avant-garde. En faisant ainsi souvent volte-face, et conservant un ordre parfait dans les rangs, il réussit à sauver l'armée. Ce succès ajouta encore à la gloire dont jouissait Épaminondas auprès de ses concitoyens et de ses alliés. Les béotarques furent mis en jugement et condamnés à une forte amende.

LXXII. On pourrait demander ici pourquoi un chef tel qu'Épaminondas servit comme simple soldat dans l'armée qui avait été envoyée en Thessalie. Nous allons en donner ici la raison justificative. Lorsque, dans le combat de Corinthe, Épaminondas eut enfoncé les lignes lacédémoniennes qui gardaient le retranchement, il se contenta de cette victoire, et, au lieu de faire essuyer, ce qui lui aurait été facile, de grandes pertes à l'ennemi, il s'abstint d'aller au delà. Il fut alors soupçonné d'avoir voulu gagner la faveur des Lacédémoniens en les épargnant; des adversaires jaloux profitèrent de cette occasion pour le calomnier et l'accuser de trahison. Sur cette accusation, le peuple irrité lui retira la fonction de béotarque et l'envoya servir comme simple soldat. Mais, ayant par ses actions confondu ses accusateurs, il fut réintégré par le peuple dans son ancienne dignité.

Peu de temps après, les Arcadiens livrèrent aux Lacédémoniens une grande bataille dans laquelle ces derniers remportèrent une victoire signalée. C'était leur première victoire depuis leur défaite à Leuctres. Les Arcadiens y perdirent dix mille hommes et les Lacédémoniens pas un seul. Ainsi s'accomplit l'oracle de Dodone, qui avait prédit que cette guerre ne coûterait pas une larme aux Lacédémoniens. Après cette bataille, les Arcadiens, craignant une invasion des Lacédémoniens, fondèrent, dans un emplacement avantageux, Mégalopolis, et la peuplèrent en y faisant entrer les habitants de quarante villages, connus sous le nom de Ménaliens et d'Arcadiens Parrhasiens. Telle était la situation des affaires en Grèce.

LXXIII. En Sicile, Denys le tyran avait mis sur pied des troupes considérables. Voyant les Carthaginois peu en état de soutenir la guerre, par suite des ravages qu'avait faits la peste et de la révolte des Libyens, il décida de leur déclarer la guerre. Manquant de motifs légitimes, il donna pour prétexte que les Carthaginois avaient fait des incursions sur le territoire soumis à sa domination. Il mit donc en campagne trente mille hommes d'infanterie, trois mille cavaliers et trois cents trirèmes complétement équipées. Avec ces forces il envahit les possessions des Carthaginois. Il enleva sur-le-champ Sélinonte et Entelle, ravagea toute la campagne, se rendit maître de la ville d'Éryx et assiégea Lilybée; mais cette place étant défendue par une forte garnison, il leva bientôt le siège. Informé que le chantier des Carthaginois avait été brûlé, et pensant que toute leur flotte avait été détruite, il se flatta de n'avoir plus rien à redouter de leur part. Il détacha donc de sa propre flotte, composée de cent trente trirèmes, les meilleurs bâtiments, et les fit entrer dans le port d'Éryx, tandis qu'il renvoya les autres à Syracuse. Cependant les Carthaginois armèrent inopinément deux cents navires qui vinrent attaquer les bâtiments de Denys au moment où ils entraient dans le port d'Éryx. Cette attaque imprévue coûta à Denys la meilleure partie de sa flotte. Comme l'hiver approchait, les parties belligérantes conclurent une trêve et se retirèrent dans leurs villes respectives. Peu de temps après, Denys fut atteint d'une maladie dont il mourut, après un règne de trente-huit ans. Il eut pour successeur son fils Denys, qui fut pendant douze ans tyran de Syracuse.

LXXIV. Il n'est point hors de propos de raconter ici les causes de la mort de Denys et les circonstances qui l'accompagnèrent. Denys avait fait représenter aux fêtes de Bacchus, à Athènes, une tragédie, et il remporta même le prix. Un des chanteurs du chœur, se flattant de recevoir une brillante récompense s'il venait le premier annoncer cette nouvelle à Denys, se rendit à Corinthe et de là s'embarqua pour la Sicile. Secondé par des vents favorables, il entra bientôt à Syracuse et s'empressa d'annoncer au tyran sa victoire. Denys combla ce messager de présents, se livra à une joie immodérée, sacrifia aux dieux pour cette bonne nouvelle, et donna des banquets et de grands festins. Traitant ainsi splendidement ses amis et s'enivrant de boissons, il tomba dans une grave maladie, causée par la grande quantité des liquides qu'il avait pris. Un oracle lui avait prédit qu'il mourrait lorsqu'il aurait vaincu des ennemis supérieurs à lui. Denys avait appliqué cet oracle aux Carthaginois qu'il regardait comme plus forts que lui. Aussi, chaque fois qu'il était en guerre avec eux il avait l'habitude de se retirer après la victoire, ou de se laisser vaincre volontairement, afin qu'il n'eût pas l'air de l'emporter sur un ennemi plus fort. Mais il ne réussit pas par ce subterfuge à vaincre la nécessité du destin. Mauvais poëte, et jugé comme tel à Athènes, il venait de vaincre des poëtes supérieurs à lui. L'oracle reçut ainsi son accomplissement.

Denys le jeune, qui lui succéda à la tyrannie, convoqua le peuple en une assemblée générale, et l'engagea par des paroles bienveillantes à lui conserver l'affection qu'il avait eue pour son père. Il fit ensuite de magnifiques funérailles, ensevelit le corps de son père dans la citadelle, près des portes appelées royales, et chercha à consolider son autorité.

LXXV. Polyzèle étant archonte d'Athènes, Rome était livrée

à l'anarchie par des guerres intestines[1]. En Grèce, Alexandre de Phères, sur des accusations portées contre les habitants de la ville de Scotusse, les convoqua en une assemblée générale; là il les fit entourer par ses mercenaires et égorger jusqu'au dernier. Il jeta leurs cadavres dans le fossé en dehors des murailles et livra la ville au pillage.

Épaminondas le Thébain entra dans le Péloponnèse à la tête d'une armée, soumit les Achéens et quelques autres États. Il délivra Dyme, Naupacte et Calydone des garnisons que les Achéens y avaient mises. Les Béotiens entreprirent ensuite une expédition en Thessalie, et ramenèrent Pélopidas de la prison où Alexandre de Phères l'avait enfermé.

Les Phliasiens étaient alors en guerre avec les Argiens. Charès fut envoyé à leur secours et délivra les Phliasiens. Vainqueur des Argiens dans deux combats, il rassura les Phliasiens et revint à Athènes.

LXXVI. L'année étant révolue, Céphisodore fut nommé archonte d'Athènes, et les Romains élurent, au lieu de consuls, quatre tribuns militaires, Lucius Furius, Paulus Manlius, Servius Sulpicius et Servius Cornélius[2]. Dans cette année, Thémésion, tyran d'Érétrie, prit la ville d'Orope et l'enleva sans motif aux Athéniens. Ceux-ci dirigèrent donc contre lui une armée nombreuse; les Thébains arrivés au secours du tyran, prirent la ville, la gardèrent en dépôt, et ne la rendirent plus.

Dans cet intervalle, les habitants de l'île de Cos se transportèrent dans la ville qu'ils occupent encore aujourd'hui, et l'embellirent beaucoup. Cette ville se remplit d'un grand nombre d'habitants, reçut de fortes murailles et un port magnifique. Depuis cette époque, les revenus et les richesses de ses habitants sont toujours allés en augmentant; enfin elle put rivaliser avec les premières villes.

A cette même époque, le roi des Perses envoya de nouveau une députation aux Grecs pour les engager à cesser leurs guerres

---

[1] Deuxième année de la CIII⁰ olympiade; année 367 avant J.-C.
[2] Troisième année de la CIII⁰ olympiade; année 336 avant J.-C.

et à conclure entre eux une paix générale. C'est là que se termine la guerre laconique et béotique, qui avait duré cinq ans à dater de la bataille de Leuctres.

Dans ce temps vivaient des hommes célèbres par leur savoir : Isocrate le rhéteur, et ses disciples, Aristote le philosophe, Anaximène de Lampsaque [1], Platon l'Athénien et les derniers philosophes de la secte pythagoricienne [2], Xénophon l'historien, qui est parvenu à un âge très-avancé [3] (car il parlait encore de la mort d'Épaminondas, arrivée peu de temps après). A ces noms on peut ajouter Aristippe, Antisthène et Æchine le Sphettien, de l'école de Socrate.

LXXVII. Chion étant archonte d'Athènes, les Romains nommèrent, au lieu de consuls, des tribuns militaires, Quintus Servius, Caïus Véturius, Aulus Cornélius, Marcus Cornélius et Marcus Fabius [4]. Toute la Grèce jouissait de la paix, lorsqu'il se manifesta de nouveau dans plusieurs villes des germes de guerre et une fureur d'innovation extraordinaire. Les exilés de l'Arcadie sortirent de l'Élide et s'emparèrent, dans la Triphylie, d'une place forte nommée Lasion. Depuis longtemps déjà les Arcadiens et les Éliens se disputaient la possession de la Triphylie ; les uns et les autres avaient été alternativement maîtres du pays, selon les chances de la guerre. La Triphylie était alors occupée par les Arcadiens; les Éliens la leur enlevèrent sous le prétexte de défendre la cause des exilés. Les Arcadiens irrités leur envoyèrent d'abord une députation pour demander la reddition de la place; mais comme cette demande fut refusée, ils allèrent implorer le secours des Athéniens qui leur envoyèrent des troupes pour les aider à reprendre Lasion. Les Éliens, de leur côté, vinrent au secours des exilés, et livrèrent

---

[1] Anaximène de Lampsaque avait écrit l'histoire ancienne des Grecs jusqu'à la bataille de Mantinée.

[2] Ces philosophes étaient Archytas, Timée, Xénophile, Phaëton, Échécrate, Dioclès et Polymastus. Voyez Diogène de Laërte, VIII, 46.

[3] Xénophon, dans la première année de la CV^e olympiade, avait plus de quatre-vingt-six ans.

[4] Quatrième année de la CIII^e olympiade; année 365 avant J.-C.

un combat près de Lasion. Mais comme les Arcadiens étaient supérieurs en nombre, les Éliens furent vaincus et laissèrent plus de deux cents hommes sur le champ de bataille. Ce fut là le commencement d'une guerre de plus en plus acharnée entre les Arcadiens et les Éliens ; car les Arcadiens, exaltés par leurs succès, envahirent l'Élide et prirent les villes de Margane, de Cronium, de Cyparissia et de Coryphasium.

Tandis que ces choses se passaient, en Macédoine, Ptolémée l'Alorite périt par la trahison de son frère Perdiccas, après un règne de trois ans. Son successeur, Perdiccas, fut pendant cinq ans roi de la Macédoine.

LXXVIII. Timocrate étant archonte d'Athènes, les Romains nommèrent, au lieu de consuls, trois tribuns militaires, Titus Quintius, Servius Cornélius et Servius Sulpicius. Les Pisates et les Arcadiens célébrèrent la CIV^e olympiade, dans laquelle Phocidès l'Athénien remporta le prix à la course du stade[1]. En ce temps, les Pisates renouvelèrent une ancienne prétention de leurs ancêtres ; s'appuyant sur quelque tradition antique et fabuleuse, ils soutenaient que la présidence des jeux olympiques leur revenait de droit. Pensant que le moment actuel était favorable pour faire valoir cette prétention, ils firent alliance avec les Arcadiens qui étaient en guerre avec les Éliens. Réunis à ces alliés, ils allèrent attaquer les Éliens, qui célébraient précisément les jeux olympiques. Les Éliens accoururent de toutes parts pour se mettre en défense ; il se livra un combat acharné en présence même des Grecs qui assistaient déjà tout couronnés à la solennité, et qui, spectateurs tranquilles, applaudissaient à la bravoure des combattants. Enfin, les Pisates l'emportèrent et présidèrent les jeux. Les Éliens n'inscrivirent point cette olympiade dans leurs annales comme ayant été célébrée par violence et contre les règles de la justice.

Dans ce même temps, Épaminondas le Thébain, jouissant d'une immense réputation parmi ses concitoyens, convoqua une assemblée générale dans laquelle il exhorta les Thébains à saisir

---

[1] Première année de la CIV^e olympiade ; année 364 avant J.-C.

l'empire de la mer. Dans un discours longuement médité il exposa l'utilité et la facilité de cette entreprise, et allégua entre autres que ceux qui étaient maîtres sur terre seraient aussi facilement maîtres sur mer. Il citait pour preuve les Athéniens qui, bien que, dans la guerre de Xerxès, ils eussent fourni deux cents navires, avaient été soumis aux Lacédémoniens qui n'en avaient fourni que dix. Enfin, après avoir apporté beaucoup d'autres raisons à l'appui de sa proposition, il parvint à persuader les Thébains à prétendre à l'empire de la mer.

LXXIX. Le peuple décréta donc sur-le-champ la construction de cent trirèmes et un nombre égal de chantiers ; en même temps il engagea les habitants de Rhodes, de Chio et de Byzance à le seconder dans son entreprise. Épaminondas lui-même fut envoyé avec une armée dans toutes ces villes, afin de tenir en bride le général athénien Lachès, qui commandait une flotte puissante et qui avait reçu la mission de s'opposer aux tentatives des Thébains. Épaminondas le força à quitter ces parages et maintint ces villes dans le parti des Thébains. Enfin, si cet homme avait vécu plus longtemps, les Thébains, de l'aveu de tout le monde, seraient devenus les maîtres sur terre et sur mer. Mais il mourut peu de temps après, d'une mort héroïque, dans la bataille de Mantinée, en procurant à sa patrie la plus brillante victoire ; et avec lui tomba immédiatement la grandeur des Thébains. Mais nous en parlerons plus loin avec détail. Pour lors les Thébains résolurent de marcher sur Orchomène. Voici pourquoi. Quelques bannis, voulant donner à Thèbes une constitution aristocratique, invitèrent trois cents cavaliers orchoméniens à prendre part à cette entreprise. Ces cavaliers, qui sortaient d'habitude à un jour fixe de Thèbes pour passer la revue, convinrent entre eux de choisir ce moment pour l'exécution du projet. Beaucoup d'autres personnes s'y étaient associées, et arrivèrent également au moment indiqué. Mais les instigateurs du complot se ravisèrent, dénoncèrent toute la trame aux béotarques et s'assurèrent, par la trahison de leurs complices, le pardon de leurs crimes. Les magistrats se saisirent aussitôt des cavaliers d'Orchomène, et après les avoir fait comparaître devant l'assemblée, le peuple les condamna tous à mort; de plus, il décréta que les Orchoméniens seraient réduits à l'esclavage et leur ville renversée de fond en comble. Depuis longtemps les Thébains étaient ennemis des Orchoméniens; dans les temps héroïques, ils payaient aux Minyens un tribut dont ils furent délivrés ensuite par Hercule. Croyant donc le moment propice et se servant de quelque prétexte plausible pour justifier leur vengeance, les Thébains marchèrent sur Orchomène. Ils s'emparèrent de cette ville, tuèrent tous les habitants adultes, et vendirent les enfants et les femmes comme esclaves.

LXXX. A cette même époque les Thessaliens étaient en guerre avec Alexandre, tyran de Phères. Vaincus dans plusieurs batailles, ils avaient perdu beaucoup de monde. Ce fut alors qu'ils envoyèrent des députés aux Thébains pour leur demander des secours et Pélopidas pour chef; car ils savaient que celui-ci était personnellement irrité contre le tyran Alexandre qui l'avait jeté en prison, et ils le connaissaient en même temps pour un homme renommé par sa bravoure et son talent stratégique. Les Béotiens se réunirent en une assemblée générale, et, après avoir pris connaissance de la mission des envoyés, ils accordèrent tout ce que les Thessaliens leur demandaient. Ils firent partir sur-le-champ une armée de sept mille hommes, sous les ordres de Pélopidas. Au moment où Pélopidas se mit en route à la tête de son armée, il arriva une éclipse de soleil. Ce phénomène répandit l'alarme; quelques devins déclarèrent que, par le départ de l'armée, Thèbes allait perdre son soleil, paroles qui présagèrent la mort de Pélopidas. Mais ce général n'en continua pas moins sa marche, poussé par la fatalité. Arrivé en Thessalie, il trouva Alexandre occupant une position très-forte avec plus de vingt mille hommes; il établit son camp en face de l'ennemi, et, après jonction avec les troupes auxiliaires des Thessaliens, il engagea le combat. Alexandre eut l'avantage, grâce à la position qu'il occupait. Pélopidas, empressé de décider, par sa propre valeur, le sort de la bataille, marcha droit sur Alexandre. Le tyran tint ferme avec son corps d'élite; la mêlée devint sanglante : Pélopidas fit des prodiges de valeur; tout le champ de bataille autour de lui fut jonché de cadavres. Enfin, s'exposant aux plus graves dangers, il mit l'ennemi en déroute et remporta la victoire. Mais cette victoire lui coûta la vie; criblé de blessures, il mourut en héros. Alexandre, une seconde fois mis en déroute et pressé de tous côtés, fut obligé, par une capitulation, de rendre aux Thessaliens toutes les villes qui faisaient le sujet de la guerre, de restituer au pouvoir des Béotiens les Magnètes et les Achéens de la Phthiotide, en un mot, de se contenter de la souveraineté de Phères et du titre d'allié des Béotiens.

LXXXI. Bien qu'ils eussent remporté une victoire signalée, les Thébains publiaient partout que la mort de Pélopidas était pour eux une défaite. La perte de cet illustre général leur parut avec raison un revers plus grand que leur victoire. En effet, il avait rendu de nombreux et d'immenses services à sa patrie, et contribué le plus à l'accroissement de la puissance des Thébains. Dans l'entreprise des bannis qui reprirent la Cadmée, ce fut à lui que, de l'aveu de tout le monde, on dut le succès, et ce premier succès fut la source de tous ceux que les Thébains obtinrent par la suite. Dans la bataille de Tégée[1], Pélopidas qui commandait seul comme béotarque, mit en déroute les Lacédémoniens, les plus puissants des Grecs. Aussi les Thébains célébrèrent-ils cette victoire signalée en élevant le premier trophée sur les Lacédémoniens. Dans la bataille de Leuctres, il était à la tête de la cohorte sacrée[2] qui enfonça les lignes spartiates et décida de la victoire. Dans les diverses campagnes dirigées contre Lacédémone, il eut sous ses ordres plus de soixante-dix mille hommes, et éleva à la porte même de Sparte un trophée, monument de la déroute des Lacédémoniens, qui jusqu'alors n'a-

---

[1] Wesseling pense qu'il faut lire *Tégyre*, près d'Orchomène, d'après Plutarque *Pelopidas*).

[2] La cohorte sacrée se composait de trois cents hommes d'élite. Elle fut créée par Gorgidas. Voyez Plutarque (*Pelopidas*).

vaient jamais été attaqués sur leur territoire. Envoyé auprès du roi des Perses, au sujet du traité de paix universelle de la Grèce, il prit à cœur l'intérêt de Messine, que les Thébains reconstruisirent trois cents ans après sa destruction. Enfin, il combattit Alexandre qui avait des troupes bien plus nombreuses que lui, et remporta une victoire éclatante en même temps qu'il eut une mort glorieuse. La renommée de sa bravoure était si grande auprès de ses concitoyens, que, depuis le retour des bannis à Thèbes jusqu'à sa mort, aucun citoyen n'a osé lui disputer le rang de béotarque qu'il conserva toute sa vie. L'histoire devait ce tribut d'éloges aux qualités éminentes de Pélopidas.

Dans ce temps, Cléarque, natif d'Héraclée, dans le Pont, aspira à la tyrannie. Il vint à bout de son entreprise ; ayant pris pour modèle Denys, tyran des Syracusains, il déploya beaucoup de magnificence à Héraclée, et régna douze ans.

A la même époque, Timothée, général des Athéniens, commandant à la fois l'armée de terre et les forces navales, s'empara, après un siége, de Torone et de Potidée, et alla au secours des Cyzicéniens qui étaient alors assiégés.

LXXXII. Chariclide étant archonte d'Athènes, les Romains nommèrent consuls Lucius Émilius Mamercus et Lucius Sextius Latéranus[1]. Dans cette année, les Arcadiens et les Pisans, qui avaient en commun présidé les jeux olympiques, se rendirent maîtres du temple et des trésors qu'il renfermait[2]. Les Mantinéens avaient appliqué à leurs propres usages une grande partie des offrandes sacrées. Ces sacriléges tenaient donc beaucoup à entretenir la guerre contre les Éliens, afin que, si la paix venait à se conclure, ils ne fussent pas obligés de rendre compte de ce qu'ils avaient ravi. Mais, comme les autres Arcadiens inclinaient pour la paix, la discorde éclata parmi ces peuples. Il se forma deux factions ; l'une avait à sa tête les Tégéates, l'autre les Mantinéens. La querelle s'envenimant de plus en plus, on eut recours aux armes; les Tégéates envoyèrent des députés aux

---

[1] Deuxième année de la CIV⁰ olympiade ; année 363 avant J.-C.
[2] Le temple de Jupiter en Élide.

Béotiens pour solliciter leur intervention. Les Béotiens firent partir une armée considérable sous les ordres d'Épaminondas, qui vint au secours des Tégéates. Les Mantinéens redoutant la puissance des Béotiens et la renommée d'Épaminondas, envoyèrent de leur côté des députés aux ennemis les plus déclarés des Béotiens, aux Athéniens et aux Lacédémoniens, pour les engager à leur fournir des secours. Des corps auxiliaires furent promptement fournis, de part et d'autre, et le Péloponnèse devint le théâtre de combats nombreux et sanglants.

Les Lacédémoniens, qui étaient les plus voisins, envahirent d'abord l'Arcadie. Épaminondas arriva en ce même moment à la tête de son armée; à peu de distance de Mantinée, il apprit que les Lacédémoniens en masse ravageaient le territoire des Tégéates. Jugeant donc que la ville de Sparte était laissée sans défense, il résolut de frapper un grand coup. Il profita de la nuit pour s'avancer sur Sparte. Agis[1], roi des Lacédémoniens, se défiant de l'astuce d'Épaminondas, prit toutes les mesures nécessaires pour conjurer l'orage; il fit immédiatement partir quelques courriers crétois qui, devançant Épaminondas, vinrent avertir ceux qui étaient restés à Sparte que les Béotiens se dirigeaient en toute hâte sur Lacédémone, pour ravager la ville. Il annonça lui-même qu'il arriverait le plus promptement possible au secours de la patrie, et ordonna aux habitants de défendre leur ville avec intrépidité.

LXXXIII. Les Crétois apportèrent rapidement ce message qui sauva la patrie des Lacédémoniens d'un danger inattendu; car si cet avertissement n'était pas arrivé à temps, Épaminondas serait à l'improviste tombé sur Sparte. Si on voulait comparer avec impartialité la prévoyance de ces deux généraux, on donnerait la palme au général lacédémonien. Épaminondas, pressé de franchir la distance qu'il avait à parcourir, marcha toute la nuit, et à la pointe du jour il se trouva aux portes de Sparte.

---

[1] Le roi des Lacédémoniens s'appelait alors Agésilas, dont Xénophon a fait un éloge peut-être immérité. Voyez les notes de Palmérius et Wesseling, dans le tome VI, p. 669 de l'édit. bipont.

Cependant Agésilas, à qui avait été laissée la défense de la ville, sur l'avertissement qu'il avait reçu des Crétois, avait pris aussitôt toutes les mesures nécessaires pour mettre la ville en état de résister à l'ennemi. Il fit monter sur le toit des maisons les enfants les plus âgés et les vieillards, et leur ordonna de repousser les ennemis qui tenteraient de pénétrer dans la ville. Quant aux jeunes gens en état de porter les armes, il les distribua dans les passages et les rues de la ville, et après avoir barricadé toutes les avenues abordables, il attendit de pied ferme l'assaut de l'ennemi. Épaminondas avait divisé son armée en plusieurs détachements, se proposant d'attaquer la ville sur tous les points à la fois; mais lorsqu'il vit les dispositions qu'avaient prises les Spartiates, il reconnut aussitôt que son projet était découvert. Néanmoins, malgré ces dispositions et malgré la difficulté des lieux, il n'hésita pas à en venir aux mains; bien qu'il eût beaucoup souffert, il ne se désista point de son entreprise et persévéra jusqu'au moment où l'armée des Lacédémoniens revint à Sparte. Alors les assiégeants étant soutenus par des troupes nombreuses, il leva le siége à l'entrée de la nuit.

LXXXIV. Averti par des prisonniers de guerre que les Mantinéens venaient de tous côtés au secours des Lacédémoniens, Épaminondas se mit en retraite et établit son camp à peu de distance de Sparte. Il fit ensuite prendre le repas à ses troupes et laissa quelques cavaliers dans le camp avec l'ordre d'allumer des feux jusqu'au matin, tandis que lui-même fit une marche forcée pour surprendre les détachements que l'ennemi avait laissés à Mantinée. Il franchit ainsi une longue distance et fondit le lendemain à l'improviste sur les Mantinéens. Mais son habileté fut encore en défaut, et il manqua l'entreprise. Un destin contraire lui enleva la victoire, car au moment même où il approchait d'une ville sans défense, il arrivait du côté opposé de Mantinée un corps auxiliaire envoyé par les Athéniens; ce corps était formé de six mille hommes, et avait pour chef Hégéloque, un des citoyens les plus considérés d'Athènes. Celui-ci fit entrer dans la ville un détachement suffisant, et se disposa au combat avec le reste de ses troupes. Aussitôt apparurent à leur tour les Lacédémoniens et les Mantinéens qui, appelant à eux tous leurs alliés, se tinrent prêts à livrer une bataille décisive. Les Éliens, les Lacédémoniens, les Athéniens, et quelques autres alliés, au nombre de plus de vingt mille hommes d'infanterie et de deux mille cavaliers, étaient venus au secours des Mantinéens. Les Tégéates avaient pour auxiliaires les peuples les plus puissants de l'Arcadie, les Achéens, les Béotiens, les Argiens et quelques autres alliés, tirés du Péloponnèse ou du dehors. Toute cette armée s'élevait à plus de trente mille hommes d'infanterie et ne comptait pas moins de trois mille cavaliers.

LXXXV. Les deux armées étaient déjà en présence et prêtes à livrer une bataille décisive, lorsque les devins déclarèrent, d'après l'inspection des victimes, que les dieux promettaient une victoire égale des deux côtés. [Voici l'ordre de bataille.] Les Mantinéens, réunis à quelques autres Arcadiens, formaient l'aile droite, s'appuyant sur le renfort des Lacédémoniens; venaient ensuite les Éliens, les Achéens et quelques autres alliés plus faibles, qui occupaient le centre ; les Athéniens composaient l'aile gauche. Dans l'armée opposée, les Thébains étaient placés à l'aile gauche et s'appuyaient sur les Arcadiens; l'aile droite était confiée aux Argiens. Le centre était occupé par les Eubéens, les Locriens, les Sicyoniens; puis par les Messéniens, les Maliens, les Ænians, les Thessaliens et les autres alliés. La cavalerie fut placée sur les flancs dans les deux armées. Ces dispositions prises, les deux armées s'avancèrent l'une vers l'autre, les trompettes sonnèrent la charge, les soldats poussèrent le cri de guerre dont le retentissement présageait la victoire. Le combat s'engagea d'abord aux flancs, entre la cavalerie; des deux côtés on se surpassa en valeur. Si les cavaliers athéniens fléchirent devant les cavaliers thébains, ce ne fut pas parce qu'ils manquaient de courage ni d'expérience militaire (car la cavalerie athénienne ne le cédait, sous ce rapport, à aucune autre cavalerie), mais parce que l'ennemi était bien supérieur en nombre et soutenu par des troupes légères. En effet, les Athéniens n'avaient que très-peu de gens de trait, pendant que les Thébains avaient trois fois plus d'archers et de frondeurs, qu'ils avaient fait venir de la Thessalie. Car dans ce pays les hommes sont exercés à la guerre dès leur enfance et acquièrent ainsi une aptitude militaire qui décide du sort des batailles. Ainsi donc, accablés de traits lancés par les troupes légères et maltraités par la cavalerie, les Athéniens furent ébranlés et mis en fuite. Mais à peine se trouvaient-ils hors des ailes qu'ils revinrent à la charge; car malgré leur retraite ils ne rompirent point leur phalange, et, tombant aussitôt sur les Eubéens, ainsi que sur quelques mercenaires envoyés pour occuper les hauteurs voisines, ils leur livrèrent un combat sanglant et les firent tous passer au fil de l'épée. La cavalerie thébaine ne se mit point à la poursuite des fuyards; elle se porta sur la phalange de l'infanterie, et tenta de l'enfoncer. Le combat devint acharné; les Athéniens plièrent, et ils étaient déjà près de prendre la fuite, lorsque le commandant de la cavalerie des Éliens, qui était placé à l'arrière-garde, arriva à leur secours, et, rompant les rangs des Béotiens, fit changer la face du combat. La cavalerie des Éliens qui s'était ainsi montrée à l'aile gauche répara l'échec des alliés. A l'aile opposée, la cavalerie eut aussi un engagement, et le combat resta quelque temps indécis; mais bientôt le nombre et la bravoure des cavaliers béotiens et thessaliens l'emportèrent : les Mantinéens furent forcés de céder, et ils se replièrent sur leur phalange en laissant beaucoup de monde sur le champ de bataille.

LXXXVI. Telle fut l'issue du combat entre les cavaliers. L'infanterie en vint aux mains à son tour; elle soutint de grandes et terribles luttes. On n'avait pas encore vu une armée de Grecs contre Grecs aussi nombreuse des deux côtés, ni de chefs aussi célèbres, ni de guerriers aussi puissants et braves. Les peuples alors les plus renommés pour leur infanterie, les Béotiens et les Lacédémoniens, se trouvaient alors en face l'un de l'autre, prêts à se battre en désespérés. Ils se servirent d'abord de leurs lances qui, pour la plupart, furent brisées par la fréquence des coups. Ils en vinrent bientôt à l'épée, à la lutte corps à corps, et, malgré les nombreuses blessures qu'ils se portaient réciproquement, leur ardeur guerrière ne diminua point. Ce combat désespéré dura longtemps, et l'excès de bravoure qu'on y déployait des deux côtés laissa la victoire incertaine. Chacun, au mépris de sa vie, voulait se distinguer par un fait d'armes et laisser après soi une gloire immortelle. Le combat en était là lorsqu'Épaminondas jugea qu'il était temps de faire lui-même preuve de valeur pour décider la victoire. Il réunit donc autour de lui les meilleurs guerriers et tomba avec ce bataillon d'élite au milieu de l'armée ennemie. Ce fut à la tête de ce bataillon qu'il se précipita d'abord sur le chef des Lacédémoniens et le frappa d'un coup de lance. Répandant autour de lui l'épouvante et la mort, il enfonça la phalange ennemie. Les Lacédémoniens, étourdis de la bravoure d'Épaminondas et de la pesanteur des coups qu'il portait, lâchèrent pied et abandonnèrent le champ de bataille. Les Béotiens et les autres rangs qui leur succédaient continuèrent le carnage et amoncelèrent des monceaux de cadavres.

LXXXVII. Cependant les Lacédémoniens, s'apercevant qu'Épaminondas se livrait avec trop d'ardeur à leur poursuite, firent volte-face et se ruèrent tous sur lui. Aussitôt il fut accablé d'une grêle de flèches. Épaminondas tantôt évitait ces projectiles, tantôt les parait avec son bouclier, et il en arrachait quelques-uns de son corps qu'il renvoyait à l'ennemi pour sa propre défense ; enfin il se battait en héros et était près de remporter la victoire, lorsqu'il reçut un coup mortel dans la poitrine. La lance se brisa et le fer resta dans la plaie ; Épaminondas tomba épuisé. On se battit avec acharnement autour de son corps et on essuya des pertes réciproques ; enfin, grâce à leur force physique, les Thébains parvinrent, quoique avec peine, à défaire les Lacédémoniens. Les Béotiens ne les poursuivirent pas longtemps, mais ils revinrent sur leurs pas, considérant comme la chose la plus importante de rester maîtres de leurs morts[1].

Les trompettes sonnèrent donc la retraite, et la victoire paraissant douteuse, des deux côtés on éleva un trophée. En effet,

[1] C'était une preuve qu'on était maître du champ de bataille.

les Athéniens qui avaient vaincu les Eubéens et les mercenaires occupant les hauteurs, étaient en possession des morts; et les Béotiens qui avaient mis en déroute les Lacédémoniens, étaient de leur côté maîtres du champ de bataille et s'attribuaient la victoire. Ainsi, on resta quelque temps sans s'envoyer des députés pour traiter de l'enlèvement des morts; car personne ne voulait s'avouer vaincu. Enfin les Lacédémoniens envoyèrent les premiers des hérauts à ce sujet; et des deux côtés on donna la sépulture aux morts. Cependant, Épaminondas encore en vie avait été transporté dans le camp, et les médecins convoqués déclarèrent qu'il mourrait lorsqu'on aurait retiré le fer de la plaie. Il supporta la mort avec un courage héroïque. Il fit d'abord venir son écuyer et lui demanda si le bouclier était sauvé. L'écuyer répondit affirmativement. Puis, après avoir fait placer le bouclier devant ses yeux, Épaminondas demanda de quel côté était la victoire. L'écuyer répondit que les Béotiens étaient vainqueurs. « Eh bien, reprit-il, je puis mourir maintenant; » et il ordonna qu'on lui arrachât le fer. Ses amis qui l'environnaient éclatèrent en gémissements et l'un d'eux s'écria en pleurant : « Ah! Épaminondas, faut-il que tu meures sans enfants. — De par Jupiter, reprit Épaminondas, cela n'est pas; car je laisse deux filles, la victoire de Leuctres et celle de Mantinée. » Le fer fut extrait, et Épaminondas expira tranquillement[1].

LXXXVIII. Comme nous nous sommes fait un devoir de payer à la mort de tous les braves un tribut d'éloges, il serait impardonnable de passer sous silence la fin d'un homme tel qu'Épaminondas. Je pense donc qu'Épaminondas a surpassé tous les hommes de son temps, en science militaire, en douceur et en magnanimité. Et pourtant à cette époque il y eut aussi des hommes illustres : Pélopidas chez les Thébains; Timothée, Conon, Chabrias et Iphicrate chez les Athéniens; enfin Agésilas le Spartiate qui vivait un peu avant cette époque. Dans des temps plus reculés, à l'époque des guerres des Mèdes et des Perses,

---

[1] Comparez Cicéron, *Epistolæ ad familiares*, V, 12; *de Finibus*, II, 30. Pausanias, IX, 15; Justin, VI, 8.

on rencontre Solon, Thémistocle, Miltiade, Cimon, Myronide, Périclès et quelques autres généraux chez les Athéniens; en Sicile, Gélon, fils de Dinomène, et d'autres encore. Mais, lorsqu'on compare les qualités éminentes de tous ces hommes avec la science et la réputation militaires d'Épaminondas, on trouve ce dernier bien supérieur aux autres : chacun de ces hommes illustres offre un élément de gloire, tandis qu'Épaminondas réunit à lui seul toutes les grandes qualités : la vigueur du corps, la force de l'éloquence, l'élévation de l'âme, le désintéressement, la générosité et, avant tout, la bravoure et l'habileté stratégique. Tant qu'il vécut, sa patrie eut l'empire de la Grèce; elle le perdit à la mort d'Épaminondas et alla en déclinant jusqu'à ce qu'enfin, par l'impéritie de ses chefs, elle fut réduite à l'esclavage et s'achemina vers sa ruine. Telle fut la fin d'Épaminondas, de cet homme qui s'était illustré par ses vertus.

LXXXIX. Après cette bataille, les Grecs, qui s'étaient disputé la victoire et qui tous avaient rivalisé d'ardeur guerrière, fatigués de leurs guerres continuelles, entrèrent en négociation et conclurent une paix générale ainsi qu'une alliance réciproque dans laquelle ils admirent également les Messéniens. Les Lacédémoniens, animés d'une haine implacable contre les Messéniens, refusèrent, pour ne pas se trouver en contact avec les Messéniens, de signer les conditions de la paix, et, seuls de tous es Grecs, ils restèrent exclus du traité.

Dans cette même année, et à la mort d'Épaminondas, Xénophon l'Athénien termine son histoire des Grecs. Anaximène de ampsaque, qui a écrit l'histoire primitive des Grecs, en commençant à la théogénie et à l'origine du genre humain, termine alement son ouvrage à la bataille de Mantinée et à la mort l'Épaminondas. Cet ouvrage, qui comprend presque toute l'hisoire des Grecs et des Barbares, est divisé en douze livres. Enfin hilistus, qui a écrit l'histoire de Denys le jeune, termine à la même époque son ouvrage, divisé en deux livres, comprenant u espace de cinq ans.

XC. Molon étant archonte d'Athènes, les Romains élurent

pour consuls Lucius Génucius et Quintus Servilius[1]. Dans cette année, les peuples du littoral de l'Asie secouèrent le joug des Perses ; quelques satrapes et généraux prirent part à cette révolte et déclarèrent la guerre à Artaxerxès. En même temps, Tachos, roi des Égyptiens, résolut de faire la guerre aux Perses ; il équipa une flotte et leva une armée de terre. Il tira des villes grecques un grand nombre de soldats qu'il prit à sa solde, et engagea les Lacédémoniens à embrasser son parti. Les Spartiates étaient alors mécontents d'Artaxerxès, parce que ce fut par l'intervention de ce roi que les Messéniens avaient été compris dans le traité de paix générale que les Grecs venaient de conclure. Cette ligue formée contre les Perses força le roi à faire des préparatifs de guerre. Il lui fallait tout à la fois tenir tête au roi d'Égypte, aux villes grecques de l'Asie, aux Lacédémoniens et leurs alliés, ainsi qu'aux satrapes et généraux qui commandaient sur les côtes, et que la conspiration avait réunis. Parmi ces derniers, on remarquait surtout Ariobarzane, satrape de la Phrygie, qui, à la mort de Mithridate, était devenu maître du royaume de ce dernier[2]; Mausole, souverain de la Carie, de plusieurs forteresses et de villes considérables dont la principale était Halicarnasse, la métropole, avec une citadelle et le palais du roi ; Oronte, satrape de la Mysie ; Autophradate, satrape de la Lydie ; enfin, les peuples d'origine ionienne, les Lyciens, les Pisidens, les Pamphiliens, les Ciliciens ; puis, les Syriens, les Phéniciens et presque tous les habitants de la côte. Ce soulèvement fut si général que le roi perdit la moitié de ses revenus et que le reste ne suffisait pas pour subvenir aux frais de la guerre.

XCI. Les rebelles choisirent Oronte pour généralissime. Dès qu'il fut investi du commandement suprême, et qu'il eut reçu des sommes considérables pour enrôler des troupes et pour payer d'avance à vingt mille hommes une année de solde, il trahit ceux qui s'étaient confiés à lui. Se flattant que le roi le comblerait de présents et lui donnerait toute la satrapie maritime s'il livrait

[1] Troisième année de la CIV^e olympiade ; année 362 avant J.-C.
[2] Voyez Cornelius Nepos, *Datames*, 10.

les rebelles aux mains des Perses, il fit d'abord arrêter ceux qui lui apportaient l'argent et les envoya prisonniers à Artaxerxès. Ensuite il livra aux émissaires du roi un grand nombre de villes et les troupes étrangères. Il se fit, dans la Cappadoce, une trahison semblable qui présentait cependant quelques circonstances particulières. Artabaze, général du roi, entra dans la Cappadoce avec une forte armée; Datame, satrape de cette province, marcha contre lui après avoir rassemblé une cavalerie nombreuse et vingt mille hommes de troupes étrangères qu'il avait prises à sa solde. Mais le beau-père de Datame qui commandait la cavalerie et qui voulait rentrer en grâce auprès du roi et veiller en même temps à sa propre sûreté, déserta la nuit avec toute sa cavalerie et gagna les rangs ennemis, ainsi qu'il en était convenu la veille avec Artabaze. Aussitôt Datame appela ses mercenaires sous les armes, et, leur promettant des récompenses, il se mit à la poursuite des déserteurs qu'il atteignit au moment où ils allaient joindre l'ennemi. Attaquant tout à la fois l'armée d'Artabaze et la cavalerie qui venait de le trahir, il tua tous ceux qui lui tombèrent sous la main. Artabaze, ne sachant à quoi s'en tenir, et soupçonnant que cette défection du beau-père de Datame n'était qu'un piège, ordonna à ses soldats de tailler en pièces les cavaliers transfuges. Mithrobarzane [c'était le nom de ce beau-père], attaqué ainsi des deux côtés et traité comme un traître, fut réduit aux abois. Il ne lui resta d'autre moyen que de recourir à la force; il se battit contre les deux assaillants et fit un grand carnage. Enfin, après avoir perdu plus de dix mille hommes, Datame fit sonner la retraite et rappela ses soldats de la poursuite des fuyards. Tout ce qui resta encore de cette cavalerie se réunit à Datame qui accorda le pardon demandé; quelques autres cavaliers, au nombre de cinq cents, ne sachant quel parti prendre, furent enveloppés par Datame et tués à coups de traits. Datame, déjà célèbre par ses connaissances stratégiques, ajouta encore dans cette circonstance à sa réputation de bravoure et de science militaire. Le roi Artaxerxès, instruit de cela, eut hâte de se défaire d'un chef aussi habile et le fit périr traîtreusement.

XCII. Tandis que ces événements avaient lieu, Rhéomithr avait été envoyé par les rebelles en Égypte auprès du roi Tachos il revint en Asie avec cinq cents talents [1] d'argent et cinquant vaisseaux longs, et aborda à Leucé. Il appela dans cette vill plusieurs chefs des insurgés, les fit arrêter et les envoya chargés d chaînes à Artaxerxès; et, quoi qu'il fût lui-même au nombre de rebelles, il rentra, par le service de sa trahison, en grâce au près du roi. Cependant Tachos, roi d'Égypte, avait fait des pré paratifs de guerre; il avait équipé à grands frais deux cent trirèmes et pris à sa solde dix mille hommes d'élite qu'il avai fait venir de la Grèce; il avait, en outre, mis en campagne quatre-vingt mille fantassins égyptiens. Le corps des merce naires était commandé par Agésilas le Spartiate, qui avait été envoyé par les Lacédémoniens avec un secours de mille hoplites; c'était un général admiré pour sa bravoure et son expérience militaire. La flotte était sous les ordres de Chabrias l'Athé nien. Chabrias n'avait point été envoyé au nom du peuple athé nien : il servait en son nom privé dans l'armée du roi. Enfin le roi s'était lui-même réservé le commandement en chef, contre l'avis d'Agésilas qui lui conseillait de rester en Égypte et de faire conduire la guerre par ses généraux. Mais le roi ne se rendit point à ce sage conseil. L'armée s'était déjà mise en mouvement et campait aux environs de la Phénicie, lorsque le roi apprit que le gouverneur de l'Égypte s'était révolté, avait entraîné dans l'insurrection Nectanebus, fils de Tachos, et lui avait envoyé des émissaires pour l'engager à s'emparer du trône. Cette insurrec tion alluma une guerre sérieuse. Nectanebus [2] commandait sous le roi les troupes égyptiennes et avait mission de quitter la Phé nicie pour aller assiéger les villes de la Syrie. Initié dans la con spiration tramée contre son père, Nectanebus chercha à gagner les chefs par des récompenses et les soldats par des promesses. Enfin toute l'Égypte étant tombée au pouvoir des insurgés, Ta chos, saisi de frayeur, n'hésita pas à traverser l'Arabie pour se

[1] Deux millions sept cent cinquante mille francs.
[2] Ce nom est écrit indifféremment *Nectanebus*, *Nectanabis*, *Nectabius*.

rendre auprès du roi des Perses et implorer le pardon de ses fautes. Artaxerxès non-seulement lui pardonna, mais encore lui confia le commandement des troupes de l'armée destinée à marcher contre les Égyptiens.

XCIII. Peu de temps après mourut Artaxerxès, roi des Perses, après un règne de quarante-trois ans. Il eut pour successeur Ochus, qui régna vingt-trois ans. En souvenir du règne heureux et pacifique d'Artaxerxès on ordonna que tous les rois, ses successeurs, prissent le surnom d'Artaxerxès. Dans cet intervalle, le roi Tachos était retourné auprès d'Agésilas[1]. Nectanebus, qui aspirait à la royauté, marcha contre Tachos à la tête de plus de cent mille hommes, et le provoqua à se battre pour la royauté. Agésilas, voyant que le roi n'osait pas risquer un combat, l'exhorta à prendre courage, ajoutant que la victoire dépendait, non pas du nombre, mais de la bravoure des guerriers. Mais, comme le roi ne se rendit point à ses exhortations, Agésilas fut obligé de se réfugier avec lui dans une grande ville d'Égypte. Les Égyptiens en firent d'abord le siége; et, après avoir perdu beaucoup de monde dans les combats qu'ils avaient livrés sous les murs, ils entourèrent la ville d'une enceinte et d'un fossé. Ces travaux furent promptement exécutés, grâce au nombre de bras qui y étaient employés. Les vivres ayant été épuisés, Tachos perdit tout espoir de salut. Cependant Agésilas ranima le courage des soldats, attaqua pendant la nuit les ennemis et sauva toute l'armée d'une façon inespérée. Les Égyptiens se mirent à leur poursuite, et, comme le pays était plat, ils comptaient envelopper facilement les ennemis et les tailler tous en pièces. Mais Agésilas s'établit dans une position défendue de chaque côté par un canal construit de main d'homme, et attendit le choc des assaillants. Disposant ainsi son armée de manière à tirer profit de sa position et l'appuyant aux rives du fleuve, il engagea le combat. Les Égyptiens ne trouvèrent aucune ressource dans leurs forces supérieures; les

---

[1] Diodore confond ici Tachos avec Nectanebus, erreur facile à corriger d'après Plutarque (*Agesilas*), Xénophon et Cornelius Nepos.

Grecs qui les surpassaient de beaucoup en valeur, en tuèrent un grand nombre, et mirent le reste en fuite. Après cette victoire, Tachos reprit facilement le trône d'Égypte, et Agésilas, qui seul l'avait aidé dans cette entreprise, fut honoré par des présents convenables. Pendant le retour dans sa patrie, en passant par Cyrène, Agésilas mourut ; son corps, embaumé avec du miel[1], fut transporté à Sparte où il reçut des funérailles royales. Tels sont les événements arrivés en Asie dans le cours de cette année.

XCIV. Dans le Péloponnèse, les Arcadiens n'avaient observé que pendant un an le traité de paix générale conclu après la bataille de Mantinée. Ils avaient recommencé la guerre. Il était stipulé sous la foi du serment que tous ceux qui avaient pris part à la bataille rentreraient dans leurs foyers. Or, Mégalopolis avait réuni à elle plusieurs villes des environs, qui étaient mécontentes de ce changement de demeure ; et, comme les habitants de ces dernières villes étaient rentrés dans leurs anciens foyers, les Mégalopolitains employèrent la force pour les faire revenir. Ce fut là l'origine d'un conflit sérieux : les habitants des petites villes demandèrent du secours aux Mantinéens, et parmi les autres Arcadiens, aux Éliens et à tous les alliés qui avaient pris part à la bataille de Mantinée. Les Mégalopolitains appelèrent à leur secours les Athéniens, qui s'empressèrent de faire partir trois mille hoplites et trois cents cavaliers sous les ordres de Pammène. Ce général pénétra dans le territoire de Mégalopolis, saccagea plusieurs petites villes, intimida quelques autres et força les habitants à transporter leur domicile à Mégalopolis. Voilà comment se terminèrent les troubles qui s'étaient élevés au sujet de cette transmigration.

L'historien Athanas de Syracuse commence à cette époque son histoire de Dion. Cet ouvrage, divisé en treize livres, comprend en un seul livre l'espace de sept ans, dont le récit était resté in-

---

[1] Le miel ou plutôt la cire dont on enduisait le cadavre, formait une espèce de vernis qui devait s'opposer à l'absorption de l'humidité et de l'oxygène de l'air, condition essentielle de la putréfaction. Ce moyen d'embaumement, qui n'était pas à dédaigner, paraît avoir été particulièrement en usage chez les Spartiates.

achevé par Philiste ; il rétablit ainsi en détails la suite de l'histoire.

XCV. Nicophème étant archonte d'Athènes, Caïus Sulpicius et Caïus Licinius furent nommés consuls à Rome[1]. Dans cette année, Alexandre, tyran de Phères, envoya des navires pirates croiser dans les eaux des Cyclades ; il s'empara de force de quelques-unes de ces îles, fit un grand nombre de prisonniers, débarqua à Péparéthos une troupe de mercenaires et bloqua la ville. Les Athéniens qui étaient venus au secours des Péparéthiens avec des troupes laissées sous le commandement de Léosthène, furent eux-mêmes attaqués. Les Athéniens[2] observaient les mouvements des soldats d'Alexandre cantonnés à Panorme[3], lorsqu'ils furent assaillis à l'improviste par Alexandre le tyran qui remporta un succès signalé. Non-seulement il parvint à sauver du danger son détachement qui stationnait à Panorme, mais il prit cinq trirèmes aux Athéniens, une aux Péparéthiens et fit six cents prisonniers. Les Athéniens, irrités contre Léosthène, l'accusèrent de trahison, le condamnèrent à mort et vendirent ses biens à l'enchère. Charès fut envoyé à la place de Léosthène pour commander la flotte. Ce général redoutait l'ennemi et se conduisait injustement envers les alliés. Car, arrivé à Corcyre, ville alliée d'Athènes, il y fomenta de grands troubles, suivis de meurtres et de brigandages nombreux ; c'est ce qui fit décrier le peuple athénien auprès de ses alliés. Ainsi, Charès, après avoir commis d'autres crimes semblables, n'attira sur sa patrie que des malédictions.

Les historiens Dionysiodore et Anaxis, tous deux Béotiens, terminent dans cette année leur histoire [de la Grèce]. Quant à nous, qui avons raconté tous les événements arrivés avant le règne de Philippe, roi de Macédoine, nous terminons ici le présent livre, ainsi que nous l'avions annoncé au commencement. Dans le livre suivant, nous continuerons notre récit depuis l'avénement de Philippe jusqu'à sa mort, tout en y intercalant l'histoire des autres pays connus de la terre habitée.

---

[1] Quatrième année de la CIV^e olympiade ; année 461 avant J.-C.
[2] Le texte est ici incorrect, et paraît défectueux.
[3] Îlot situé près du littoral de la Macédoine.

LIVRE SEIZIÈME.

SOMMAIRE.

Philippe, fils d'Amyntas monté sur le trône des Macédoniens. — Il remporte la victoire sur Argée, prétendant à la royauté. — Il bat les Illyriens et les Péoniens, et recouvre l'empire de ses ancêtres. — Lâcheté de Denys le jeune; fuite de Dion. — Dion, délivrant les Syracusains, bat Denys. — Chassé de sa patrie Denys reconquiert Syracuse. — Fondation de Tauroménium en Sicile. — Événements arrivés dans la guerre d'Eubée, et dans la guerre des alliés. — Siége d'Amphipolis par Philippe; prise de la ville. — Philippe réduit en esclavage les Pydnéens; il exploite les mines d'or. — Fin de la guerre des alliés. — Ligue de trois rois contre Philippe. — Philomélus le Phocidien prend Delphes, viole le sanctuaire de l'oracle, et allume la guerre sacrée. — Histoire primitive de cet oracle. — Défaite et mort de Philomélus le Phocidien. — Onomarque occupe l'empire et se prépare à la guerre. — Les Béotiens viennent au secours d'Artabaze et sont victorieux des satrapes du roi. — Les Athéniens s'emparent de la Chersonèse et se la partagent au sort. — Philippe prend Méthone et rase la ville. — Philippe remporte une victoire sur les Phocidiens et les chasse de la Thessalie. — Onomarque le Phocidien défait Philippe dans deux batailles et le réduit aux abois. — Onomarque est victorieux des Béotiens, et prend Coronée. — Onomarque se mesure en Thessalie contre Philippe et les Thessaliens, et il est mis en déroute. — Il se pend, et les autres sont noyés comme sacriléges. — Phayllus, qui succède à l'empire, détruit un grand nombre d'offrandes d'argent et d'or. — En augmentant la solde, il parvient à réunir une multitude de mercenaires. — Il rétablit les affaires des Phocidiens. — En corrompant les villes et leurs gouverneurs, il se fait beaucoup d'alliés. — Les tyrans de Phères livrent leur ville à Philippe et deviennent les alliés des Phocidiens. — Combat des Phocidiens et des Béotiens près d'Orchomène; défaite des Phocidiens. — D'autres combats entre les mêmes près du Céphise et de Coronée; victoire des Béotiens. — Phayllus marche contre la Locride et soumet plusieurs villes. — Phayllus, atteint de consomption, expire misérablement. — Phalæcus succède à l'empire, et, ayant conduit la guerre lâchement, il est chassé. — Troubles dans le Péloponnèse. — Artaxerxès, surnommé Ochus, reconquiert l'Égypte, la Phénicie et Cypre. — Philippe soumet les villes Chalcidiennes et détruit les plus distinguées d'entre elles. — Enquête sur la dépense de l'argent sacré; châtiment des dilapidateurs. — Les Phocidiens se réfugient dans le temple d'Apollon, au nombre de cinq cents; ils sont consumés par le feu miraculeusement. — Fin de la guerre phocidienne. — Les complices des Phocidiens sacriléges éprouvent tous l'effet de quelque vengeance divine. — Descente de Timoléon en Sicile; ses actes jusqu'à sa mort. — Périnthe et Byzance sont assiégées par Philippe. — Bataille de Chéronée entre Philippe et les Athéniens ; défaite des Athéniens. — Les Grecs nomment Philippe généralissime. — Philippe, sur le point de passer en Asie, tombe victime d'un assassinat.

1. Tout historien doit parler en détail des États ou des règnes depuis leur origine jusqu'à leur fin. C'est ainsi que le lecteur comprend aisément les faits et se les grave dans la mémoire. En effet, si le récit est tronqué et si le commencement ne se lie pas avec la fin, il n'intéresse qu'à demi le lecteur qui aime à s'instruire, tandis qu'un récit bien coordonné constitue un travail historique vraiment attrayant. Autant que le sujet de la matière le permet, il importe que l'historien ne s'écarte jamais de ce principe.

Arrivés à l'histoire de Philippe, fils d'Amyntas, nous essaierons d'exposer dans ce livre tous les actes de ce roi qui occupa pendant vingt-quatre ans le trône de Macédoine. La Macédoine devint, par les efforts de Philippe, un des plus grands empires d'Europe. Ce roi est réellement le fondateur de sa dynastie ; il avait trouvé la Macédoine sujette de l'Illyrie : il la laissa maîtresse de peuples et d'États puissants et nombreux. Grâce à son génie, il obtint, du consentement des villes, le commandement sur toute la Grèce. Pour avoir châtié les profanateurs de Delphes et délivré l'oracle, il devint membre du conseil des amphictyons ; et, comme prix de sa piété envers les dieux, il reçut le droit de suffrage ôté aux Phocidiens qu'il avait vaincus. Après avoir dompté par la guerre les Illyriens, les Péoniens, les Thraces, les Scythes et les autres nations du voisinage, il conçut le projet de renverser l'empire des Perses. Il fit passer des troupes en Asie et délivra les villes grecques ; mais au milieu de ces préparatifs, il fut enlevé par le destin, léguant à son fils Alexandre des forces si considérables qu'elles rendaient inutiles le secours des alliés pour renverser la monarchie perse. Tous ces succès, il ne les devait point à la fortune, mais à ses propres talents. Philippe fut un des rois les plus distingués par son habileté stratégique, sa bravoure et sa grandeur d'âme. Mais n'anticipons point dans cette préface sur des faits que nous allons raconter en détail, après avoir repris les choses d'un peu plus haut.

II. Sous l'archontat de Callimède, on célébra la CV[e]-olympiade, dans laquelle Porus de Cyrène fut vainqueur à la course du stade, et les Romains nommèrent consuls Cnéius Génucius et Lucius Émilius[1]. A cette époque, Philippe, fils d'Amyntas et père d'Alexandre qui subjugua les Perses, monta sur le trône de Macédoine dans les circonstances que nous allons faire connaître. Amyntas, battu par les Illyriens, fut forcé à payer tribut aux vainqueurs. Or, les Illyriens avaient reçu en otage Philippe, le plus jeune de ses fils, et l'avaient déposé entre les mains des Thébains. Ceux-ci confièrent ce jeune homme au père d'Épaminondas, avec la recommandation d'en avoir soin et de lui donner une éducation convenable. Épaminondas avait alors pour précepteur un philosophe de l'école de Pythagore. Philippe fut donc instruit, en même temps qu'Épaminondas, dans les doctrines pythagoriciennes. Les deux disciples, doués de dispositions heureuses et de l'amour de l'étude, se distinguèrent par leurs talents. Épaminondas, bravant les périls de la guerre, procura à sa patrie l'empire inattendu de la Grèce. Philippe, parti des mêmes principes, ne le céda point en gloire à Épaminondas.

Après la mort d'Amyntas, Alexandre, l'aîné de ses fils, hérita de la couronne, mais il périt bientôt par la trahison de Ptolémée l'Alorite, qui usurpa le trône. Celui-ci fut à son tour tué par Perdiccas, qui fut proclamé roi. Perdiccas fut vaincu par les Illyriens, dans une grande bataille, et il tomba au moment décisif. Son frère, Philippe, s'échappa de Thèbes, où il était retenu en otage, et devint roi de la Macédoine, royaume alors bien affaibli. Les Macédoniens avaient perdu plus de quatre mille hommes dans la défaite qu'ils venaient d'essuyer; le reste de l'armée, effrayé de la puissance des Illyriens, n'osait point continuer la guerre. Dans cet intervalle, les Péoniens, qui habitent les frontières de la Macédoine, ravagèrent la campagne, bravant les Macédoniens. Les Illyriens rassemblèrent de nombreuses

---

[1] Première année de la CV[e] olympiade; année 360 avant J.-C.

troupes et se disposèrent à marcher contre la Macédoine. Un certain Pausanias, allié à la famille royale, chercha, avec l'aide du roi de Thrace, à s'emparer du trône de Macédoine. D'un autre côté, les Athéniens, qui n'aimaient pas Philippe, lui opposèrent, comme prétendant à la royauté, Argée, auquel ils envoyèrent le général Mantias avec trois mille hoplites et avec une flotte considérable.

III. Les Macédoniens furent fort alarmés de leur défaite et des dangers qui les menaçaient de toutes parts. Mais Philippe ne partagea point ces alarmes, ne s'effraya point de la situation critique dans laquelle il se trouvait. Il réunissait continuellement les Macédoniens en assemblée, et ranimait, par son éloquence, leur courage abattu. Il donna à ses troupes une meilleure organisation, perfectionna les armements et occupa les soldats à des exercices continuels pour les habituer à la guerre. Il imagina de donner plus d'épaisseur aux rangs, à l'imitation du *synaspisme* [1] des héros de la guerre de Troie, et fut l'inventeur de la phalange Macédonienne. Il était affable dans ses entretiens, et s'attirait l'affection de la multitude par des récompenses et par des promesses. Il songeait sans cesse à parer les dangers nombreux qui le menaçaient. Voyant que c'était uniquement pour arriver à la possession d'Amphipolis que les Athéniens lui avaient opposé Argée comme prétendant à la royauté, Philippe évacua cette ville spontanément et la laissa se gouverner par elle-même. Il envoya aux Péoniens une députation, corrompit les uns par des présents, gagna les autres par des promesses, et parvint ainsi à conclure avec eux un traité de paix dans un moment opportun. Il réussit e même à faire avorter l'expédition de Pausanias en gagnant le oi de Thrace, son complice, par des moyens de séduction.

Cependant Mantias, général des Athéniens, aborda à Méthone; l y établit sa station et détacha Argée avec le corps des mercenaires pour marcher contre Æges. Arrivé dans cette ville, Argée ngagea les habitants à prendre part à cette expédition et à l'aller à s'emparer du trône de Macédoine; mais sa proposition

---

[1] *Iliade*, liv. XIII, v. 131. Comparez Quinte-Curce, III, 2.

n'ayant pas été accueillie, il revint à Méthone. Philippe apparut alors à la tête de son armée, engagea un combat, tua un grand nombre de mercenaires, et obligea le reste à se réfugier sur une hauteur. Philippe relâcha ces derniers par capitulation, après avoir obtenu l'extradition des transfuges. Par cette première victoire Philippe rendit les Macédoniens plus courageux dans les combats qu'ils eurent à soutenir dans la suite.

Dans cet intervalle, les Thasiens fondèrent la ville de Crénides, qui reçut plus tard le nom de Philippi, du nom du roi qui y envoya de nombreux colons.

L'historien Théopompe de Chio commence ici son histoire de Philippe, composée en cinquante-huit livres, dont cinq sont d'une origine incertaine [1].

IV. Euchariste étant archonte d'Athènes, les Romains nommèrent consuls Quintus Servilius et Lucius Génucius [2]. Dans cette année, Philippe envoya des députés à Athènes pour engager le peuple à conclure avec lui un traité de paix depuis qu'il avait renoncé à toute prétention sur Amphipolis. Il était ainsi délivré de la guerre avec les Athéniens, lorsqu'il apprit la mort d'Agis, roi des Péoniens. Philippe résolut de profiter du moment pour attaquer cette nation. Il envahit donc la Péonie, défit les Barbares en bataille rangée, et les força à se soumettre aux Macédoniens. Il ne lui restait plus d'autres ennemis que les Illyriens, et il désirait ardemment les subjuguer. Il convoqua donc une assemblée générale dans laquelle il exhorta son armée à la guerre, en prononçant un discours approprié à la circonstance. Il pénétra dans

---

[1] Ἐξ ὧν πέντε διαφωνοῦσιν. Ce passage a beaucoup occupé les interprètes. Suivant J. Vossius (*Histor. Græc.*, I, p. 32), διαφωνεῖν signifie ici *expirare, intercidere*, de manière que ἐξ ὧν πέντε διαφωνοῦσιν, signifierait : « dont cinq (livres) ont péri. » Cette version a été aussi adoptée par Miot. Mais la signification de διαφωνεῖν, appliquée surtout à des objets inanimés, et par conséquent entièrement privés de φωνή (voix), me paraît tout à fait invraisemblable. Il est vrai que Photius (*Biblioth.*, cod. CLXXVI) affirme que déjà de son temps il manquait les cinq derniers livres de Théopompe; mais Athénée (*Deipnosophist.*, XIII, 9), Stephanus, le lexicographe (in Καρύα et Μεσσαπίαι), antérieurs à Photius, citent les livres LV, LVI et LVII de Théopompe.

[2] Deuxième année de la cv[e] olympiade ; année 359 avant J.-C.

l'Illyrie avec au moins dix mille fantassins et six mille cavaliers. Bardylis, roi des Illyriens[1], informé de la présence des ennemis, envoya d'abord des parlementaires pour traiter de la paix, à la condition que les deux parties belligérantes resteraient en possession des villes qu'elles occupaient alors. Philippe répondit qu'il désirait la paix, mais qu'il n'y consentirait que lorsque les Illyriens auraient évacué toutes les villes macédoniennes. Sur cette réponse, les députés revinrent sans avoir rien conclu. Bardylis, enhardi par ses succès antérieurs, et confiant en la valeur des Illyriens, se porta à la rencontre des ennemis avec une armée de dix mille fantassins d'élite et cinq cents cavaliers. A mesure que les deux armées s'approchaient l'une de l'autre, les soldats élevèrent un immense cri de guerre et engagèrent vivement le combat. Philippe, commandant l'aile droite et l'élite des guerriers macédoniens, avait ordonné à sa cavalerie de se détacher pour prendre les Barbares en flanc, tandis que lui-même les attaquerait de front. Le combat fut acharné. Les Illyriens se formèrent en carré et soutinrent le choc courageusement. Des deux côtés on fit des prodiges de valeur, et la victoire resta d'abord longtemps indécise. Un grand nombre de guerriers périrent, beaucoup d'autres furent blessés, et les pertes se balançant des deux côtés, l'issue du combat demeura douteuse. Enfin les cavaliers macédoniens pressèrent l'ennemi sur les flancs et par derrière ; Philippe combattant lui-même en héros à la tête de sa troupe d'élite, força le gros de l'armée illyrienne à prendre la fuite. Il poursuivit les ennemis à une grande distance, et, après leur avoir fait beaucoup de mal, il fit sonner le rappel des Macédoniens, éleva un trophée et ensevelit les morts. Les Illyriens entrèrent en négociation, et obtinrent la paix, à la condition que les Illyriens retireraient leurs garnisons de toutes les villes macédoniennes. Les Illyriens perdirent dans cette bataille plus de sept mille hommes.

V. Après avoir parlé des événements qui se sont passés en Macédoine et en Illyrie, nous allons passer à l'histoire des autres nations. Et d'abord, en Sicile, Denys le jeune, tyran de Syra-

---

[1] Cicéron, *de Officiis*, I, 11, fait mention de ce roi.

cuse, qui venait de succéder à son père, était demeuré dans l'inaction, masquant son oisiveté par l'amour de la paix. C'est ainsi qu'il renonça à une guerre héréditaire, et fit la paix avec les Carthaginois. De même, après avoir fait mollement quelque temps la guerre aux Lucaniens, sur lesquels il avait enfin remporté plusieurs avantages, il mit volontiers un terme aux hostilités. Il fonda dans l'Apulie deux villes qui devaient offrir une rade sûre à ceux qui naviguaient dans la mer Ionienne ; car les Barbares qui habitaient ces côtes infestaient la mer de leurs nombreux bâtiments corsaires, et rendaient impossible aux navires marchands la navigation dans l'Adriatique. Après cela, il mena une vie pacifique, et fit cesser les exercices militaires. Enfin, il perdit tout à coup par sa nonchalance une des plus grandes souverainetés de l'Europe, cette tyrannie que son père se vantait d'avoir affermie avec des chaînes de diamant. Nous parlerons en détail des causes de cette chute.

VI. Céphisodote étant archonte d'Athènes, les Romains élurent pour consuls Caïus Licinius et Caïus Sulpicius[1]. Dans cette année, Dion, fils d'Hipparinus, un des citoyens les plus distingués de Syracuse, s'échappa de la Sicile, et, entraîné par sa grandeur d'âme, délivra les Syracusains, ainsi que les autres Siciliens. Voici à quelle occasion. Denys l'ancien avait eu des enfants de ses deux femmes ; la première, Locrienne de nation, lui avait donné Denys, qui hérita de la tyrannie ; de la seconde, fille d'Hipparinus, un des citoyens les plus considérés de Syracuse, il eut deux autres fils, Hipparinus et Narsée[2]. Dion, frère de cette seconde femme, avait fait de grands progrès en philosophie, et surpassa ses concitoyens en bravoure et en science militaire. D'une origine aussi noble et d'une grande élévation d'âme, Dion devint bientôt suspect au tyran, qui crut voir en lui un homme capable de renverser son empire. Tourmenté de ces appréhensions, Denys jugea à propos de se défaire de cet homme

---

[1] Troisième année de la CV^e olympiade ; année 358.
[2] Suivant Cornelius Nepos (*Dion*, I), l'un des fils de Denys s'appelait Nysée (*Nysaeus*), au lieu de Narsée (Ναρσαῖος).

en le faisant arrêter et condamner à mort. Dion, averti du danger qui le menaçait, se cacha d'abord chez quelques-uns de ses amis. Il s'échappa ensuite de la Sicile et se rendit dans le Péloponnèse, accompagné de son frère Mégaclès et de Chariclide[1], qui commandait les troupes du tyran. Débarqué à Corinthe, il supplia les Corinthiens de l'aider à délivrer Syracuse de la tyrannie. Il leva donc des troupes mercenaires et fit de grands armements. Beaucoup de monde s'engagea à son service, et, après avoir réuni un grand nombre d'armes et de mercenaires, il loua deux vaisseaux de transport sur lesquels il embarqua et les armes et les troupes. Il sortit des eaux de Zacynthe pour se diriger vers Céphalonie et de là en Sicile. Il avait laissé derrière lui Chariclide qui devait conduire quelques trirèmes et plusieurs vaisseaux de transport en face de Syracuse.

VII. Pendant que ces événements se passaient, Andromaque de Tauroménium, père de l'historien Timée, homme opulent et magnanime, accueillit chez lui tous les habitants de Naxos qui avaient survécu à la destruction de leur ville par Denys. Il leur donna pour demeure une montagne appelée Taurus, voisine de Naxos; il y séjourna lui-même longtemps et donna à la ville le nom de Tauroménium. Cette ville eut un rapide accroissement; ses habitants acquirent de grandes richesses. Elle devint une des villes les plus célèbres de la Sicile. Enfin, de nos jours, les Tauroménites ont été chassés de leur patrie par César[2], qui y fit passer une colonie romaine.

Pendant le cours de ces événements, les habitants de l'Eubée étaient livrés à des dissensions intérieures : les uns appelaient au secours les Béotiens, les autres les Athéniens; et la guerre devint générale. Il y eut plusieurs escarmouches dans lesquelles tantôt les Thébains, tantôt les Athéniens remportèrent la victoire. Mais il n'y eut point de bataille décisive. Après que l'île l'Eubée eut été ravagée par une guerre intestine, les factions

---

[1] Peut-être faudra-t-il lire ici Héraclide dont notre auteur parle plus bas chap. 1), et dont Cornelius Nepos (Dion, V) fait également mention.
[2] L'empereur Auguste.

ennemies, affaiblies par les pertes réciproques qu'elles avaient éprouvées, revinrent à de meilleurs sentiments et firent la paix entre elles. Les Béotiens rentrèrent donc chez eux et vécurent en repos. Quant aux Athéniens, après la rébellion des habitants de Chio, de Rhodes, de Cos et de Byzance, ils furent impliqués dans une guerre appelée la guerre sociale, qui dura trois ans. Charès et Chabrias commandaient les forces athéniennes. Ces généraux abordèrent à Chio où ils trouvèrent les auxiliaires qui avaient été envoyés aux habitants de cette île par les Byzantins, les Rhodiens, les Cosiens et par Mausole, souverain de Carie. Ils rangèrent leurs troupes en bataille et investirent la ville par terre et par mer. Charès, qui commandait l'armée de terre, s'approcha des murs et combattit les habitants qui étaient sortis de la ville pour l'attaquer. Chabrias, de son côté, entra dans le port et livra un combat naval opiniâtre ; mais le bâtiment qu'il montait fut percé à coups d'éperon et mis hors de service ; ceux qui montaient les autres navires cédèrent à la fatalité du moment et parvinrent à s'échapper. Chabrias, préférant une mort glorieuse à une défaite, continua à se battre sur son navire jusqu'à ce qu'il expirât couvert de blessures.

VIII. A cette même époque, Philippe, roi des Macédoniens, défit les Illyriens dans une grande bataille, et, après avoir rangé sous sa domination tous les habitants jusqu'au lac Lychnitis, il retourna chez les Macédoniens. Il conclut avec les Illyriens une paix glorieuse et s'acquit auprès des Macédoniens une grande réputation pour avoir relevé, grâce à sa valeur, les affaires de l'État. Cependant les habitants d'Amphipolis n'aimaient pas Philippe ; celui-ci ayant plusieurs motifs pour leur faire la guerre, marcha contre eux à la tête d'une puissante armée. Il fit approcher des murs les machines de guerre, livra des assauts vigoureux et fréquents, et ouvrit à coups de bélier une brèche, par laquelle il pénétra dans la ville. Il s'en rendit maître après avoir tué un grand nombre d'ennemis. Il condamna à l'exil tous ceux qui étaient mal disposés contre lui, et traita les autres avec humanité. La possession de cette ville, située sur les frontières de la Thrace, contribua beaucoup, par sa position avantageuse, à l'accroissement de la puissance de Philippe. Bientôt après, ce roi soumit Pydna, fit alliance avec les Olynthiens et promit de leur procurer Potidée dont les Olynthiens désiraient depuis longtemps s'emparer. Les Olynthiens habitaient une ville importante : en raison de sa population, elle était d'un grand poids dans les chances de la guerre ; c'était un objet de lutte pour ceux qui ambitionnaient d'agrandir leur puissance. Aussi les Athéniens et Philippe firent-ils chacun tous ses efforts pour attirer Olynthe dans leur alliance. Cependant Philippe prit Potidée d'assaut, chassa de cette ville la garnison athénienne qu'il traita humainement, et la renvoya à Athènes ; car il redoutait beaucoup le peuple athénien ainsi que l'autorité et la gloire de leur cité. Quant à Pydna, il en vendit les habitants comme esclaves et livra la ville aux Olynthiens, auxquels il donna en même temps la possession de ce territoire. Il se rendit ensuite dans la ville de Crénides dont il augmenta la population et lui donna, d'après lui, le nom de Philippi [1]. Dans cette contrée se trouvent des mines d'or qui avaient produit jusqu'alors de très-faibles revenus. Il en poussa l'exploitation au point d'en tirer annuellement plus de mille talents [2]. Ce fut là la source de ces immenses richesses qui ont tant contribué à la puissance du royaume macédonien. Il frappa une monnaie d'or qui porta d'après lui le nom de *philippique*. Il mit sur pied une armée considérable de mercenaires, et se servit aussi de son or pour corrompre une multitude de Grecs et les rendre traîtres à leur patrie. Mais dans la suite nous parlerons de tout cela avec plus de détails. Reprenons maintenant le fil de notre histoire.

IX. Agathoclès étant archonte d'Athènes, les Romains nommèrent consuls Marcus Fabius et Caïus Pétilius [3]. Dans cette

---

[1] La ville de Philippe (Φίλιπποι) s'appelait *Datos* (Hérodote, IX, 71) avant de recevoir le nom de Crénides (Κρηνίδες), probablement à cause des sources (κρῆναι) qui se trouvaient dans les environs.

[2] Cinq millions cinq cents mille francs.

[3] Quatrième année de la CV^e olympiade ; année 357 avant J.-C.

année, Dion, fils d'Hipparinus, revint en Sicile et renversa la tyrannie de Denys. Les moyens dont il se servit étaient les plus faibles qu'on eût encore employés. Il réussit néanmoins, contre toute attente, à détruire une des plus grandes souverainetés de l'Europe. En effet, qui aurait jamais cru qu'avec deux vaisseaux de transport, sur lesquels il aborda en Sicile, Dion l'emporterait sur le tyran qui avait à sa disposition une flotte de quatre cents vaisseaux longs[1], cent mille hommes d'infanterie, dix mille cavaliers; sur un souverain qui possédait assez d'armes, de vivres, d'argent et de provisions de toutes sortes pour suffire amplement à l'entretien de toutes ses troupes, enfin qui était maître de la plus grande des villes grecques, de beaux ports, de vastes chantiers, de forteresses imprenables et qui avait pour lui une multitude de puissants alliés. Dion devait le succès de son entreprise particulièrement à sa grandeur d'âme, à son courage personnel et à l'affection de ceux qu'il allait délivrer. A cela il faut surtout ajouter que le tyran était indolent et haï de ses sujets. Toutes ces circonstances réunies amenèrent tout à coup une incroyable catastrophe. Arrivons maintenant au détail de ces événements. Dion, sorti des eaux de Zacynthe, se dirigea avec ses deux vaisseaux de transport du coté de Céphalonie, et vint aborder à Minoa, sur le territoire agrigentin. Cette ville avait été anciennement fondée par Minos, roi de Crète, dans le temps où, étant à la recherche de Dédale, il reçut l'hospitalité de Caucalus, roi des Sicaniens. Plus tard, cette ville appartenait aux Carthaginois; son gouverneur, nommé Paralus, était ami de Dion, et l'accueillit avec empressement. Dion fit débarquer cinq mille armures complètes qu'il avait sur ses vaisseaux de transport, et les confia à Paralus en lui recommandant de les faire transporter sur des chariots à Syracuse. Quant à lui, il se mit à la tête de ses troupes mercenaires, au nombre de mille hommes, et s'avança vers Syracuse. Chemin faisant, il engagea les Agrigentins, les Géléens, quelques Sicaniens et Sicules ha-

---

[1] Cornelius Nepos (*Dion*, 5) porte ce nombre à cinq cents, ce qui paraît exagéré.

bitant l'intérieur du pays, les Camarinéens et les Madinéens [1] à s'associer au projet de délivrance des Syracusains, et il se porta en avant pour renverser le trône du tyran. De tous côtés on accourut en armes et Dion se vit ainsi bientôt à la tête de plus de vingt mille hommes. Les Grecs d'Italie et les Messéniens ne mirent pas moins d'empressement à se rendre à son appel.

X. Lorsque Dion eut atteint les frontières de Syracuse, il fut rejoint par une multitude d'hommes sans armes qui venaient d'accourir de la campagne et de la ville; car Denys, qui se défiait des Syracusains, avait désarmé la plupart d'entre eux. Dans ce moment, le tyran se trouvait avec de nombreuses troupes dans les villes récemment fondées sur les bords de l'Adriatique. Les chefs qui commandaient la garnison laissée à Syracuse essayèrent d'abord de détourner les Syracusains d'une insurrection; mais voyant qu'il était impossible de comprimer ce mouvement populaire, ils rassemblèrent les mercenaires, ainsi que les partisans de Denys, complétèrent leurs rangs et résolurent d'attaquer les rebelles. Dion distribua ses cinq mille armures complètes aux Syracusains qui étaient sans armes et fit prendre aux autres les premières armes que le hasard leur offrit. Il convoqua ensuite une assemblée générale où il annonça qu'il était venu pour délivrer les Siciliens; il les exhorta à choisir pour chefs ceux qui passaient pour les plus capables de rétablir l'indépendance et de renverser la tyrannie. Aussitôt la multitude cria d'une seule voix de donner à Dion et à son frère Mégaclès le commandement absolu de l'entreprise. Au sortir de l'assemblée, Dion rangea sur-le-champ son armée en bataille et marcha sur la ville. Ne rencontrant aucune résistance dans la campagne, il entra en toute sécurité dans l'intérieur des murs, traversa sans obstacle l'Achradine et arriva sur la place publique où il établit son camp. Personne n'osait se mesurer avec lui. L'armée de Dion s'élevait au moins alors à cinquante mille hommes qui tous parcouraient la ville, portant des couronnes sur

---

[1] Aucun autre auteur ne mentionne les *Madinéens* (Μαδιναῖους). Peut-être faut-il lire Motyens.

leurs têtes ; ils étaient précédés de Dion et de Mégaclès qui eux-mêmes étaient entourés de trente Syracusains, les seuls de tous les bannis réfugiés dans le Péloponnèse qui eussent voulu prendre part à cette entreprise.

XI. Toute la ville passa ainsi de l'esclavage à la liberté. Le sombre silence de la tyrannie se convertit en une fête joyeuse et solennelle. Dans chaque maison on célébra des sacrifices et on entendit des cris de joie ; chaque citoyen brûlait de l'encens pour témoigner aux dieux sa reconnaissance des bienfaits qu'ils venaient de leur accorder, et pour se les rendre propices à l'avenir. Les femmes elles-mêmes manifestaient, par de bruyantes acclamations, leur reconnaissance pour ce bonheur inattendu ; enfin, on ne voyait dans les rues qu'un concours d'habitants continuel. Il n'y avait ni citoyen, ni esclave, ni étranger qui n'eût voulu voir Dion et être témoin de son courage ; tous croyaient voir en lui plus qu'un homme, et la révolution immense qu'il venait d'opérer justifiait en quelque sorte cette admiration. En effet, après cinquante ans de servitude, les Syracusains se virent soudain rendus à la liberté et retirés de leur triste condition par le courage d'un seul homme.

En ce moment, Denys séjournait à Caulonia, en Italie; il rappela Philiste qui commandait la flotte stationnant dans la mer Adriatique, et lui ordonna de se porter sur Syracuse. De son côté, Denys se hâta de partir, et arriva à Syracuse sept jours après l'entrée de Dion. Dans l'intention de circonvenir les Syracusains, il entra avec eux en négociation et leur fit entrevoir beaucoup de bonnes dispositions pour rendre au peuple le souverain pouvoir, pourvu que le gouvernement démocratique lui accordât des distinctions honorifiques. En même temps, il priait les Syracusains de lui envoyer des députés pour convenir d'un accommodement. Les Syracusains, exaltés par leurs espérances, lui envoyèrent en députation les citoyens les plus considérés. Denys les fit garder à vue, et différa la conférence d'un jour à l'autre ; puis, voyant que les Syracusains, confiants dans l'espoir d'une paix prochaine, négligeaient leur défense et n'étaient pas prêts à combattre, il fit ouvrir subitement les portes de la citadelle de l'Ile et fit une sortie à la tête de ses troupes rangées en bataille.

XII. Les Syracusains avaient construit un mur d'enceinte qui allait d'une rade à l'autre ; c'est ce mur que les mercenaires de Denys allèrent attaquer en poussant des cris terribles. Ils tuèrent un grand nombre de gardes ; et, ayant forcé l'enceinte, il s'engagea un combat entre eux et les soldats accourus pour défendre ce retranchement. Dion, quoique pris à l'improviste par la violation de la trêve, alla avec un détachement d'élite à la rencontre de l'ennemi. Il s'engagea un combat sanglant dans l'enceinte du stade ; comme l'intervalle étroit de l'enceinte servait de champ de bataille, la mêlée devint affreuse. Des deux côtés on fit des prodiges de valeur : les mercenaires de Denys étaient enflammés par les récompenses qu'il leur avait promises, et les Syracusains par l'espoir de recouvrer leur liberté. La victoire resta d'abord indécise, car des deux côtés on déployait une égale valeur. Beaucoup de combattants trouvèrent la mort dans cette action ; un grand nombre furent couverts de blessures, toutes reçues par devant. Les soldats placés au premier rang s'exposaient noblement pour protéger ceux qui étaient derrière eux ; les hommes du second rang couvraient de leurs boucliers ceux qui tombaient ; enfin ils bravaient tous les plus grands périls pour remporter la victoire. Jaloux de se distinguer et de vaincre par ses propres efforts, Dion se précipita au milieu des ennemis : il se battit en héros, tua un grand nombre d'entre eux, enfonça le bataillon des mercenaires et se trouva seul au milieu de la foule compacte qui l'environnait. Là, il fut accueilli par une grêle de flèches ; il s'en garantit par son excellente armure. Mais enfin il fut blessé au bras droit, et il était près de succomber à la gravité de cette blessure et de tomber entre les mains de l'ennemi, lorsque les Syracusains, tremblant pour la vie de leur chef, rompirent les rangs des mercenaires, arrachèrent Dion au danger où il se trouvait, et forcèrent les ennemis à prendre la fuite. Les Syracusains qui avaient eu également le dessus sur un autre point du retranchement, refoulèrent les troupes soudoyées du tyran jusque dans l'intérieur de la citadelle. Les Syracusains victorieux, ayant reconquis leur liberté, élevèrent un trophée, monument de la défaite du tyran.

XIII. Denys, accablé de cet échec et renonçant déjà à l'autorité souveraine, laissa des garnisons considérables dans les forteresses. Il fit recueillir ses morts, au nombre de huit cents, leur mit des couronnes d'or sur la tête, les enveloppa de beaux draps de pourpre, et leur fit de splendides funérailles. Il espérait par ce moyen stimuler le zèle de ceux qui voudraient combattre pour la tyrannie. Enfin, il honora de grandes récompenses les guerriers qui s'étaient distingués par leur valeur. Denys envoya des parlementaires aux Syracusains pour négocier une trêve; mais Dion mettant en avant quelque prétexte spécieux, fit traîner la négociation en longueur pour avoir le temps d'achever tranquillement le mur d'enceinte. Ce travail terminé, Dion appela auprès de lui les parlementaires qu'il avait ainsi trompés par la perspective de la paix. Il leur déclara alors, en pleine conférence, qu'il ne ferait la paix qu'à la condition expresse que le tyran abdiquerait la souveraineté et se contenterait de quelques distinctions honorifiques. Sur cette réponse hautaine, Denys assembla les chefs de son parti pour délibérer comment il se défendrait contre les Syracusains. On ne manquait de rien, excepté de blé, et comme Denys était maître de la mer, il pilla la campagne pour s'en procurer. Mais ce pillage ne lui fournissait que peu de provisions; il détacha donc des vaisseaux de transport pour acheter du blé sur les marchés voisins. Les Syracusains, possédant un grand nombre de vaisseaux longs, se mirent en croisière dans des parages opportuns et enlevèrent en grande partie les convois de Denys. Telle était la situation des affaires à Syracuse.

XIV. En Grèce, Alexandre, tyran de Phères, fut assassiné par la trahison de sa propre femme Thébée et par les frères de celle-ci, Lycophron et Tisiphon. Les meurtriers furent d'abord fort honorés, comme tyrannicides. Plus tard, ils changèrent de conduite : ils gagnèrent les mercenaires par de l'argent et se proclamèrent eux-mêmes tyrans. Après avoir tué un grand nombre de leurs adversaires et mis sur pied une armée considérable, ils s'emparèrent par force du pouvoir souverain. Les Aleuades qui, par leur noble origine, jouissaient d'une grande réputation auprès des Thessaliens, se déclarèrent contre les tyrans. Mais n'étant pas par eux-mêmes assez forts pour les combattre, ils appelèrent à leur secours Philippe, roi des Macédoniens. Philippe entra dans la Thessalie, battit les tyrans, délivra les villes et se concilia l'affection de tous les Thessaliens. Aussi depuis ce moment, non-seulement Philippe, mais encore son fils Alexandre, eurent dans toutes leurs expéditions les Thessaliens pour alliés.

Démophile, fils de l'historien Éphore, commence à la prise du temple de Delphes et au pillage de l'oracle par Philomélus le Phocidien, l'histoire de la guerre sacrée que son père lui avait laissée inachevée. Cette guerre dura onze ans jusqu'à l'extermination de ceux qui avaient trempé dans ce sacrilége.

Callisthène, qui a écrit en dix livres une histoire de la Grèce, termine son ouvrage à la profanation du temple de Delphes par Philomélus le Phocidien.

Diyllus d'Athènes commence son histoire à la même époque et embrasse en vingt-sept livres tous les événements qui se sont alors passés en Grèce et en Sicile.

XV. Elpinus étant archonte d'Athènes, les Romains nommèrent consuls Marcus Popilius Lænas et Cnéius Manlius Imperiosus, et on célébra la CVI^e olympiade, Paulus le Malien étant vainqueur à la course du stade [1]. Dans cette année, une multitude d'hommes, ramassis de toute espèce, et composée en grande partie d'esclaves fugitifs, se réunit dans la Lucanie. Ces hommes menaient d'abord une vie de brigands. L'habitude de vivre en bivouacs et de se livrer à de fréquentes excursions, les rendit bientôt exercés dans l'art militaire. Et leur puissance s'accrut par les succès remportés dans les combats qu'ils li-

[1] Première année de la CVI^e olympiade : année 356 avant J.-C.

vraient aux habitants de la contrée. Ils prirent d'abord d'assaut la ville de Térina et la pillèrent ; puis ils soumirent Arponium, Thurium, et beaucoup d'autres villes, et établirent partout le même gouvernement. Enfin, ils reçurent le nom de Bruttiens, parce que la plupart d'entre eux avaient été esclaves, et que, dans la langue du pays, on désigne sous ce nom les esclaves fugitifs. Telle est l'origine de la race des Bruttiens en Italie.

XVI. Revenons à l'histoire de la Sicile. Philistus, lieutenant de Denys, aborda à Rhégium et fit transporter à Syracuse plus de cinq cents cavaliers. Ce corps ayant été grossi par d'autres détachements de cavalerie auxquels s'étaient joints deux mille fantassins, Philistus marcha sur Léontium dont les habitants s'étaient révoltés contre Denys. Il pénétra de nuit dans l'intérieur des murs et s'empara d'une partie de la ville. Un combat acharné s'engagea ; les Syracusains arrivèrent au secours des Léontins ; Philistus fut vaincu et repoussé de la ville. Héraclide[1], que Dion avait laissé dans le Péloponnèse à la tête des vaisseaux longs, avait été retardé par des vents contraires et empêché ainsi de prendre part à l'entreprise de Dion et à la guerre de délivrance des Syracusains. Il arriva avec vingt vaisseaux longs portant quinze cents soldats. C'était un homme d'une naissance illustre et digne de sa réputation ; il fut nommé par les Syracusains au commandement des forces navales et associé à Dion dans la guerre contre Denys. Cependant Philistus, à la tête de soixante trirèmes, livra un combat naval aux Syracusains qui avaient à peu près le même nombre de bâtiments. Le combat fut sanglant ; Philistus, grâce à sa valeur, eut d'abord l'avantage ; mais ensuite, abandonné des siens, il fut enveloppé par les navires des Syracusains, qui cherchaient à le prendre vivant. Mais Philistus, pour prévenir les outrages de la captivité, se donna lui-même la mort. Ainsi périt ce général qui avait rendu de si grands services aux deux tyrans, et qui s'était montré leur ami le plus dévoué. Les Syracusains, sortis victorieux de ce combat naval, s'emparèrent du corps de Phi-

[1] Ce même personnage est appelé plus haut Chariclide.

listus, le mirent en lambeaux, le traînèrent dans toute la ville et le jetèrent à la voirie. Denys, ayant perdu le plus actif de ses amis et se trouvant sans chef capable, ne supporta plus le poids de la guerre. Il envoya donc des députés à Dion pour lui offrir d'abord la moitié du pouvoir souverain, puis l'abandon de l'autorité entière.

XVII. Dion répondit que Denys devait d'abord rendre la citadelle aux Syracusains en retour d'une somme d'argent et de quelques avantages honorifiques. Denys déclara qu'il était prêt à rendre la citadelle au peuple et à se retirer en Italie avec ses troupes et l'argent qu'on lui donnerait. Dion conseilla aux Syracusains d'accepter ces conditions; mais le peuple, égaré par quelques orateurs populaires, s'y refusa dans l'espérance de prendre le tyran de vive force. Peu de temps après, Denys confia la garde de la citadelle à l'élite de ses mercenaires, et s'embarqua secrètement pour l'Italie en emportant tous ses trésors et les ornements royaux. La discorde éclata bientôt parmi les Syracusains : les uns étaient d'avis d'investir Héraclide d'une autorité absolue, parce qu'il leur semblait incapable d'aspirer à la tyrannie, les autres voulaient confier à Dion le pouvoir suprême. A cela, il faut ajouter que l'on devait beaucoup de solde aux troupes amenées du Péloponnèse et qui avaient aidé les Syracusains à recouvrer leur liberté. L'argent étant rare dans ville, es mercenaires, qui n'étaient point payés, se révoltèrent au nombre de plus de trois mille. C'étaient tous des hommes d'un courage éprouvé, habitués aux fatigues de la guerre et bien supérieurs en bravoure aux Syracusains. Dion fut sollicité par es troupes de se mettre à leur tête et de châtier les Syracusains comme un ennemi commun; il s'y refusa d'abord; mais ensuite, forcé par les circonstances, il se mit à leur tête et marcha contre les Léontins. Les Syracusains se tournèrent contre les mercenaires, les poursuivirent et les attaquèrent en route; mais ils furent battus et se retirèrent après avoir perdu beaucoup de monde. Dion, qui venait de remporter cette victoire signalée, ne conserva aucun ressentiment contre les Syracusains;

car, lorsqu'on lui envoya un héraut pour traiter de l'enlèvement des morts, il accorda ce qu'on lui demandait, et renvoya même beaucoup de prisonniers sans rançon. Plusieurs fuyards, au moment d'être massacrés, se déclarèrent partisans de Dion et échappèrent ainsi tous à la mort.

XVIII. Peu de temps après, Denys envoya à Syracuse son lieutenant Nypsius le Napolitain, homme distingué pour sa bravoure et son habileté militaire. Il le fit partir avec des vaisseaux de transport, chargés de blé et d'autres provisions. Nypsius partit donc de Locres et se dirigea sur Syracuse. Les soldats que le tyran avait laissés en garnison dans la citadelle manquaient depuis longtemps de vivres, et avaient tenu bon malgré la famine dont ils étaient horriblement pressés. Mais enfin les besoins physiques l'emportèrent. Renonçant à tout espoir de salut, ils se réunirent la nuit en conseil et résolurent de livrer à la pointe du jour la citadelle et de se rendre eux-mêmes aux Syracusains. Le jour paraissait déjà, et les soldats allaient envoyer des hérauts pour traiter de la reddition de la place, lorsqu'ils aperçurent au loin Nypsius et sa flotte, qui vint mouiller près de la fontaine d'Aréthuse. La garnison passa donc subitement d'une extrême disette à la plus grande abondance de vivres. Nypsius débarqua ses troupes, convoqua une assemblée générale dans laquelle il exhorta les soldats à se montrer intrépides dans les dangers qui les menaçaient. C'est ainsi que la citadelle, qui allait déjà se rendre aux Syracusains, fut miraculeusement sauvée. Les Syracusains, armant toutes leurs trirèmes, vinrent attaquer l'ennemi au moment où il était encore occupé à débarquer les provisions. Attaquée à l'improviste, la garnison de la citadelle se défendit en désordre contre les trirèmes ennemies. Les Syracusains l'emportèrent dans ce combat naval; ils coulèrent bas quelques bâtiments, s'emparèrent de quelques autres et jetèrent le reste sur la côte. Exaltés par cette victoire, ils offrirent aux dieux de magnifiques sacrifices en actions de grâces, se réjouirent dans les banquets et les festins, et, méprisant l'ennemi, l' *rent le soin de leur défense.

XIX. Cependant Nypsius, général des mercenaires, voulut prendre sa revanche. Il profita de la nuit pour attaquer à l'improviste le mur d'enceinte qui venait d'être construit. Il trouva les sentinelles enivrées et livrées au sommeil, et se hâta d'appliquer contre le mur des échelles qu'il avait apportées pour cet usage. Les soldats les plus robustes franchirent ainsi l'enceinte et ouvrirent les portes, après avoir égorgé les sentinelles. Les troupes pénétrèrent aussitôt dans la ville. Les chefs des Syracusains, tout ivres qu'ils étaient, essayèrent de se défendre; mais, troublés par le vin, ils furent, les uns tués, les autres poursuivis l'épée dans les reins. Toute la ville fut ainsi envahie, et la garnison de la citadelle se précipita presque tout entière dans l'intérieur de l'enceinte : les Syracusains, attaqués à l'improviste, furent saisis d'épouvante, et il s'ensuivit un effroyable carnage. Les troupes du tyran, au nombre de plus de dix mille hommes, conservaient parfaitement leurs rangs, et rien ne résistait à la pesanteur de leurs coups. Le tumulte et le désordre ajoutaient encore à la défaite des Syracusains. Les vainqueurs occupèrent la place publique; aussitôt ils se répandirent dans les maisons, en enlevèrent toutes les richesses, s'emparèrent des femmes, des enfants et des domestiques, qu'ils emmenèrent comme esclaves. Dans les carrefours et dans les rues, les Syracusains opposèrent quelque résistance; mais un grand nombre périrent dans la mêlée, et beaucoup d'autres tombèrent couverts de blessures. Toute la nuit se passa en massacres. Chaque endroit où l'on se battait dans l'obscurité était jonché de morts.

XX. A la pointe du jour, les Syracusains reconnurent toute l'étendue du désastre; et, mettant dans Dion leur unique moyen de salut, ils envoyèrent quelques cavaliers à Léontium pour supplier Dion de ne point laisser périr la patrie sous le fer de l'ennemi, de leur pardonner les torts qu'ils avaient eus à son égard, et de ne songer qu'à secourir la patrie en deuil. Dion, qui avait l'âme généreuse et qui était dès sa jeunesse imbu des principes de la philosophie, ne laissa éclater aucun ressentiment contre ses concitoyens; il engagea ses troupes à se mit sur-le-champ en marche. Il franchit rapidement la distance qui le séparait de Syracuse. Arrivé aux Hexapyles, il rangea ses troupes en bataille, se porta promptement en avant et recueillit les enfants, les femmes et les vieillards, qui, au nombre de plus de dix mille, avaient abandonné la ville. Tous le supplièrent, les larmes aux yeux, de les soustraire à leur infortune. La garnison de la citadelle avait réussi dans son entreprise : elle avait pillé et incendié les maisons qui avoisinaient la place publique ; déjà les soldats du tyran s'étaient précipités dans les autres maisons et en enlevaient les richesses, lorsque Dion se jeta tout à coup dans la ville sur plusieurs points à la fois. Tombant sur les ennemis occupés au pillage, il passait au fil de l'épée tous ceux qu'il rencontrait et qui emportaient sur leurs épaules toutes sortes de meubles. Cette attaque imprévue, l'indiscipline des soldats et le désordre des pillards, les firent facilement tomber entre les mains de Dion. Enfin, plus de quatre mille hommes furent égorgés, soit dans les maisons, soit dans les rues ; le reste s'enfuit dans la citadelle, en ferma les portes et se mit à l'abri du danger. Par cette action, plus brillante que toutes celles qu'il avait encore accomplies, Dion parvint à soustraire Syracuse à une ruine certaine. Il éteignit la flamme qui consumait les maisons, rétablit très-bien le mur d'enceinte, et par ce seul moyen il mit la ville en état de défense en même temps qu'il coupait aux ennemis toute communication avec la campagne. Après avoir purifié la ville en enlevant les morts, il dressa un trophée et offrit, en action de grâces, des sacrifices aux dieux. Le peuple se réunit en assemblée, et, en témoignage de sa reconnaissance, il proclama Dion chef souverain et lui décerna les honneurs héroïques. Dion, conséquent avec lui-même, pardonna généreusement à tous ses ennemis, et exhorta les citoyens à la concorde. Les Syracusains comblèrent leur bienfaiteur d'unanimes éloges, et honorèrent en lui le seul sauveur de la patrie. Tel était l'état des affaires en Sicile.

XXI. En Grèce, les habitants de Chio, de Rhodes, de Cos et de Byzance, continuaient la guerre sociale contre les Athéniens

Des deux côtés on faisait de grands préparatifs dans le but de terminer la guerre par une bataille navale décisive. Les Athéniens, qui avaient déjà précédemment envoyé Charès avec soixante bâtiments, en armèrent alors soixante autres dont ils donnèrent le commandement à deux des plus illustres citoyens, Iphicrate et Timothée, et les firent partir pour rejoindre Charès et attaquer de concert les alliés rebelles. Les habitants de Chio, de Rhodes et de Byzance, réunis à leurs alliés, avaient de leur côté armé cent bâtiments; ils avaient ravagé les îles d'Imbros et de Lemnos, et s'étaient portés de là sur Samos; ils en avaient dévasté le territoire et investi la ville par terre et par mer; enfin, ils avaient maltraité beaucoup d'autres îles appartenant aux Athéniens, et avaient levé sur elles des contributions de guerre. Tous les généraux des Athéniens réunis décidèrent d'abord de mettre le siége devant la ville de Byzance. Bientôt après les habitants de Chio et leurs alliés levèrent le siége de Samos et vinrent au secours des Byzantins, en sorte que toutes les flottes se trouvèrent concentrées dans l'Hellespont. Un combat naval allait s'engager lorsqu'une tempête qui s'éleva y mit obstacle. Néanmoins Charès voulut, en dépit de la nature, livrer le combat, et comme Iphicrate et Timothée s'y opposaient à cause de la mer agitée, Charès, en présence des soldats qu'il prit à témoin, accusa ses collègues de trahison et écrivit à Athènes en les dénonçant au peuple comme ayant volontairement refusé de combattre. Les Athéniens, irrités, mirent Iphicrate et Timothée en jugement, les condamnèrent à une amende d'un grand nombre de talents et leur ôtèrent le commandement[1].

XXII. Investi du commandement de toute la flotte, Charès eut recours à un moyen étrange pour épargner aux Athéniens les dépenses de la guerre. Artabaze, satrape rebelle du roi des Perses, n'avait qu'un petit nombre de soldats à opposer aux soixante-dix mille hommes que les autres satrapes faisaient marcher contre lui. Charès vint avec toutes ses troupes au secours d'Artabaze, et battit l'armée du roi. Reconnaissant de ce ser-

---

[1] Comparez Cornelius Nepos, *Timotheus*, c. 3.

vice, Artabaze donna à Charès une forte somme d'argent avec laquelle ce dernier pourvut aisément à la subsistance de ses troupes. Dans le premier moment, les Athéniens approuvèrent l'action de Charès; mais lorsque le roi des Perses envoya des députés à Athènes et se plaignit de Charès, les Athéniens désavouèrent leur général; car on avait répandu le bruit que le roi avait promis aux ennemis d'Athènes d'armer trois cents bâtiments pour faire la guerre aux Athéniens. Le peuple, craignant l'accomplissement de cette menace, jugea convenable de faire la paix avec les rebelles, et comme ceux-ci étaient animés du même désir, la paix fut aisément conclue. Telle fut l'issue de la guerre sociale, qui dura trois ans.

En Macédoine, trois rois, ceux de Thrace, de Péonie et d'Illyrie, s'étaient réunis pour attaquer Philippe. Ces rois, voisins de la Macédoine, voyaient d'un œil jaloux l'accroissement de la puissance de Philippe; et comme ils n'étaient pas assez forts par eux-mêmes pour le combattre, ils s'étaient ligués entre eux dans l'espoir d'en venir facilement à bout. Ils étaient encore occupés à rassembler leurs troupes, lorsque Philippe apparut, tomba sur les ennemis en désordre et épouvantés, et les força à se soumettre aux Macédoniens.

XXIII. Callistrate étant archonte d'Athènes, les Romains nommèrent consuls, Marcus Fabius et Caïus Plotius [1]. Dans cette année éclata la guerre sacrée, qui dura neuf ans. Philomélus le Phocidien, homme audacieux et pervers, s'empara du temple de Delphes et alluma cette guerre dont voici l'origine. Après la défaite des Lacédémoniens dans la bataille de Leuctres, les Thébains, reprochant aux Lacédémoniens l'occupation de la Cadmée, leur intentèrent un grand procès devant le tribunal des amphictyons, et les firent condamner à une forte amende. Les Phocidiens avaient été également condamnés par le tribunal des amphictyons à une amende de plusieurs talents pour avoir approprié à la culture une portion considérable du

---

[1] Deuxième année de la CVI{e} olympiade; année 355 avant J.-C.

territoire sacré nommée Cirrhée [1]. Comme cette amende ne fut point payée, les *hiéromnémones* [2] portèrent plainte au conseil des amphictyons, et demandèrent au tribunal, si les Phocidiens ne restituaient pas les biens sacrés, que le pays des spoliateurs sacriléges fût mis en interdit et privé de la protection de la divinité. Les hiéromnémones insistèrent pour que tous ceux qui étaient condamnés à de semblables amendes (et ils y comprenaient aussi les Lacédémoniens), eussent à les payer sans retard, et qu'en cas de refus, ils fussent voués à l'exécration de tous les Grecs. Les amphictyons rendirent une sentence conforme à cette requête, et les Grecs la ratifièrent. Le territoire des Phocidiens allait être mis sous anathème, lorsque Philomélus [3], homme très-considéré parmi les Phocidiens, représenta à ses concitoyens qu'il leur était impossible de s'acquitter d'une amende aussi énorme; que, de plus, laisser leur territoire frappé d'anathème serait une lâcheté qui mettrait toute leur existence en péril. Il chercha ensuite à prouver que les arrêts des amphictyons étaient souverainement injustes, puisque, pour la culture d'une très-petite portion du territoire sacré, ils prononçaient une amende exorbitante. Il leur conseillait donc de regarder ces sentences comme non avenues; il ajouta que les Phocidiens avaient de grands motifs pour récuser les amphictyons; car de tout temps la possession et le patronage de Delphes appartenaient aux Phocidiens; et, à l'appui de son assertion, il citait le plus ancien et le plus grand des poëtes, Homère, qui dit :

« Puis viennent les chefs des Phocidiens, Schédius et Épistrophus, qui possèdent Cyparissus et la rocheuse Pytho [4]. »

Il est donc incontestable, ajouta Philomélus, que le patronage de l'oracle appartient aux Phocidiens par droit d'héritage. Enfin,

---

[1] Comparez Justin, VIII, 1.
[2] Ἱερομνήμονες, archivistes sacrés. On appelait ainsi les députés des villes grecques auprès du conseil des amphictyons.
[3] Ce personnage, qui jouait le principal rôle dans la guerre sacrée, est appelé *Philomédus* par Polyen, *Philodémus* par Plutarque, *Eumélus* par le scholiaste de Pindare.
[4] *Iliade*, liv. II, v. 517.

il déclara qu'il se chargerait de terminer toute cette affaire si ses concitoyens voulaient le nommer chef militaire et lui déférer une autorité absolue.

XXIV. Craignant l'exécution de la sentence prononcée contre eux, les Phocidiens nommèrent Philomélus leur général. Celui-ci, investi de pouvoirs illimités, songea sérieusement à l'accomplissement de sa promesse. Il se rendit d'abord à Sparte où il eut un entretien secret avec Archidamus, roi des Lacédémoniens : il lui représenta qu'ils avaient à lutter en commun pour annuler les décrets des amphictyons dont les Lacédémoniens avaient également beaucoup à se plaindre; il lui annonça en même temps son intention de s'emparer de Delphes, et, s'il réussissait, d'annuler les décrets des amphictyons. Archidamus accepta la proposition et répondit que, dans le moment actuel, il ne pourrait point favoriser ouvertement cette entreprise, mais qu'en secret il fournirait toute espèce de secours soit en argent, soit en troupes. Philomélus reçut donc du roi quinze talents, ajouta à cette somme à peu près autant de sa propre fortune, prit à sa solde des mercenaires étrangers, et leva parmi les Phocidiens mille hommes d'élite auxquels il donna le nom de *Peltastes*[1]. Après avoir mis en campagne une forte armée, il vint occuper le temple où était l'oracle, tua les *Thracides*, gardiens de Delphes, qui voulaient lui résister, et vendit leurs biens à l'enchère. Voyant les autres frappés de terreur, il les rassura en leur disant qu'ils n'avaient rien à redouter pour eux-mêmes. Dès que le bruit de la prise du temple de Delphes se fut répandu, les Locriens, habitants du voisinage, marchèrent sur-le-champ contre Philomélus. Il se livra une bataille aux portes de Delphes ; les Locriens furent défaits, perdirent beaucoup de monde, et se réfugièrent dans leur pays. Philomélus, exalté par cette victoire, effaça les sentences des amphictyons sur les colonnes où elles étaient inscrites, et en fit anéantir toutes les traces. Il déclara ensuite, dans une proclamation, qu'il n'était point venu dans l'intention sacrilége de profaner le

---

[1] De πέλτη, bouclier.

temple, mais dans le but de revendiquer pour les Phocidiens le droit de patronage héréditaire, et d'annuler les injustes sentences des amphictyons.

XXV. Cependant les Béotiens s'assemblèrent et résolurent de venir au secours du temple de Delphes ; ils firent sur-le-champ partir des troupes. Dans cet intervalle, Philomélus avait entouré le temple d'un mur d'enceinte et réuni beaucoup de mercenaires qu'il avait attirés en élevant de moitié leur solde ordinaire ; il avait aussi enrôlé l'élite des Phocidiens, et promptement mis sur pied une puissante armée. A la tête de plus de cinq mille hommes, Philomélus s'établit aux portes de Delphes et prit une attitude menaçante vis-à-vis de ceux qui seraient tentés de lui faire la guerre. Il pénétra ensuite sur le territoire des Locriens, dévasta une grande partie du pays ennemi, vint camper sur les bords d'un fleuve qui coule auprès d'une place fortifiée. Il attaqua cette place, mais ne pouvant la prendre, il leva le siége et alla présenter le combat aux Locriens. Il y perdit vingt soldats ; et, n'ayant pu enlever les morts, il les fit demander par un héraut. Les Locriens refusèrent de les lui rendre, et répondirent que c'était une loi commune à tous les Grecs de laisser sans sépulture les corps des sacriléges. Philomélus, irrité de cela, livra un nouveau combat aux Locriens, et, jaloux de prendre sa revanche, il tua beaucoup d'ennemis, s'empara de leurs corps, et força les Locriens à consentir à l'échange des morts. Après cette victoire en rase campagne, il dévasta une grande partie de la Locride et ramena à Delphes ses troupes chargées de butin. Voulant ensuite consulter le dieu sur l'issue de cette guerre, il força la pythie à monter sur son trépied et à rendre des oracles.

XXVI. Comme je viens de mentionner le trépied, je pense qu'il ne sera pas hors de propos d'exposer ici l'antique histoire de l'oracle de Delphes. D'après une ancienne tradition, cet oracle fut découvert par des chèvres. C'est pourquoi les Delphiens sacrifient encore aujourd'hui des chèvres lorsqu'ils consultent la pythie. Voici comment on raconte la découverte de cet oracle. Il existe un gouffre dans l'endroit même où est aujourd'hui le sanctuaire du temple. Des chèvres paissaient autour de ce gouffre, car Delphes n'était pas encore fondée; chaque fois qu'elles s'approchaient de la cavité, et qu'elles regardaient dedans, elles se mettaient à bondir d'une façon singulière et à proférer des sons tout différents de leur voix ordinaire. Celui qui gardait les chèvres, étonné de ce phénomène, s'approcha à son tour du gouffre, regarda dans l'intérieur et éprouva la même chose que les chèvres. Ces animaux paraissaient être animés du même esprit qui inspire les devins, et le berger était devenu capable de prédire l'avenir. Le bruit de cette merveille s'étant répandu chez les indigènes, beaucoup de monde vint visiter ce lieu : tous ceux qui avaient tenté l'expérience du gouffre devinrent inspirés. Telle fut l'origine miraculeuse de cet oracle qui passait pour celui de la Terre. Pendant quelque temps, ceux qui voulaient connaître l'avenir s'approchaient du gouffre, et se communiquaient les oracles qui leur étaient inspirés. Mais comme par la suite plusieurs hommes s'étaient, dans leur extase, précipités dans le gouffre, et qu'ils avaient tous disparu, les habitants de l'endroit, pour prévenir de pareils accidents, instituèrent comme unique prophétesse une femme qui rendait les oracles; on construisit pour elle une machine sur laquelle elle montait sans danger pour recevoir les inspirations et rendre les oracles à ceux qui l'interrogeaient. Cette machine reposait sur trois pieds; de là son nom de trépied. Et nos trépieds d'airain sont aujourd'hui construits presque entièrement sur ce modèle. Telle fut l'origine de l'oracle de Delphes et de la construction du trépied. On prétend qu'anciennement les prophétesses étaient des vierges à cause de la pureté de leur corps et de leur analogie avec Diane, enfin qu'elles étaient plus propres à garder le secret de l'oracle. On raconte encore que, dans un temps assez récent, Échécrate, le Thessalien, vint consulter l'oracle, aperçut la vierge prophétesse, et, charmé de sa beauté, l'enleva et la viola. Ce fut depuis cet accident que les Delphiens portèrent fonction fut alors confiée à une femme âgée de plus de cinquante ans; elle devait porter les vêtements d'une jeune fille, en mémoire de l'ancienne prophétesse[1]. Voilà ce que la tradition rapporte au sujet de l'oracle de Delphes. Nous allons maintenant revenir à l'histoire de Philomélus.

XXVII. Après s'être emparé du temple, Philomélus ordonna à la pythie de s'asseoir sur le trépied et de prophétiser selon les rites antiques. La prophétesse répliquant qu'il était aussi dans les rites anciens [de lui répondre non assise[2]], Philomélus employa la menace et la força pour la faire monter sur le trépied. La pythie, faisant allusion à cet excès de violence, prononça que Philomélus pouvait faire tout ce qu'il voulait. Il fut satisfait de cette réponse, et accepta l'oracle comme favorable. Il le fit aussi mettre immédiatement par écrit, et publia partout que le dieu lui avait permis de faire tout ce qu'il voudrait. Il convoqua ensuite une assemblée où, après avoir fait connaître la réponse de la pythie, il exhorta la multitude à mettre toute confiance en lui; puis il se prépara à la guerre. Il arriva aussi un présage dans le temple d'Apollon : un aigle[3], planant au-dessus de ce temple, s'abattit en tournoyant, donna la chasse aux colombes nourries dans le sanctuaire, et en saisit quelques-unes sur les autels. Les augures déclarèrent à Philomélus et aux Phocidiens que Delphes tomberait en leur pouvoir. Encouragé par ces présages, Philomélus choisit ses amis les plus habiles pour se rendre en députation les uns à Athènes, les autres à Lacédémone, d'autres à

---

[1] Les Germains, les Gaulois, les Perses, les Indiens, enfin la plupart des peuples de la terre ont attribué à la femme un pouvoir prophétique. Cette opinion presque unanime est assez remarquable. Se rattacherait-elle au principe reproducteur de l'œuf, que la femme porte en elle-même, et dont on peut prédire le développement avec certitude? Et les causes des événements seraient-elles ici assimilées aux germes de la reproduction? Ou bien encore, est-ce parce que les femmes, d'une constitution nerveuse plus délicate, sont sujettes à des maladies, telles que la catalepsie, l'hystérie, qui leur donnent un air d'inspirées, comme les somnambules? Cette dernière hypothèse paraît plus plausible.

[2] Les mots mis entre deux crochets manquent dans le texte qui est ici tronqué.

[3] J'ignore sur quelle autorité M. Miot s'est appuyé pour rendre le mot ἀετός par aigle blanc; ce mot n'est

Thèbes, enfin il envoya des députés dans toutes les villes considérables de la Grèce. Ces députés étaient chargés de déclarer que Philomélus s'était emparé de Delphes non point pour s'approprier les trésors sacrés, mais seulement pour revendiquer le patronage du temple, qui, de tout temps, avait appartenu aux Phocidiens; que, quant au trésor, il serait prêt à en rendre compte à tous les Grecs, et à donner à tous ceux qui voudraient le vérifier un inventaire exact du poids et du nombre des offrandes. Il engagea tous ceux qui auraient des intentions hostiles contre les Phocidiens, à faire plutôt alliance avec eux, ou du moins à garder la neutralité. Les envoyés s'acquittèrent de leur mission. Les Athéniens, les Lacédémoniens et quelques autres cités grecques firent alliance avec Philomélus et promirent de lui envoyer des secours. Les Béotiens, les Locriens, et quelques autres peuples prirent une résolution tout opposée et déclarèrent la guerre aux Phocidiens pour venger le dieu. Tels sont les événements arrivés dans le cours de cette année.

XXVIII. Diotime étant archonte d'Athènes, les Romains élurent pour consuls, Caïus Martius et Cnéius Manlius[1]. Dans cette année, Philomélus, prévoyant que la guerre serait sérieuse, rassembla une multitude de mercenaires, et appela l'élite des Phocidiens au service de l'armée. Bien que la guerre exige des dépenses, Philomélus s'abstint cependant de toucher aux offrandes sacrées; mais il mit sur les habitants les plus riches de Delphes une contribution suffisante pour payer la solde de ses troupes. Il mit ainsi en campagne une armée considérable et fut prêt à tenir tête aux ennemis des Phocidiens. Les Locriens marchèrent contre lui. Il se livra une bataille dans les environs des roches Phædriennes. Philomélus fut victorieux : il tua un grand nombre d'ennemis et fit un non moins grand nombre de prisonniers; il en avait même forcé quelques-uns à se précipiter du rocher. Cette victoire enfla les Phocidiens d'orgueil. Les Locriens, abattus, envoyèrent des députés à Thèbes pour solliciter les Béotiens à venir à leur secours

---

[1] . . . . a c* année 54 avant J.-C.

et à défendre le dieu. Les Béotiens, poussés par leur piété envers les dieux, et par l'intérêt qu'ils avaient à maintenir intactes les sentences des amphictyons, envoyèrent à leur tour une députation auprès des Thessaliens et des autres membres du conseil amphictyonique, pour les supplier de faire en commun la guerre aux Phocidiens. Les amphictyons décidèrent donc de faire la guerre aux Phocidiens. Cette décision causa dans toute la Grèce des troubles et des désordres : les uns étaient d'avis d'aller au secours du dieu et de châtier les Phocidiens comme sacriléges, les autres opinaient pour l'alliance des Phocidiens.

XXIX. Les peuples et les villes de la Grèce furent donc divisés en deux parties. Les Béotiens, les Locriens, les Thessaliens, les Perrhæbiens, les Doriens, les Dolopes, les Athamans, les Achéens, les Phthiotes, les Magnètes, les Ænians et quelques autres se déclarèrent pour la défense du temple; tandis que les Athéniens, les Lacédémoniens et quelques autres Péloponnésiens prirent le parti des Phocidiens. Les Lacédémoniens surtout mirent la plus grande ardeur à soutenir cette guerre; voici pourquoi. Après la guerre qui fut terminée par la bataille de Leuctres, les Thébains traduisirent les Lacédémoniens devant le conseil des amphictyons, sur l'accusation que Phœbidas le Spartiate avait occupé la Cadmée. Les Spartiates furent condamnés à une amende de cinq cents talents[1] ; mais, comme cette amende ne fut point payée à l'expiration du terme fixé par les lois, les Thébains renouvelèrent le procès pour la faire doubler. Les amphictyons prononcèrent une amende de mille talents. Les Lacédémoniens avaient donc les mêmes motifs de plainte que les Phocidiens qui se disaient injustement condamnés par les amphictyons à une amende exorbitante. Les Lacédémoniens avaient à cette guerre le même intérêt que les Phocidiens ; mais, pour ne pas encourir la malédiction d'une guerre ouverte, ils jugèrent plus convenable de se cacher derrière les Phocidiens pour faire annuler les sentences des amphictyons. Tels furent les motifs qui engagèrent les Lacédémoniens à soutenir avec tant d'empressement les Phocidiens et à leur procurer le patronage du temple de Delphes.

XXX. A la nouvelle que les Béotiens s'avançaient avec une puissante armée contre les Phocidiens, Philomélus résolut de réunir un grand nombre de mercenaires. Et comme il avait besoin de plus d'argent pour subvenir aux frais de la guerre, il fut obligé de toucher aux offrandes sacrées et de spolier le temple. Une foule de soldats étrangers se joignirent à lui, en grande partie attirés par la promesse d'une forte paie. Aucun homme religieux ne souscrivit à cette guerre, tandis que les impies, hommes cupides, accoururent avec empressement sous le drapeau de Philomélus qui parvint ainsi, grâce à ses richesses, à mettre promptement sur pied une forte armée, composée d'hommes capables de commettre des sacrilèges [1]. A la tête d'une armée de plus de dix mille hommes d'infanterie et de cavalerie, Philomélus pénétra sur le territoire des Locriens. Les Locriens, secondés des Béotiens, se mirent en devoir de lui résister. Il s'engagea un combat de cavalerie dans lequel les Phocidiens l'emportèrent. Bientôt après, les Thessaliens, réunis à leurs alliés du voisinage, entrèrent, au nombre de six mille, dans la Locride; ils livrèrent aux Phocidiens un combat près d'une hauteur appelée Argola, et furent mis en déroute. Cependant les Béotiens apparurent avec une armée de treize mille hommes; de leur côté les Achéens sortirent du Péloponnèse avec quinze cents hommes, et arrivèrent au secours des Phocidiens. Les deux armées vinrent se concentrer sur un seul point et campèrent en face l'une de l'autre.

XXXI. Bientôt après, les Béotiens firent prisonniers quelques soldats mercenaires qui avaient été envoyés en fourrageurs. Ils les conduisirent aux portes de la ville et firent proclamer par un héraut que les amphictyons punissaient de mort tous ceux qui servaient dans l'armée des sacrilèges. Joignant aussitôt l'action

---

[1] La phrase ταχὺ δύναμιν ἀξιόχρεων κατεσκευάσατο (il mit promptement sur pied une armée respectable), qui n'est guère que la répétition de la phrase précédente, a été à dessein omise dans la traduction. Au reste, il y a beaucoup de répétitions dans tous ces chapitres qui paraissent altérés.

aux paroles, ils les tuèrent tous à coups de flèches. Irrités de cela, les mercenaires, à la solde des Phocidiens, demandèrent à Philomélus à se venger de la même façon sur l'ennemi. Ces mercenaires mirent donc une grande ardeur à faire prisonniers tous les ennemis errant dans la campagne; ils en prirent un grand nombre, les conduisirent à l'entrée du camp où Philomélus les tua tous à coups de traits. Cette vengeance fit que les ennemis se relâchèrent de leur arrogance et de leur cruauté. Peu de temps après, les deux armées se transportèrent dans une autre contrée. Comme leur chemin les conduisit à travers un pays couvert de forêts et de rochers, l'avant-garde ne tarda pas à en venir à un engagement. La mêlée devint terrible; les Béotiens, de beaucoup supérieurs en nombre, mirent les Phocidiens en déroute; la retraite s'opérant à travers un pays inaccessible et plein de précipices, beaucoup de Phocidiens et de soldats mercenaires périrent. Philomélus combattit courageusement, et, criblé de blessures, il gagna une hauteur escarpée où il fut enveloppé : ne trouvant aucune issue et redoutant les outrages de la captivité, il se jeta lui-même dans un précipice et vengea ainsi par sa mort la divinité offensée. Son collègue au commandement, Onomarque, qui succéda à Philomélus, se retira avec les débris de son armée et recueillit les fuyards.

Pendant que ces événements se passaient, Philippe, roi des Macédoniens, assiégea Méthone, prit cette ville d'assaut et la détruisit après l'avoir saccagée; il investit ensuite la ville de Pagues et la força à la soumission.

Dans le Pont, Leucon, roi du Bosphore, mourut après un règne de quarante ans. Son fils Spartacus, qui lui succéda, ne régna que cinq ans.

Les Romains étaient en guerre avec les Falisques; ils n'exécutèrent rien qui fût digne de mémoire, si ce n'est qu'ils firent de fréquentes incursions sur le territoire des Falisques et le ravagèrent. En Sicile, Dion est égorgé par les soldats mercenaires de Zacynthe; Callipe, principal instigateur de ce meurtre, lui succéda dans le commandement, et régna treize mois.

XXXII. Eudème étant archonte d'Athènes, les Romains nommèrent consuls Marcus Fabius et Marcus Popilius[1]. Dans cette année, les Béotiens, vainqueurs des Phocidiens, et persuadés que le sort de Philomélus, le principal coupable, châtié à la fois par les dieux et par les hommes, détournerait les autres d'un semblable sacrilège, rentrèrent dans leurs foyers. Les Phocidiens, délivrés actuellement de la guerre, retournèrent à Delphes et se réunirent, avec leurs alliés, en une assemblée générale, pour délibérer sur la conduite de la guerre. Les plus sages inclinèrent pour la paix. Les impies, les audacieux et les ambitieux étaient d'un avis contraire et jetaient les yeux autour d'eux pour chercher un orateur qui appuyât leurs coupables desseins. Onomarque se leva : dans un discours habilement préparé, il insista sur la continuation de l'entreprise commencée, et exhorta les masses à la guerre, en songeant bien plutôt à son intérêt particulier qu'à l'intérêt commun; car il avait été lui-même condamné par les amphictyons à une très-forte amende qu'il n'avait pas encore payée. Voyant donc que la guerre était préférable à la paix, il excita, par des raisons spécieuses, les Phocidiens et leurs alliés à poursuivre le projet de Philomélus. Onomarque fut proclamé chef absolu, rassembla une foule de mercenaires, remplit dans les rangs les vides que les morts avaient laissés, augmenta son armée d'un grand nombre de soldats enrôlés à l'étranger, fit des levées de troupes auxiliaires et tous les autres préparatifs de guerre nécessaires.

XXXIII. Onomarque se confirma encore davantage dans son dessein par un rêve qui lui présageait la puissance et la gloire. Il lui semblait, en songe, que le colosse d'airain que les amphictyons avaient élevé dans le temple d'Apollon, avait grandi dans ses mains. Il conclut de là que les dieux lui pronostiquaient une augmentation de gloire par son commandement militaire. Mais il se trompa, car ce songe présageait au contraire que l'amende déjà prononcée par les amphictyons contre les Phocidiens coupables de sacrilège, serait augmentée encore, en punition des

---

[1] Quatrième année de la CVI⁰ olympiade; année 353 avant J.-C.

crimes qu'Onomarque commettrait de ses propres mains ; c'est en effet ce qui arriva. Investi de pouvoirs illimités, Onomarque fabriqua une masse d'armes avec l'airain et le fer [qu'il avait enlevés du temple] ; avec l'or et l'argent, il frappa une monnaie qu'il distribua aux villes alliées et aux citoyens les plus influents. Il corrompit aussi beaucoup d'ennemis, en engageant les uns à embrasser son parti, et en priant les autres de se tenir neutres. L'amour de l'argent, dont les hommes sont possédés, lui aplanissait toutes les difficultés. Il gagna chez les Thessaliens les plus influents de ceux qui s'étaient ligués contre lui, et réussit à s'assurer leur neutralité. Il arrêta les Phocidiens qui s'étaient montrés les plus opposés à son entreprise, les fit mettre à mort et vendre leurs biens à l'enchère. Il envahit ensuite le territoire ennemi, prit d'assaut la ville de Tronium, dont il réduisit les habitants à l'esclavage, intimida les Amphissiens et les força à se soumettre. Il saccagea les villes de la Tauride et désola leur territoire. De là, il pénétra dans la Béotie, prit la ville d'Orchomène et se disposait à mettre le siége devant Chéronée, lorsqu'il fut attaqué par les Thébains, mis en déroute et forcé de rentrer dans ses foyers.

XXXIV. Tandis que ces choses se passaient, Artabaze, qui s'était révolté contre le roi, soutenait la guerre contre les satrapes que le roi avait envoyés pour le combattre. Il eut pour auxiliaire Charès, général des Athéniens, et se défendit courageusement ; lorsque celui-ci se fut retiré et qu'il se trouva réduit à ses propres ressources, il s'adressa aux Thébains pour lui envoyer des secours. Ceux-ci firent passer en Asie cinq mille hommes sous les ordres de Pammène. Ce général se joignit à Artabaze, défit les satrapes dans deux grandes batailles et s'acquit beaucoup de réputation en même temps qu'il fit rejaillir de la gloire sur les Béotiens. En effet, c'était chose merveilleuse de voir les Béotiens, abandonnés des Thessaliens et impliqués dans la guerre si chanceuse contre les Phocidiens, envoyer des troupes en Asie et remporter l'avantage dans presque toutes les rencontres.

Pendant le cours de ces événements, la guerre éclata entre les Argiens et les Lacédémoniens. Un combat eut lieu près de la ville d'Ornée; les Lacédémoniens furent victorieux, prirent Ornée d'assaut et retournèrent à Sparte.

Charès, général des Athéniens, fit voile pour l'Hellespont, prit la ville de Sestus, massacra les habitants adultes et vendit les autres comme esclaves. Cersobleptus, fils de Cotys, par haine contre Philippe et par affection pour les Athéniens, livra à ces derniers les villes de la Chersonèse, excepté Cardia. Le peuple d'Athènes envoya dans ces villes des colons qui se partagèrent le territoire. Philippe voyant que les Méthonéens laissaient leur ville servir de point de ralliement aux ennemis, vint y mettre le siége. Les Méthonéens se défendirent pendant quelque temps avec courage; mais, accablés par des forces supérieures, ils furent obligés de livrer la ville au roi, à la condition que tous les citoyens en sortiraient en n'emportant chacun qu'un seul vêtement. Philippe fit raser la ville et distribua les terres aux Macédoniens. Ce fut au siége de cette ville que Philippe perdit un œil par suite d'un coup de flèche[1].

XXXV. Philippe se rendit ensuite avec une armée en Thessalie, où il avait été appelé par les indigènes. Il fit d'abord la guerre à Lycophron, tyran de Phères, en défendant la cause des Thessaliens. Lycophron implora de son côté l'assistance des Phocidiens, qui lui envoyèrent Phayllus, frère d'Onomarque, avec sept mille hommes. Philippe défit les Phocidiens et les chassa de la Thessalie. Onomarque se mit à la tête de toute l'armée, et, dans l'espoir de se rendre maître de la Thessalie entière, il s'empressa de venir au secours de Lycophron. Philippe, de concert avec les Thessaliens, marcha à l'encontre des Phocidiens. Mais Onomarque, supérieur en forces, le défit en deux batailles et tua un grand nombre de Macédoniens. Philippe courut les plus grands dangers et ses soldats l'abandonnèrent de découragement; ce n'est qu'à grand'peine qu'il parvint à rétablir la discipline. Après ce revers, Philippe se retira dans la

---

[1] L'auteur de cet accident s'appelait Aster, d'après Suidas. (v. Κάρανος.)

Macédoine ; Onomarque pénétra dans la Béotie, battit les Béotiens et prit la ville de Coronée. Cependant Philippe quitta de nouveau la Macédoine et ne tarda pas à reparaître en Thessalie à la tête d'une forte armée qu'il dirigea contre Lycophron, tyran de Phères. Celui-ci, hors d'état de lui résister, implora le secours des Phocidiens et leur promit de les aider à rétablir leurs affaires en Thessalie. Onomarque vint donc au secours de Lycophron avec vingt mille hommes d'infanterie et cinq cents cavaliers. Philippe engagea alors les Thessaliens à faire une guerre générale et réunit ainsi toutes les troupes composées de plus de vingt mille fantassins et de trois mille chevaux. Il se livra une bataille sanglante dans laquelle les Thessaliens, supérieurs en cavalerie, se signalèrent par leur bravoure et aidèrent Philippe à remporter la victoire. Les soldats d'Onomarque se réfugièrent vers la mer ; par hasard la flotte de Charès, composée de plusieurs trirèmes, passa en ce moment. Les Phocidiens essuyèrent un grand carnage : les fuyards, jetant leurs armures, cherchèrent à gagner à la nage les trirèmes athéniennes. Au nombre de ceux-là était aussi Onomarque. [Mais ne pouvant atteindre la flotte[1]] plus de six mille Phocidiens et de soldats mercenaires périrent, et leur général lui-même perdit la vie ; au moins trois mille hommes furent faits prisonniers. Philippe fit pendre Onomarque et jeta les autres à la mer comme coupables de sacrilége[2].

XXXVI. Après la mort d'Onomarque, son frère Phayllus prit le commandement des Phocidiens. Il rassembla un grand nombre de mercenaires, doubla leur solde habituelle et tira du secours de ses alliés. Il fit aussi fabriquer une multitude d'armes et frapper une monnaie d'or et d'argent.

En ce même temps, Mausole, souverain de la Carie, mourut

---

[1] Ces mots n'existent point dans le texte, mais ils sont nécessaires pour l'intelligence de ce qui suit.

[2] Dans l'antiquité, les accusés convaincus de sacrilége étaient ou pendus, ou noyés ou brûlés. Ces trois genres de supplice paraissent avoir un sens mystérieux : ils correspondent aux trois éléments, l'air, l'eau et le feu. C'était la mort, sans écoulement de sang. Au moyen âge, ces mêmes supplices étaient presque exclusivement infligés aux hérétiques, conformément à ce principe : *Ecclesia a sanguine abhorret.*

après un règne de vingt-quatre ans; Arthémisia, tout à la fois sa sœur et sa femme, lui succéda et régna deux ans. Cléarque, tyran d'Héraclée, fut tué en se rendant aux jeux de Bacchus; il avait régné douze ans; son fils Timothée qui lui succéda en régna quinze.

Les Tyrrhéniens faisaient la guerre aux Romains; ils ravagèrent une grande partie du territoire ennemi, et, après avoir poussé leurs excursions jusqu'aux bords du Tibre, ils revinrent chez eux.

A Syracuse, les amis de Dion s'étaient soulevés contre Callippe; ils furent vaincus et obligés de se réfugier à Léontium. Quelque temps après, Hipparinus, fils de Denys, aborda à Syracuse avec une armée, défit Callippe et le chassa de la ville. Hipparinus recouvra ainsi l'héritage de son père, et régna pendant deux ans.

XXXVII. Aristodème étant archonte d'Athènes, les Romains nommèrent consuls Caïus Sulpicius et Marcus Valérius; on célébra la CVII[e] olympiade, dans laquelle Smicrinas de Tarente remporta le prix à la course du stade[1]. Dans cette année, Phayllus, général des Phocidiens, qui avait succédé à son frère dans le commandement, rétablit les affaires des Phocidiens affaiblis par les revers qu'ils venaient d'éprouver. En possession de richesses inépuisables, il enrôla un grand nombre de mercenaires et engagea ses alliés à prendre une part active à la guerre. Prodiguant l'argent sans pudeur, il attira dans son parti non-seulement beaucoup de particuliers, mais il poussa à l'insurrection les villes les plus considérables de la Grèce. Les Lacédémoniens lui envoyèrent mille soldats, les Achéens deux mille et les Athéniens cinq mille fantassins et quatre cents cavaliers, sous les ordres de Nausiclès. Les tyrans de Phères, Lycophron et Pitholaüs, privés d'alliés depuis la mort d'Onomarque, avaient livré Phères à Philippe. Mis en liberté sur la foi d'un traité, ils prirent à leur solde deux mille mercenaires et se réfugièrent auprès de Phayllus en se déclarant alliés des Phocidiens. Beaucoup d'autres villes moins importantes, attirées par l'appât de l'argent,

---

[1] Première année de la CVII[e] olympiade; année 352 avant J.-C.

vinrent au secours des Phocidiens. C'est ainsi que l'or, excitant les passions sordides de l'homme, fait déserter la cause la plus juste pour faire suivre le parti qui flatte la cupidité. Phayllus entra donc en Béotie à la tête d'une armée ; mais il fut vaincu dans une bataille livrée auprès de la ville d'Orchomène et perdit beaucoup de soldats. Peu de temps après, un nouveau combat eut lieu aux bords du fleuve Céphise ; les Béotiens, une seconde fois victorieux, passèrent au fil de l'épée plus de quatre cents ennemis et firent cinq cents prisonniers. Peu de jours après, un troisième combat s'engagea près de Coronée ; les Béotiens, de nouveau victorieux, tuèrent cinquante Phocidiens et firent cent trente prisonniers. Telle était la situation des affaires chez les Béotiens et les Phocidiens. Revenons maintenant à Philippe.

XXXVIII. Après avoir vaincu Onomarque dans une bataille célèbre, Philippe renversa la tyrannie à Phères, et rendit la ville à la liberté. Il régla ensuite les affaires de la Thessalie et s'avança vers les Pyles pour combattre les Phocidiens. Mais, comme les Athéniens lui avaient fermé le passage de ce défilé, il retourna en Macédoine, après avoir ajouté à l'éclat de son règne par ses hauts faits et par sa piété envers les dieux.

Cependant Phayllus avait envahi le territoire des Locriens surnommés les Épicnémidiens[1], et s'était emparé de toutes leurs villes ; l'une de ces villes, appelée Aryca, lui avait été livrée la nuit par trahison, mais il en fut bientôt chassé et ne perdit pas moins de deux cents soldats. Il vint camper ensuite près de la ville d'Abes ; les Béotiens attaquèrent pendant la nuit les Phocidiens et leur firent perdre beaucoup de monde. Enhardis par ce succès, ils entrèrent sur le territoire des Phocidiens, le ravagèrent dans une grande étendue et recueillirent beaucoup de butin. Pendant leur retraite, ils portaient des secours à la ville d'Aryca, qui était alors assiégée, lorsque Phayllus apparut tout à coup, prit la ville d'assaut, la livra au pillage et la renversa de fond en comble. Phayllus, atteint de phthisie, mourut

---

[1] Ils habitaient aux environs du mont Cnémis.

après de longues souffrances, châtiment de son impiété. Il laissa le commandement de l'armée des Phocidiens à Phalæcus, fils de ce même Onomarque qui avait allumé la guerre sacrée, jeune homme encore impubère ; il lui avait donné pour tuteur Mnaséas, un de ses amis. Peu de temps après, les Béotiens attaquèrent de nuit les Phocidiens et tuèrent leur général Mnaséas avec environ deux cents soldats. Il s'engagea ensuite un combat de cavalerie près de Chéronée ; Phalæcus fut vaincu et perdit beaucoup de cavaliers.

XXXIX. Pendant que ces choses se passaient, le Péloponnèse fut le théâtre de troubles et de soulèvements dont voici l'origine. Les Lacédémoniens, en querelle avec les Mégalopolitains, envahirent le territoire de ces derniers, sous la conduite d'Archidamus. Irrités de cet acte, les Mégalopolitains, n'étant pas eux-mêmes assez puissants pour résister à l'ennemi, implorèrent l'assistance de leurs alliés. Les Argiens, les Sicyoniens et les Messéniens s'empressèrent d'accourir en masse à la défense des Mégalopolitains. Les Thébains leur envoyèrent quatre mille fantassins et cinq cents cavaliers, sous les ordres de Céphision. Ainsi secondés par leurs alliés, les Mégalopolitains se mirent en campagne et vinrent camper près des sources du fleuve Alphée. Les Lacédémoniens, de leur côté, avaient reçu des Phocidiens trois mille hommes d'infanterie et cent cinquante cavaliers de la part de Lycophron et de Pithlaüs, l'un et l'autre expulsés de la tyrannie de Phères. Ayant ainsi réuni une armée considérable, ils vinrent camper aux portes de Mantinée. De là, ils s'avancèrent vers la ville d'Ornée en Argolide, alliée des Mégalopolitains et la prirent d'assaut avant l'arrivée des ennemis. Les Argiens ayant fait une sortie, il s'engagea un combat dans lequel les Lacédémoniens leur firent perdre plus de deux cents hommes. Les Thébains se montrèrent bientôt avec des forces doubles, mais inférieures en discipline ; la mêlée fut sanglante et la victoire resta indécise. Les Argiens et leurs alliés se retirèrent dans leurs villes ; les Lacédémoniens envahirent l'Arcadie, prirent d'assaut la ville d'Hélissonte, la dévastèrent et revinrent à Sparte. Quelque temps après, les Thébains, réunis à leurs alliés, remportèrent sur l'ennemi une victoire signalée près de Telphusa, tuèrent beaucoup de monde et firent plus de soixante prisonniers parmi lesquels se trouvait Alexandre, commandant de l'armée. Bientôt après, ils furent victorieux dans deux autres batailles et tuèrent un grand nombre d'ennemis. Mais enfin les Lacédémoniens remportèrent la victoire dans une bataille célèbre, et les deux armées se retirèrent chacune dans ses villes. Une trêve fut conclue entre les Macédoniens et les Mégalopolitains, et les Thébains rentrèrent, de leur côté, dans la Béotie. Phalæcus, toujours cantonné en Béotie, avait pris Chéronée; mais les Thébains accoururent au secours de cette ville et en expulsèrent l'ennemi. Les Béotiens entrèrent avec une armée nombreuse dans la Phocide, ravagèrent le pays dans une grande étendue et détruisirent les richesses de la campagne; ils s'emparèrent de quelques-unes des petites villes du pays et revinrent en Béotie, chargés de butin.

XL. Thessalus étant archonte d'Athènes, les Romains nommèrent consuls Marcus Fabius et Titus Quintius[1]. Dans cette année, les Thébains, fatigués de la guerre contre les Phocidiens et dépourvus de ressources pécuniaires, envoyèrent des députés au roi des Perses pour l'inviter à leur fournir un secours d'argent. Artaxerxès accueillit leur demande et leur fit un cadeau de trois cents talents[2]. Les Béotiens et les Phocidiens passèrent l'année en escarmouches et en dévastations de territoire, mais ils n'accomplirent aucun fait d'armes digne de mémoire.

En Asie, le roi des Perses avait échoué dans son expédition précédemment entreprise contre l'Égypte. A une époque plus récente il avait fait de nouveau la guerre aux Égyptiens, et, après plusieurs actions d'éclat, il parvint, par ses propres efforts, à reconquérir l'Égypte, la Phénicie et Cypre. Mais, afin de mieux éclaircir cette histoire, nous allons remonter le cours des événements et faire connaître l'origine de la guerre. Lors de la

---

[1] Deuxième année de la CVII^e olympiade ; année 351 avant J.-C.
[2] Un million six cent cinquante mille francs.

rébellion des Égyptiens, qui éclata à une époque plus reculée, Artaxerxès, surnommé Ochus, qui n'aimait pas la guerre, ne bougea pas de son palais; il envoya des armées et des généraux. Mais ces expéditions échouèrent le plus souvent par la lâcheté et par l'impéritie des chefs. Artaxerxès se laissa longtemps braver par les Égyptiens, tant il aimait le repos et les douceurs de la paix. Enfin, plus tard, les rois de Phénicie et de Cypre suivirent l'exemple des Égyptiens et passèrent du mépris à la révolte. Cette fois, poussé à bout, Artaxerxès résolut de châtier lui-même les rebelles; il ne confia plus à ses généraux la conduite de la guerre, mais il se décida à combattre lui-même pour la défense de la royauté. Il réunit donc de grandes quantités d'armes, de traits, de vivres et de troupes; il mit sur pied trois cent mille hommes d'infanterie, trente mille cavaliers, trois cents trirèmes et cinq cents bâtiments de transport chargés de provisions.

XLI. Artaxerxès commença d'abord par faire la guerre aux Phéniciens. Voici pour quelles raisons. Il est en Phénicie une ville considérable nommée Tripolis, nom dû à la nature de la localité; elle se compose, en effet, de trois villes séparées l'une de l'autre par un stade d'intervalle. Ces villes s'appellent Aradie, Sidon et Tyr. Tripolis est la ville la plus célèbre de la Phénicie; elle renferme le sénat des Phéniciens, qui délibère sur les affaires les plus importantes de l'État. Les satrapes et les généraux [du roi des Perses] résidaient à Sidon, et imposaient aux habitants un joug dur et insolent. Irrités de ces vexations, les Sidoniens se décidèrent à secouer le joug des Perses. Ils engagèrent les autres Phéniciens à recouvrer leur indépendance en même temps qu'ils envoyèrent une députation à Nectanébos, roi d'Égypte, ennemi des Perses, pour lui proposer leur alliance, et firent des préparatifs de guerre. Sidon était une ville très-opulente, et ses habitants, considérablement enrichis par le commerce, construisirent promptement un grand nombre de trirèmes, et réunirent une foule de mercenaires; de plus, des armes, des flèches, des vivres, en un mot, toutes les munitions de guerre furent rassemblées en peu de temps. Les hostilités commencèrent par la destruction du parc royal dans lequel le roi des Perses avait coutume de venir se délasser. On mit ensuite le feu au fourrage que les satrapes conservaient pour l'entretien des chevaux de guerre. Enfin, les Sidoniens se saisirent des Perses dont ils avaient reçu des outrages, et s'en vengèrent. Tel fut le commencement de la guerre phénicienne. Le roi, informé des excès commis par les rebelles, menaça de sa vengeance les Phéniciens, mais surtout les Sidoniens.

XLII. Le roi concentra à Babylone toutes ses troupes, tant d'infanterie que de cavalerie, et se dirigea à leur tête contre les Phéniciens. Ils furent joints, pendant la route, par Bélésys, satrape de la Syrie, et par Mazæus, gouverneur de Cilicie, qui ouvrirent la campagne contre les Phéniciens. Cependant Tennès, roi de Sidon, avait reçu des Égyptiens quatre mille mercenaires grecs, commandés par Mentor de Rhodes. Après avoir réuni à ces troupes la milice nationale, il marcha contre les satrapes déjà nommés, les battit et chassa les ennemis de la Phénicie.

Pendant le cours de ces événements, il s'éleva, dans l'île de Cypre, une autre guerre qui se compliqua avec les détails de celle dont il s'agit ici. L'île de Cypre renfermait neuf villes principales qui avaient sous leur dépendance d'autres villes moins considérables. Chacune de ces villes avait pour chef un roi qui reconnaissait le roi des Perses pour son suzerain. Tous les rois de ces villes suivirent, de concert, l'exemple des Phéniciens et levèrent l'étendard de la révolte; ils se préparèrent à la guerre en déclarant leurs royaumes indépendants. Irrité de cette révolte, Artaxerxès écrivit à Idriée, souverain de la Carie (qui venait de monter sur le trône, et qui était, à l'exemple de ses ancêtres, l'ami et l'allié du roi des Perses), de rassembler des troupes de terre et d'équiper une flotte pour faire la guerre aux rois de Cypre. Idriée fit construire rapidement quarante trirèmes, mit sur pied une armée de huit mille mercenaires qu'il envoya en Cypre sous les ordres de Phocion l'Athénien, et d'Évagoras, qui avait, quelque temps auparavant, régné dans cette île.

A peine avaient-ils abordé en Cypre, qu'ils conduisirent l'armée contre Salamine, la plus grande des villes de l'île ; ils élevèrent un retranchement, fortifièrent leur camp et investirent les Salaminiens par terre et par mer. Comme l'île entière avait joui d'une longue paix, le pays était très-riche et les soldats y trouvaient dans la campagne des provisions en abondance. Le bruit de cette opulence s'étant bientôt répandu, les soldats, attirés par l'espoir du gain, accoururent en foule du continent opposé de la Syrie et de la Cilicie, pour prendre service dans l'armée d'Évagoras et de Phocion, qui fut enfin doublée. De leur côté, les rois de Cypre tombaient dans le découragement et vivaient dans les plus grandes alarmes. Telle était la situation des affaires en Cypre.

XLIII. Bientôt après, le roi des Perses, parti de Babylone, s'avança avec son armée vers la Phénicie. Tennès, souverain de Sidon, informé du nombre des troupes perses, et persuadé que les rebelles seraient hors d'état de leur résister, ne songea plus qu'à son propre salut. Il dépêcha donc auprès d'Artaxerxès, à l'insu des Sidoniens, Thessalion, son plus fidèle serviteur, chargé de lui faire les propositions suivantes : Tennès livrerait Sidon et servirait le roi dans son expédition contre l'Égypte, où il pourrait lui être d'un grand secours, connaissant parfaitement les localités du pays et les endroits où le Nil est abordable. Le roi ayant écouté attentivement Thessalion, accueillit avec joie les propositions qui lui étaient faites, et promit non-seulement de remettre à Tennès les peines que celui-ci avait encourues par sa rébellion, mais encore, si les engagements étaient fidèlement remplis, de l'honorer de récompenses. Sur cette promesse, Thessalion demanda au roi qu'il voulût bien permettre de lui donner la main droite, comme délégué de Tennès. A cette demande, le roi se mit en colère, comme injurieusement soupçonné de manquer à sa parole, et livra Thessalion à ses gardes, avec l'ordre de lui trancher la tête. Thessalion, conduit au lieu du supplice, s'écria : « O roi, fais ce que tu voudras ; Tennès qui peut remplir tous ses engagements, ne réalisera aucune de ses promesses, si tu ne lui donnes pas ta foi. » A ces paroles,

Artaxerxès se ravisa, rappela ses gardes, fit relâcher Thessalion et lui donna la main droite. C'est là, chez les Perses, le signe d'une foi inviolable. Thessalion revint à Sidon et rapporta, toujours à l'insu des Sidoniens, les détails de sa mission.

XLIV. Le roi, qui tenait beaucoup à soumettre l'Égypte, surtout depuis le dernier échec qu'il avait éprouvé, envoya des députés dans les principales villes de la Grèce pour les inviter à prendre part à l'expédition des Perses contre les Égyptiens. Les Athéniens et les Lacédémoniens répondirent qu'ils voulaient bien conserver l'amitié des Perses, mais qu'ils ne pouvaient leur fournir aucun secours. Les Thébains envoyèrent mille hoplites sous le commandement de Lacratès; les Argiens, trois mille soldats, mais sans désigner de chef; cependant, sur la demande du roi, ils nommèrent Nicostrate commandant de ce corps auxiliaire. C'était un homme de pratique et de bon conseil, bien qu'il y eut dans son intelligence un grain de folie[1]. Remarquable par sa force physique, il affectait la tenue d'Hercule dans ses expéditions : il portait dans les combats une peau de lion et une massue. A l'exemple des Thébains et des Argiens, les Grecs de l'Asie envoyèrent six mille hommes, en sorte que l'armée auxiliaire, fournie par les Grecs, s'éleva à un total de dix mille hommes. Avant l'arrivée de cette armée, le roi avait déjà traversé la Syrie, était entré en Phénicie et avait établi son camp non loin de Sidon. Les Sidoniens avaient profité du retard du roi pour faire tous les préparatifs de défense en se procurant activement des armes et des vivres. Ils avaient entouré leurs villes d'un triple fossé large, et de hautes murailles. Ils avaient formé leur milice nationale aux exercices et aux fatigues de la guerre et avaient rendu leurs corps souples et vigoureux. Sidon surpassait toutes les autres villes de la Phénicie en richesses et en opulence; et, ce qui est le plus important, ils avaient mis en mer plus de cent navires, tant trirèmes que quinquérèmes.

XLV. Tennès communiqua à Mentor, général des merce-

---

[1] Μεμιγμένον ἔχων τῇ φρονήσει μανίαν. *Nullum magnum ingenium absque mixtura dementiæ fuit*, dit quelque part Sénèque.

naires d'Égypte, le plan de sa trahison, et le laissa dans Sidon avec un détachement de ses troupes pour faciliter l'exécution de son perfide projet. Puis il sortit de la ville avec cinq cents soldats, sous prétexte de se rendre à une réunion générale des Phéniciens; il mena avec lui, comme conseillers, cent des citoyens les plus distingués. Arrivé en présence du roi, il fit arrêter ces cent citoyens et les livra à Artaxerxès. Le roi accueillit Tennès comme un ami; mais il fit tuer à coups de flèches les cent citoyens comme coupables de rébellion. A la nouvelle de cette sanglante exécution, cinq cents des principaux Sidoniens se rendirent en habits de suppliants auprès du roi, qui fit appeler Tennès et lui demanda s'il pouvait lui livrer la ville; car Artaxerxès tenait beaucoup à ne pas prendre Sidon par capitulation, afin de pouvoir agir envers les Sidoniens avec la dernière rigueur, et épouvanter par un châtiment exemplaire les autres villes de la Phénicie. Tennès l'assura que la ville lui serait livrée. Mais le roi, incapable de maîtriser sa colère, fit mourir tous les cinq cents suppliants. Tennès s'approcha ensuite des mercenaires d'Égypte, et les engagea à introduire dans l'intérieur des murs lui et le roi. Voilà par quelle trahison Sidon tomba au pouvoir des Perses. Artaxerxès, une fois maître de la ville, pensa que Tennès ne lui était plus utile, et le fit tuer. Les Sidoniens, avant l'arrivée du roi, avaient brûlé tous leurs bâtiments, afin qu'aucun habitant ne trouvât le moyen de se sauver par mer. Mais lorsqu'ils virent la ville prise et les murs cernés par tant de milliers de soldats, alors ils s'enfermèrent avec leurs femmes et leurs enfants dans les maisons et les incendièrent. On rapporte que plus de quarante mille hommes y compris les esclaves périrent dans les flammes. Dans cette horrible catastrophe, toute la ville avec ses habitants fut consumée par le feu. Le roi vendit, pour plusieurs talents, le sol de cet immense bûcher. On y recueillit une grande masse d'or et d'argent fondus, débris des richesses d'une population florissante. Telle fut la fin malheureuse de Sidon. Toutes les autres villes de la Phénicie, intimidées par ce terrible exemple, se soumirent aux Perses.

Un peu avant ce temps, Artémise, reine de Carie, mourut après un règne de deux ans. Elle eut pour successeur son frère Idriée, qui régna pendant sept ans.

En Italie, les Romains conclurent une armistice avec les habitants de Préneste, et un traité de paix avec les Samnites. Deux cent soixante partisans des Tarquins furent condamnés à mort par le peuple romain et exécutés sur la place publique [1].

En Sicile, Leptine et Callippe, investis par les Syracusains du commandement des troupes, assiégèrent Rhégium gardé par Denys le jeune ; ils chassèrent la garnison et rendirent aux Rhégiens leur indépendance.

XLVI. Apollodore étant archonte d'Athènes, les Romains élurent pour consuls Marcus Valérius et Caïus Sulpicius [2]. Dans cette année, Évagoras et Phocion assiégèrent Salamine en Cypre ; toutes les autres villes de l'île s'étaient soumises aux Perses. Protagoras, roi de Salamine [3], seul, osa soutenir un siége. Évagoras réclamait la souveraineté de Salamine comme l'héritage de ses ancêtres, et il espérait qu'avec l'appui du roi des Perses il serait remis sur le trône. Bientôt après, calomnié auprès d'Artaxerxès qui soutenait déjà Protagoras, Évagoras renonça à l'espoir de recouvrer Salamine. Cependant, après s'être justifié des accusations portées contre lui, il obtint du roi une souveraineté en Asie, bien plus considérable que celle qu'il avait perdue. Mais il conduisit mal son gouvernement, se réfugia de nouveau dans l'île de Cypre, où il fut arrêté et condamné au supplice. Protagoras, qui s'était volontairement soumis aux Perses, régna tranquillement dans Salamine le reste de sa vie.

Après la prise de Sidon, le roi des Perses rallia les troupes auxiliaires envoyées d'Argos, de Thèbes et des villes grecques de l'Asie, et s'avança vers l'Égypte avec toutes ses forces réunies. Arrivé au grand lac où se trouve ce qui s'appelle les *Barathres* [4],

---

[1] Comparez Tite-Live, VII, 19.
[2] Troisième année de la cvii^e olympiade ; année 350 avant J.-C.
[3] Quelques historiens l'appellent Pnytagoras. Il régna tranquillement jusqu'à l'époque d'Alexandre le Grand.
[4] Bas-fonds de sable mobiles du lac Serbonis. Voyez I, 30.

il perdit une partie de son armée par l'ignorance des localités. Comme nous avons déjà parlé dans le premier livre de la nature de ce lac et des phénomènes extraordinaires qu'on y remarque, nous n'en dirons rien ici. Après avoir traversé avec son armée les Barathres, le roi atteignit Péluse. C'est la première ville située sur la première embouchure du Nil[1], là où ce fleuve se jette dans la mer. Les Perses campèrent à quarante stades de Péluse, et les Grecs dans le voisinage de cette ville. Les Égyptiens, auxquels les Perses avaient donné assez de loisir pour prendre leurs mesures de défense, avaient bien fortifié toutes les embouchures du Nil, mais particulièrement celle de Péluse, qui est la première et la plus exposée aux attaques de l'ennemi. La place était gardée par cinq mille hommes, sous les ordres de Philophron. Les Thébains, jaloux de passer pour les plus braves des auxiliaires grecs, osèrent, les premiers et seuls, traverser hardiment un fossé étroit et profond. Pendant que les Thébains se trouvaient engagés dans ce fossé, la garnison de Péluse fit une sortie et les força au combat. La lutte fut opiniâtre, et, comme on mettait une égale ardeur de part et d'autre, elle dura toute la journée ; la nuit sépara les combattants.

XLVII. Le lendemain, le roi divisa l'armée grecque en trois corps ; chacun de ces corps était commandé par un général grec, qui avait pour second un Perse d'un courage et d'une intelligence éprouvés. Le premier corps était composé de Béotiens, qui avaient pour général Lacratès le Thébain, et pour lieutenant le Perse Rosacès, satrape d'Ionie et de Lydie ; il descendait d'un des sept Perses qui renversèrent les Mages. Il était accompagné d'une forte cavalerie et d'une armée d'infanterie non moins nombreuse de Barbares. Le second corps comprenait les Argiens sous les ordres de Nicostrate, qui avait pour lieutenant le Perse Aristazane ; c'était l'huissier du roi[2], et,

---

[1] C'est la première bouche du Nil pour ceux qui entrent en Égypte du côté de la Syrie, comme c'est ici le cas.

[2] Εἰσαγγελεὺς τοῦ βασιλέως ; c'était un officier qui avait pour fonction d'annoncer auprès du roi ceux qui avaient demandé une audience.

après Bagoas, son plus fidèle ami ; il avait un contigent de cinq mille hommes d'élite et quatre-vingts trirèmes. Mentor, le même qui avait livré Sidon, était le chef du troisième corps, comprenant les mercenaires qu'il avait déjà eus sous ses ordres ; il avait pour collègue Bagoas, homme entreprenant et audacieux, en qui le roi avait la plus grande confiance ; ce Bagoas avait sous son commandement les Grecs sujets du roi, une multitude de Barbares et plusieurs bâtiments. Artaxerxès avait sous ses ordres immédiats le reste de l'armée et dirigeait toute l'entreprise. Telle fut la division des troupes chez les Perses. Cependant le roi des Égyptiens, Nectanébos, bien qu'il fût inférieur en forces, ne s'effraya, ni de la puissance de l'ennemi ni de la disposition de l'armée perse. Il avait sous ses ordres vingt mille mercenaires grecs, un égal nombre de Libyens, et soixante mille Égyptiens de la caste des guerriers [1] ; enfin un nombre incroyable de barques pour les combats sur le Nil. Il avait fortifié la rive du fleuve qui regarde l'Arabie, en y élevant, à des distances très-rapprochées, des forteresses, des retranchements et des fossés. Malgré tous ces préparatifs de défense, il perdit tout par sa propre incurie.

XLVIII. La cause de la défaite de Nectanébos doit être attribuée surtout à son inexpérience et aux avantages qu'il avait remportés sur les Perses dans l'expédition précédente. Car il avait alors pour généraux des hommes illustres, distingués par leur bravoure et leur habileté stratégique, Diophante l'Athénien et Lamius le Spartiate ; c'est à eux qu'il devait tous ses succès. Il s'imagina dès ce moment qu'il était lui-même un habile général, ne partagea le commandement avec personne, et son impéritie était cause de ce que la guerre actuelle était si mal conduite. Il avait mis de fortes garnisons dans les places ; et, à la tête de trente mille Égyptiens, de cinq mille Grecs et de la moitié de ses Libyens, il vint occuper les positions les plus abordables. Telles furent les dispositions prises des deux côtés. Nicostrate, général des Argiens, ayant pour guides quelques

---

[1] Voyez plus haut, I, 73.

Égyptiens dont les enfants et les femmes étaient en otages chez les Perses, passa avec sa flotte par un canal qui le conduisit dans un endroit écarté. Là, il débarqua ses soldats et éleva un retranchement où il établit son camp. Avertis de l'arrivée des ennemis, les mercenaires des Égyptiens, qui occupaient le voisinage, accoururent aussitôt au nombre d'environ sept mille hommes. Clinius de Cos [1], qui les commandait, rangea aussitôt l'armée en bataille. Les troupes débarquées se mirent en défense : il s'engagea un combat sanglant dans lequel les Grecs, unis aux Perses, firent des prodiges de valeur, tuèrent le général Clinius et passèrent au fil de l'épée plus de cinq mille ennemis. Nectanébos, roi des Égyptiens, apprenant la destruction des siens, fut consterné et s'imagina que le reste de l'armée des Perses parviendrait facilement à traverser le fleuve ; et, dans la crainte que l'ennemi ne se dirigeât avec toutes ses forces sur Memphis, il résolut de pourvoir à la défense de cette ville. Il se porta donc sur Memphis avec les troupes qu'il avait auprès de lui, et se prépara à soutenir un siége.

XLIX. Cependant Lacratès le Thébain, qui commandait le premier corps d'armée, se dirigea sur Péluse pour en faire le siége. Il détourna le cours du canal, et sur le terrain, ainsi mis à sec, il éleva des terrasses sur lesquelles il plaça ses machines de guerre, destinées à battre en brèche les murs de la ville. Une grande partie des murailles fut ainsi abattue ; la garnison de Péluse s'empressa de les relever, et construisit des tours de bois d'une hauteur considérable. Le combat sur les remparts dura plusieurs jours ; les Grecs qui occupaient l'intérieur de Péluse se défendirent d'abord vigoureusement contre les assaillants ; mais lorsqu'ils apprirent que le roi s'était retiré à Memphis, ils perdirent tout espoir d'être secourus et envoyèrent des parlementaires. Lacratès leur garantit, sous la foi du serment, que s'ils lui livraient Péluse, ils obtiendraient tous la liberté de retourner en Grèce en emportant leur bagage. La citadelle fut rendue. Après cette reddition, Artaxerxès envoya Bagoas avec des

[1] Ce chef est plus connu sous le nom de *Clinias*.

soldats barbares pour occuper Péluse. Pendant que ces soldats entraient dans la place, les Grecs, qui en sortaient, furent dépouillés par les Barbares d'une grande partie de leur bagage. Les Grecs, indignés, invoquèrent les dieux qui président aux serments. Lacratès, transporté de colère, se rua sur les Barbares, les mit en déroute, en tua quelques-uns et protégea les Grecs contre les violateurs du traité. Bagoas s'enfuit auprès du roi et accusa Lacratès; mais Artaxerxès jugea que les soldats de Bagoas avaient été justement punis, et il fit mettre à mort les Perses reconnus coupables de pillage. C'est ainsi que Péluse fut livrée aux Perses. Mentor, commandant du troisième corps d'armée, se rendit maître de Bubaste et de beaucoup d'autres villes ; par un seul stratagème il les fit rentrer sous la domination du roi. Comme toutes ces villes étaient gardées par une garnison mixte, composée de Grecs et d'Égyptiens, Mentor fit répandre le bruit que le roi Artaxerxès userait d'humanité envers ceux qui se rendraient volontairement, tandis que ceux qui ne se rendraient que par la force, seraient châtiés comme les Sidoniens. En même temps, les sentinelles des portes du camp reçurent la consigne de laisser passer tous ceux qui en voudraient sortir. Les prisonniers égyptiens quittèrent donc sans obstacle le camp des ennemis et répandirent promptement dans toutes les villes d'Égypte le bruit qu'ils avaient recueilli. Aussitôt les mercenaires se querellaient partout avec les nationaux, et les villes étaient pleines de troubles. Des deux côtés, on s'empressait à l'envi à rendre les forts, troquant l'espoir d'une récompense contre son propre salut. Ce fut, en effet, ce qui arriva d'abord à l'égard de Bubaste.

L. Mentor et Bagoas avaient établi leur camp non loin de cette ville. Les Égyptiens envoyèrent, à l'insu des Grecs, un émissaire qui offrit de leur part à Bagoas de lui livrer la ville s'il voulait leur accorder un sauf-conduit. Prévenus de cette intrigue, les Grecs s'emparèrent de cet émissaire et lui arrachèrent la vérité par la menace [1]. Indignés de cette trahison, ils tombè-

---

[1] Il y a dans le texte : φόβον ἐπικρεμάσαντες, *en le suspendant entre la vie*

rent sur les Égyptiens, en tuèrent quelques-uns, blessèrent quelques autres et forcèrent le reste à se retirer dans un autre quartier de la ville. Les Égyptiens, ainsi châtiés, avertirent Bagoas de ce qui s'était passé et le prièrent de venir prendre la ville. Mais les Grecs avaient, de leur côté, envoyé en secret un héraut à Mentor pour l'informer de tout ce qui se tramait; Mentor les engagea, également en secret, à tomber sur les Barbares au moment où Bagoas entrerait dans Bubaste. Peu de moments après, Bagoas, sans s'être concerté avec les Grecs, s'avança avec ses Perses et lorsque une partie de ses soldats fut entrée dans la ville, les Grecs, fermant subitement les portes, se jetèrent sur ceux qui étaient dans l'intérieur des murs, les passèrent tous au fil de l'épée et firent Bagoas lui-même prisonnier. Bagoas, ne voyant plus d'espoir de salut que dans Mentor, implora son secours en lui promettant qu'à l'avenir il n'entreprendrait plus rien sans le consulter. Mentor persuada les Grecs de relâcher Bagoas et de livrer la place; il emporta ainsi seul tout l'honneur du succès. Quant à Bagoas, qui attribua sa délivrance à Mentor, il conclut avec lui un pacte, se jurant de ne plus rien entreprendre qu'en commun. Ce pacte dura jusqu'à la fin de leur vie; il en résulta que ces deux hommes unis avaient le plus grand crédit auprès du roi, et qu'ils devinrent plus puissants que les amis et les parents d'Artaxerxès. Mentor fut nommé commandant en chef des provinces maritimes de l'Asie; il rendit de grands services au roi, en tirant de la Grèce des troupes mercenaires et les envoyant à Artaxerxès. D'ailleurs c'était un administrateur probe et fidèle. De son côté, Bagoas, chargé par le roi de l'administration des satrapies supérieures, avait acquis par sa liaison avec Mentor tant d'influence qu'il était en quelque sorte le maître de l'empire et qu'Artaxerxès ne faisait plus rien sans son conseil. Bagoas conserva cette même influence sous le successeur d'Artaxerxès; il fut roi de fait sans l'être de nom.

et la mort, locution qui n'est pas très-commune. Voyez la note de Wesseling, qui en cite quelques exemples, tom. VII, p. 546. C'est à peu près l'expression virgilienne de *prœlentare mortem.*

Mais nous parlerons de tout cela en détail dans un moment plus convenable.

LI. Après la reddition de Bubaste, les autres villes, intimidées, se livrèrent aux Perses par capitulation. Le roi Nectanébos se tenait à Memphis ; voyant les progrès des ennemis auxquels il n'osait point résister, il abdiqua la couronne et s'enfuit en Éthiopie, emportant avec lui la plupart de ses richesses. Artaxerxès prit ainsi possession de toute l'Égypte, démantela les villes les plus considérables, profana [1] les temples et amassa une masse d'argent et d'or. Il enleva aussi les anciennes annales sacrées que Bagoas se fit ensuite racheter bien cher par les prêtres d'Égypte. Quant aux Grecs qui avaient servi dans cette expédition, Artaxerxès honora chacun d'entre eux par des récompenses considérables et les renvoya dans leur patrie. Enfin, après avoir nommé Phérendate satrape d'Égypte, il retourna avec son armée à Babylone, rapportant d'immenses richesses, de nombreuses dépouilles, et s'étant acquis une grande gloire par cette heureuse expédition.

LII. Callimaque étant archonte d'Athènes, les Romains nommèrent consuls Marcus Caïus et Publius Valérius [2]. Dans cette année, Artaxerxès, reconnaissant les services signalés que Mentor lui avait rendus dans la guerre contre les Égyptiens, l'admit dans sa plus grande intimité ; il le combla d'honneurs, lui fit don de cent talents [3] d'argent, indépendamment du plus beau choix de meubles. Il le nomma en outre satrape des côtes de l'Asie et lui confia, avec des pouvoirs absolus, la conduite de la guerre contre les rebelles. Mentor était lié avec Artabaze et Memnon, qui avaient, quelque temps auparavant, combattu les Perses, et s'étant enfuis de l'Asie, vivaient alors à la cour de Philippe. Mentor intervint donc en leur faveur auprès du roi, et le décida à leur remettre les peines qu'ils avaient encourues.

---

[1] Ce roi était odieux aux Égyptiens, surtout parce qu'il avait tué le taureau et mis à la place de l'Apis un âne. Voyez Élien, *Hist. animal.*, X, 28.

[2] Quatrième année de la CVII^e olympiade ; année 349 avant J.-C.

[3] Cinq cent cinquante mille francs.

Aussitôt, Mentor fit venir auprès de lui ses deux amis avec toute leur famille. Artabaze avait dix fils et onze filles de sa femme, qui était sœur de Mentor et de Memnon. Charmé de cette nombreuse postérité, Mentor songea d'abord à l'avancement des enfants mâles auxquels il donna les grades les plus élevés dans l'armée. Il marcha ensuite contre Hermias, tyran d'Atarné[1], rebelle au roi et maître d'un grand nombre de places fortes et de villes. Il fit dire à Hermias qu'il allait solliciter le roi de lui accorder son pardon; Hermias fut ainsi attiré dans une conférence où il fut enveloppé et arrêté. Mentor s'empara de l'anneau d'Hermias et s'en servit pour adresser aux villes de fausses lettres dans lesquelles il était dit qu'Hermias avait fait sa paix avec le roi par l'intervention de Mentor. Ces lettres, scellées de l'anneau d'Hermias, furent ainsi remises à des envoyés chargés de se mettre en possession des places. Les citoyens, ne doutant pas de l'authenticité des lettres, et d'ailleurs bien contents de la paix, livrèrent sans peine les forteresses et les villes. C'est par ce stratagème que Mentor, sans coup férir, soumit toutes les villes rebelles à l'autorité du roi, s'acquit un nouveau titre à sa faveur, et ajouta à sa renommée d'habile général. Il soumit pareillement en très-peu de temps tous les autres chefs ennemis des Perses. Il les battit tous en très-peu de temps, tant par la force que par la ruse. Telle était la situation des affaires en Asie.

En Europe, Philippe, roi des Macédoniens, déclara la guerre aux villes chalcidiennes; il prit d'assaut Gira, place forte du pays, et réduisit quelques autres places par la terreur. Il se dirigea ensuite contre Phères, en Thessalie, et en chassa Pitholaüs le tyran.

Dans cet intervalle, Spartacus, roi du Pont, mourut après un règne de cinq ans. Parysadès, son frère, lui succéda, et régna pendant trente-huit ans.

LIII. L'année étant révolue, Théophile fut nommé archonte d'Athènes; les Romains élurent pour consuls Caïus Sulpicius

---

[1] Ville de la Mysie.

et Caïus Quintius, et on célébra la CVIII[e] olympiade, dans laquelle Polyclès de Cyrène fut vainqueur à la course du stade[1]. Dans le cours de cette année, Philippe cherchait à s'emparer des villes de l'Hellespont. Il prit Mercyberne et Torone par trahison et sans coup férir; puis il tourna ses armes contre Olynthe, qui est la ville la plus considérable de cette contrée. Il défit les Olynthiens en deux batailles et vint les bloquer dans leur ville; mais il perdit un grand nombre de soldats sous les murs d'Olynthe. Enfin il parvint à corrompre avec de l'argent les gouverneurs d'Olynthe, Euthycrate et Lasthène, qui lui livrèrent la ville par trahison. Il saccagea Olynthe et vendit les habitants comme esclaves. Il se procura par ce moyen beaucoup d'argent pour les dépenses de la guerre, en même temps il intimida les autres villes qui auraient été tentées de lui résister. Il honora de grandes récompenses tous les soldats qui s'étaient distingués par leur bravoure, et donnant de fortes sommes d'argent aux citoyens les plus influents des villes, il multiplia le nombre des traîtres à leur patrie. D'ailleurs, il se vantait lui-même que c'était bien plutôt à la puissance de l'or qu'à la force des armes qu'il devait l'accroissement de son empire.

LIV. Les Athéniens, jaloux du développement de la puissance de Philippe, se montraient prêts à secourir les ennemis de ce roi. Ils envoyèrent dans toutes les villes des députés pour engager les habitants à conserver leur indépendance et à condamner à la peine de mort les citoyens qui seraient tentés de trahir leur patrie. Les Athéniens promirent à toutes ces villes leur appui; enfin ils déclarèrent ouvertement la guerre à Philippe et commencèrent les hostilités. Démosthènes, à cette époque l'orateur le plus éloquent des Grecs, exhortait principalement les Athéniens à se charger du protectorat de la Grèce. Mais Athènes même ne manquait pas de citoyens destinés à jouer le rôle de traîtres, tant était grande la propension des Grecs à la trahison. Aussi rapporte-t-on que Philippe, voulant un jour prendre une ville très-forte, répondit à un habitant

---

[1] Première année de la CVIII[e] olympiade; année 348 avant J.-C.

qui lui avait dit que la place était imprenable : « Eh quoi, le mur est-il assez haut pour que l'or ne le puisse franchir? » En effet, l'expérience lui avait appris que les places qu'on ne peut prendre par les armes sont facilement enlevées par l'or[1]. S'étant ainsi ménagé des traîtres dans toutes les villes, et donnant le titre d'hôte et d'ami à quiconque recevait son or, il corrompit par ses maximes perverses les mœurs du genre humain.

LV. Après la prise d'Olynthe, Philippe fit célébrer des jeux olympiques en actions de grâces et offrit aux dieux de magnifiques sacrifices. Cette grande solennité et les jeux splendides attirèrent une foule d'étrangers qu'il invitait à ses festins. Au milieu des banquets qu'animaient le vin et les nombreux toasts qu'on y portait, il distribuait des présents à un grand nombre de convives, et faisait à tous les plus grandes promesses; aussi, son amitié était-elle fort recherchée. Philippe s'aperçut un jour que Satyrus, le comédien, avait un air soucieux; il lui demanda donc pourquoi, seul, il ne daignait pas éprouver les effets de sa générosité. Satyrus lui répondit qu'il voulait bien recevoir de lui quelque cadeau; mais qu'il craignait que sa demande ne lui fût refusée. A cette réponse, le roi, souriant, l'assura qu'il lui accorderait tout ce qu'il lui demanderait. Satyrus lui dit alors qu'il voulait deux jeunes personnes d'un âge nubile qui se trouvaient parmi les captives du roi, et qui étaient les filles d'un de ses hôtes; qu'il désirait beaucoup les avoir, non pas pour en tirer quelque profit, mais pour les marier avec la dot qu'il lui donnerait, afin que leur jeunesse ne fût pas outragée. Philippe accueillit avec joie la demande de Satyrus et lui donna sur-le-champ ces deux jeunes filles. En retour des bienfaits et des dons qu'il répandait avec tant de libéralité, Philippe recueillait

---

[1] Horace, liv. II, ode 16, s'exprime ainsi :

*Aurum per medium ire satellites
Et perrumpere amat saxa potentius
Ictu fulmineo.*

[2] Ce mot anglais francisé me semble assez bien rendre le mot προπόσις. Parmi les idiomes modernes, la langue allemande, qui en souplesse ne le cède guère au grec, paraît seule posséder un mot (*vordrinken*) exprimant littéralement le προπίνειν des Grecs.

les fruits multipliés de la reconnaissance. Une foule de gens, séduits par l'espoir de quelque récompense, allaient au-devant des désirs de Philippe, en trahissant leur patrie.

LVI. Thémistocle étant archonte d'Athènes, les Romains nommèrent consuls Caïus Cornélius et Marcus Popilius[1]. Dans cette année, les Béotiens ravagèrent une grande partie de la Phocide, battirent l'ennemi près d'Hyampolis[2], et lui firent perdre à peu près soixante-dix hommes. Peu de temps après, les Béotiens eurent une rencontre avec les Phocidiens, près de Coronée ; ils furent vaincus et perdirent beaucoup de monde. Après cela, les Phocidiens s'emparèrent de quelques villes considérables de la Béotie. Les Béotiens se mirent de nouveau en mouvement, envahirent le territoire des ennemis et en détruisirent les récoltes ; mais ils furent battus pendant leur retraite.

Tandis que ces événements avaient lieu, Phalæcus, général des Phocidiens, accusé d'avoir volé une grande partie de l'argent sacré, fut destitué du commandement et remplacé par trois généraux : Dinocrate, Callias et Sophane. On fit une enquête au sujet du trésor sacré, et les Phocidiens demandèrent aux gérants un compte rigoureux. Philon en avait été le principal administrateur ; comme il ne put rendre le compte demandé, il fut traduit en jugement. Mis à la torture par l'ordre des généraux, il dénonça ses complices, et, après avoir supporté les plus cruels outrages, il subit une mort digne de son impiété. Ceux qui s'étaient appropriés ce trésor, restituèrent tout ce qui restait du fruit de leur vol ; mais ils n'en furent pas moins mis à mort comme coupables de sacrilége. Parmi les anciens généraux, Philomélus, le premier en tête, n'avait point touché aux offrandes sacrées ; le second, nommé Onomarque, frère de Philomélus, en avait dépensé une partie considérable ; enfin, le troisième général, Phayllus, frère d'Onomarque, avait converti en monnaie une autre partie du trésor sacré pour payer ses troupes mercenaires ; il avait fait servir à

---

[1] Deuxième année de la CVIII^e olympiade ; année 347 avant J.-C.
[2] Ville de la Phocide ; elle était limitrophe de la Béotie et de la Thrace.

cet usage les cent vingt lingots d'or, du poids de deux talents[1] chacun, qui avaient été donnés en offrande par Crésus, roi des Lydiens. Il convertit également en monnaie trois cent soixante vases d'or, du poids de deux mines[2] chacun, un lion et une femme d'or, pesant ensemble trente talents, de sorte qu'en réduisant tout cet or fondu à la valeur de l'argent[3], on trouve la somme de quatre mille talents. Il faut y ajouter encore les offrandes d'argent consacrées par Crésus et par quelques autres donataires, estimées à plus de six mille talents, qui furent également dissipés par les généraux ; enfin, si l'on y joint plusieurs autres monuments en or, on arrive à une somme de plus de dix mille talents[4]. Quelques historiens rapportent que la valeur des trésors enlevés à Delphes n'était pas au-dessous des richesses qu'Alexandre trouva dans les trésors persiques[5]. Les lieutenants de Phalæcus entreprirent même de fouiller le sol du temple, sur un bruit qui s'était répandu qu'on y découvrirait une grande quantité d'or et d'argent. Ils creusèrent le sol autour du foyer et du trépied. Celui qui indiquait ce trésor citait en témoignage ces vers du plus ancien et du plus célèbre des poëtes, Homère : « Des richesses telles que n'en renferme « pas dans son intérieur le sol pierreux du temple de Phébus « Apollon, dans la rocheuse Pytho[6]. » Mais, à peine les soldats eurent-ils mis la main à ces fouilles autour du trépied, que de violents tremblements de terre se firent sentir, et répandirent l'épouvante parmi les Phocidiens. Les dieux menaçaient de leur vengeance les sacriléges, qui cessèrent aussitôt les travaux. Philon, l'instigateur de cette entreprise impie, fut donc puni par la divinité comme il le méritait.

LVII. Bien que le crime de la spoliation des offrandes sacrées retombât entièrement sur les Phocidiens, il faut avouer

---

[1] Le poids d'un talent est de vingt-six kilogrammes.
[2] Une mine pèse quatre cents grammes.
[3] Le rapport de l'argent à l'or était à cette époque, comme 1 : 10.
[4] Cinquante millions de francs.
[5] Voyez, XVII, 66 et 71.

que les Athéniens et les Lacédémoniens, alliés des Phocidiens, y avaient eux-mêmes trempé en recevant des subsides qui n'étaient pas en rapport avec le nombre des troupes fournies. D'ailleurs, les Athéniens s'étaient déjà rendus directement coupables de sacrilége. Peu avant la profanation du temple de Delphes, Iphicrate stationnait avec sa flotte dans les eaux de Corcyre; à ce moment, Denys, tyran des Syracusains, envoyait aux temples d'Olympie et de Delphes des statues travaillées en or et en ivoire. Les navires chargés du transport de ces offrandes rencontrèrent la flotte d'Iphicrate; celui-ci s'en empara et fit demander au peuple d'Athènes ce qu'il devait faire de cette capture. Les Athéniens lui répondirent qu'il fallait bien moins s'occuper des affaires des dieux, que de la nourriture des soldats. Obéissant aux ordres de sa patrie, Iphicrate enleva donc les offrandes destinées aux dieux, et les vendit. Le tyran, en apprenant cette nouvelle, fit éclater sa colère contre les Athéniens, et leur adressa la lettre suivante :

« Denys au sénat et au peuple d'Athènes.

« Je ne dois pas vous écrire en vous souhaitant salut et prospérité; car vous êtes des sacriléges sur terre et sur mer. Vous avez pris et converti en monnaie les offrandes que j'avais envoyées aux dieux, et vous avez ainsi commis une profanation envers les plus grands des dieux, Apollon de Delphes et Jupiter l'Olympien. »

Voilà les sacriléges commis par les Athéniens, particulièrement contre Apollon qu'ils préconisent pourtant comme un de leurs ancêtres. Quant aux Lacédémoniens, qui avaient si souvent consulté l'oracle de Delphes, tant admiré, dont les réponses servirent de base à leur système politique, et qui avaient toujours consulté les dieux sur leurs plus importantes affaires, ils étaient coupables du même crime, car ils n'avaient pas craint de prendre part au pillage du sanctuaire.

fortifiées, Orchomène, Coronée et Corsies, partirent de là pour marcher contre les Béotiens. Secondés par de nombreuses troupes mercenaires, ils ravagèrent la campagne et harcelèrent les habitants en livrant de fréquentes escarmouches. Fatigués de cette guerre, ayant perdu beaucoup de soldats, et, de plus, dépourvus de ressources pécuniaires, les Béotiens envoyèrent des députés à Philippe pour le solliciter de les secourir. Le roi, bien aise de voir les Béotiens humiliés, et désireux d'abaisser l'orgueil que la victoire de Leuctres leur avait inspiré, leur envoya un certain nombre de soldats, seulement pour ne pas encourir le reproche d'avoir négligé la défense de l'oracle profané. Les Phocidiens avaient élevé une forteresse près de la ville d'Abes, où se trouve un temple consacré à Apollon. C'est sur cette forteresse que se dirigèrent les Béotiens. [Les Phocidiens furent mis en déroute;] une partie des fuyards se dispersa dans les villes voisines; les autres, au nombre de cinq cents, cherchèrent un asile dans le temple d'Apollon où ils périrent tous. Plusieurs prodiges s'étaient montrés dans ce temps parmi les Phocidiens, et annonçaient le sort qui leur était réservé. Le plus singulier est celui que nous allons raconter. Ceux qui s'étaient réfugiés dans le temple espéraient en la protection des dieux. Mais il arriva tout le contraire ; par un effet de la providence divine, ils y trouvèrent le châtiment proportionné à leur crime. Une grande quantité de paille se trouvait entassée autour du temple; or, le feu que les fuyards avaient laissé dans leurs tentes atteignit cette paille qui s'enflamma et produisit un tel incendie que le temple et tous les Phocidiens qui s'y étaient réfugiés furent brûlés. C'est ainsi que la divinité fit voir qu'elle n'accordait point d'asile aux sacrilèges.

LIX. Archias étant archonte d'Athènes, les Romains nommèrent consuls Marcus Émilius et Titus Quintius [1]. Dans cette année, la guerre phocidienne, après avoir duré dix ans, se termina comme nous allons l'exposer. Les Béotiens et les Phocidiens étaient également affaiblis en raison de la longueur de

---

[1] Troisième année de la CVIII⁰ olympiade; année 346 avant J.-C.

cette guerre. Les Phocidiens envoyèrent des députés à Lacédémone pour demander des secours; les Spartiates leur firent parvenir mille hoplites sous les ordres du roi Archidamus. Pareillement, les Béotiens eurent recours à Philippe qui, de concert avec les Thessaliens, entra dans la Locride à la tête d'une puissante armée; il atteignit Phalæcus qui avait été de nouveau investi du commandement, et qui conduisait un grand nombre de mercenaires. Il résolut de décider par une bataille le sort de la guerre. Phalæcus, qui séjournait alors à Nicée, ne se voyant pas assez fort pour résister, entama des négociations avec le roi. Il fut convenu que Phalæcus se retirerait avec ses soldats où bon lui semblerait. Cette convention conclue, Phalæcus se retira dans le Péloponnèse avec huit mille mercenaires. Les Phocidiens, abattus, se rendirent à Philippe. C'est ainsi que le roi termina, contre toute attente et sans coup férir, la guerre sacrée. Il réunit ensuite une assemblée composée de Béotiens et de Thessaliens; il résolut aussi de convoquer le conseil des amphictyons et de lui soumettre la décision souveraine des affaires.

LX. Le conseil des amphictyons décréta que Philippe et ses descendants seraient admis au nombre des amphictyons et qu'ils auraient les deux voix qu'avaient eues jusqu'alors les Phocidiens vaincus[1]; de plus, que les trois principales villes de la Phocide seraient démantelées, que les Phocidiens seraient exclus du temple de Delphes et du conseil amphictyonique, qu'il ne leur serait permis de posséder ni chevaux ni armes jusqu'à ce qu'ils eussent restitué au dieu les richesses spoliées; que les Phocidiens exilés, ainsi que leurs complices, seraient partout mis hors la loi; que toutes les villes de la Phocide seraient rasées et leurs habitants transférés dans des villages dont chacun ne pourrait avoir plus de cinquante maisons, et qui se trouveraient au moins à la distance d'un stade l'un de l'autre; que les Phocidiens conserveraient leurs terres, mais à la charge de payer annuellement un tribut de soixante talents, jusqu'à l'extinction de la somme

---

[1] Suivant Pausanias (X, 8), ils recouvrèrent plus tard leur droit de suffrage par leur belle conduite lors du pillage de Delphes par les Gaulois sous Brennus.

inscrite sur les registres du temple spolié ; que Philippe, conjointement avec les Béotiens et les Thessaliens, présiderait aux jeux pythiques, parce que les Corinthiens avaient été les complices des Phocidiens sacriléges ; que les amphictyons et Philippe veilleraient à ce que les armes des Phocidiens et des mercenaires fussent brisées avec des pierres et les débris jetés aux flammes, enfin à ce que leurs chevaux fussent livrés. Conformément à ces décrets, les amphictyons réglèrent l'administration de l'oracle ainsi que toutes les affaires propres à ramener la piété, la paix générale et la concorde parmi les Grecs. Philippe garantit avec le plus grand empressement les décrets des amphictyons et retourna en Macédoine, en laissant aux Grecs une haute idée de sa piété[1] et de sa science militaire. Mais déjà il méditait de grands projets pour l'accroissement de son empire ; car il désirait se faire nommer généralissime de toute la Grèce et déclarer ensuite la guerre aux Perses. C'est aussi ce qui arriva. Mais nous parlerons de toutes ces choses en temps convenable.

LXI. Avant de reprendre le fil de notre histoire, nous croyons juste de dire quel fut le châtiment infligé par les dieux à ceux qui avaient profané le temple de Delphes. La vengeance divine ne s'appesantit pas seulement sur les auteurs du sacrilége, mais encore sur leurs complices. Ainsi Philomélus, qui le premier traça le plan de la prise du temple, fut serré de près par l'ennemi, et se précipita d'un rocher. Onomarque, son frère et son successeur au commandement, fut battu en Thessalie avec les Phocidiens et ses troupes mercenaires, et lui-même fut mis en croix. Un troisième, Phayllus, qui avait converti en monnaie la plus grande partie des trésors sacrés, mourut d'une maladie lente sans pouvoir abréger son supplice. Enfin Phalæcus, qui avait accaparé les débris des offrandes sacrées, mena longtemps une vie errante, tourmenté de terreurs superstitieuses ; loin d'être plus heureux que ses complices, il vécut assez long-

---

[1] Comparez Justin, VIII, 2. — *Dignum itaque, qui diis proximus haberetur, per quem deorum majestas vindicata.*

temps pour qu'il devînt en quelque sorte fameux par ses infortunes. Après s'être dérobé à la captivité par la fuite, il séjourna d'abord dans le Péloponnèse avec ses mercenaires qu'il soldait avec l'argent qui lui était resté du pillage du temple. Plus tard, il fréta à Corinthe quelques bâtiments de transport et quatre *hémioles*[1], sur lesquels il se disposait d'aborder en Italie ou en Sicile, dans l'espoir d'y conquérir quelque ville ou de s'engager au service de quelque État ; car la guerre avait alors éclaté entre les Lucaniens et les Tarentins. Il fit croire aux soldats qui s'embarquèrent avec lui qu'il était appelé par les peuples de l'Italie et de la Sicile.

LXII. Phalæcus avait déjà mis à la voile et gagné la haute mer, lorsque quelques soldats, montés sur le plus grand bâtiment où Phalæcus s'était lui-même embarqué, commencèrent à se communiquer leurs soupçons que personne n'était appelé au service étranger ; car ils ne voyaient aucun chef envoyé par ceux qui devaient les accueillir comme auxiliaires, et, en outre, la navigation était longue et difficile. Enfin les soldats se confirmèrent dans leur soupçon et, craignant une expédition d'outre-mer, ils se révoltèrent d'accord avec leurs chefs ; tirant leurs épées, ils forcèrent Phalæcus et le pilote, par des menaces, à virer de bord et à retourner en arrière. La même révolte ayant éclaté sur les autres bâtiments, toute la flotte se reporta vers le Péloponnèse. Arrivés au cap Malée en Laconie, ils rencontrèrent des envoyés Cnossiens partis de Crète pour engager des soldats étrangers. Phalæcus et les autres chefs entrèrent avec eux en conférence, et, après avoir accepté du service à des conditions convenables, ils remirent à la voile. Débarqués à Cnosse en Crète, ils prirent immédiatement d'assaut la ville de Lyctus ; mais un secours aussi prompt qu'inattendu s'offrit aux Lyctiens chassés de leur patrie. En ce moment, les Tarentins, en guerre avec les Lucaniens, avaient fait demander du secours aux Lacédémoniens dont ils tiraient leur origine ; les Spartiates le leur accordèrent volontiers en considération de cette ancienne parenté ;

---

[1] Bâtiments corsaires qui marchaient dans les deux sens.

ils réunirent promptement une armée de terre, armèrent une flotte et confièrent au roi Archidamus le commandement de ces forces. A l'instant où la flotte allait appareiller pour l'Italie, les Lyctiens arrivèrent pour implorer également le secours des Lacédémoniens. Ceux-ci l'accordèrent, mirent à la voile pour l'île de Crète, battirent les mercenaires et rendirent aux Lyctiens leur patrie.

LXIII. Archidamus se porta ensuite sur l'Italie, arriva au secours des Tarentins et mourut glorieusement dans un combat. Archidamus avait mérité des éloges pour ses mœurs, ses talents militaires; mais on lui reprochait d'avoir été l'allié des Phocidiens et d'avoir principalement contribué à la prise de Delphes. Il avait été, pendant vingt-trois ans, roi des Lacédémoniens; son fils Agis lui succéda et régna quinze ans [1]. Plus tard, les mercenaires d'Archidamus, qui avaient pris part à la violation de l'oracle, furent tous égorgés par les Lucaniens. Cependant Phalæcus, repoussé de la ville de Lyctus, entreprit d'assiéger Cydonia. Il fit construire des machines de guerre et les approcha des murs de la ville, lorsque la foudre tomba sur elles, et le feu divin les consuma. Un grand nombre de mercenaires accourus pour éteindre la flamme y trouvèrent la mort; de ce nombre était aussi leur général Phalæcus. D'autres prétendent que Phalæcus a été massacré par un de ses soldats qu'il avait frappé. Les débris de ces troupes mercenaires furent accueillis par les exilés éliens; ils se rendirent dans le Péloponnèse et firent avec ces derniers la guerre contre l'Élide. Les Arcadiens vinrent au secours des Éliens; les exilés furent battus, beaucoup de mercenaires tués, et les autres, au nombre de quatre mille, furent faits prisonniers. Les Arcadiens et les Éliens se partagèrent ces captifs : les Arcadiens vendirent comme esclaves tous ceux qui leur étaient échus en partage, et les Éliens égorgèrent les leurs, comme coupables de la profanation de l'oracle de Delphes.

---

[1] Il y a ici une erreur de copiste. C'est neuf ans qu'il faut lire; ainsi qu'on le voit plus bas, chap. 89.

LXIV. Ainsi donc tous les sacriléges furent frappés de la vengeance divine. Les villes les plus considérables, complices de la spoliation de l'oracle de Delphes, n'y échappèrent même pas, car nous les verrons plus tard, en guerre avec Antipater, perdre tout à la fois leur suprématie et leur indépendance. Enfin, les femmes des chefs des Phocidiens, qui portaient des colliers d'or provenant du pillage du temple de Delphes, reçurent elles-mêmes le châtiment de leur impiété. L'une d'elles qui avait porté le collier d'Hélène, se livrait à de honteuses débauches et prostituait sa beauté aux désirs du premier venu. Une autre qui avait mis le collier d'Ériphile, eut sa maison incendiée par l'aîné de ses fils, atteint de folie, et elle périt elle-même dans les flammes. Tels furent les châtiments que les dieux infligèrent à ceux qui avaient osé les outrager.

Philippe qui, par le secours qu'il avait porté à l'oracle de Delphes et par sa piété envers les dieux, voyait son influence s'accroître de jour en jour, fut enfin proclamé chef de toute la Grèce, et réalisa ainsi le plus grand empire en Europe. Après nous être suffisamment étendus sur la guerre sacrée, nous allons passer à l'histoire des autres nations.

LXV. En Sicile, les Syracusains, en proie à des dissensions intestines, et assujettis à des tyrannies diverses et nombreuses, envoyèrent une députation à Corinthe pour engager les habitants de cette ville à leur envoyer un chef capable d'administrer leur ville et de mettre un terme à l'ambition de tous les prétendants à la tyrannie. Les Corinthiens, jugeant convenable de venir au secours d'un peuple qui tirait d'eux son origine, décidèrent de faire partir, en qualité de commandant militaire, Timoléon, fils de Timénète, le premier de ses concitoyens par sa bravoure, par son habileté stratégique, en un mot, orné de toutes les vertus. Une circonstance particulière contribua beaucoup à faire tomber sur lui le choix de cette mission. Timophane, son frère, surpassait tous les Corinthiens par ses richesses et par son audace, et depuis longtemps il aspirait ouvertement à la tyrannie. Dans ce but, il flattait la classe indigente, rassemblait des armes, s'entourait des hommes les plus mal famés, visitait la place publique, enfin il agissait comme un tyran sans cependant en avoir l'air. Timoléon, ennemi déclaré de la tyrannie, essaya d'abord la voie de la persuasion pour détourner son frère de son entreprise; mais, voyant que ses remontrances étaient inutiles et que son frère persistait plus que jamais dans son projet téméraire, il le poignarda en se promenant sur la place. Il s'éleva aussitôt un grand tumulte; les citoyens accourus pour être témoins d'une action aussi inattendue que féroce, furent divisés par la discorde : suivant les uns, l'action de Timoléon était un fratricide et devait être punie selon toute la rigueur des lois; les autres, au contraire, soutenaient que Timoléon devait recevoir des éloges comme tyrannicide. Le sénat s'assembla, et la même division éclata au sein même de cette assemblée. Les ennemis de Timoléon condamnaient le meurtrier; ses partisans, au contraire, étaient d'avis de l'absoudre. Cette affaire n'était point encore décidée, lorsque les envoyés de Syracuse arrivèrent à Corinthe et instruisirent le sénat de l'objet de leur mission. Le sénat fit tomber son choix sur Timoléon, et, pour le bien de la chose, ils lui proposèrent une alternative étrange : ils l'assuraient que s'il gouvernait les Syracusains équitablement, ils le déclareraient absous comme tyrannicide, et que s'il les gouvernait en vue de ses intérêts privés plutôt que dans l'intérêt général, ils le condamneraient comme l'assassin de son frère. Néanmoins, ce ne fut pas par la crainte de la sentence que le sénat tenait suspendue sur sa tête, mais par sa vertu, que Timoléon présida d'une manière irréprochable aux affaires de la Sicile. Il battit les Carthaginois, releva les villes grecques qui avaient été détruites par les Barbares, et rendit à toute la Sicile son indépendance; grâce à ses généreux efforts, Syracuse et les villes grecques devinrent des cités populeuses, de désertes qu'elles étaient auparavant. Mais nous reviendrons sur tout cela avec plus de détail. Reprenons actuellement le fil de notre histoire.

LXVI. Eubulus étant archonte d'Athènes, les Romains nommèrent consuls Marcus Fabius et Servius Sulpicius[1]. Dans cette année, Timoléon le Corinthien, choisi par ses concitoyens au commandement de Syracuse, se prépara à partir pour la Sicile. Il prit à sa solde sept cents étrangers, embarqua ses soldats sur quatre trirèmes et trois bâtiments légers et sortit du port de Corinthe. Pendant son trajet, il rallia trois autres navires envoyés par les Leucadiens et les Corcyréens, et traversa ainsi la mer Ionienne avec une flottille de dix bâtiments. Pendant qu'il était en mer, Timoléon fut témoin d'un phénomène étrange qui semblait présager que la divinité favoriserait son entreprise et lui procurerait une belle gloire. Chaque nuit apparaissait au ciel une torche enflammée qui semblait marcher à la tête de la flotte jusqu'à ce que les navires abordèrent en Italie. Timoléon avait déjà été averti à Corinthe par les prêtresses de Cérès et de Proserpine que ces déesses leur avaient apparu en songe pour leur annoncer qu'elles accompagneraient Timoléon dans tout son trajet jusqu'à son arrivée dans l'île qui leur était consacrée. Aussi Timoléon et ses compagnons se réjouissaient-ils de l'intervention de ces déesses. Timoléon consacra à ses protectrices le meilleur de ses bâtiments et lui donna le nom de *Cérès et Proserpine*[2]. La flotte aborda sans danger à Métaponte, en Italie, au moment où une trirème carthaginoise, portant des députés de Carthage, y entrait. Ces députés eurent une conférence avec Timoléon et le conjurèrent de ne point commencer la guerre et de ne pas débarquer en Sicile. Timoléon, que les Rhégiens avaient appelé à leur secours en lui promettant leur alliance, quitta sur-le-champ Métaponte, ayant hâte de prévenir le bruit de son arrivée, car il craignait que les Carthaginois, maîtres de la mer, ne missent obstacle à son débarquement en Sicile. Il s'empressa donc de faire voile pour Rhégium.

LXVII. Déjà, peu de temps auparavant, les Carthaginois avaient

---

[1] Quatrième année de la CVIII⁵ olympiade ; année 345 avant J.-C.
[2] Il ressort de ce passage que le baptême des vaisseaux était également en usage chez les anciens. Seulement on ne leur donnait guère que les noms des divinités, tandis que de nos jours on donne aux bâtiments toute espèce de noms.

pressenti qu'ils auraient bientôt une guerre sérieuse à soutenir en Sicile. Ils se conduisirent donc humainement envers les villes alliées de cette île, mirent un terme aux différends qu'ils avaient avec les tyrans de ce pays, et conclurent avec eux des alliances. Ils avaient surtout gagné Hicétas, souverain de Syracuse, qui avait alors un pouvoir très-étendu. Ils équipèrent une flotte considérable et mirent sur pied de nombreuses troupes de terre qu'ils firent passer en Sicile sous les ordres d'Hannon. Leur flotte se composait de cent cinquante vaisseaux longs, et leur armée de terre de cinquante mille hommes ; à ces forces il faut ajouter trois cents chars de guerre, plus de deux mille chars à deux chevaux, des armes de toutes espèces, une multitude de machines de guerre et d'immenses magasins de vivres et de munitions. Les Carthaginois se rendirent d'abord à Entella, ravagèrent la campagne et refoulèrent les habitants dans l'intérieur de la ville qu'ils investirent. Les Campaniens, qui habitaient alors Entella[1], furent effrayés des forces des Carthaginois et envoyèrent demander des secours à toutes les autres villes ennemies des Carthaginois. Cependant aucune de ces villes ne se rendit à leurs instances, si ce n'est Galéria qui envoya un détachement de mille hoplites. Les Phéniciens s'avancèrent à leur rencontre, les enveloppèrent et les firent tous passer au fil de l'épée. Les Campaniens, habitants d'Etna, se disposaient aussi à faire parvenir des renforts à Entella, par égard pour leur origine commune ; mais lorsqu'ils apprirent la défaite des Galérinins, ils jugèrent convenable de se tenir neutres.

LXVIII. Denys était encore maître de Syracuse, lorsque Hicétas, réunissant une armée considérable, marcha contre Syracuse. Il environna d'abord Olympium d'un fossé retranché et déclara la guerre à Denys, tyran de la ville. Comme le siége traînait en longueur et que les vivres commençaient à manquer, Hicétas se retira chez les Léontins. Denys se mit à sa poursuite, attaqua son arrière-garde et engagea un combat.

---

[1] Voyez, XIV, 9, 61.

Hicétas fit volte-face, se précipita sur Denys, lui tua plus de trois mille mercenaires et força le reste à s'enfuir. La poursuite fut acharnée ; Hicétas pénétra dans la ville en même temps que les fuyards, et se rendit maître de Syracuse, à l'exception de l'Ile. Tel était l'état des choses entre Hicétas et Denys.

Trois jours après la prise de Syracuse, Timoléon vint aborder à Rhégium et mouilla dans le voisinage de la ville. Les Carthaginois le talonnèrent avec vingt trirèmes. Les Rhégiens, qui favorisaient l'entreprise de Timoléon, avaient convoqué dans leur ville une assemblée générale, et on prononçait des discours sur la réconciliation des deux partis, pendant que les Carthaginois, dans la persuasion que Timoléon suivrait leur conseil de retourner à Corinthe, s'étaient relâchés de leur surveillance. Timoléon, sans donner aucun prétexte pour s'échapper, se tenait tout près de la tribune ; mais il ordonna secrètement le départ immédiat de neuf de ses navires. Pendant que les Carthaginois écoutaient attentivement les discours que les orateurs rhégiens allongeaient à dessein, il sortit furtivement de l'assemblée, monta sur le bâtiment qui lui avait été laissé et leva promptement l'ancre. Les Carthaginois, trompés par ce stratagème, entreprirent de poursuivre Timoléon ; mais comme il avait une grande avance sur eux et que la nuit approchait déjà, il aborda le premier à Tauroménium. Le gouverneur de cette ville, partisan déclaré des Syracusains, Andromaque, accueillit hospitalièrement les soldats de Timoléon, et contribua pour beaucoup à leur sûreté. Bientôt après, Hicétas, suivi de cinq mille hommes d'élite, marcha contre les Adranites qui lui étaient hostiles, et établit son camp dans le voisinage de leur ville. Timoléon, joignant à ses troupes un renfort de Tauroméniens, partit de Tauroménium ; il n'avait pas en tout plus de mille hommes. Il se mit en marche à l'entrée de la nuit. Le lendemain il atteignit Adranum et attaqua à l'improviste les soldats d'Hicétas au moment où ils prenaient leur repas ; il pénétra dans leur camp, tua plus de trois cents hommes et fit environ six cents prisonniers. Ce coup de main fut suivi d'un autre tout aussi hardi : Timoléon s'avança sur-le-champ vers Syracuse, et, marchant au pas de course, il arriva inopinément dans cette ville avant ceux-là même qu'il avait mis en fuite. Tels sont les événements arrivés dans le cours de cette année.

LXIX. Lyciscus étant archonte d'Athènes, Marcus Valérius et Marcus Popilius consuls à Rome, on célébra la CIX⁰ olympiade, dans laquelle Aristoloque d'Athènes remporta le prix de la course du stade[1]. Dans cette année, les Romains traitèrent pour la première fois avec les Carthaginois[2].

Idriée, tyran de Carie, meurt après un règne de sept ans. Ada, sa sœur et sa femme, lui succéda et régna quatre ans.

En Sicile, Timoléon conclut une alliance avec les Adranites et les Tyndarites, et reçut d'eux des renforts considérables. Cependant Syracuse était plongée dans une grande anarchie; Denys occupait l'Ile, Hicétas était maître de l'Achradine et de Néapolis[3]; enfin Timoléon occupait les autres quartiers de la ville. Les Carthaginois avaient, de leur côté, pénétré dans le grand port avec cent cinquante trirèmes et avaient débarqué cinquante mille hommes. Les soldats de Timoléon étaient vivement alarmés de ces forces nombreuses de l'ennemi, lorsqu'un changement aussi inattendu qu'étrange eut lieu. D'abord Mamercus, tyran des Catanéens, qui possédait une armée considérable, se déclara pour Timoléon. Plusieurs garnisons, animées de l'esprit de liberté, suivirent cet exemple. Enfin les Corinthiens armèrent dix bâtiments et les envoyèrent avec des sommes d'argent au secours de Syracuse. Timoléon reprit ainsi courage, et les Carthaginois, étourdis, sortirent du port imprudemment et se retirèrent avec toute leur armée dans la domination soumise à Carthage. Hicétas se trouva donc complétement isolé; Timoléon vint facilement à bout des ennemis et se rendit maître de Syracuse. Immédiatement après, il s'empara

---

[1] Première année de la CIX⁰ olympiade ; année 344 avant J.-C.

[2] Suivant Polybe (III, 24), les Carthaginois avaient déjà traité avec les Romains sous les rois. Comparez Tite-Live, VII, 27.

[3] Quartier de Syracuse. Voyez, XIII, 6.

aussi de Messine qui s'était rangée du parti des Carthaginois. Telle était la situation des affaires en Sicile.

En Macédoine, Philippe, héritier de la haine de son père pour les Illyriens, et animé de sentiments implacables, envahit l'Illyrie à la tête d'une forte armée. Il ravagea le pays, soumit plusieurs places et retourna en Macédoine chargé de butin. Il entra ensuite en Thessalie, chassa les tyrans de leurs villes et gagna, par sa généreuse conduite, les cœurs des Thessaliens. Il se flattait qu'avec leur alliance il parviendrait aisément à se concilier l'affection des Grecs ; c'est ce qui arriva en effet. Les peuples grecs voisins des Thessaliens, entraînés par l'exemple de ces derniers, s'empressèrent de conclure une alliance avec Philippe.

LXX. Pythodote étant archonte d'Athènes, les Romains nommèrent consuls Caïus Plautius et Titus Manlius[1]. Dans cette année, Timoléon intimida Denys le tyran ; il l'amena à rendre la citadelle, à abdiquer la souveraineté et à se rendre, sur la foi du traité, dans le Péloponnèse, en emportant toutes ses richesses privées. C'est ainsi que Denys, par son indolence et sa pusillanimité, perdit cette fameuse tyrannie que l'on disait consolidée avec des chaînes de diamants, et alla vivre pauvre à Corinthe. Exemple mémorable de l'instabilité de la fortune : il doit servir de leçon à ceux qui, dans leur orgueil, abusent de la prospérité. Lui qui possédait autrefois quatre cents trirèmes, aborda à Corinthe sur une petite barque n'emportant avec lui que le prestige qui s'attache à une grandeur déchue[2]. Timoléon, en possession de l'Ile et des forteresses qui, naguère, appartenaient à Denys, fit raser les citadelles de l'Ile ainsi que les monuments de la tyrannie, et mit la garnison en liberté. Il s'occupa aussitôt à rédiger un code de lois basé sur les principes démocratiques, régla équitablement les contrats et autres relations avec les particuliers, en ne perdant jamais de vue le principe fondamental

---

[1] Deuxième année de la CIX^e olympiade ; année 343 avant J.-C.
[2] Suivant quelques historiens, il passa le reste de sa vie à Corinthe en y enseignant les lettres.

de l'égalité. Enfin, il établit une magistrature suprême annuelle, que les Syracusains appellent *amphipolie* de Jupiter Olympien[1]. Callimène fut le premier élu pour amphipole de Jupiter l'Olympien. A dater de cette époque, les Syracusains désignent leurs années par les noms de ces magistrats, et, malgré les révolutions politiques qui se sont succédé, cet usage s'est conservé jusqu'au moment où nous écrivons notre histoire. Depuis que les Romains ont accordé le droit de cité aux Siciliens, la magistrature des amphipoles est tombée en désuétude, après avoir duré plus de trois cents ans. Tels sont les événements arrivés en Sicile.

LXXI. Revenons à l'histoire de la Macédoine. Philippe s'étant concilié l'affection des villes grecques de la Thrace, entreprit une expédition dans l'intérieur de ce pays. Cersoblepte, roi des Thraces, continuait à menacer les villes de l'Hellespont, limitrophes de la Thrace, et à dévaster leur territoire. Philippe marcha donc contre ces Barbares, avec une nombreuse armée, pour mettre un terme à leurs incursions. Il battit les Thraces dans plusieurs rencontres, et força les Barbares domptés à payer en tribut le dixième de leurs revenus aux Macédoniens. Il fonda des villes considérables dans des emplacements avantageux, et réprima l'humeur aventureuse des Thraces. Les villes grecques, ainsi délivrées de leur terreur, acceptèrent avec joie l'alliance de Philippe.

Théopompe de Chio a intercalé, dans son histoire du règne de Philippe, trois livres sur les affaires de la Sicile. Il les commence au règne de Denys l'ancien et les termine à l'expulsion de Denys le jeune, parcourant ainsi un espace de cinquante ans. Ces trois livres sont compris entre le quarantième et le quarante-quatrième.

LXXII. Sosigène étant archonte d'Athènes, les Romains nommèrent consuls Marcus Valérius et Marcus Popilius[2]. Dans cette année, Arymbas, roi des Molosses, mourut après un règne de

---

[1] Voyez Cicéron, *in Verrem*, II, 51.
[2] Troisième année de la cixᵉ olympiade ; année 342 avant J.-C.

dix ans; il laissa un fils nommé Æacide, qui fut le père de Pyrrhus; mais par l'intervention de Philippe le Macédonien, Arymbas eut pour successeur Alexandre, frère d'Olympias.

En Sicile, Timoléon marcha contre les Léontins. Hicétas s'était réfugié dans cette ville avec des troupes nombreuses. Timoléon attaqua d'abord le quartier appelé la Ville neuve; mais comme il y avait une garnison nombreuse qui se défendait facilement du haut des murs, il leva le siége et se retira sans avoir obtenu aucun résultat. Il s'approcha ensuite de la ville d'Engyum, qui était au pouvoir du tyran Leptine. Il fit de fréquents assauts dans le dessein de chasser Leptine de la ville et de rendre aux habitants leur indépendance. Pendant que Timoléon était occupé à ce siége, Hicétas partit de Léontium et vint investir Syracuse; mais, après avoir perdu beaucoup de soldats, il retourna promptement à Léontium. Cependant Timoléon parvint à intimider Leptine et à lui faire conclure un traité, en vertu duquel Leptine devait se rendre dans le Péloponnèse : Timoléon était bien aise de montrer aux Grecs tous les tyrans qu'il avait expulsés de la Sicile. Il prit aussi Apollonia, ville qui avait été également soumise à Leptine, et rendit à cette ville, ainsi qu'à Engyum, leur indépendance.

LXXIII. Timoléon manquant d'argent pour solder ses mercenaires, envoya ses meilleurs officiers avec mille soldats dans la partie de la Sicile qui était soumise aux Carthaginois. Cette troupe dévasta le territoire ennemi dans une grande étendue et revint avec un immense butin qu'elle remit à Timoléon. La vente de ce butin lui procura assez d'argent pour payer ses mercenaires au delà du terme qui leur était dû. Il s'empara ensuite d'Entella, condamna à mort quinze habitants qui s'étaient déclarés pour les Carthaginois, et donna la liberté à tous les autres. La puissance et la réputation militaires de Timoléon s'étaient tellement accrues, que toutes les villes grecques de la Sicile se soumirent à lui volontairement; car il les rendit toutes indépendantes. Plusieurs villes appartenant aux Sicules, aux Sicaniens et aux autres peuples rangés sous la domination des Carthaginois, envoyèrent des députations à Timoléon pour être admises dans son alliance. Les Carthaginois, voyant que leurs généraux conduisaient la guerre de la Sicile avec trop de mollesse, décidèrent leur remplacement[1] et l'envoi de forces plus nombreuses. Ils ordonnèrent donc sur-le-champ une levée parmi les citoyens de Carthage et parmi les Libyens les plus valides. En outre, ils votèrent de fortes sommes d'argent pour payer et engager à leur service des Ibériens, des Celtes et des Liguriens. Ils firent aussi construire des vaisseaux longs, réunirent un grand nombre de navires de transport, et pourvurent amplement à tout ce qui est nécessaire à l'entretien de la guerre.

LXXIV. Nicomaque étant archonte d'Athènes, les Romains nommèrent consuls Caïus Martius et Titus Manlius Torquatus[2]. Dans cette année, Phocion l'Athénien soumit Clitarque, tyran d'Érétrie, institué par Philippe.

En Carie, Pixodarus, le plus jeune des frères d'Ada, chassa celle-ci du trône et régna pendant cinq ans, jusqu'à l'expédition d'Alexandre en Asie.

Philippe, dont la puissance allait toujours en augmentant, marcha contre Périnthe, qui avait fait alliance avec les Athéniens et s'était déclarée son ennemie. Il vint investir cette ville, fit approcher des machines de guerre pour battre les murs, et fit journellement des attaques renouvelées. Il construisit des tours de quatre-vingts coudées de haut, qui dépassaient de beaucoup les tours de Périnthe ; de la hauteur de ces tours il faisait beaucoup de mal aux assiégés. En même temps, les béliers ébranlaient les murailles, dont une grande partie avait été minée, et une brèche s'ouvrit. Cependant, les Périnthiens se défendaient vaillamment, et, pendant qu'ils s'empressaient d'élever un second mur, il s'engagea sous les remparts une série de brillants combats dans lesquels on déploya des deux côtés

---

[1] Ces généraux furent remplacés par Asdrubal et Amilcar, d'après Plutarque (*Timoléon*).

[2] Quatrième année de la CIX⁰ olympiade ; année 341 avant J.-C.

une égale ardeur. Mais le roi, abondamment pourvu de projectiles, maltraita les assiégés qui se défendaient sur les créneaux. Les Périnthiens, perdant chaque jour beaucoup de monde, implorèrent le secours des Byzantins, qui leur envoyèrent des renforts et un grand nombre de flèches et de catapultes. Se trouvant alors en force égale à celle de l'ennemi, ils reprirent courage et bravèrent intrépidement tous les périls pour la défense de la patrie. Cependant, le roi ne ralentit pas son ardeur ; divisant son armée en plusieurs corps, il continua nuit et jour d'attaquer les murs. Avec les trente mille hommes qu'il avait sous ses ordres et une quantité innombrable d'armes et de machines de guerre, il ne laissait aucun répit aux assiégés.

LXXV. Le siége traînait en longueur ; la ville se remplissait de morts et d'un grand nombre de blessés ; les vivres venaient à manquer, enfin la reddition de la place était imminente, lorsque la fortune vint inopinément au secours des assiégés. La renommée de l'accroissement de la puissance du roi des Macédoniens avait retenti jusqu'en Asie. Or, le roi des Perses, auquel la puissance de Philippe devenait suspecte, écrivit aux satrapes des provinces maritimes de secourir à toute force les Périnthiens. Les satrapes s'étant donc concertés ensemble, firent passer à Périnthe des troupes mercenaires, de fortes sommes d'argent, des vivres, des armes de trait et toute espèce de munitions de guerre. Pareillement, les Byzantins y envoyèrent l'élite de leurs soldats et leurs meilleurs officiers. Ces divers renforts ranimèrent l'ardeur guerrière des Périnthiens, et le siége devint plus pressant que jamais. Philippe, frappant les murs à coups redoublés de bélier, ouvrit une brèche, en même temps qu'avec ses projectiles il balaya les créneaux. Au moment où quelques soldats pénétraient par la brèche, dans l'intérieur de la ville, les autres y entrèrent par les échelles appliquées aux murailles privées de défenseurs. Il s'engagea un combat corps à corps ; tous ceux qui y prenaient part furent tués ou couverts de blessures, car la victoire était le prix de la lutte. Les Macédoniens étaient animés par l'espérance d'avoir une ville opulente à piller et de recevoir de Philippe de grandes récompenses; les assiégés, de leur côté, voyant devant eux les horreurs de la captivité, affrontèrent noblement tous les dangers pour la défense de leur salut.

LXXVI. La position de la ville semblait assurer aux assiégés une victoire décisive. En effet, Périnthe est située au bord de la mer, sur une langue de terre d'un stade d'étendue; les maisons sont très-rapprochées les unes des autres et toutes très-hautes; elles s'élèvent successivement sur la pente d'une colline et forment des gradins présentant l'aspect d'un amphithéâtre. Aussi, malgré les brèches faites au mur, la ville n'avait pas perdu ses moyens de défense; car, en barricadant les rues, on pouvait se servir des maisons en guise de murailles; aussi, chaque fois que Philippe parvenait, après beaucoup d'efforts, à se rendre maître d'un mur, il en trouvait un autre encore plus fort, formé tout naturellement par les maisons adossées contre la colline. A ces moyens de défense naturels, il faut ajouter les secours de toutes sortes que les Périnthiens avaient tirés de Byzance. Philippe divisa donc son armée en deux corps; il en laissa un sous les ordres de ses meilleurs officiers, chargés de continuer le siége; il se mit lui-même à la tête de l'autre, attaqua soudain Byzance et en poussa le siége avec vigueur. Les Byzantins se trouvaient dans le plus grand embarras, car leurs soldats et leurs munitions de guerre avaient été envoyés au secours des Périnthiens. Tel était l'état des choses chez les Périnthiens et chez les Byzantins.

L'historien Éphore de Cymes termine ici son ouvrage, au siége de Périnthe. Cet ouvrage comprend l'histoire des Grecs et des Barbares depuis le retour des Héraclides, et embrasse un espace d'environ sept cent cinquante ans; il est divisé en trente livres, dont chacun est précédé d'une préface. Diyllus l'Athénien a continué l'ouvrage d'Éphore en exposant, dans un ordre chronologique, la suite de l'histoire des Grecs et des Barbares jusqu'à la mort de Philippe.

LXXVII. Théophraste étant archonte d'Athènes, Marcus Valérius et Aulus Cornélius consuls à Rome, on célébra la CX^e olympiade, dans laquelle Anticlès l'Athénien fut vainqueur à la course du stade[1].

Dans cette année, Philippe continuait d'assiéger Byzance. Les Athéniens déclarèrent que ce roi avait violé le traité, et ils firent immédiatement partir une flotte considérable au secours des Byzantins. Pareillement, les habitants de Chio, de Cos, de Rhodes, et quelques autres Grecs envoyèrent des renforts aux Byzantins. Philippe, effrayé de ce concours de tous les Grecs, leva le siége des deux villes, et fit la paix avec les Athéniens et les autres Grecs qui lui avaient déclaré la guerre.

Revenons à l'histoire de la Sicile. Les Carthaginois, après avoir terminé leurs grands préparatifs de guerre, firent passer leur armée en Sicile. Cette armée, réunie aux troupes qui se trouvaient déjà dans l'île, se composait de plus de soixante-dix mille hommes d'infanterie, et d'au moins dix mille cavaliers, y compris les chars de guerre et les voitures de transport. A ces forces il faut ajouter deux cents vaisseaux longs, et plus de deux mille bâtiments de transport, chargés d'armes, de chevaux, de vivres et de munitions de toutes sortes. Informé de ces immenses forces de l'ennemi, Timoléon ne se laissa point décourager, bien qu'il n'eût avec lui qu'un petit nombre de soldats. Il termina aussitôt la guerre qu'il avait avec Hicétas, et, concentrant ses troupes, il mit sur pied une armée assez considérable.

LXXVIII. Timoléon résolut de transporter le théâtre de la guerre dans les domaines des Carthaginois, afin qu'il préservât de toute dévastation le pays allié, tandis que celui des Barbares serait livré à la dévastation. Il rassembla donc sur-le-champ les mercenaires, les Syracusains ainsi que les autres alliés, et convoqua une assemblée générale dans laquelle il les exhorta tous à une lutte décisive par des paroles appropriées à la circonstance. Son discours fut unanimement applaudi, et les soldats s'écriaient qu'ils voulaient être au plus vite conduits contre les Barbares. Il s'avança donc à la tête de ses troupes, formées

---

[1] Première année de la CXe olympiade; année 340 avant J.-C.

d'environ douze mille hommes, et il avait déjà atteint Agrigente, lorsque, tout à coup, une révolte éclata dans l'armée. Un certain Thrasius, soldat mercenaire, homme pervers et audacieux, qui avait pris part, avec les Phocidiens, à la spoliation du temple de Delphes, commit un acte parfaitement d'accord avec sa conduite précédente. Presque tous les complices de la profanation de l'oracle avaient été frappés par la vengeance divine, ainsi que nous l'avons déjà raconté. Cet homme qui, seul, paraissait avoir échappé à cette vengeance, fomentait maintenant l'insurrection parmi les troupes mercenaires. Il insinuait que Timoléon était insensé et conduisait ses soldats à une perte certaine. « Comment, ajoutait-il, espère-t-il de vaincre les Carthaginois six fois plus forts que lui, et abondamment pourvus de toutes sortes de munitions de guerre ? N'est-ce pas se faire un jeu de la vie des soldats, auxquels Timoléon n'a pas, depuis longtemps, payé de solde faute d'argent ? » Thrasius leur conseillait donc de retourner à Syracuse, d'exiger le paiement de la solde qui leur était due, et de ne point s'engager dans une expédition désespérée.

LXXIX. Les soldats, se laissant séduire par ces paroles, tentèrent un soulèvement que Timoléon ne parvint à calmer que par des instances très-vives et par la promesse de récompenses. Cependant mille hommes furent entraînés par Thrasius. Timoléon remit à un autre moment le châtiment qu'il leur réservait; il écrivit même à ses amis, à Syracuse, de leur faire un bon accueil et de leur payer la solde arriérée. Il éteignit ainsi tout le feu de la révolte, et enleva aux indisciplinés l'occasion de participer à l'honneur de la victoire. Par sa conduite bienveillante Timoléon ramena la bonne disposition des autres soldats, et il s'avança contre l'ennemi campé à peu de distance. Il réunit les soldats en assemblée, et ranima leur courage par ses paroles, en leur représentant la lâcheté des Carthaginois et en glorifiant les succès de Gélon. Les troupes répondirent comme par un seul cri qu'il fallait attaquer l'ennemi et commencer la lutte. Dans ce moment, des bœufs apportaient, par hasard, des bottes de *selinum*[1] pour la litière des camps; Timoléon s'écria qu'il acceptait ce présage de la victoire, car c'est avec le selinum qu'on tresse les couronnes des vainqueurs aux jeux isthmiques[2]. Sur ces paroles de Timoléon, les soldats se tressèrent avec cette herbe des couronnes qu'ils mirent sur leur tête, et marchèrent joyeusement au combat, persuadés que les dieux leur annonçaient la victoire. C'est ce qui arriva en effet : contre toute attente, ils défirent l'ennemi, non pas seulement par leur propre bravoure, mais surtout par la protection des dieux. Timoléon, ayant rangé son armée en bataille, descendit de quelques hauteurs et se dirigea vers les bords d'un fleuve[3] que dix mille Carthaginois venaient de traverser. Les ennemis avaient à peine atteint le rivage, lorsque Timoléon, à la tête de la phalange du centre, tomba sur eux à l'improviste. La lutte fut sanglante; les Grecs, supérieurs aux Barbares par leur valeur et par leur souplesse, en firent un grand carnage; ceux qui avaient traversé le fleuve étaient déjà mis en déroute, lorsque toute l'armée carthaginoise le passa à son tour et vint réparer l'échec des siens.

LXXX. Le combat recommença. Les Phéniciens allaient, par leur nombre, envelopper les Grecs, lorsque soudain un orage éclata, accompagné d'une pluie abondante, mêlée de grêlons d'une grosseur énorme; la foudre, le tonnerre et des vents violents se succédaient sans interruption. Les Grecs recevaient cet orage au dos, et les Barbares en face; les troupes de Timoléon en supportaient sans gêne les effets, tandis que les Phéniciens, dans l'impossibilité de lutter tout à la fois contre la tempête et contre les Grecs, se livrèrent à la fuite. Cavaliers et fantassins, chars et bagages, tout se précipitait dans une étrange mêlée vers le fleuve, se foulant aux pieds les uns les autres, se bles-

---

[1] Espèce de céleri sauvage. Ce végétal, de la famille des ombellifères, croit particulièrement dans les lieux marécageux.
[2] C'est avec des feuilles sèches de selinum qu'on faisait ces couronnes, afin de les distinguer des couronnes néméennes qui se composaient de feuilles vertes de la même plante.
[3] Le Crimèse. Plutarque (*Timoléon*).

sant de leurs épées et de leurs lances ; enfin, la déroute fut sans remède. Quelques-uns, serrés de près par la cavalerie ennemie, se jetèrent par troupes au milieu du courant, et trouvèrent la mort par les blessures qu'ils recevaient au dos. Un grand nombre périt sans avoir été frappé par le fer de l'ennemi : la frayeur, la presse des fuyards et les corps amoncelés, les faisaient disparaître dans les flots. Pour comble de malheur, les eaux du fleuve étaient grossies par la pluie : ceux qui, tout armés, voulaient le traverser à la nage, furent entraînés et noyés. Enfin la cohorte sacrée des Carthaginois, composée de deux mille cinq cents hommes, tous distingués par leur bravoure, leur renommée et leurs richesses, fut taillée en pièces après une brillante résistance. Le reste de l'armée perdit plus de dix mille hommes, et près de quinze mille furent faits prisonniers. Une multitude de chars furent brisés dans la mêlée et deux cents furent pris ; tous les bagages et une foule de voitures de transport tombèrent au pouvoir des Grecs. La plupart des armes furent perdues dans le fleuve ; cependant on rapporta dans la tente de Timoléon mille cuirasses et plus de dix mille boucliers. Une partie de ces dépouilles fut, par la suite, déposée dans le temple de Syracuse ; une autre partie fut distribuée aux alliés ; enfin une autre envoyée par Timoléon à Corinthe, pour être consacrée dans le temple de Neptune.

LXXXI. Les richesses tombées au pouvoir du vainqueur étaient immenses ; car les Carthaginois, très-opulents, possédaient une multitude de vases d'argent et d'or ainsi que beaucoup d'autres ornements. Mais Timoléon abandonna toutes ces richesses à ses soldats pour prix de leur vaillance. Les Carthaginois qui avaient échappé à cette déroute se réfugièrent à grand'peine à Lilybée. L'effroi qui les avait saisis fut tel, qu'ils n'osèrent pas même s'embarquer sur leurs navires pour retourner en Libye, persuadés que la colère des dieux les ferait périr dans les flots de la mer Libyque. A la nouvelle de cette défaite, les Carthaginois furent consternés ; ils s'attendaient à chaque moment à voir arriver Timoléon avec son armée. Ils rappelèrent sur le-champ Gescon [1], fils d'Hannon, qui avait été condamné à l'exil, et lui donnèrent le commandement militaire; car il passait pour un homme remarquable par son audace et ses talents militaires. Mais, ne jugeant pas à propos d'exposer la vie de leurs citoyens aux dangers de la guerre, ils prirent à leur solde un grand nombre d'étrangers et particulièrement des Grecs. Tous ces étrangers prenaient volontiers du service chez les Carthaginois parce que Carthage était riche et leur donnait une solde élevée. Les Carthaginois firent en même temps partir pour la Sicile des députés habiles avec l'ordre de conclure la paix aux conditions qu'il leur serait possible d'obtenir.

LXXXII. Lysimachide étant archonte d'Athènes, les Romains nommèrent consuls Quintus Servilius et Marcus Rutilius [2]. Dans cette année, Timoléon revint à Syracuse où il châtia d'abord les mercenaires qui l'avaient abandonné en suivant Thrasius : il les chassa de la ville comme traîtres. Ces mercenaires passèrent en Italie, s'emparèrent d'une place du littoral sur le territoire des Bruttiens, et la pillèrent. Les Bruttiens, indignés de cet acte, rassemblèrent une forte armée et vinrent prendre d'assaut la place occupée par les mercenaires qui furent tous massacrés, et reçurent ainsi le châtiment mérité de leur désertion et de leurs crimes.

Timoléon fit mettre à mort Posthumius le Tyrrhénien qui, avec douze bâtiments corsaires, se livrait à la piraterie et s'était introduit comme ami dans le port de Syracuse. Il accueillit amicalement les colons envoyés de Corinthe au nombre de cinq mille.

Bientôt après, les députés des Carthaginois arrivèrent ; ils mirent de vives instances à obtenir la paix, qui leur fut accordée aux conditions que toutes les villes grecques seraient libres, que le fleuve Lycus formerait la frontière des possessions de chaque nation, que les Carthaginois ne soutiendraient plus les tyrans en guerre avec les Syracusains.

---

[1] Quelques auteurs l'appellent *Giscon*.
[2] Seconde année de la CX^e olympiade; année 339 avant J.-C.

Après la conclusion de ce traité, Timoléon donna la sépulture à Hicétas qu'il avait vaincu et extermina les Campaniens qu'il avait expulsés d'Etna ; il frappa de terreur Nicodème, tyran des Centropiniens, et le chassa de sa ville. Il mit également un terme à la tyrannie d'Apolloniade, souverain des Agyrinéens, il délivra ces derniers et en fit des citoyens de Syracuse. En un mot, il extermina tous les tyrans de l'île, rendit les villes indépendantes et les admit dans son alliance. La proclamation qu'il avait répandue dans la Grèce, que les Syracusains donneraient des terres et des maisons à tous ceux qui voudraient avoir le droit de cité à Syracuse, attira un grand nombre de Grecs. Le territoire syracusain, non encore partagé, reçut ainsi quarante mille colons ; celui des Agyrinéens dix mille, tant cette contrée était vaste et fertile! Aussitôt après, Timoléon réforma les anciennes lois de Syracuse rédigées par Dioclès ; il ne fit aucun changement au règlement relatif aux contrats entre particuliers ; il ne porta sa réforme que sur les institutions publiques qu'il rectifia selon son propre jugement. Il avait mis à la tête de ce travail de législation, Céphalus de Corinthe, homme célèbre par son savoir et par son intelligence. Après avoir terminé ces dispositions législatives, il transféra les Léontins à Syracuse et accrut la population de la ville de Camarine par les colons qu'il y fit transporter.

LXXXIII. Ainsi donc, Timoléon fut le pacificateur de la Sicile et contribua par ses efforts à l'augmentation de l'opulence des villes. Troublées longtemps par des dissensions et des guerres intestines ainsi que par les nombreux tyrans qui avaient surgi dans leur sein, ces villes étaient presque désertes ; les terres étaient, faute de bras, restées en friche et ne produisaient que des fruits sauvages. Maintenant, depuis l'arrivée de ces nombreux colons et grâce à une longue paix, ces terres, jadis incultes, produisaient toute sorte de fruits en abondance. Les Siciliens, les vendant avec avantage dans les marchés, s'enrichirent promptement. C'est à cette prospérité que l'on doit la entre autres, l'édifice dit *aux soixante lits*, situé dans l'Ile ; il l'emporte en grandeur et en beauté sur tous les autres monuments ; il fut construit par Agathocle. Mais, comme cet édifice était, par son élévation, supérieur aux temples des dieux, il fut frappé par la foudre divine. Nous mentionnerons encore les tours situées près du petit port, sur lesquelles se trouvent des inscriptions gravées sur des pierres de différents genres, portant le nom d'Agathocle qui fit construire ces tours ; enfin le temple de Jupiter Olympien, qui fut élevé quelque temps après par le roi Hiéron sur la place publique ; et, près du théâtre, l'autel qui avait un stade de long sur une hauteur et une largeur proportionnées. Parmi les villes moins importantes, celle d'Agyre, qui s'était également enrichie par son agriculture, se faisait remarquer par son théâtre, le plus beau de la Sicile après celui de Syracuse, ainsi que par ses temples, par son palais de justice, une place publique, des tours élevées et des tombeaux surmontés de grandes et de nombreuses pyramides, monuments d'art splendides.

LXXXIV. Charondas étant archonte d'Athènes, les Romains nommèrent consuls Lucius Émilius et Caïus Plautius[1]. Dans cette année, Philippe, roi des Macédoniens, ayant attiré dans son amitié la plupart des Grecs, poursuivit toujours son projet de parvenir à la domination absolue de la Grèce en frappant au cœur les Athéniens. Il s'empara donc soudain de la ville d'Élatée[2], y rassembla des troupes et résolut de faire la guerre aux Athéniens. Ceux-ci, surpris au milieu de la paix, n'étaient point préparés à cette attaque. Aussi, Philippe se flattait-il de remporter facilement la victoire. C'est en effet ce qui arriva. Dès qu'Élatée fut prise, des messagers vinrent de nuit annoncer cette nouvelle aux Athéniens qui apprirent en même temps la marche rapide de Philippe sur l'Attique. Les généraux d'Athènes, surpris de ce mouvement inattendu, firent venir les trom-

---

[1] Troisième année de la cx^e olympiade ; année

pettes et leur ordonnèrent de sonner l'alarme pendant toute la nuit. Le bruit de l'approche de Philippe se répandit dans toutes les maisons, la ville fut bientôt sur pied : dès la pointe du jour le peuple accourut au théâtre, avant même que les magistrats l'eussent convoqué, conformément aux usages établis. Les généraux s'y rendirent, emmenant avec eux celui qui, le premier, avait apporté la nouvelle, et, lorsqu'il eut parlé, le silence et la terreur régnèrent dans le théâtre. Aucun des orateurs qui d'ordinaire haranguaient le peuple n'osa se lever pour proposer un conseil, et, malgré les proclamations réitérées du héraut qui invitait les orateurs à parler pour le salut commun, personne ne monta à la tribune. L'embarras et l'effroi étaient grands ; tout le peuple tournait ses regards vers Démosthène. Celui-ci s'avança alors, exhorta le peuple à prendre courage, et proposa d'envoyer immédiatement des députés à Thèbes pour engager les Béotiens à faire cause commune avec les Athéniens en luttant pour la liberté. Car le temps ne permettait pas de faire un appel aux autres alliés, et, dans l'espace de deux jours, le roi pouvait entrer dans l'Attique. Comme sa route le conduisait à travers la Béotie, il ne restait d'autre ressource que l'alliance des Béotiens ; et puisque Philippe était déjà l'allié des Béotiens, il devait tenter de les entraîner dans la guerre contre les Athéniens.

LXXXV. Le peuple accueillit cette proposition et rendit le décret rédigé par Démosthène ; puis il chercha l'orateur le plus éloquent et le plus apte à remplir cette mission. Démosthène accepta avec empressement l'office d'envoyé. Il partit donc immédiatement pour Thèbes, persuada les Thébains et revint à Athènes. Le peuple, voyant ses forces doublées par le renfort des Béotiens, reprit courage ; il nomma aussitôt commandants des troupes Charès et Lysiclès, et les fit partir avec des masses armées pour la Béotie. Toute la jeunesse, animée d'une ardeur guerrière, arriva, après une marche forcée, à Chéronée en Béotie. Les Béotiens, émerveillés de la promptitude des armes et se joignirent à leurs alliés pour attendre le choc de l'ennemi. Philippe envoya d'abord à l'assemblée des Béotiens des députés dont le plus célèbre était Python. Cet homme était renommé par son éloquence; il avait été choisi pour détruire l'effet du discours de Démosthène qui sollicitait l'alliance des Béotiens. Mais, bien qu'il fût un des premiers orateurs de son époque, il était néanmoins inférieur à Démosthène. Car celui-ci, dans les harangues qu'il a écrites, signale lui-même sa réplique à cet orateur comme une des plus grandes choses qu'il ait jamais faites, lorsqu'il dit : « Dans ce temps, je ne cédais point le terrain à Python dont les flots d'éloquence semblaient nous accabler [1]. » Philippe n'obtint pas le concours des Béotiens ; mais il ne résolut pas moins de combattre les deux nations. Il attendit donc la jonction de ses alliés retardataires; puis il entra en Béotie à la tête de plus de trente mille hommes d'infanterie et d'environ deux mille cavaliers. Les deux armées étaient animées d'une égale ardeur guerrière; mais le roi l'emportait par ses forces et par ses talents stratégiques. Vainqueur dans des batailles nombreuses et diverses, il avait acquis beaucoup d'expérience dans l'art militaire, tandis que chez les Athéniens, les meilleurs généraux, Iphicrate, Chabrias et Timothée, avaient cessé de vivre; le seul qui leur restait, Charès, se distinguait à peine du commun des guerriers par son activité dans le commandement et dans les conseils.

LXXXVI. Dès que le jour apparut, les deux armées se rangèrent en bataille. Le roi donna le commandement de l'une des ailes de son armée à son fils Alexandre qui entrait à peine dans l'adolescence [2], mais qui s'était déjà fait remarquer par son courage et par son intelligence précoce; il plaça près de son fils ses lieutenants les plus distingués. Quant à lui, entouré de ses soldats d'élite, il prit le commandement de l'autre aile et disposa le reste de l'armée dans l'ordre que le lieu et le temps

---

[1] Discours pour la Couronne.
[2] Il avait environ dix-neuf ans.

permettaient. Les Athéniens avaient partagé leur armée par nations ; les Béotiens en commandaient une partie et les Athéniens l'autre. Le combat fut long et sanglant ; beaucoup de guerriers tombaient de part et d'autre, et la victoire resta un moment indécise. Enfin Alexandre, jaloux de montrer à son père sa bravoure personnelle, et secondé par les braves guerriers qui l'entouraient, rompit le premier la ligne ennemie, culbuta un grand nombre de combattants et fit éprouver des pertes à ceux qui lui étaient opposés. Ses compagnons d'armes suivirent son exemple et rompirent à leur tour la ligne ennemie. Les morts s'amoncelèrent ; Alexandre et ses compagnons renversèrent tous ceux qui leur opposaient de la résistance. Cependant le roi, combattant au premier rang, et ne voulant laisser à personne, pas même à Alexandre, l'honneur de vaincre, repoussa les ennemis, les mit en fuite et décida la victoire. Les Athéniens perdirent dans cette bataille plus de mille hommes ; deux mille au moins furent faits prisonniers. Les Béotiens essuyèrent également de grandes pertes ; un grand nombre fut fait prisonnier. Après cette bataille, Philippe éleva un trophée, accorda la sépulture aux morts, offrit en action de grâces un sacrifice aux dieux, et distribua aux plus braves des récompenses méritées.

LXXXVII. Quelques historiens racontent que Philippe, dans un banquet qu'il donna à ses amis pour célébrer cette victoire, ivre de vin, se promena au milieu des prisonniers de guerre, et insulta à leur infortune. Parmi ces prisonniers se trouvait Démade, le rhéteur, qui, dans sa franchise, reprocha par quelques paroles énergiques au roi son intempérance : « Eh quoi ! lui dit-il, tandis que la fortune te donne un air d'Agamemnon, tu ne rougis pas de jouer le rôle de Thersite. » Philippe, frappé d'un tel reproche, changea d'attitude, jeta les couronnes qui ornaient sa tête, éloigna du festin tout ce qui pouvait être outrageant pour les prisonniers, et non-seulement admira la franchise de Démade, mais le remit en liberté sans rançon et l'honora de son intimité. Enfin, entraîné dans ses entretiens par les grâces attiques de Démade, il relâcha tous les autres captifs sans rançon; en un mot, déposant l'orgueil du vainqueur, il envoya des députés pour conclure avec le peuple athénien un traité d'alliance et d'amitié. Il laissa une garnison à Thèbes et accorda la paix aux Béotiens.

LXXXVIII. Après leur défaite à Chéronée, les Athéniens condamnèrent à mort leur général Lysiclès, sur l'accusation que Lycurgue l'orateur avait portée contre lui. C'était alors le plus influent des orateurs; pendant douze ans il avait administré, à son éloge, les revenus de l'État; toute sa vie il avait eu la réputation d'un homme vertueux; mais, comme orateur, il mettait beaucoup de véhémence dans ses accusations. On peut citer, comme une preuve de son éloquence à la fois digne et incisive, le passage suivant de son discours où il se porta accusateur de Lysiclès : « Vous commandiez notre armée, ô Lysiclès, et mille de nos citoyens sont morts, deux mille ont été faits prisonniers; un trophée a été élevé à la honte de notre cité, toute la Grèce est devenue esclave; tout cela est arrivé sous tes ordres, sous ton commandement, et tu oses vivre; tu oses regarder encore la lumière du soleil, te montrer sur la place publique, toi, monument vivant de la honte et de l'opprobre de la patrie ! »

Une circonstance remarquable, c'est que, pendant que la bataille de Chéronée se livrait en Grèce, une autre avait lieu en Italie le même jour, à la même heure, entre les Tarentins et les Lucaniens. Archidamus, roi des Lacédémoniens, combattit dans l'armée des Tarentins et y fut tué. Il avait régné vingt-trois ans. Son fils Agis, qui lui succéda, régna neuf ans.

Pendant que ces choses se passaient, Timothée, tyran d'Héraclée, dans le Pont, mourut après un règne de quinze ans; son frère, Denys, lui succéda et régna plus de trente-deux ans.

LXXXIX. Phrynichus étant archonte d'Athènes, les Romains élurent pour consuls Titus Manlius Torquatus et Publius Décius[1]. Dans cette année, le roi Philippe, enhardi par la victoire de Chéronée et par la terreur qu'il avait inspirée aux villes les plus célèbres, brigua l'empire de toute la Grèce. Il fit d'a-

---

[1] Quatrième année de la cx^e olympiade; année 337 avant J.-C.

bord répandre le bruit qu'il voulait déclarer la guerre aux Perses pour venger les Grecs des profanations que les Barbares avaient commises dans les temples de la Grèce, et se concilia ainsi l'affection des Grecs. En public et dans ses relations privées, il se montrait envers tout le monde doux et bienveillant. Il fit proposer à chaque ville d'entrer avec lui en conférence au sujet de leurs intérêts communs. Corinthe fut donc le lieu d'une réunion générale, et ce fut là qu'il proposa de déclarer la guerre aux Perses et qu'il fit naître de grandes espérances dans l'esprit de tous les membres de l'assemblée. Enfin les Grecs nommèrent Philippe généralissime de la Grèce. Investi d'une autorité illimitée, il fit de grands préparatifs pour une expédition contre les Perses. Après avoir imposé à chaque ville le contingent qu'elle fournirait pour cette expédition, il revint en Macédoine. Tel était l'état des affaires de Philippe.

XC. Revenons à l'histoire de la Sicile. Timoléon, le Corinthien, qui avait rétabli l'ordre chez les Syracusains et les Siciliens, mourut après avoir exercé pendant huit ans le commandement. Les Syracusains célébrèrent hautement les vertus de cet homme auquel ils devaient tant, et lui donnèrent de magnifiques funérailles; et, lorsque son corps fut porté au tombeau, au milieu d'une grande affluence de monde, le peuple de Syracuse fit proclamer le décret suivant : « Timoléon[1], fils de Timænètes, sera enseveli aux frais du trésor public, qui fournira deux cents mines[2]; chaque année, on célébrera sa mémoire par des jeux musicaux, gymniques et hippiques, parce qu'il a dompté les Barbares, relevé les plus grandes villes grecques et rendu libres les Siciliens. »

A cette même époque mourut Ariobarzane, après un règne de vingt-six ans. Mithridate, son successeur, régna trente-cinq ans.

Les Romains défirent les Latins et les Campaniens dans une

---

[1] J'adopte ici la correction proposée par Wesseling, et je lis Τιμαινέτου υἱόν, au lieu de τιμᾶν ἐτήσιον.

bataille livrée près de Suessa[1], et enlevèrent une portion du territoire des vaincus. Le consul Manlius, qui avait remporté cette victoire, obtint les honneurs du triomphe.

XCI. Pythodore étant archonte d'Athènes, Quintus Publius et Tibérius Émilius Mamercus consuls à Rome, on célébra la CXI[e] olympiade, où Cléomantis de Clitoris fut vainqueur à la course du stade [2]. Dans le cours de cette année, le roi Philippe, généralissime des Grecs, prêt à faire la guerre aux Perses, envoya Attalus et Parménion en Asie, avec une partie de ses troupes que ces chefs devaient employer à la délivrance des villes grecques. Quant à lui, empressé d'avoir pour cette expédition l'assentiment des dieux, il demanda à la pythie s'il serait vainqueur du roi des Perses ; l'oracle lui répondit : « Le taureau est couronné, la victime est sans tache, celui qui doit l'immoler est prêt. » Bien que le sens de cet oracle fût très-ambigu, Philippe l'interpréta à son avantage, comme si cet oracle annonçait que le roi des Perses tomberait comme une victime. Mais, en réalité, l'oracle signifiait au contraire que Philippe, tel qu'un taureau couronné de fleurs, était destiné à être égorgé. Quoi qu'il en soit, Philippe, croyant avoir le concours des dieux, se réjouissait déjà, comme si l'Asie allait être aux pieds des Macédoniens. Il ordonna donc sur-le-champ de magnifiques sacrifices en l'honneur des dieux et célébra en même temps les noces de sa fille Cléopâtre, qu'il avait eue d'Olympias, et qu'il fit épouser à Alexandre, roi des Épirotes, propre frère d'Olympias. Pour attirer à ces fêtes le plus grand nombre possible de Grecs, il institua des luttes musicales et de splendides festins auxquels il invita et ses amis et les étrangers. Il fit venir de toute la Grèce ses hôtes, et ordonna à ses amis d'appeler de leur côté tous les hôtes de leur connaissance ; car il ambitionnait de se rendre agréable aux Grecs et de répondre dignement à l'honneur qu'ils lui avaient fait en le nommant généralissime de la Grèce.

XCII. Enfin, au milieu d'un nombreux concours d'hommes de

---

[1] Tite-Live appelle cette ville *Sinuessa*, VIII, 11.

toutes les nations, on célébra à Aigues, en Macédoine, les noces de Cléopâtre, par des fêtes et des jeux. A cette occasion, Philippe reçut des couronnes d'or de chacun des illustres convives et de la part de plusieurs villes considérables, au nombre desquelles se trouvait Athènes. Le héraut qui offrit la couronne au nom de cette ville, dit en terminant sa proclamation : « Quiconque ayant attenté aux jours du roi Philippe, voudrait se réfugier à Athènes, sera livré à la justice du roi. » Par cette prophétie échappée au hasard, la divinité semblait elle-même annoncer l'attentat qui menaçait Philippe; en même temps, d'autres voix prophétiques prédisaient la funeste catastrophe du roi. En effet, dans un banquet royal, Néoptolème, le tragédien, célèbre pour ses talents et sa belle voix, récita, sur l'invitation du roi, quelques vers ayant trait à l'expédition de Philippe, et aux changements contraires que la fortune pourrait faire éprouver au roi des Perses, ce grand et fameux souverain. Voici le sens de ces vers : « Vous qui élevez vos pensées plus haut que la région de l'éther et qui embrassez dans vos projets les grandes plaines de la terre; vous qui construisez maisons sur maisons, croyant, par vos désirs insensés, reculer indéfiniment le terme de la vie; vous tous serez atteints par la course rapide et inaperçue du destin qui plongera vos œuvres dans l'obscurité, anéantira vos longues espérances et vous entraînera dans la lamentable demeure de Pluton. »

Le tragédien ajouta encore quelques vers, tous empreints de la même idée. Philippe s'abandonna tout entier à la joie que lui causaient ces vers dans lesquels il voyait la prédiction de la chute du roi des Perses, et qui lui semblaient même confirmer la réponse de l'oracle. Enfin, le banquet fini, le commencement des jeux fut remis au lendemain, et comme la nuit était déjà arrivée la foule accourut au théâtre. Au point du jour, dans une procession solennelle et préparée avec magnificence, on porta les images des douze dieux artistement travaillées; la treizième image représentait Philippe lui-même, avec les attributs de la divinité, placé sur un trône comme les douze dieux.

XCIII. Le théâtre était rempli de spectateurs, lorsque Philippe s'avança, vêtu de blanc, et ordonnant à ses gardes de ne le suivre qu'à une grande distance; car il voulut ainsi faire voir qu'il avait confiance dans l'affection des Grecs, et qu'il n'avait pas besoin de gardes. Ce fut au milieu de ces fêtes splendides où Philippe reçut les honneurs d'un immortel, que le roi devint l'objet d'un attentat étrange qui lui donna la mort. Pour mieux saisir cette conspiration nous allons d'abord en exposer les causes.

Pausanias, Macédonien de naissance, natif d'Orestis, servait dans la garde de corps du roi, et s'était, par sa beauté, attiré l'affection de Philippe. Ce garde s'étant aperçu que Philippe aimait un autre Pausanias, son homonyme, se déchaîna en invectives contre son rival; il l'appela homme-femme, et prêt à se livrer aux amours du premier venu. Ce dernier fut indigné de ces propos insultants; mais il garda le silence dans le premier moment; il s'en ouvrit à Attalus, un de ses amis, et avait déjà arrêté un projet de vengeance, lorsqu'il perdit la vie volontairement et dans une circonstance inattendue. Peu de jours après, le rival outragé se trouva dans une bataille que Philippe livrait au roi des Illyriens; placé au-devant de Philippe, il reçut tous les coups qui étaient destinés au roi et expira. Le bruit de cette action s'étant répandu, Attalus, un des courtisans les plus influents du roi, invita Pausanias, le garde du corps, à un banquet, et, après l'avoir enivré de vins, il livra son corps en prostitution aux goujats. Revenu de son ivresse, Pausanias se plaignit au roi en désignant Attalus comme l'auteur des outrages qu'il avait reçus. Philippe, indigné de ce forfait, ne fit point encore éclater son courroux, parce qu'il avait pour le moment besoin des services d'Attalus, qui était aussi son parent : Attalus était neveu de Cléopâtre, seconde femme du roi; d'ailleurs, il venait d'être envoyé en Asie avec une partie de l'armée, et avait la réputation d'un brave guerrier. Le roi essaya donc d'apaiser la colère de Pausanias en le comblant de bienfaits et en lui donnant de l'avancement dans sa garde.

XCIV. Cependant, Pausanias concentra sa colère et se promit de tirer vengeance, non-seulement de celui qui l'avait outragé, mais encore de celui qui lui avait refusé satisfaction. Il fut surtout encouragé dans ce projet par le sophiste Hermocrate. Pausanias, qui était son disciple, lui demanda un jour, dans l'école, comment on peut devenir un homme célèbre. Le sophiste répondit : « En tuant celui qui a fait de grandes choses ; car la postérité ne séparera pas le nom du grand homme de celui de son meurtrier. » Retrempant sa colère par ce sophisme, et sa résolution étant irrévocablement prise, Pausanias songea à profiter, pour l'exécution de son projet, des jeux qui se célébraient. Il eut d'abord soin de placer des chevaux aux portes de la ville ; puis pénétra dans les avenues du théâtre en cachant sous ses vêtements une épée celtique. A l'instant où Philippe ordonnait à ses amis, qui l'accompagnaient, d'entrer avant lui dans le théâtre, et à ses gardes de se tenir à quelque distance derrière lui, Pausanias accourut, et, voyant le roi laissé seul, il lui plongea un poignard dans les côtes et l'étendit roide mort. Le meurtrier prit aussitôt la fuite, et arriva aux portes de la ville où il trouva des chevaux tout sellés. Les gardes accoururent, les uns pour relever le corps du roi, les autres pour se mettre à la poursuite de l'assassin ; parmi ces derniers, il y avait Léonatus, Perdiccas et Attalus. Cependant Pausanias, qui avait de l'avance sur eux, leur aurait échappé, monté sur son cheval, si une de ses chaussures, embarrassée par des sarments de vigne, ne l'eût fait tomber. Perdiccas et ses compagnons l'atteignirent, le relevèrent et le percèrent de coups.

XCV. Telle fut la fin tragique de Philippe, alors le plus grand roi de l'Europe, et qui, dans sa puissance, s'était comparé aux douze dieux. Il avait régné vingt-quatre ans. Le royaume qu'il avait hérité de ses ancêtres était très-petit et il en fit la plus grande monarchie de la Grèce. Il devait l'accroissement de sa puissance, non pas tant à la force des armes qu'à son éloquence insinuante et à ses manières bienveillantes qui lui conciliaient l'affection de tout le monde. Il est généralement reconnu que

Philippe s'était plus distingué par ses connaissances stratégiques et par son affabilité que par sa bravoure dans les combats. En effet, ses succès dans la guerre, il les partageait avec tous ses compagnons d'armes, tandis que les avantages obtenus par voie de persuasion sont uniquement son œuvre [1].

Arrivés à l'époque de la mort de Philippe, nous terminons ici ce livre ainsi que nous l'avions annoncé au commencement. Le livre suivant, nous le commencerons par l'avénement d'Alexandre, et nous essaierons de renfermer dans ce seul livre toutes les actions de ce roi.

---

[1] Comparez les jugements que portent sur Philippe, Justin, IX, 8; et Pausanias, VIII, 7.

LIVRE DIX-SEPTIÈME.

PREMIÈRE PARTIE [1].

SOMMAIRE.

Alexandre succède au roi Philippe, et règle les affaires du royaume. — Il soumet les peuples insurgés. — Il rase Thèbes, frappe de terreur les Grecs, et est nommé chef absolu de la Grèce. — Il passe en Asie et bat les satrapes aux bords du fleuve Granique, en Phrygie. — Il prend d'assaut Milet et Halicarnasse. — Combat entre Darius et Alexandre, à Issus, en Cilicie; victoire d'Alexandre. — Siége de Tyr; occupation de l'Égypte; voyage du roi au temple d'Ammon. — Bataille d'Arbèles entre Alexandre et Darius; victoire d'Alexandre. — Combat entre Antipater et les Lacédémoniens; victoire d'Antipater. — Prise d'Arbèles par Alexandre, qui recueille beaucoup de richesses. — L'armée se repose à Babylone; les braves sont récompensés. — Arrivée des mercenaires et des alliés. — Revue de l'armée. — Alexandre prend Suse et les trésors qui s'y trouvent. — Il s'empare des défilés et se rend maître de ce qu'on appelle les Portes. — Il devient le bienfaiteur des Grecs mutilés, prend Persépolis et saccage la ville. — Il incendie, pendant une orgie, le palais du roi. — Darius est tué par Bessus. — Alexandre s'avance vers l'Hyrcanie; récit des choses singulières qui s'y produisent. — Alexandre marche contre les Mardes, et dompte cette nation. — Thalestris, reine des Amazones, approche d'Alexandre. — Le roi, se croyant invincible, imite les mœurs luxurieuses des Perses. — Expédition d'Alexandre contre les Ariens rebelles; prise de Pétra. — Conspiration contre le roi; châtiment des conspirateurs, dont les plus célèbres sont Parménion et Philotas. — Expédition d'Alexandre contre les Paropamisades; détails de cette expédition. — Combat singulier chez les Ariens; soumission de ce peuple. — Mort de Bessus, meurtrier de Darius [2]. — Alexandre prend d'assaut un rocher jusqu'alors inexpugnable, appelé Pétra. — Il se réunit à Taxile, roi des Indiens; il est vainqueur de Porus dans une grande bataille, s'empare de sa personne et lui rend le royaume par générosité. — Description des serpents énormes et des productions naturelles de cette contrée. — Il soumet les nations voisines, les unes par la persuasion, les autres par la force. — Il subjugue le pays appartenant à Sopithès. — Sur les bonnes institutions des villes de ce pays. — Excellente race des chiens donnés à Alexandre. — Histoire du roi des Indiens. — Désobéissance des Macédoniens au moment où Alexandre se propose de passer le Gange et de

---

[1] Le livre XVIIe, à l'exemple du livre Ier, a été divisé en deux parties.

[2] Ici une partie du sommaire a été transportée au chapitre 84 (en note), pour combler une lacune considérable qui se trouve dans le texte.

combattre les Gandarides. — Le roi met un terme à son expédition et visite les autres contrées de l'Inde; il faillit mourir d'un coup de flèche. — Il traverse l'Indus et navigue vers l'océan méridional. — Combat singulier par un défi. — Soumission des Indiens occupant les deux rives du fleuve jusqu'à l'Océan. — Traditions et coutumes des indigènes; leur vie sauvage. — L'expédition navale, envoyée dans l'Océan, rejoint Alexandre campé au bord de la mer; détail de cette navigation. — Reprise de l'expédition navale; on longe les côtes dans une grande étendue. — Les Perses choisissent trente mille jeunes gens, les instruisent dans l'art militaire et les opposent à la phalange macédonienne. — Harpalus, accusé à cause de son luxe et de ses dépenses excessives, s'enfuit de Babylone, et devient le suppliant du peuple d'Athènes. — En s'échappant de l'Attique, il est tué; il avait déposé chez les Athéniens sept cents talents d'argent; il en laisse quatre mille, ainsi que huit mille mercenaires, près de Ténarum, en Laconie. — Alexandre acquitte les dettes des vétérans macédoniens, dépense dix mille talents, et les renvoie dans leur patrie. — Les Macédoniens se révoltent; châtiment des auteurs du complot. — Peuceste amène à Alexandre dix mille archers et frondeurs perses choisis. — Le roi organise ses troupes et mêle les Perses aux Macédoniens. — Les enfants de troupes, au nombre de dix mille, sont tous élevés et instruits aux frais du roi. — Léosthène commence à entreprendre une guerre contre les Macédoniens. — Alexandre marche contre les Cosséens. — Les Chaldéens prédisent à Alexandre, qui se dirige sur Babylone, qu'il mourrait s'il entrait dans la ville. — Le roi s'effraie d'abord de cette prédiction, et évite d'entrer dans Babylone; mais, plus tard, persuadé par les philosophes grecs, il entre dans cette ville. — Du grand nombre des députations qui s'y rendent. — Funérailles d'Hephæstion; les grandes sommes qui y sont dépensées. — Présages concernant Alexandre; sa mort.

I. Le livre précédent, le seizième de tout l'ouvrage, commence au règne de Philippe, fils d'Amyntas; il comprend toute l'histoire de Philippe jusqu'à sa mort, ainsi que le récit des événements arrivés en même temps sous d'autres rois, chez d'autres peuples, dans d'autres États, pendant toute la durée de ce règne qui a été de vingt-quatre ans. Dans le présent livre, nous exposerons les événements qui viennent à la suite de ceux-ci, en commençant à l'avénement d'Alexandre au trône de Macédoine, et nous ferons connaître les actes qui se sont passés sous ce règne, jusqu'à la mort d'Alexandre; en même temps nous embrasserons dans notre récit tout ce qui est arrivé de remarquable dans les parties connues de la terre. Par cette méthode, divisant la narration par chapitres et rattachant, par un fil non interrompu, la fin au commencement, nous croyons parvenir à graver facilement les faits dans la mémoire du lecteur. Dans un court espace de temps, Alexandre a accompli de grandes choses, et, par la grandeur de ses œuvres, fruits de son intelligence et de sa bravoure, il a surpassé tous les rois dont l'histoire nous a légué le souvenir. En douze ans il a conquis une partie de l'Europe, presque toute l'Asie et s'est acquis avec raison une gloire égale à celle des anciens héros et demi-dieux. Mais il ne faut pas anticiper dans ce préambule sur l'exposé complet que nous allons donner de toutes les grandes actions de ce roi.

Alexandre descendait d'Hercule du côté paternel et des Éacides par sa mère. Il eut des qualités physiques et morales dignes de ces ancêtres.

Après avoir rappelé l'ordre chronologique des événements, nous allons reprendre le fil de notre histoire.

II. Évænète étant archonte d'Athènes, les Romains nommèrent consuls Lucius Furius et Caïus Mænius[1]. Dans cette année, Alexandre hérita de la royauté. Son premier soin fut d'infliger aux meurtriers de son père le châtiment mérité. Il s'occupa ensuite des funérailles de son père et remplit noblement ce pieux devoir. Dès le commencement, il administra son empire avec beaucoup plus d'ordre qu'on ne l'aurait attendu. Quoique extrêmement jeune et presque méprisé à cause de sa jeunesse, il savait par des discours insinuants gagner l'affection des masses. « Il n'y a, disait-il, de changé que le nom du roi ; les affaires seront administrées comme du temps de mon père. » Il accueillit amicalement les députations qui lui furent envoyées et engagea les Grecs à lui continuer la bienveillance qu'ils avaient eue pour son père. Il passait fréquemment ses troupes en revue, leur faisait faire des exercices militaires, et se créa ainsi une armée bien disciplinée. Attalus, frère de Cléopâtre, seconde femme de Philippe, conspirait contre la royauté ; aussi Alexandre jugea-t-il à propos de s'en défaire, d'autant plus que Cléopâtre avait mis au monde un fils peu de jours avant la mort de Philippe. Attalus, ainsi que Parménion, avaient été quelque temps auparavant détachés en Asie avec un corps d'armée. Attalus, par

[1] Deuxième année de la CXI^e olympiade ; année 335 avant J.-C.

sa générosité et ses manières affables, s'était attiré l'estime des soldats. C'est donc avec raison qu'Alexandre craignait qu'Attalus ne cherchât, avec le secours des Grecs mécontents, à s'emparer de la royauté. Alexandre choisit Hécatée, un de ses amis, le fit partir en Asie avec des troupes suffisantes et lui donna l'ordre d'amener Attalus vivant, sinon de le faire assassiner au plus tôt. Hécatée passa donc en Asie et ayant joint ses troupes à celles de Parménion et d'Attalus, il épia le moment favorable pour remplir sa mission.

III. Informé que la plupart des Grecs songeaient à s'insurger, Alexandre conçut de vives alarmes. En effet, les Athéniens, excités par les harangues de Démosthène, avaient appris avec joie la mort de Philippe et n'étaient point disposés à céder aux Macédoniens l'empire des Grecs. Ils avaient envoyé des députés à Attalus et complotaient avec lui ; en même temps ils poussaient la plupart des villes à se déclarer indépendantes. Les Étoliens avaient décrété le rappel des exilés de l'Acarnanie, que Philippe avait fait bannir de leur pays. Les Ambratiotes, persuadés par Aristarque, avaient chassé la garnison de Philippe et donné à la ville un gouvernement démocratique. Pareillement, les Thébains avaient décidé d'expulser la garnison de la Cadmée et de refuser à Alexandre la suprématie de la Grèce. Les Arcadiens seuls n'avaient pas accordé à Philippe l'empire des Grecs ; ils le refusèrent aussi à Alexandre. Quant aux autres Péloponnésiens, tels que les Argiens, les Éliens, les Lacédémoniens, et plusieurs autres, ils prétendaient se gouverner par leurs propres lois. Enfin, plusieurs nations limitrophes de la Macédoine levèrent également l'étendard de la révolte et fomentèrent des troubles parmi les Barbares du voisinage. Au milieu de ces conjonctures difficiles qui menaçaient la ruine de la monarchie, Alexandre, quoique bien jeune, rétablit promptement, et contre toute attente, l'ordre dans ses États : il gagna les uns par la persuasion, rappela les autres par la terreur et en soumit quelques autres par la force.

IV. Il rappela d'abord aux Thessaliens leur origine commune

d'Hercule, et, dans des discours bienveillants, il enfla leurs espérances, au point que d'une voix unanime ils lui décernèrent la suprématie de la Grèce qu'avait eue son père. De la Thessalie il s'avança vers les populations limitrophes et réussit à les ramener à lui. Il arriva ensuite aux Thermopyles, convoqua le conseil des amphictyons et parvint à se faire confirmer par un décret le commandement suprême des Grecs. Il envoya une députation aux Ambratiotes, les traita amicalement, et s'engagea avec plaisir à leur accorder bientôt le droit de se gouverner par leurs propres lois. Mais pour frapper de terreur ceux qui lui désobéissaient, il s'avança avec un attirail formidable à la tête d'une armée de Macédoniens. Après des marches forcées, il arriva en Béotie, établit son camp près de la Cadmée et répandit la consternation dans la ville des Thébains. Lorsque les Athéniens apprirent l'entrée du roi en Béotie, ils cessèrent de le mépriser. En effet, la promptitude d'exécution de ce jeune homme, jointe à une grande énergie, frappa ceux qui étaient d'abord le plus mal disposés pour lui. Les Athéniens résolurent de faire transporter dans la ville les richesses de la campagne et de réparer leurs murs. En même temps, ils envoyèrent une députation à Alexandre pour demander pardon de ce qu'ils ne l'avaient pas plus tôt reconnu pour chef de la Grèce. Parmi ces députés se trouvait aussi Démosthène; mais il n'alla pas avec eux jusqu'auprès d'Alexandre. Arrivé à Cithéron, il retourna sur ses pas et revint à Athènes, soit qu'il craignît pour sa personne à cause de sa politique contre les Macédoniens, soit qu'il voulût se conserver irréprochable à l'égard du roi des Perses, dont il avait, dit-on, reçu beaucoup d'argent pour agir contre les Macédoniens. C'est à ce sujet que l'on cite ce passage d'Eschine qui reproche à Démosthène de s'être laissé corrompre : « Bien que maintenant l'or du roi t'inonde pour ton entretien, cet or ne te suffira pas ; car la richesse mal acquise ne suffit jamais. » Cependant Alexandre accueillit avec bienveillance les députés des Athéniens, et la réponse qu'il leur fit dissipa la crainte du peuple d'Athènes. Enfin, Alexandre donna l'ordre du départ pour Corinthe, où devaient se rendre les députés et les sénateurs. Lorsque les membres du conseil furent réunis comme d'habitude, le roi prononça un discours affectueux et réussit à se faire nommer chef absolu de la Grèce et à faire décréter une expédition contre les Perses pour venger les injures que les Grecs avaient jadis reçues de ces Barbares. Investi de cette dignité, le roi revint avec son armée en Macédoine.

V. Nous venons de parler des affaires de la Grèce ; nous allons maintenant passer à l'histoire de l'Asie. Après la mort de Philippe, Attalus entreprit de se soulever contre Alexandre, et conspira avec les Athéniens. Mais plus tard il changea de dessein et fit communiquer à Alexandre une lettre qui lui avait été adressée par Démosthène et qu'il avait conservée ; il essaya, par des paroles insinuantes, de détourner l'effet des accusations portées contre lui. Cependant Hécatée, obéissant aux ordres du roi, fit assassiner Attalus et étouffa ainsi dans l'armée des Macédoniens en Asie tout germe de révolte. Parménion fut depuis lors admis dans l'intimité d'Alexandre.

Avant de parler [de la destruction] de la monarchie des Perses, il est indispensable de reprendre l'histoire un peu plus haut. Sous le règne de Philippe, Ochus était roi des Perses et se conduisait envers ses sujets avec la dernière cruauté. Par sa conduite violente il devint un objet de haine, et il fut enfin empoisonné par Bagoas, un des généraux de sa garde, homme pervers et belliqueux, quoique eunuque[1]. Un médecin fut l'instrument de ce crime. Bagoas fit ensuite monter sur le trône Arsès[2], le plus jeune des fils du roi, en même temps qu'il fit assassiner les frères du roi qui étaient encore très-jeunes, afin de tenir sous sa dépendance et dans l'isolement un monarque à peine adolescent. Ce jeune monarque, indigné de ces crimes, avait manifesté l'intention d'en punir l'auteur ; mais Bagoas le prévint : il fit périr Arsès avec tous ses enfants, dans la troi-

---

[1] Suivant Élien (H. V., liv. VI, chap. 8), le corps du roi fut jeté aux chats, et avec les os Bagoas fit fabriquer des manches de poignards.
[2] Strabon l'appelle *Narsès*, et Plutarque *Oarsès*.

sième année de son règne. La famille royale étant ainsi éteinte et personne ne se présentant dans l'ordre naturel de succession, Bagoas fit monter sur le trône un de ses amis, nommé Darius. Ce Darius était fils d'Arsanès et petit-fils d'Ostanès qui était frère d'Artaxerxès, roi des Perses. La fin de Bagoas présente quelque chose de singulier et digne de mémoire. Accoutumé à se souiller de meurtre, il avait conçu le projet d'empoisonner également Darius. Ce projet ayant été découvert, le roi fit venir Bagoas auprès de lui, comme pour lui accorder une faveur; il lui présenta une coupe et le força à boire le poison[1].

VI. Darius était digne de porter le sceptre. Il passait pour le plus brave des Perses. Artaxerxès était un jour en guerre contre les Cadusiens; un de ces derniers, guerrier distingué par sa force et sa bravoure, provoqua à un combat singulier celui des Perses qui voudrait se mesurer avec lui. Personne n'osa se présenter, lorsque Darius seul accepta le défi et tua son adversaire. Le roi honora Darius de présents magnifiques et le fit proclamer le plus vaillant des Perses. En raison de sa bravoure, Darius fut jugé digne de l'empire; il monta sur le trône au moment de l'avénement d'Alexandre, après la mort de Philippe. Le sort opposa à Alexandre un rival capable de lui diputer la palme dans un grand nombre de combats glorieux. Mais nous parlerons de ses actions en détail. Maintenant nous allons reprendre le fil de notre histoire.

VII. Monté sur le trône avant la mort de Philippe, Darius avait désiré transporter en Macédoine le théâtre de la guerre qui était près d'éclater. Lorsque Philippe eut cessé de vivre, Darius ne s'inquiéta plus de cette guerre, méprisant l'extrême jeunesse d'Alexandre. Mais, après qu'il eut appris avec quelle promptitude et quelle énergie d'exécution Alexandre était parvenu à se faire reconnaître commandant en chef des Grecs, et que la renommée de ce jeune roi commençait déjà à se répandre, Darius comprit la nécessité d'organiser ses forces. Il construisit

---

[1] C'était probablement un poison organique soluble. Comparez Quinte-Curce, VI, 4, 10; et Arrien, II, 14.

un grand nombre de trirèmes, mit sur pied des troupes considérables, choisit les meilleurs chefs, au nombre desquels on remarque Memnon le Rhodien, homme distingué pour sa bravoure et son habileté stratégique. Le roi lui donna le commandement de cinq mille mercenaires, avec l'ordre de s'avancer vers la ville de Cyzique et d'essayer de s'en emparer. Memnon traversa avec cette troupe l'Ida, montagne qui, selon la tradition mythologique, tire son nom d'Ida, fille de Mélissée. C'est la plus haute montagne de l'Hellespont; on y trouve un antre merveilleux où les déesses furent, dit-on, jugées par Pâris. C'est dans ce même antre que la tradition place les ateliers des dactyles idéens qui, les premiers, forgèrent le fer, après avoir appris cet art de la mère des dieux. Enfin, cette même montagne offre un phénomène étrange. Au moment où le Sirius se lève au sommet de l'Ida, l'air qui environne ce sommet est si calme qu'il semble se trouver au-dessus de la région des vents; et, la nuit durant encore, on y aperçoit le soleil levant qui projette ses rayons, non pas sous forme de disque, mais sous forme d'une flamme dont les rayons se dispersent en tous sens et qui représentent des gerbes de feu se dessinant à l'horizon. Peu de temps après, ces rayons épars se réunissent en un seul faisceau de la dimension de trois plèthres[1], et lorsque le jour paraît, le soleil se montre avec son disque lumineux ordinaire[2]. Après avoir traversé cette montagne, Memnon attaqua à l'improviste la ville de Cyzique et ne tarda pas à s'en rendre maître. Il ne poussa pas plus loin son expédition; il se borna à dévaster la campagne et recueillit un immense butin.

Pendant que ces choses se passaient, Parménion prit d'assaut la ville de Grynium et réduisit les habitants à l'esclavage. Il investit ensuite Pitane; mais Memnon apparut, frappa de terreur les Macédoniens et leur fit lever le siége. Callas, à la tête d'un détachement de Macédoniens et de mercenaires, livra dans la Troade une bataille aux Perses; ces derniers étant de beau-

---

[1] Environ quatre-vingt-dix mètres.
[2] Pomponius Méla (II, 18) a imité ce passage.

coup supérieurs en force, il succomba et se retira à Rhœtium. Telle était la situation des affaires en Asie.

VIII. Après avoir rétabli l'ordre dans la Grèce, Alexandre marcha contre la Thrace, répandit la terreur parmi les peuples de ce pays et les força à la soumission. Il pénétra ensuite dans la Péonie, dans l'Illyrie et les contrées limitrophes, et subjugua un grand nombre de Barbares rebelles ainsi que tous les Barbares du voisinage. C'est pendant cette expédition que le roi reçut le message que les Grecs fomentaient des troubles, et que plusieurs villes de la Grèce, particulièrement Thèbes, avaient levé l'étendard de la révolte. Le roi, irrité, revint en Macédoine, ayant hâte d'apaiser les troubles de la Grèce. Les Thébains étaient déjà occupés à chasser la garnison de la Cadmée et à faire le siége de la citadelle, lorsque le roi apparut subitement devant la ville avec toute son armée, et établit son camp sous les murs de Thèbes. Avant l'arrivée du roi, les Thébains avaient eu la précaution d'entourer la Cadmée de fossés profonds et de palissades serrées, afin d'empêcher d'y faire entrer des convois de vivres. Ils avaient en même temps envoyé demander des secours aux Arcadiens, aux Argiens et aux Éliens; ils réclamèrent aussi l'alliance des Athéniens qui, entraînés par l'éloquence de Démosthène, leur firent don d'une grande quantité d'armes. Les Péloponnésiens, dont les Thébains avaient imploré les secours, firent partir des troupes pour l'isthme de Corinthe où elles s'arrêtèrent en attendant que les desseins du roi fussent connus. Les Athéniens, persuadés par Démosthène, avaient décrété de secourir les Thébains, mais ils ne leur avaient point envoyé de troupes; car ils attendaient pour savoir de quel côté seraient les chances de la guerre. Cependant, Philotas qui commandait la garnison de la Cadmée, voyant que les Thébains faisaient des préparatifs de siége sérieux, s'empressa de faire construire des retranchements et approvisionna les magasins d'armes de toutes sortes.

IX. Le roi arriva inopinément de la Thrace avec toute son armée, et les Thébains, dont les alliés se tenaient à l'écart, ne se dissimulaient pas que leur ennemi était supérieur en forces. Néanmoins, les chefs se réunirent pour délibérer sur la guerre, et tous résolurent de combattre pour l'indépendance. Cette résolution ayant été sanctionnée par le peuple, tout le monde accourut pour affronter avec joie les périls du combat. Cependant le roi se tint tranquille, car il voulait donner aux Thébains le temps de changer d'opinion, persuadé d'ailleurs qu'une seule ville n'oserait pas résister à une si grande armée. Alexandre avait alors avec lui plus de trente mille fantassins, et pas moins de trois mille cavaliers, tous hommes exercés au métier de la guerre, et qui avaient servi déjà sous Philippe et s'étaient montrés invincibles dans presque toutes les batailles. C'est confiant en la valeur et les bonnes dispositions de ses troupes qu'Alexandre allait entreprendre de renverser l'empire des Perses. Si les Thébains eussent cédé à la nécessité du moment en négociant la paix avec les Macédoniens, le roi eût favorablement accueilli leurs propositions et leur aurait tout accordé, parce qu'il était impatient de pacifier la Grèce pour diriger toutes ses forces contre les Perses. Mais, s'apercevant que les Thébains se raillaient de lui, il se détermina à raser leur ville, et à intimider, par ce châtiment, ceux qui seraient tentés d'imiter l'exemple des Thébains. Il rangea donc son armée en bataille et fit proclamer, par un héraut, que tout Thébain qui viendrait dans son camp jouirait de la paix générale accordée aux Grecs. Mais, les Thébains, emportés par leur ardeur, firent de leur côté crier, du haut d'une tour élevée, qu'ils recevraient chez eux tout homme qui voudrait se joindre à eux et au grand roi pour délivrer les Grecs et renverser le tyran de la Grèce. Blessé de cette proclamation, Alexandre fut emporté par la colère et arrêta une vengeance terrible. C'est dans cette disposition d'esprit, exaltée jusqu'à la férocité, qu'Alexandre fit approcher les machines de guerre et se prépara au combat.

X. Informés du danger qui menaçait les Thébains, les Grecs voyaient avec douleur à quelles calamités ces derniers s'étaient exposés; mais ils n'osaient point secourir une ville qui s'était elle-même inconsidérément plongée dans une ruine évidente. Néanmoins, les Thébains résolurent de braver audacieusement tous les dangers de la guerre, bien que les prédictions des devins et les présages des dieux leur fussent défavorables. Ils avaient vu d'abord dans le temple de Cérès une légère toile d'araignée large comme un manteau et entourée d'un cercle réfléchissant les couleurs de l'arc-en-ciel. Ils consultèrent là-dessus l'oracle de Delphes, qui leur fit la réponse suivante : « Ce signe, les dieux le font apparaître à tous les mortels ; mais principalement aux Béotiens et à leurs voisins. » L'oracle national des Thébains, interrogé sur ce même objet, s'exprima en ces termes : « La toile tissue présage aux uns du malheur, aux autres du bonheur. » Il est à remarquer que ce présage s'était montré trois mois avant l'arrivée d'Alexandre sous les murs de Thèbes. Mais, au moment où le roi apparut avec son armée, les statues élevées sur la place publique se couvrirent de grosses gouttes de sueur. Outre ces prodiges, on vint annoncer aux magistrats qu'une voix, semblable à un mugissement, sortait du fond du lac situé près d'Onchestum [1] ; et on voyait flotter une écume sanguinolente à la surface des eaux de la fontaine Dircée. Enfin, quelques-uns qui arrivaient de Delphes rapportèrent que la toiture du temple que les Thébains avaient construite avec les dépouilles des Phocidiens, paraissait teinte de sang. Les hommes versés dans l'interprétation des augures expliquaient ces prodiges de la manière suivante : la toile d'araignée indiquait, selon eux, que les dieux se retireraient de la ville ; les couleurs de l'iris devaient annoncer une tempête politique ; la sueur et les statues une affreuse calamité ; les apparitions sanglantes, des massacres dans l'intérieur de la ville. D'après ces divers augures [2], par lesquels les dieux présageaient la ruine de la cité, les devins conseillèrent aux Thébains de ne point tenter le sort de la guerre et de conclure la paix par la voie plus sûre des négociations. Mais les Thébains ne laissèrent pas attiédir par ces présages leur ardeur guerrière ; ils

---

[1] Le lac Copaïs.
[2] Comparez Élien (H. V., liv. XII, chap. 57).

ranimèrent au contraire leur courage par le souvenir de Leuctres et de tant d'autres batailles célèbres dans lesquelles leur bravoure avait remporté une victoire inespérée. C'est ainsi que les Thébains, entraînés par la témérité plutôt que guidés par la prudence, précipitèrent leur patrie dans l'abîme.

XI. Le roi ayant fait en trois jours toutes les dispositions nécessaires pour donner l'assaut, divisa son armée en trois corps : l'un eut l'ordre d'attaquer les retranchements élevés aux portes de la ville, le second de tenir tête aux Thébains, et le troisième de servir de réserve, et de relever les bataillons fatigués. Les Thébains établirent leur cavalerie en dedans des retranchements, et échelonnèrent sur les murs les esclaves affranchis, les bannis rentrés et les étrangers domiciliés à Thèbes; cette troupe était chargée de repousser les assaillants. Quant aux citoyens de Thèbes, ils se rangèrent en bataille aux portes de la ville pour se mesurer avec le roi, commandant les nombreux Macédoniens. Les enfants et les femmes s'étaient réfugiés dans les temples, et suppliaient les dieux de sauver la ville du danger.

Cependant les Macédoniens s'avancèrent en ordre de bataille, les trompettes sonnèrent la charge, les deux armées poussèrent tout d'un coup le cri de guerre, et commencèrent l'attaque par les armes de trait. Mais ces armes étant bientôt épuisées, on eut recours à l'épée. Alors s'engagea un combat terrible. Le choc des Macédoniens, grâce à leur supériorité numérique et à la pesanteur de leur phalange, fut irrésistible. Cependant les Thébains, confiants dans leurs forces physiques, formés par de continuels exercices et exaltés par leur courage, ne fléchirent point. Aussi, des deux côtés, comptait-on un grand nombre de blessés et beaucoup de tués, tous frappés par-devant. Au milieu de cette horrible mêlée, on entendait les gémissements des mourants, la voix des officiers macédoniens qui criaient à leurs soldats de ne pas flétrir leur ancienne réputation de valeur, et les cris des Thébains qui s'exhortaient à ne pas oublier leurs enfants et leurs pères menacés d'esclavage, ni la patrie entière près de tomber sous les coups impitoyables des Macédoniens; ils rappelaient les victoires de Leuctres et de Mantinée, et la renommée universelle de leur bravoure. La bataille resta longtemps indécise en raison du courage que déployaient les combattants.

XII. Voyant la résolution avec laquelle les Thébains se battaient pour leur indépendance, Alexandre fit avancer sa réserve pour soutenir les troupes épuisées. Les Macédoniens se précipitèrent impétueusement sur les Thébains exténués de fatigue, écrasèrent les ennemis et en passèrent un grand nombre au fil de l'épée. Néanmoins, les Thébains ne renoncèrent point encore à l'espoir de vaincre ; animés, au contraire, d'une ardeur guerrière, ils bravèrent tous les périls. Ils poussèrent si loin leur confiance en eux-mêmes qu'ils criaient aux Macédoniens de s'avouer inférieurs aux Thébains ; tandis que d'ordinaire l'arrivée des troupes fraîches répand l'alarme parmi les ennemis, les Thébains seuls ne parurent en cette circonstance que plus disposés à affronter le danger. La lutte devint de plus en plus acharnée. Enfin le roi s'aperçut qu'une petite porte de la ville avait été laissée sans garde ; il envoya donc Perdiccas avec un détachement suffisant pour s'emparer de cette porte et pénétrer dans la ville. Cet ordre étant promptement exécuté, les Macédoniens se précipitèrent dans la ville par cette petite porte, au moment où les Thébains avaient mis hors de combat la première phalange des Macédoniens, et, repoussant vigoureusement la seconde, se croyaient déjà sûrs de la victoire. Mais, en apprenant qu'une partie de la ville était prise, les Thébains se retirèrent sur-le-champ dans l'intérieur des murs. Pendant qu'ils effectuaient ce mouvement rétrograde, les cavaliers thébains pénétrèrent dans la ville en même temps que les fantassins et en foulèrent un grand nombre sous les pieds de leurs chevaux. Dans la confusion de la retraite, les Thébains s'égaraient dans les passages, se jetaient tout armés au milieu des fossés, et y trouvaient la mort. La garnison de la Cadmée, profitant de ce désordre, fit une sortie de la citadelle, tomba sur les Thébains et en fit un affreux carnage.

XIII. La ville fut ainsi prise. Il se passa alors des scènes horribles dans l'intérieur des murs. Les Macédoniens, irrités de l'insolente proclamation, traitaient les habitants sans pitié ; la menace à la bouche ils se ruaient sur les infortunés, et massacraient sans quartier tous ceux qui leur tombaient sous la main. Cependant, les Thébains, gardant dans leur âme l'amour de la liberté, loin de chercher à sauver leur vie, luttaient corps à corps avec les Macédoniens ; ils allaient en quelque sorte au-devant des coups de l'ennemi ; car, depuis la prise la ville, on ne vit aucun Thébain supplier un Macédonien de l'épargner ni tomber lâchement aux genoux du vainqueur. Cependant tant de courage n'inspira aux ennemis aucun sentiment de commisération, et le jour n'était pas assez long pour assouvir leur cruelle vengeance. La ville entière fut bouleversée ; les enfants, les jeunes filles, invoquant le nom de leur infortunée mère, furent arrachés de leur retraite ; en un mot, les maisons avec toutes les familles qu'elles renfermaient, devinrent la proie des Macédoniens, et toute la population de la ville fut réduite à l'esclavage. Quelques Thébains, couverts de blessures, et près d'expirer, s'attachaient aux corps de leurs ennemis et, les étreignant dans leurs bras, ils se donnaient la mort à eux-mêmes ainsi qu'à leurs meurtriers. D'autres se défendaient avec des fragments de lance et combattaient avec désespoir, estimant la liberté plus que la vie. Le massacre fut grand ; toute la ville était jonchée de cadavres, et pourtant personne ne plaignait le sort des infortunés. Parmi les Grecs, les Thespiens, les Platéens, les Orchoméniens et quelques autres peuples hostiles aux Thébains, qui servaient dans l'armée du roi, se précipitèrent dans la ville et assouvirent leur haine sur les malheureux habitants. Aussi la ville faisait-elle pitié à voir : des Grecs étaient sans miséricorde égorgés par des Grecs, des parents massacrés par leurs propres alliés, sans distinction de famille. Enfin, à l'approche de la nuit, les maisons furent pillées ; les enfants, les femmes et les vieillards, qui avaient cherché un asile dans les temples, en furent chassés avec les derniers outrages.

XIV. Les Thébains perdirent plus de six mille hommes et plus de trente mille furent faits prisonniers, sans compter les richesses immenses qui tombèrent au pouvoir du vainqueur. Le roi fit enterrer les Macédoniens qui, au nombre de plus de cinq cents, avaient trouvé la mort dans le sac de Thèbes. Il réunit ensuite les Grecs ayant droit de suffrage en un conseil général pour délibérer sur le parti qui restait à prendre à l'égard de la ville des Thébains. La délibération étant ouverte, quelques membres hostiles aux Thébains proposèrent de leur infliger des châtiments impitoyables ; ils les représentaient comme ayant comploté avec les Barbares contre les Grecs. « Les Thébains, ajoutaient-ils, ont servi sous Xerxès contre la Grèce ; ils sont les seuls parmi les Grecs qui aient reçu des rois de Perse le titre de bienfaiteurs ; et leurs envoyés ont à la cour des Perses la préséance sur les rois eux-mêmes. » C'est par de semblables récriminations que les membres du conseil s'excitaient mutuellement contre les Thébains et finirent par rendre le décret suivant : « La ville de Thèbes sera rasée ; les prisonniers seront vendus à l'enchère ; les fugitifs seront arrêtés dans toute la Grèce et aucun Grec ne pourra accueillir un Thébain. » Conformément à ce décret, le roi fit raser la ville de Thèbes et jeta l'épouvante parmi les Grecs qui auraient été tentés de s'insurger. Quant aux prisonniers, il retira de leur vente quatre cent quarante talents d'argent [1].

XV. Alexandre envoya ensuite une députation à Athènes pour demander qu'on lui livrât les dix orateurs qui s'étaient déclarés contre lui, et parmi lesquels les plus illustres étaient Démosthène et Lycurgue. Une assemblée fut convoquée ; les envoyés furent introduits et exposèrent l'objet de leur mission. Dès que le peuple en eut pris connaissance il fut aussi alarmé qu'embarrassé : d'un côté, il désirait sauver l'honneur de la cité, d'un autre, à l'aspect des ruines de Thèbes, il était saisi d'épouvante, et redoutait de s'exposer aux mêmes infortunes que leurs voisins. Plusieurs discours furent prononcés dans l'assemblée ; enfin Phocion, surnommé le probe, qui avait toujours été op-

[1] Deux millions quatre cent vingt mille francs.

posé à la conduite politique de Démosthène, se leva et dit que ceux dont on demandait l'extradition devaient imiter l'exemple des filles de Léos et des Hyacinthides, en subissant volontairement la mort pour prévenir le danger irrémédiable qui menaçait la patrie : il reprocha aux orateurs comme une lâcheté et une couardise de ne pas vouloir mourir pour le salut de l'État. Mais le peuple, indigné de cette harangue, chassa tumultueusement l'orateur de l'assemblée. Démosthène prit alors la parole, et, dans un discours habile, il sut émouvoir l'assemblée en faveur des dix orateurs qu'il voulait évidemment sauver. Enfin Démade, séduit, dit-on, par les partisans de Démosthène pour une somme de cinq talents[1], appuya les discours prononcés en faveur des dix orateurs, et proposa l'adoption d'un décret adroitement rédigé. Ce décret portait que ces orateurs ne seraient pas livrés, mais qu'ils seraient jugés conformément aux lois et condamnés s'ils étaient reconnus coupables. Le peuple adopta la proposition de Démade, et envoya Démade avec quelques autres députés auprès du roi, pour faire agréer le décret. Démade fut en outre chargé de solliciter Alexandre d'accorder au peuple athénien le droit de recevoir chez eux les Thébains fugitifs. Démade s'acquitta de sa mission ; il réussit par son éloquence à décider Alexandre de se désister des poursuites dirigées contre les dix orateurs, et d'accorder tout ce que les Athéniens lui demandaient.

XVI. Alexandre retourna ensuite avec son armée en Macédoine. Il réunit en conseil ses lieutenants ainsi que ses amis les plus considérés, et leur soumit un projet d'expédition en Asie. Quand entreprendrait-on cette expédition, et de quelle manière conduirait-on la guerre? Tel fut le sujet de la délibération. Antipater et Parménion furent d'avis que le roi devait d'abord engendrer des héritiers avant de s'engager dans une entreprise aussi difficile. Mais Alexandre, dont l'activité ne supportait aucun délai, s'opposa à ce conseil. « Il serait honteux, disait-il, que le généralissime de la Grèce, héritier d'armées invincibles, s'arrêtât pour célébrer des noces et attendre des naissances d'en-

[1] Vingt-sept mille cinq cents francs.

fants. » Il instruisit ensuite de ses projets les membres du conseil, les exhorta à la guerre et ordonna de pompeux sacrifices à Dium en Macédoine ; il célébra des joutes scéniques en l'honneur de Jupiter et des Muses, joutes instituées par Archélaüs, un des rois ses prédécesseurs. Ces solennités eurent lieu pendant neuf jours, et chaque jour était consacré à une des Muses. Le roi fit construire une tente contenant cent lits; il y traitait ses amis, ses officiers et les délégués des villes grecques. Il donna des repas splendides, distribua aux soldats la chair des victimes et tout ce qui compose un repas; il fit ainsi reposer l'armée de ses fatigues.

XVII. Ctésiclès étant archonte d'Athènes, Caïus Sulpicius, Lucius Papirius consuls à Rome[1], Alexandre dirigea son armée vers l'Hellespont, et la fit passer d'Europe en Asie. Il aborda en Troade avec soixante vaisseaux longs ; le premier de tous les Macédoniens, il lança, du bâtiment où il se trouvait, son javelot qui vint se fixer en terre. Il sauta ensuite du navire, s'écriant que les dieux lui livraient l'Asie, comme conquise à la pointe de sa lance[2]. Il rendit ensuite des honneurs funèbres aux tombeaux d'Achille, d'Ajax et d'autres héros. Enfin, il passa exactement en revue les troupes qui l'accompagnaient. Cette armée se composait, en infanterie, de douze mille Macédoniens, de sept mille alliés et de cinq mille mercenaires, tous sous les ordres de Parménion ; à cette infanterie il faut joindre cinq mille Odryses, Triballes et Illyriens, ainsi que mille archers agrianiens, en sorte que le total de l'infanterie s'élevait à trente mille hommes. En cavalerie, on comptait mille cinq cents Macédoniens, commandés par Philotas, fils de Parménion, mille cinq cents Thessaliens, sous les ordres de Callas, fils d'Harpalus, six cents autres cavaliers tous fournis par les Grecs, et qui avaient Érigyius pour chef, enfin, neuf cents éclaireurs thraces et péoniens, sous les

---

[1] Troisième année de la cxi⁰ olympiade; année 334 avant J.-C.
[2] Il y a ici un jeu de mots difficile à rendre en français, χώρα δορύκτητος est une locution familière, qui équivaut à peu près à l'expression française de *pays conquis à la pointe de l'épée.*

ordres de Cassandre ; ce qui faisait un total de quatre mille cinq cents cavaliers. Telles étaient les forces qu'Alexandre fit passer en Asie. Quant aux troupes laissées en Europe sous le commandement d'Antipater, elles étaient formées de douze mille hommes d'infanterie et de mille cinq cents cavaliers[1]. Le roi partit de la Troade et rencontra dans sa route le temple de Minerve ; là, le sacrificateur Alexandre ayant vu à l'entrée du sanctuaire une image d'Ariobarzane, jadis satrape de la Phrygie, couchée à terre, et ayant remarqué d'autres présages favorables, alla à la rencontre du roi et lui annonça qu'il serait vainqueur dans un grand combat de cavalerie, surtout si ce combat se livrait en Phrygie ; il ajouta qu'Alexandre tuerait de sa propre main un des généraux les plus célèbres de l'ennemi. Selon ce prêtre, ces augures étaient envoyés par les dieux et surtout par Minerve, qui devait elle-même prendre part à tant de succès.

XVIII. Alexandre accepta avec joie la prédiction du devin, et célébra en l'honneur de Minerve un splendide sacrifice. Il consacra son bouclier à la déesse, et en échange se revêtit d'un des meilleurs boucliers du temple ; il s'en servit dans la première bataille qu'il décida par sa bravoure en remportant une victoire signalée. Mais ceci n'arriva que quelques jours après.

Cependant les satrapes et les généraux des Perses vinrent trop tard pour s'opposer au passage des Macédoniens en Asie ; ils se réunirent alors pour se concerter sur la conduite de la guerre contre Alexandre. Memnon le Rhodien, renommé pour son habileté stratégique, conseillait de ne pas combattre l'ennemi de front, mais de dévaster la campagne et d'empêcher, faute de vivres, les Macédoniens de s'avancer plus loin. Il conseillait en outre de faire passer en Macédoine les forces de terre et de mer des Perses et de transporter en Europe le théâtre de la guerre. Ce conseil si sage, ainsi que le prouva la suite, fut rejeté par les autres généraux, comme indigne de la magnanimité des Perses. Il fut donc arrêté de combattre. Toutes les

---

[1] Le texte porte : ἱππεῖς μύριοι καὶ χίλιοι καὶ πεντακόσιοι, ce qui ferait onze mille cinq cents cavaliers. Les mots μύριοι καὶ sont évidemment de trop.

troupes, bien supérieures à celles des Macédoniens, furent réunies et dirigées sur la Phrygie de l'Hellespont[1]. Elles vinrent camper sur les bords du Granique, le cours de ce fleuve servant de retranchement.

XIX. Informé du mouvement des troupes barbares, Alexandre se porta rapidement en avant et vint établir son camp en face de l'ennemi, de manière à n'en être séparé que par le cours du Granique. Les Barbares, occupant le pied d'une montagne, ne bougèrent point, jugeant plus favorable d'attaquer l'ennemi au moment où il traverserait le fleuve; ils croyaient en même temps qu'il serait facile de combattre avec avantage la phalange dispersée des Macédoniens. Mais Alexandre, plein de courage, prévint l'ennemi en traversant le fleuve à la pointe du jour[2] et en rangeant immédiatement son armée en bataille. Les Barbares déployèrent leur nombreuse cavalerie en face de la ligne des Macédoniens, résolus d'engager le combat. L'aile gauche de l'armée perse était commandée par Memnon le Rhodien et par le satrape Arsamène[3], chacun placé à la tête de ses cavaliers. Derrière eux était placé Arsite, commmandant la cavalerie paphlagonienne. Après celui-ci vint Spithrobate[4], satrape d'Ionie, qui avait sous ses ordres la cavalerie hyrcanienne. L'aile droite était occupée par mille cavaliers mèdes, par deux mille autres cavaliers sous les ordres de Rhéomithrès[5] et par un nombre égal de Bactriens. Le centre se composait de la cavalerie des autres nations, cavalerie nombreuse et distinguée par sa bravoure; enfin le total de cette cavalerie s'élevait à plus de dix mille chevaux. L'infanterie des Perses ne comptait pas moins de cent mille hommes[6]; elle se tint immobile comme si la cavalerie suffisait pour accabler les Macédoniens. Les armées, ainsi disposées de

---

[1] Comparez plus bas, XVIII, 3 et 39.

[2] Suivant Plutarque et Arrien, le passage du Granique fut effectué, non pas le matin, mais vers le soir.

[3] Arrien l'appelle *Asamès*.

[4] Arrien (I, 15) lui donne le nom de *Spithridate*.

[5] Arrien l'appelle *Arrhéomithrès*.

[6] D'après Justin (XI, 6), l'infanterie des Perses était de six cent mille hommes.

part et d'autre, brûlaient d'en venir aux mains. La cavalerie thessalienne, qui formait l'aile gauche sous les ordres de Parménion, soutint courageusement le choc de l'ennemi. Alexandre qui, avec l'élite de la cavalerie macédonienne, formait l'aile droite, lança le premier son cheval contre les Perses, enfonça la ligne ennemie et en fit un grand carnage.

XX. Cependant les Barbares se défendirent avec intrépidité; ils opposèrent un courage inébranlable à l'impétuosité des Macédoniens, et le hasard semblait avoir donné rendez-vous aux plus braves guerriers, pour décider la victoire. Le satrape d'Ionie, Spithrobate, Perse d'origine, gendre du roi Darius, et homme distingué par sa bravoure, tomba, avec une puissante armée, sur les Macédoniens; à ses côtés combattaient quarante de ses parents, tous guerriers remarquables, et, dans une charge vigoureuse, il tua ou blessa un grand nombre d'ennemis. Personne ne pouvant résister à ce choc, Alexandre dirigea son cheval contre le satrape et alla droit au Barbare. Le satrape, persuadé que les dieux lui avaient réservé l'occasion de déployer sa valeur et d'assurer la paix de l'Asie par un combat singulier, se flatta d'abaisser, sous les efforts de son bras, la bravoure si renommée d'Alexandre et d'accomplir un fait d'armes digne de la gloire des Perses. Spithrobate lança le premier son javelot sur Alexandre; le coup fut si violent, que le fer, pénétrant à travers le bouclier et la cuirasse, perça le sommet de l'épaule droite. Alexandre arracha le javelot de son bras, et piquant de ses éperons les flancs de son cheval, frappa vigoureusement le satrape au milieu de la poitrine où le fer resta fixé. A cet exploit, les rangs voisins des troupes firent, des deux côtés, entendre des cris d'admiration. Mais comme la lance s'était brisée contre la cuirasse, le satrape tira son épée et s'avança sur Alexandre; mais celui-ci le prévint en le frappant au front d'un coup mortel. A la chute de Spithrobate, son frère Rosacès accourut et porta avec son épée un coup si violent sur la tête d'Alexandre, que le casque fut emporté et la peau du bras légèrement entamée; Rosacès [1]

---

[1] Plutarque et Arrien l'appellent *Rhœsacès* (Ῥοισάκης).

allait porter un second coup, lorsque, dans ce moment critique, Clitus, surnommé le *Noir*, arriva à bride abattue et coupa la main du Barbare.

XXI. Les parents réunis autour des corps des deux frères, lancèrent d'abord sur Alexandre une grêle de traits; ils en vinrent ensuite à un combat à pied ferme et bravèrent tous les périls pour tuer le roi. Celui-ci, bien qu'entouré de dangers grands et nombreux, ne se laissa point abattre par la foule des assaillants, et malgré les coups qu'il avait reçus, deux sur la cuirasse, un sur le casque et trois sur le bouclier qu'il avait enlevé du temple de Minerve, il ne céda pas le terrain : il surmonta tous les obstacles par l'énergie de son âme. Dans cette lutte, les Perses perdirent leurs chefs les plus célèbres, au nombre desquels se trouvèrent Atizyès, Pharnacès, frère de la femme de Darius et Mithrobarzane [1], général des Cappadociens. Beaucoup de chefs ayant été tués et tous les rangs des Perses entamés par les Macédoniens, ceux qui étaient opposés à Alexandre furent les premiers à prendre la fuite; les autres suivirent cet exemple. Ainsi le roi fut unanimement reconnu pour le plus vaillant des combattants et pour le principal auteur de la victoire. Les escadrons de la cavalerie thessalienne furent cités ensuite comme ayant habilement manœuvré; ils se couvrirent de gloire par leur vaillance. Après la déroute de la cavalerie, l'infanterie engagea à son tour le combat; mais ce combat ne fut pas long, car les Barbares, consternés de la défaite de leur cavalerie, furent découragés et prirent la fuite. Les Perses laissèrent sur le champ de bataille plus de dix mille hommes d'infanterie et au moins deux mille cavaliers [2]; plus de vingt mille furent faits prisonniers. Le roi fit enterrer les morts avec pompe, voulant, par ces honneurs funèbres, encourager les soldats à braver les dangers des batailles.

Alexandre se remit à la tête de son armée et traversa la Lydie, où il s'empara de la ville et des forteresses de Sardes. Le

---

[1] Arrien l'appelle (I, 17) *Mithrobuzanès*.

[2] Arrien (I, 17) et Quinte-Curce (III, 11) ne s'accordent pas avec notre auteur sur le nombre des morts.

satrape Mithrinès[1] lui livra librement les trésors que cette forteresse renfermait.

XXII. Les débris de l'armée des Perses rallièrent le général Memnon, et se sauvèrent à Milet. Le roi établit son camp dans le voisinage de la ville ; il livra aux murs de continuels assauts. Les assiégés se défendirent d'abord facilement du haut des murs, d'autant plus que la ville renfermait une garnison nombreuse et des magasins remplis d'armes et d'autres munitions de guerre. Mais le roi fit aussi battre les murs à coups de bélier, et il poussa vigoureusement le siége par terre et par mer. Les Macédoniens pénétrèrent enfin dans l'intérieur des murs par l'ouverture des brèches, et mirent en fuite ceux qui voulaient leur résister. Les Milésiens sortirent alors en habit de suppliants, se jetèrent aux pieds du roi, et livrèrent la ville et ses habitants. Les Barbares qui composaient la garnison furent en partie massacrés par les Macédoniens, en partie chassés de la ville, et tout le reste fut fait prisonnier. Quant aux citoyens de Milet, Alexandre les traita avec humanité ; mais il vendit comme esclaves tous ceux qui n'étaient pas des Milésiens proprement dits. Le roi licencia sa flotte, qui devenait inutile et occasionnait de grands frais ; il ne conserva qu'un petit nombre de bâtiments pour le transport des machines de siége ; au nombre de ces bâtiments il y en avait vingt fournis par les Athéniens.

XXIII. Quelques-uns soutiennent qu'Alexandre avait licencié sa flotte par suite d'une habile combinaison stratégique. Darius était, disent-ils, attendu, et une grande bataille était sur le point de se livrer. Alexandre pensait que les Macédoniens se battraient avec plus de courage si on leur enlevait tout espoir de fuir. Le roi avait mis en pratique ce même principe dans la bataille du Granique : il avait mis le fleuve à dos de ses soldats, afin qu'aucun ne fût tenté de fuir ; car une perte inévitable attendait les fuyards dans le courant du fleuve. A une époque plus récente, Agathocle, roi des Syracusains, imita l'exemple d'Alexandre et remporta une victoire aussi grande qu'inespérée. En effet, Agatho-

---

[1] Arrien et Quinte-Curce le nomment *Mithrenes*.

cle, débarqué en Libye avec une faible armée, brûla ses navires, et, enlevant ainsi à ses soldats tout espoir de se sauver par la fuite, il les força à combattre vaillamment ; aussi remporta-t-il la victoire sur les Carthaginois, qui avaient des forces infiniment plus nombreuses.

Après la prise de Milet, une multitude de Perses et de mercenaires, ainsi que les chefs les plus expérimentés, se réunirent à Halicarnasse. C'est la plus grande ville de la Carie, résidence des rois du pays, et garnie de belles forteresses. Au moment de cette retraite, Memnon envoya sa femme et ses enfants à Darius, afin de pourvoir ainsi à leur sûreté et de décider en même temps le roi, en possession d'aussi beaux otages, à lui remettre avec plus de confiance toute la conduite de la guerre. C'est ce qui arriva en effet, car Darius adressa immédiatement des lettres aux gouverneurs des provinces du littoral, ordonnant à tous d'obéir à Memnon. Investi du commandement suprême, Memnon fit tous les préparatifs nécessaires pour mettre la ville d'Halicarnasse en état de siége.

XXIV. Cependant Alexandre fit venir par mer des machines de guerre et des vivres, et les fit diriger sur Halicarnasse. Quant à lui, il se porta sur la Carie à la tête de toute son armée. Pendant sa route il gagna plusieurs villes par sa bienveillance; il s'attacha surtout les villes grecques par ses bienfaits ; il les exempta de l'impôt et leur assura le droit de se gouverner elles-mêmes, déclarant que c'était pour la liberté des Grecs qu'il faisait la guerre aux Perses. Pendant qu'il était en marche, une femme, nommée Ada, descendant de la famille royale des Cariens, se présenta devant lui, exposa ses droits au trône de ses ancêtres et supplia le roi de la seconder dans son entreprise. Le roi parvint par son influence à rétablir Ada sur le trône de la Carie, et, par cet acte généreux, il s'attacha les Cariens. Aussitôt toutes les villes envoyèrent des députés chargés d'offrir au roi des couronnes d'or, et de l'assurer de leur alliance.

Alexandre établit son camp dans le voisinage de la ville, et en commença le siége d'une manière vigoureuse et formidable;

il livra d'abord de continuels assauts en relevant ses troupes, et lui-même passait ses journées au milieu des combats. Il fit ensuite approcher ses machines de guerre, et, ayant fait combler, sous l'abri de trois tortues, les fossés extérieurs de la ville, il ébranla à coups de bélier les tours et l'enceinte qui remplissaient l'intervalle des tours. Une partie de l'enceinte fut abattue, et, comme les soldats s'empressaient de pénétrer par l'ouverture de la brèche dans l'intérieur de la ville, la lutte s'engagea corps à corps. Memnon repoussa d'abord facilement les Macédoniens qui venaient attaquer les murs; car il y avait dans l'intérieur de la ville une garnison nombreuse. Il fit ensuite, pendant la nuit, une sortie à la tête d'un détachement nombreux et mit le feu aux machines qui servaient à battre les murailles. De sanglants combats furent livrés aux portes de la ville; les Macédoniens l'emportèrent par leur bravoure, tandis que les Perses leur étaient supérieurs en nombre et en préparatifs de défense. En effet, les soldats échelonnés sur les murs secondaient les attaques de ceux qui se battaient aux portes de la ville, et, par les projectiles lancés au moyen de catapultes, ils tuèrent ou blessèrent beaucoup d'ennemis.

XXV. En même temps les trompettes sonnèrent des deux côtés la charge; le cri de guerre se fit entendre de toutes parts et les soldats applaudirent aux faits d'armes dont ils étaient témoins. Les uns étaient occupés à éteindre la flamme qui s'élevait des machines incendiées, les autres se précipitaient dans la mêlée et y répandaient la mort. Une autre partie travaillait à réparer les murs et à construire une nouvelle enceinte plus forte que la première. Les officiers de Memnon partageaient avec les soldats tous les dangers, distribuaient de grandes récompenses à ceux qui se faisaient remarquer par leur courage et allumaient ainsi un désir indicible de vaincre. Les soldats couverts de blessures reçues par-devant et près d'expirer, étaient emportés hors de la mêlée par leurs compagnons qui se battaient vaillamment pour ne pas laisser tomber ces corps au pouvoir de l'ennemi. On en voyait d'autres qui, accablés de fatigues, se ranimaient cependant à la voix de leurs chefs et reprenaient la vigueur de la jeunesse. Enfin, plusieurs Macédoniens, parmi lesquels se trouvait aussi Néoptolème[1], un de leurs meilleurs généraux, tombèrent aux portes de la ville. Deux tours furent renversées ainsi que l'enceinte intermédiaire. Perdiccas profita de la nuit pour attaquer impétueusement, avec quelques soldats enivrés, les murs de la citadelle. Mais Memnon s'apercevant de l'impéritie des assaillants, fit une sortie à la tête d'une troupe très-nombreuse, mit les Macédoniens en déroute et leur tua beaucoup de monde. Le bruit de cet événement s'étant répandu, les Macédoniens accoururent en masse au secours des leurs. Un combat acharné s'engagea ; la garde d'Alexandre refoula les Perses dans l'intérieur de la ville. Le roi fit demander par un héraut que les corps des Macédoniens tombés en dedans des murs lui fussent livrés. Éphialte et Thrasybule, deux Athéniens qui servaient dans l'armée des Perses, conseillèrent de ne pas rendre les morts pour les priver de la sépulture. Mais Memnon accéda à la demande d'Alexandre.

XXVI. Les chefs s'étant réunis en conseil, Éphialte ouvrit l'avis qu'il ne fallait pas attendre que, la ville prise, les combattants fussent faits prisonniers; mais que les généraux, se mettant à la tête des mercenaires, attaquassent l'ennemi hardiment. Memnon voyant Éphialte dans cette résolution courageuse, lui permit d'exécuter son plan, d'autant plus qu'il avait conçu de grandes espérances de la bravoure de cet homme et de sa force physique. Éphialte prit donc avec lui deux mille mercenaires d'élite, et, après avoir distribué à la moitié d'entre eux des torches enflammées, il rangea l'autre moitié en bataille, et ouvrit soudain toutes les portes. Dès la pointe du jour, il fit une sortie avec tout son monde, mit le feu aux machines de guerre, et alluma aussitôt un immense incendie. Dans ce moment, Éphialte se mit à la tête de ses bataillons serrés et

---

[1] Suivant Arrien (I, 21), Néoptolème avait, au contraire, combattu dans les rangs de Darius.

tomba sur les Macédoniens accourus pour éteindre la flamme. Averti du danger, le roi disposa ses troupes sur trois lignes ; la première fut occupée par l'avant-garde des Macédoniens, la seconde, par les soldats d'élite, et la troisième, par les hommes les plus vaillants de l'armée. Alexandre se mit lui-même à la tête de toutes ces forces et arrêta le choc des ennemis qui se croyaient inexpugnables ; en même temps, il détacha des hommes pour éteindre l'incendie et sauver les machines de la destruction. De grands cris furent poussés de part et d'autre, les trompettes sonnèrent la charge et la lutte fut terrible, tant à cause de la valeur des guerriers, qu'en raison de l'ardeur que chacun mettait à remporter la victoire. Les Macédoniens arrêtèrent les progrès de l'incendie ; mais dans la lutte qui s'était engagée Éphialte l'emporta ; supérieur à tous les autres par sa force corporelle, il tua un grand nombre de ceux qui lui tombaient sous la main, et les soldats placés au sommet du mur récemment élevé firent beaucoup de mal par leurs projectiles : car les assiégés avaient construit une tour de bois de cent coudées de haut garnie de catapultes. Un grand nombre de Macédoniens tombèrent frappés par les projectiles, les autres lâchèrent pied, et lorsque enfin Memnon arriva avec un renfort considérable au secours des siens, alors le roi se trouva lui-même dans une situation fort alarmante.

XXVII. Déjà les assiégés allaient l'emporter, lorsqu'une circonstance imprévue changea la face des affaires. Les vétérans de l'armée macédonienne qui, à cause de leur âge, étaient exemptés du service actif, les mêmes qui avaient servi sous Philippe et gagné tant de batailles, sentirent rendre leurs forces. Bien supérieurs aux autres par leur sang-froid et leur expérience de la guerre, ils reprochaient vivement aux jeunes conscrits leur lâcheté ; ils se formèrent en corps, joignirent bouclier contre bouclier, et attaquèrent l'ennemi qui se croyait déjà sûr de la victoire. Ils tuèrent Éphialte ainsi qu'un grand nombre de ses soldats et forcèrent le reste à se réfugier dans la ville.

prochait, beaucoup de Macédoniens pénétrèrent dans l'intérieur des murs en même temps que les fuyards. Mais le roi fit sonner la retraite et ramena les troupes dans le camp. Après cet échec, Memnon et ses généraux, ainsi que les satrapes, se réunirent pour délibérer sur le parti qu'ils devaient prendre; ils décidèrent d'abandonner la ville. En conséquence, ils laissèrent une forte garnison dans la citadelle avec les munitions nécessaires, et firent transporter le reste de la population et les richesses dans l'île de Cos [1]. Le lendemain, Alexandre, instruit de ce qui s'était passé, détruisit la ville de fond en comble et entoura la citadelle d'une enceinte et d'un fossé profond. Il détacha ensuite quelques généraux dans l'intérieur du pays avec l'ordre de soumettre les peuples qui l'habitaient. Ces généraux faisant activement la guerre, subjuguèrent toute la contrée, jusqu'à la grande Phrygie, et nourrirent les soldats aux dépens du pays ennemi. Alexandre lui-même soumit tout le littoral de l'Asie jusqu'à la Cilicie, conquit plusieurs villes et prit d'assaut les forteresses du pays. Parmi ces forteresses, il en est une dont la reddition fut accompagnée de circonstances singulières qu'il ne sera pas sans intérêt de faire connaître.

XXVIII. Sur les confins de la Lycie se trouvait un rocher fortifié; il était occupé par les Marmaréens [2], qui, à l'approche d'Alexandre, attaquèrent l'arrière-garde des Macédoniens, en tuèrent un grand nombre, firent beaucoup de prisonniers et ravirent plusieurs bêtes de somme. Le roi, irrité de cette audace, se prépara à faire le siége de la forteresse et mit tout en œuvre pour la prendre d'assaut. Les Marmaréens, confiants dans leur valeur et dans leur position forte, soutinrent intrépidement le siége. Les assauts se succédèrent ainsi pendant deux jours de suite, et il était évident que le roi ne se retirerait qu'après s'être emparé du rocher. Les plus anciens des Marmaréens conseillèrent aux plus jeunes de cesser leur résistance et de traiter avec le roi aux meilleures conditions possibles. Mais ceux-ci rejetèrent ce sage conseil; ils résolurent tous de mourir en combattant pour la liberté de la patrie; alors les anciens proposèrent de tuer les enfants, les femmes et les vieillards, de ne compter que sur la vigueur du corps pour se sauver à travers l'ennemi et se réfugier dans les montagnes voisines. Cette proposition fut acceptée; les jeunes gens se réunirent dans leurs maisons avec toutes leurs familles, et après avoir pris les meilleurs mets et vins, ils attendirent leur sort. Six cents environ de ces jeunes gens se refusèrent à souiller leurs mains du meurtre de leurs parents; ils mirent le feu aux maisons et firent une sortie pour gagner les montagnes voisines. C'est ainsi que fut accomplie la proposition adoptée. les habitants eurent pour tombeaux leurs propres foyers, et ceux moins avancés en âge traversèrent pendant la nuit le camp de l'ennemi et cherchèrent un asile dans les montagnes voisines. Tels sont les événements arrivés dans le cours de cette année.

XXIX. Nicocrate [1] étant archonte d'Athènes, les Romains nommèrent consuls Céso Valérius et Lucius Papirius [2]. Dans cette année, Darius envoya à Memnon une forte somme d'argent, et lui confia le commandement suprême de l'armée. Memnon enrôla une multitude de mercenaires, équipa trois cents navires et poussa activement les préparatifs de guerre. Il soumit d'abord Chio, se porta ensuite sur Lesbos et s'empara facilement d'Antisse, de Méthymne, de Pyrrha et d'Érésus; mais ce ne fut qu'après plusieurs jours de siége et après avoir perdu beaucoup de soldats, qu'il réussit à grand'peine à se rendre maître de Mitylène et de Lesbos, qui étaient défendues par de fortes garnisons et abondamment approvisionnées de vivres. La renommée de ce général se répandit promptement, et la plupart des îles Cyclades lui envoyèrent des députations. Le bruit qui se répandait en Grèce que Memnon allait se porter avec sa flotte sur l'Eubée, frappa de terreur les villes de cette île. Les Grecs, et surtout les Spartiates, qui inclinaient pour les

---

[1] Arrien (II, 11) l'appelle Nicostrate.
[2] Quatrième année de la CXI^e olympiade; année 333 avant J.-C.

Perses, furent exaltés par l'espoir d'un changement politique. Memnon corrompit un grand nombre de Grecs et cherchait à les attirer dans le parti des Perses. Mais le destin ne permit pas à cet homme vaillant d'aller plus loin. Memnon fut atteint d'une maladie grave qui lui coûta la vie ; sa mort entraîna la ruine de Darius qui espérait transporter le théâtre de la guerre d'Asie en Europe.

XXX. En apprenant la mort de Memnon, Darius réunit en conseil ses amis et délibéra s'il fallait envoyer sur les côtes des généraux et une armée, ou si le roi de Perse devait lui-même se mettre à la tête de toutes ses troupes pour combattre les Macédoniens. Quelques-uns furent d'avis qu'il convenait que le roi marchât lui-même à la tête de ses troupes, pour que les Perses se battissent avec plus de courage. Charidème l'Athénien, homme admiré pour sa bravoure et ses talents militaires (il avait servi sous Philippe, roi de Macédoine, et avait été dans toutes ses affaires son bras droit et son conseiller[1]), pensait que Darius ne devait pas mettre légèrement en jeu tout son empire, et qu'étant chargé du poids du gouvernement de l'Asie, il devait confier la conduite de la guerre à un général éprouvé. Il ajoutait qu'une armée de cent mille hommes, dont un tiers de mercenaires grecs, serait suffisante [pour tenir tête à l'ennemi] ; enfin il s'offrit lui-même avec jactance à faire réussir ce projet. Le roi se rendit d'abord à cette proposition, mais ses amis s'y opposèrent vivement et insinuèrent le soupçon que Charidème ne visait au commandement que dans le dessein de livrer aux Macédoniens l'empire des Perses. Là-dessus Charidème s'emporta, accusa avec force les Perses de lâcheté, et blessa le roi par ses paroles injurieuses. Darius, emporté par la colère, saisit Charidème par la ceinture, selon la coutume des Perses, et le livra à ses satellites avec l'ordre de le faire mourir. Au moment où il allait être exécuté, Charidème s'écria que le roi se repentirait bientôt, et que, pour cette injuste punition, il serait

---

[1] Tout ce qui concerne ici Charidème est en contradiction avec ce qu'en disent Arrien et Plutarque. Charidème avait été, au contraire, le plus grand ennemi de Philippe, qui l'avait envoyé en exil. (Arrien, I, 10.)

châtié par la perte de son empire. Telle fut la fin de Charidème, qui s'était perdu lui-même par ses illusions et par sa franchise intempestive. Cependant le roi, revenu de sa colère, se repentit aussitôt et se reprocha vivement cet acte comme une de ses plus grandes fautes. Mais, avec tout son pouvoir royal il était impuissant à effacer ce qui était fait. Depuis lors, tourmenté dans des rêves par la valeur des Macédoniens et ayant sans cesse devant les yeux l'activité d'Alexandre, il cherchait de tous côtés un général digne de succéder à Memnon dans le commandement; mais n'en trouvant point, il fut lui-même obligé de se mettre à la tête de son armée et de risquer son empire.

XXXI. Darius fit faire partout des levées de troupes, et assigna pour rendez-vous Babylone. Puis, parmi ses amis et ses parents, il fit un choix d'hommes d'élite; il distribua aux uns les grades de l'armée, et garda les autres pour combattre auprès de lui. A l'époque fixée, toutes les troupes se rassemblèrent à Babylone; elles étaient au nombre de plus de quatre cent mille hommes d'infanterie et d'au moins cent mille cavaliers[1]. C'est avec cette armée que Darius partit de Babylone et se dirigea vers la Cilicie, emmenant avec lui sa femme, ses enfants, un fils, deux filles et sa mère.

Antérieurement à la mort de Memnon, Alexandre avait appris que Chio et la ville de Lesbos avaient été prises, que Mitylène avait été emportée d'assaut, que Memnon se disposait déjà à descendre en Macédoine avec trois cents trirèmes et une armée de terre, enfin, que la plupart des Grecs étaient près de se révolter; il n'était donc pas médiocrement alarmé. Il ne fut délivré de son inquiétude que lorsque des messagers lui apportèrent la nouvelle de la mort de Memnon. Peu de temps après, Alexandre fut atteint d'une grave maladie et il convoqua ses médecins. Chacun jugea le mal difficile à guérir; un seul, Philippe, Acarnanien de nation, faisant usage de traitements aussi prompts que hardis, promit de guérir la maladie par un remède qu'il prescrirait. Le roi y consentit volontiers, d'autant plus qu'il

---

[1] Arrien (II, 10) et Plutarque (*Alexandre*) ne s'accordent pas ici avec Diodore.

venait d'apprendre que Darius était parti de Babylone à la tête de son armée. Il prit donc la potion que le médecin lui présenta, et, grâce aux efforts de la nature combinés avec ceux de l'art, Alexandre fut bientôt rétabli. Échappé ainsi miraculeusement au danger, le roi honora ce médecin de grandes récompenses et l'admit au nombre de ses plus intimes amis.

XXXII. Alexandre reçut des lettres de sa mère qui, entre autres communications utiles, lui écrivit de se défier d'Alexandre de Lynciste. C'était un homme brave et ambitieux, qui suivait, avec d'autres amis, le roi dont il avait gagné la confiance. Ce soupçon ayant été confirmé par beaucoup d'autres circonstances, le roi fit arrêter cet homme et le mit aux fers, en attendant que son procès pût s'instruire.

Informé que Darius n'était plus qu'à trois journées de distance, Alexandre détacha Parménion, avec l'ordre d'occuper le premier les passages et les défilés connus sous le nom de *Portes* [*de Cilicie*]. Parménion investit ces lieux, délogea les Barbares des postes qu'ils avaient d'avance occupés, et se rendit maître des défilés. Pour alléger la marche de son armée, Darius fit transporter à Damas en Syrie les bagages et la foule inutile qui encombrait l'armée. En apprenant qu'Alexandre s'était d'avance emparé des défilés, Darius s'imaginait que l'ennemi n'oserait pas se mesurer avec lui en rase campagne; il se porta donc en avant en hâtant sa marche. Les indigènes, qui méprisaient les Macédoniens à cause de leur petit nombre et qui étaient frappés de terreur à l'aspect des forces imposantes des Perses, abandonnèrent Alexandre pour s'attacher à Darius; ils fournirent avec beaucoup d'empressement aux Perses des vivres et toutes sortes de provisions et prédirent aux Barbares une victoire certaine. Cependant Alexandre s'était emparé par surprise d'Issus, ville considérable de la Cilicie.

XXXIII. Des espions rapportèrent que Darius s'avançait, enseignes déployées, à la tête d'une armée formidable, et n'était plus qu'à trente stades de distance [1]. Alexandre regarda comme une

---

[1] Environ six kilomètres.

faveur des dieux l'occasion qui lui était offerte de décider, par une seule bataille, le sort de l'empire des Perses, et, par des discours appropriés, il exhorta ses soldats à une lutte décisive. Il disposa ensuite selon la nature du terrain, ses lignes d'infanterie et ses escadrons de cavalerie. L'infanterie fut placée au front et les phalanges de cavalerie furent placées en arrière, comme corps de réserve. Il se mit lui-même à la tête de l'aile droite et se porta à la rencontre de l'ennemi avec ses meilleurs cavaliers. L'aile gauche se composait de la cavalerie thessalienne, distinguée par sa bravoure et son expérience militaire [1]. Lorsque les deux armées furent arrivées à portée de trait, les Barbares lancèrent sur les troupes d'Alexandre une si grande quantité de flèches, que ces projectiles se heurtaient dans l'air et amortissaient leur effet. Les trompettes sonnèrent des deux côtés la charge. Les Macédoniens poussèrent d'abord un immense cri de guerre; les Barbares y répondirent de manière à faire retentir de leur voix toutes les montagnes voisines. C'était comme l'écho d'une seule voix poussée par cinq cent mille hommes à la fois. Alexandre promena ses regards de tous côtés, cherchant à découvrir Darius; dès qu'il l'aperçut, il se porta droit sur lui avec ses cavaliers d'élite, moins jaloux de battre les Perses que de remporter la victoire par ses propres efforts. Les deux cavaleries s'attaquèrent réciproquement et il en résulta un terrible carnage. Mais, comme on déploya des deux côtés une égale valeur, l'issue de la bataille resta longtemps indécise; les pertes et les avantages se balançaient de part et d'autre. Aucun coup ne portait à faux; la foule compacte offrait à tous un but certain; aussi, un grand nombre de guerriers tombèrent couverts de blessures, toutes reçues par-devant; quelques-uns, vaillants jusqu'au dernier souffle, perdaient la vie plutôt que le courage.

XXXIV. Les chefs de colonnes donnaient à leurs subalternes l'exemple de la bravoure; aussi, pouvait-on voir une grande variété de combats où la victoire était chaudement disputée.

---

[1] L'ordre de bataille était autrement disposé, suivant Arrien, II, 9; et Quinte-Curce, III, 9.

Oxathrès, Perse d'origine, frère de Darius, se couvrit de gloire. Dès qu'il vit Alexandre s'attacher opiniâtrément à Darius, il ne songea plus qu'à partager le sort de son frère. A la tête de la cavalerie d'élite, il fondit sur Alexandre, animé par l'espoir que ce dévouement fraternel augmenterait sa réputation chez les Perses; il combattit en avant du quadrige de Darius, et, joignant l'audace à l'expérience militaire, il tua un grand nombre d'ennemis. Alexandre ne lui cédant pas en courage, les cadavres s'amoncelèrent autour du quadrige de Darius; chacun brûlait de frapper le roi, personne ne ménageait sa vie. Beaucoup de célèbres généraux perses tombèrent dans cette mêlée, entre autres Atizyès, Réomithrès et Tasiacès [1], satrape d'Égypte. Les Macédoniens perdirent également beaucoup de monde, et Alexandre, enveloppé par les ennemis, fut lui-même blessé à la cuisse. Mais les chevaux attelés au quadrige de Darius, pressés par la douleur des blessures qu'ils avaient reçues, et effrayés des monceaux de morts qui les entouraient, n'obéirent plus à la bride et faillirent emporter Darius au milieu des ennemis. Dans ce moment critique le roi, déposant la majesté de son rang, et forcé de s'écarter de l'étiquette que la loi prescrit aux rois des Perses, saisit de ses propres mains les rênes des chevaux. Ses serviteurs lui amenèrent alors un autre quadrige, mais pendant qu'on y faisait passer le roi, le désordre s'accrut, et Darius, serré de près par les ennemis, fut saisi d'épouvante. Les Perses, qui avaient aperçu le trouble du roi, se livrèrent à la fuite; les cavaliers suivirent leur exemple, et bientôt toute l'armée tourna le dos. Mais comme la fuite se faisait dans des passages étroits et escarpés, les fuyards, tombant les uns sur les autres, furent foulés sous les pieds des chevaux, et beaucoup d'entre eux périrent sans avoir été frappés par l'ennemi. On les trouvait gisant par tas, les uns sans armes et les autres tout armés; quelques-uns tenaient encore dans leurs mains leurs épées nues, qui ne servaient qu'à tuer ceux qui tombaient sur eux. Cependant, la plupart de ces fuyards étaient parvenus à gagner

---

[1] Arrien le nomme *Sabacès*.

les plaines qu'ils traversèrent au galop pour chercher un asile dans les villes alliées des Perses. La phalange macédonienne et l'infanterie des Perses gardèrent encore pendant quelque temps le champ de bataille; la défaite de la cavalerie perse fut, pour les Macédoniens, comme le prélude d'une victoire complète. Tous les Barbares furent promptement mis en déroute, la fuite devint générale; des milliers de Barbares s'engagèrent dans les défilés, et tous les environs furent bientôt jonchés de morts.

XXXV. La nuit étant survenue, les Perses se dispersèrent facilement dans plusieurs directions. Les Macédoniens, cessant de les poursuivre, ne songèrent qu'à piller le camp et surtout les tentes royales où étaient renfermés une foule d'objets précieux. Les soldats en enlevèrent des masses d'argent et d'or, ainsi qu'une grande quantité de riches vêtements tirés du trésor royal. Les tentes des amis et des parents du roi ainsi que celles des généraux procurèrent également un riche butin. Non-seulement les femmes de la maison royale, mais encore celles des parents et des amis du roi suivaient l'armée, selon la coutume des Perses, montées sur des chars dorés; chacune de ces femmes, habituées à toutes les jouissances du luxe, portait avec elle une quantité prodigieuse de parures et d'ornements. Les lamentations de toutes ces femmes captives étaient difficiles à dépeindre; elles qui naguère ne se trouvaient pas assez mollement balancées sur de magnifiques palanquins et qui ne laissaient entrevoir aucune partie nue de leur corps, étaient maintenant couvertes d'une simple tunique, ayant tous les autres vêtements déchirés; elles se précipitaient hors des tentes en poussant de longs gémissements, implorant le secours des dieux et se jetant aux genoux des vainqueurs. Se dépouillant d'une main tremblante de tous leurs ornements, et les cheveux en désordre, elles couraient à travers des lieux escarpés et s'attroupaient en demandant à leurs compagnes d'infortune des secours dont celles-ci avaient également besoin. Quelques soldats traînaient ces malheureuses par les cheveux; ici, d'autres déchirant leurs vêtements, portaient leurs mains sur leurs corps nus et les frappaient du bois de leurs lances, la fortune leur permettant d'insulter ainsi à tout ce qu'il y avait de plus respecté et de plus illustre chez les Barbares.

XXXVI. Quelques Macédoniens, plus humains que les autres, furent saisis de compassion à l'aspect de ces infortunées que le destin avait fait tomber de si haut, et qui ne voyaient devant elles, pour terme de leurs misères, qu'une honteuse captivité qui devait les éloigner de tout ce qui leur était cher. Mais ce qui excitait la pitié jusqu'aux larmes, c'était l'aspect de la mère de Darius, de sa femme et de ses deux filles, déjà nubiles, et d'un fils à peine adolescent. Un changement de fortune si soudain et la grandeur d'une infortune si inattendue, étaient propres à toucher de commisération tous les assistants. Ces malheureuses ignoraient si Darius était encore en vie ou si, comme tant d'autres, il avait péri. En voyant leurs tentes pillées par des soldats armés qui maltraitaient les captives dont ils ignoraient le rang, ces femmes infortunées croyaient déjà toute l'Asie esclave comme elles. Qu'avaient-elles à répondre aux femmes des satrapes qui venaient implorer leur secours à genoux, puisqu'elles étaient tout aussi malheureuses que ces femmes?

Les serviteurs du roi prirent possession de la tente de Darius, y préparèrent les bains, dressèrent les tables, allumèrent des flambeaux, et attendaient l'arrivée d'Alexandre, qui, de retour de la poursuite des ennemis, devait trouver tout disposé comme pour Darius, et tirer de ces préparatifs un augure favorable pour la conquête de l'Asie.

Dans la bataille qui venait d'être livrée, les Barbares avaient perdu plus de cent mille hommes d'infanterie[1] et au moins dix mille cavaliers; tandis que les Macédoniens n'avaient perdu que trois cents hommes d'infanterie et environ cent cinquante cavaliers. Telle fut l'issue de la bataille d'Issus en Cilicie.

XXXVII. Darius ainsi battu et mis en déroute s'enfuyait à bride abattue, montant les meilleurs coursiers qu'il changeait de distance en distance; il avait hâte d'échapper aux mains d'A-

---

[1] Justin (IX, 9) donne un nombre de beaucoup inférieur.

lexandre et de chercher un asile dans une des satrapies de l'Asie supérieure. Alexandre, à la tête de l'élite de sa cavalerie et de ses meilleurs compagnons d'armes, s'était mis à suivre les traces de Darius qu'il ambitionnait de faire prisonnier. Mais après avoir parcouru un espace de deux cents stades, il rentra au camp vers minuit. Il se mit au bain pour se reposer de ses fatigues et se livra aux jouissances de la table et du repos. Un messager vint annoncer à la mère et à la femme de Darius qu'Alexandre était de retour de la poursuite du roi, et qu'il avait dépouillé Darius. A cette nouvelle, toutes les femmes captives éclatèrent en sanglots et en longs gémissements. En apprenant ces scènes douloureuses, Alexandre envoya un de ses amis, Léonnatus, pour calmer ces infortunées et porter des paroles de consolation à Sisyngambris[1], en lui annonçant que Darius vivait encore; enfin, qu'Alexandre prendrait lui-même soin de la famille de Darius et viendrait le lendemain matin la visiter et lui témoigner par des actes sa philanthropie. Les captives accueillirent ces paroles de consolation comme un bonheur inespéré; elles regardèrent Alexandre comme un dieu et cessèrent leurs lamentations. Le lendemain, le roi, accompagné d'Hephæstion, un de ses amis qu'il affectionnait le plus, se rendit chez les femmes. Comme ils étaient tous deux habillés de même et qu'Hephæstion l'emportait par sa taille et sa beauté, Sisyngambris prit celui-ci pour le roi, et se prosterna pour le saluer; quelques assistants l'avertirent de sa méprise et lui indiquèrent de la main Alexandre. Sisyngambris, honteuse de son erreur, allait renouveler sa salutation et se prosterner devant Alexandre; mais celui-ci lui dit en la relevant : « O mère, ne te tourmente pas, car lui aussi est Alexandre. » En donnant ainsi à cette matrone le titre de mère, le roi fit entrevoir avec quelle prévenance il allait traiter toutes ces infortunées. Il lui donna l'assurance qu'elle serait désormais pour lui comme une seconde mère, et aussitô il sanctionna sa promesse par des actions.

XXXVIII. Alexandre la revêtit d'un ornement royal et la ré-

---

[1] Σισύγχαμβρις; Quinte-Curce l'appelle *Sisygambis*.

tablit dans ses anciens honneurs. Il lui rendit tous les domestiques que lui avait donnés Darius, et en ajouta encore d'autres de sa propre maison. Il promit ensuite de pourvoir à l'établissement des deux jeunes filles mieux que ne l'aurait fait Darius, d'élever le fils comme si c'était le sien, et de lui rendre les honneurs dus à son rang. Il l'appela même auprès de lui et l'embrassa ; et, comme il vit que cet enfant le regardait sans crainte et sans se laisser le moins du monde intimider, il se tourna vers Hephæstion et lui dit : « Cet enfant de six ans montre un sang-froid au-dessus de son âge ; il est plus brave que son père. » Quant à la femme de Darius et à la suite dont elle était entourée, il ajouta qu'il veillerait à ce qu'elle fût traitée avec autant de respect qu'autrefois dans sa prospérité. Enfin, ses discours étaient empreints de tant de miséricorde et de générosité que les femmes, pour exprimer leur joie inespérée, versèrent des larmes abondantes. En partant, il leur donna à toutes la main droite et fut comblé de bénédictions par ceux dont il était le bienfaiteur, en même temps qu'il reçut les éloges de ses compagnons d'armes qui admiraient tant d'humanité. Parmi les nombreuses et belles actions d'Alexandre, il n'y en a, je pense, aucune qui mérite autant que celle-là d'être perpétuée par l'histoire. En effet, les prises de villes, les victoires dans les batailles, enfin tous ces avantages remportés dans la guerre sont en général dus au hasard plutôt qu'à la force de l'âme[1] ; tandis que, au faîte de la puissance, avoir pitié des malheureux, c'est l'apanage exclusif de la sagesse ; car la plupart de ceux que la prospérité enivre deviennent insolents et oublient qu'ils ne sont, comme les autres, que de faibles mortels. Aussi sont-ils incapables de supporter le bonheur qui est pour eux un lourd fardeau. Alexandre, séparé de nous par de nombreuses générations, est donc digne de nos éloges et de ceux de la postérité.

---

[1] Cette maxime a été souvent répétée dans les temps anciens aussi bien que dans les temps modernes. [*In bellis*], *maximam partem suo jure fortuna sibi vindicat*, a dit Cicéron (*pro Marcello*, 2). *La guerre est un jeu de hasard*, a dit un homme d'État de nos jours.

XXXIX. Darius avait atteint Babylone. Il réunit les débris de son armée, échappés au désastre d'Issus, et ne perdit pas courage, malgré le terrible revers qui venait de le frapper. Il écrivit à Alexandre en l'engageant à supporter sa fortune humainement et à lui rendre les prisonniers pour une forte rançon. Il lui offrit, en outre, toute l'Asie en deçà du fleuve Halys, ainsi que les villes situées dans cette contrée s'il voulait être son ami. A la réception de cette lettre, Alexandre réunit ses amis en conseil; mais, au lieu de leur montrer l'original, il écrivit lui-même une lettre supposée dans laquelle il n'avait mis que ce qui convenait à ses plans, et ce fut celle-ci qu'il communiqua à ses conseillers[1]; les députés de Darius furent donc renvoyés sans avoir rien obtenu. Darius renonçant donc à tout espoir de trêve, fit de grands préparatifs de guerre. Il arma de pied en cap les soldats qui avaient perdu leurs armes pendant la fuite et fit faire de nouvelles levées de troupes; il ordonna aussi que les contingents des satrapies de l'Asie supérieure, qui, en raison de la vitesse avec laquelle cette campagne s'était faite, étaient restés en retard, vinssent le rejoindre sans délai. Enfin, il fit tant qu'il parvint à mettre sur pied une armée deux fois plus nombreuse que celle qui avait été battue à Issus. En effet, elle se composait de huit cent mille hommes d'infanterie et de deux cent mille cavaliers, sans compter une multitude de chars armés de faux. Tels sont les événements arrivés dans le cours de cette année.

XL. Nicérate étant archonte d'Athènes, Marcus Atilius et Marcus Valérius consuls à Rome, on célébra la CXII^e olympiade où Grylus de Chalcis fut vainqueur à la course du stade[2]. Après la victoire d'Issus, Alexandre fit enterrer ses morts et accorda les mêmes honneurs à ceux d'entre les ennemis qui s'étaient fait admirer par leur bravoure. Il offrit ensuite aux dieux de magnifiques sacrifices en actions de grâces, et distribua des récom-

---

[1] Ces détails ne s'accordent pas avec ceux que donnent Arrien (II, 14) et Quinte-Curce (IV, 1).

[2] Première année de la CII^e olympiade; année 332 avant J.-C.

penses méritées à ceux qui s'étaient distingués dans le combat ; enfin, il fit prendre à ses troupes quelques jours de repos.

En quittant la Cilicie, Alexandre se dirigea vers l'Égypte. Il entra dans la Phénicie. Il soumit plusieurs villes et fut bien accueilli par les indigènes. Les Tyriens seuls lui résistèrent. Le roi voulait offrir un sacrifice à Hercule le Tyrien ; mais les habitants lui refusaient obstinément l'entrée de leur ville. Alexandre, irrité, les menaça de prendre leur ville de force ; mais les Tyriens soutinrent intrépidement le siége ; car ils se flattaient de plaire à Darius et de s'assurer sa bienveillance. Ils croyaient aussi que le roi les récompenserait magnifiquement, si, en occupant Alexandre à un siége long et périlleux, ils parvenaient à donner à Darius le temps de faire ses préparatifs. Ils comptaient aussi sur la position forte de leur île, sur leurs moyens de défense et sur le secours de Carthage, qui était une de leurs colonies. Le roi reconnut que la ville était inexpugnable par mer, tant à cause des murs qui l'environnaient qu'à cause de la flotte qui la protégeait de ce côté. Il remarqua aussi que l'attaque était presque impraticable par terre, la ville étant séparée du continent par une passe de quatre stades de largeur[1]. Il résolut cependant de tout tenter plutôt que de souffrir que cette seule ville bravât la puissance des Macédoniens. Il déblaya donc le terrain de l'ancienne Tyr, et, avec les milliers de pierres tirés de ces décombres, il fit élever une digue de deux pléthres de large[2]. Il appela à ce travail tous les habitants des villes voisines ; et, grâce au nombre des bras qui y étaient employés, l'ouvrage fut bientôt terminé.

XLI. Les Tyriens s'approchant, sur leurs barques, de la digue en construction, se moquaient d'abord du roi et lui demandaient en riant s'il voulait être plus fort que Neptune. Mais en voyant, contre leur attente, la jetée s'exhausser de jour en jour, ils résolurent de transporter à Carthage les enfants, les femmes et les vieillards et de ne conserver que la population valide pour la défense des murs et l'armement de quatre-vingts

---

[1] Environ huit cents mètres.
[2] Environ soixante mètres.

trirèmes. Ils eurent encore le temps d'expédier à Carthage une partie de leurs enfants et de leurs femmes, mais, serrés de près par les travaux de siége, et hors d'état de se défendre par leur flotte, ils furent forcés à soutenir le siége de toutes parts. Quoiqu'ils fussent déjà abondamment pourvus de catapultes et d'autres machines de guerre, ils en firent construire beaucoup d'autres encore, ce qui leur était facile en raison du grand nombre de mécaniciens et d'autres ouvriers que renfermait Tyr. Après avoir ainsi rassemblé des instruments de guerre de toutes sortes, dont plusieurs avaient été nouvellement imaginés, ils en garnirent toute l'enceinte de la ville, mais surtout l'endroit où la digue touchait au mur. Lorsque l'ouvrage des Macédoniens n'était plus qu'à une portée de trait, les dieux envoyèrent aux assiégeants quelques augures. Un cétacé d'une grosseur énorme, poussé par l'impétuosité des vagues, vint tomber contre la chaussée sans faire aucun dommage; une partie de son corps y resta longtemps appliquée, et frappa d'épouvante les spectateurs; mais le monstre rentra dans la mer et laissa les deux partis flotter dans des craintes superstitieuses. Chacun interprétait ce prodige dans un sens favorable, comme l'annonce d'un secours de Neptune. D'autres prodiges vinrent encore ajouter à la terreur de la foule. Chez les Macédoniens, les pains que l'on brisait pour les manger étaient comme teints de sang. Un Tyrien prétendait avoir eu une vision dans laquelle Apollon lui disait qu'il allait quitter la ville. Mais le peuple soupçonna que c'était là une fable forgée pour complaire à Alexandre, et déjà les jeunes gens couraient après cet homme pour le lapider, lorsque les magistrats le cachèrent en le faisant entrer comme suppliant dans le temple d'Hercule. Cependant les Tyriens superstitieux lièrent avec des chaînes d'or le piédestal de la statue d'Apollon, se flattant ainsi d'empêcher le dieu de quitter leur ville.

XLII. Les Tyriens, alarmés des progrès des travaux de la digue, armèrent les bâtiments légers d'un grand nombre de projectiles, de catapultes, d'archers et de frondeurs. S'approchant ainsi de la chaussée en construction, ils blessèrent ou tuèrent beaucoup d'ouvriers; car, les traits lancés sur des hommes sans armes et serrés les uns contre les autres, frappaient un but certain et exposé à tous les coups. Aussi les flèches atteignirent-elles non-seulement la face, mais encore le dos des travailleurs occupés sur une chaussée étroite et dans l'impossibilité de résister à l'ennemi des deux côtés à la fois. Alexandre, pour remédier à ce grave inconvénient, arma tous ses navires, et, se mettant lui-même à la tête de la flotte, se dirigea en toute hâte vers le port de Tyr pour intercepter la retraite aux Phéniciens. Dans la crainte que les ports ne tombassent au pouvoir de l'ennemi qui pourrait s'emparer de la ville laissée sans défense, les Barbares s'empressèrent de rentrer à Tyr. Des deux côtés, on fit force de rames; déjà les Macédoniens allaient toucher au port et les Phéniciens se voyaient tout près de leur ruine, lorsque, redoublant d'efforts, ceux-ci abandonnèrent les navires laissés en arrière et parvinrent à se réfugier dans la ville. Renonçant à son entreprise, le roi fit reprendre avec plus d'ardeur encore les travaux de la digue et défendit les ouvriers par un grand nombre de bâtiments. L'ouvrage allait déjà atteindre la ville, dont la prise semblait imminente, lorsqu'un violent vent de nord-ouest[1] endommagea une grande partie de la digue. En voyant ses travaux ruinés par la nature, Alexandre fut fortement embarrassé et se repentit déjà d'avoir tenté ce siége; mais en même temps, poussé par un désir irrésistible de vaincre, il fit couper dans les montagnes des arbres énormes qui, étant jetés avec toutes leurs branches dont les intervalles étaient remplis de terre, servirent à amortir la violence des flots. Il répara ainsi promptement le dommage causé par la tempête, et lorsque la construction, grâce au nombre des bras qui y étaient employés, n'était plus qu'à une portée de trait des murs de la ville, il fit placer ses machines de guerre sur l'extrémité de la digue. Il battait ainsi les murs en brèche avec les balistes et les catapultes, en même temps qu'il balayait les remparts à coups de traits. Les archers

---

[1] Ce vent qui souffle fréquemment sur la côte de la Syrie, était connu des navigateurs sous le nom de *borée noir*, μελαμβόρειος.

et les frondeurs aidèrent à ces attaques et blessèrent un grand nombre d'assiégés.

XLIII. Cependant les Tyriens, marins expérimentés, firent construire par leurs artisans et leurs mercenaires des machines de guerre ingénieuses. Ainsi, pour se garantir des traits lancés par les catapultes, ils inventèrent des roues divisées par des rayons nombreux ; ces roues, étant tournées à l'aide d'une machine, détruisaient l'effet des flèches, soit en les brisant, soit en les tordant. Quant aux pierres lancées par les balistes, ils en amortissaient l'effet par des constructions formées de matières molles. Cependant, le roi attaqua les murs du côté de la digue en même temps qu'il fit, avec toute sa flotte, le tour de la ville et en examina l'enceinte ; il était évident qu'il se disposait à bloquer la ville tout à la fois par terre et par mer. Les Tyriens n'osèrent point se mesurer avec cette flotte ; et Alexandre, rencontrant trois trirèmes à l'entrée du port, se dirigea sur elles, les coula toutes et rentra dans son camp. Pour doubler en quelque sorte la sécurité que le mur leur offrait, les Tyriens construisirent, à cinq coudées[1] de celui-ci, un second mur de dix coudées de large, et comblèrent l'intervalle creux de ces deux enceintes avec des pierres et des matières de terrassement. De son côté, Alexandre, joignant ensemble plusieurs trirèmes, établit sur ce pont flottant des machines de guerre avec lesquelles il battit le mur en brèche dans l'étendue d'un plèthre[2]. Déjà les Macédoniens se disposaient à pénétrer par cette brèche dans l'intérieur de la ville, lorsque les Tyriens firent pleuvoir sur eux une grêle de traits et parvinrent, non sans peine, à les repousser ; ils profitèrent de la nuit pour réparer leur mur. Enfin, la digue atteignit les murs de la ville, et transforma l'emplacement de Tyr en une presqu'île ; il se livra alors sous les remparts plusieurs combats sanglants. Les assiégés, ayant sous les yeux les dangers qui les menaçaient et calculant les désastres qui résulteraient de la prise de leur ville, étaient résolus à se défendre en désespé-

---

[1] Deux mètres et demi.
[2] Trente mètres.

rés. Les Macédoniens firent approcher des tours égales en hauteur aux murs de la ville; du sommet de ces tours élevées ils jetèrent des ponts volants, et sautèrent hardiment sur les créneaux. Mais les Tyriens trouvaient de grands moyens de défense dans l'emploi de leurs machines si ingénieusement construites. A l'aide d'énormes tridents d'airain, terminés en forme de hameçons, ils accrochaient aux boucliers les soldats postés sur les tours, et les ayant ainsi bien fixés, ils attiraient les assiégeants à eux au moyen de câbles attachés à ces tridents. Il fallait donc ou lâcher les boucliers et exposer le corps nu à une grêle de traits, ou, pour éviter la honte de perdre les armes, se tuer, en se précipitant du haut des tours. D'autres se servaient de filets de pêcheur pour envelopper les hommes qui combattaient sur les ponts volants; et, les privant de l'usage de leurs mains, ils les faisaient tomber au pied des murs.

XLIV. Les Tyriens eurent encore recours à une autre invention ingénieuse pour abattre le courage de leurs ennemis et leur infliger d'atroces tortures. Ils construisirent des boucliers d'airain et de fer qu'ils remplirent de sable, et les exposèrent à un grand feu afin de rendre ce sable brûlant. Au moyen d'une machine particulière, ils lançaient ce sable sur les plus hardis assaillants et leur faisaient essuyer des tourments cruels; car ce sable, pénétrant à travers la cuirasse et les vêtements, brûlait la chair sans qu'on pût porter des secours aux malheureux qui en étaient atteints. Pareils à des hommes mis à la torture, ils poussaient des cris déchirants; ils étaient saisis de délire, et expiraient dans d'affreuses douleurs. En même temps que les Phéniciens lançaient ces projectiles brûlants, ils accablaient les assaillants d'une grêle de javelots, de pierres et de flèches. De plus, avec des vergues armées de faux, ils coupaient les câbles des béliers et en détruisaient ainsi l'action. Ils lançaient aussi sur les ennemis des masses de fer rougies au feu, qui ne manquaient jamais leur but à cause de l'épaisseur des rangs ennemis. Enfin, à l'aide de corbeaux et de mains de fer, ils arrachaient les soldats des ponts volants. Grâce à toutes ces machines, mises en jeu par tant de bras, ils tuaient un grand nombre d'assaillants.

XLV. Malgré la terreur que les assiégés répandaient par leurs moyens de défense, les Macédoniens ne se désistaient point de leur audace ; et, marchant sur les corps de ceux qui étaient tombés, ils ne songeaient point au sort malheureux de leurs compagnons d'armes. Alexandre opposa aux balistes de l'ennemi des catapultes qui, lançant d'énormes pierres, ébranlèrent les murs, et du haut des tours de bois il fit pleuvoir une grêle de traits qui blessèrent dangereusement ceux qui se montraient sur les remparts. Pour se garantir de l'effet de ces projectiles, les Tyriens avaient placé en avant des murs des roues de marbre qui, par un mouvement de rotation imprimé par quelque machine, brisaient les flèches ou les détournaient de leur direction, et en faisaient ainsi manquer l'effet. En outre, ils avaient fait coudre ensemble des peaux et des cuirs pliés en double et rembourrés de plantes marines : ils se servaient de ces substances molles pour amortir le choc des projectiles [1]. Enfin les Tyriens n'avaient rien négligé pour leur défense. Munis de tant de secours, ils tinrent intrépidement tête à l'ennemi : quittant l'enceinte et les postes de l'intérieur des tours, ils s'avancèrent jusqu'aux ponts jetés sur les murs pour se mesurer avec les assaillants ; là, ils luttaient corps à corps pour le salut de la patrie ; quelques-uns d'entre eux, armés de haches, coupèrent à l'ennemi la partie du corps qui se montrait à découvert. C'est ainsi qu'un des chefs macédoniens nommé Admète, homme brave et vigoureux, résistant vaillamment aux Tyriens, fut frappé au milieu de la tête d'un coup de hache, et expira en héros [2]. Voyant les Macédoniens serrés de si près par les Tyriens, Alexandre fit, à l'approche de la nuit, sonner la retraite. Il songea d'abord à lever le siége et à continuer sa marche vers l'Égypte ; mais il se ravisa, pensant qu'il serait honteux de laisser aux Tyriens toute la gloire de ce

---

[1] C'est la répétition de ce que l'auteur vient de dire dans le chap. 43.
[2] Arrien (II, 23) raconte autrement la mort d'Admète. Comparez aussi Quinte-Curce, IV, 4.

siége, et, bien qu'il n'y eût de son avis qu'un seul de ses amis, Amyntas, fils d'Andromène, il recommença l'assaut.

XLVI. Alexandre exhorta les Macédoniens à ne pas lui céder en courage; puis, il arma tous les navires et bloqua vigoureusement la ville par terre et par mer. S'étant aperçu que le mur était plus faible dans la partie qui regarde les ports, il y dirigea les ponts des trirèmes sur lesquelles il avait dressé les plus fortes machines de guerre. Ce fut dans cet assaut que le roi accomplit un fait d'armes d'une audace incroyable. Il abaissa sur le mur de la ville le pont volant de l'une des tours de bois, il le traversa seul, défiant la fortune et bravant le désespoir des Tyriens; jaloux d'avoir pour témoin de sa bravoure cette armée qui avait battu les Perses, il ordonna aux autres Macédoniens de le suivre, il se mit à leur tête, il en vint aux mains avec les assiégés et tua les uns à coups de lance, les autres avec son épée. Il repoussa même quelques-uns avec son bouclier, et comprima l'audace de ses adversaires. Dans cet intervalle, le bélier renversa sur un autre point un pan de mur considérable. Les Macédoniens pénétrèrent par cette ouverture dans l'intérieur de la ville, en même temps la troupe d'Alexandre franchit les murs au moyen des ponts volants et se rendit maître de la ville. Mais les Tyriens, rassemblant toutes leurs forces, se barricadèrent dans les rues et se firent presque tous écharper au nombre de plus de sept mille[1]. Le roi vendit les femmes et les enfants à l'enchère et fit pendre tous les jeunes gens, au nombre d'au moins deux mille. Quant aux prisonniers, ils étaient si nombreux que, quoique la plupart des habitants eussent été transportés à Carthage, il n'y en eut pas moins de treize mille[2].

Tel fut le sort des Tyriens qui, avec plus de courage que de prudence, avaient soutenu un siége de sept mois. Le roi ôta à la statue d'Apollon les chaînes d'or dont les Tyriens l'avaient entourée, et prescrivit de donner à ce dieu le nom d'*Apollon*

---

[1] Arrien (III, 24) parle de huit mille morts, et Quinte-Curce (IV, 4) de six mille.

[2] Suivant Arrien, le nombre des prisonniers était de trente mille.

Philalexandre. Il offrit à Hercule de magnifiques sacrifices, distribua des récompenses aux plus braves soldats, ensevelit les morts avec pompe, institua roi de Tyr Ballonymus[1] dont la fortune singulière mérite d'être mentionnée.

XLVII. L'ancien roi Straton perdit le trône par son amitié pour Darius. Alexandre laissa Hephæstion maître de choisir parmi ses hôtes celui qu'il voudrait pour roi de Tyr. Voulant du bien à l'hôte chez lequel il était logé, Hephæstion avait d'abord songé à le proclamer souverain de la ville. Mais celui-ci, quoiqu'un des citoyens les plus riches et les plus considérés, refusa cette offre, comme n'ayant aucune parenté avec la famille royale. Hephæstion lui demanda alors de désigner à son choix un descendant de race royale; son hôte lui répondit qu'il en existait un, homme sage et vertueux, mais extrêmement pauvre. Hephæstion lui ayant répliqué qu'il le ferait nommer roi, l'hôte se chargea de la négociation. Il se rendit donc auprès de celui qui venait d'être nommé roi de Tyr et lui apporta le manteau royal. Il trouva ce pauvre homme couvert de haillons et occupé dans un jardin à puiser de l'eau pour un faible salaire. Après lui avoir appris l'événement, il le revêtit des ornements royaux, le conduisit sur la place publique et le proclama roi des Tyriens. La multitude accueillit ce nouveau roi avec des démonstrations de joie, et admira elle-même ce caprice de la fortune. Ballonymus resta attaché à Alexandre, et sa royauté peut servir d'exemple à ceux qui ignorent les vicissitudes du sort.

Après nous être occupés d'Alexandre, nous allons aborder le récit d'autres événements.

XLVIII. En Europe, Agis, roi des Lacédémoniens, qui avait recueilli huit mille mercenaires, débris de la bataille d'Issus, médita quelque entreprise pour gagner les bonnes grâces de Darius. Acceptant les navires et l'argent que Darius lui avait offerts, il fit voile pour la Crète, et soumit la plupart des villes de cette île à la domination des Perses.

---

[1] Quinte-Curce et Justin l'appellent *Abdalonymus*, Plutarque *Alynomus* et Arrien *Azelmicus*.

Amyntas, exilé de la Macédoine, s'était réfugié auprès de Darius, et avait combattu avec les Perses en Cilicie. Après la bataille d'Issus il se sauva avec quatre mille mercenaires à Tripolis, en Phénicie, où il était arrivé avant Alexandre. Là, il choisit dans toute la flotte un nombre de vaisseaux suffisant pour embarquer ses soldats, et brûla le reste. Il se rendit ensuite à Cypre, où il réunit encore des soldats et des navires. De là, il fit ensuite voile pour Peluse, se rendit maître de cette ville, se disant envoyé par Darius pour remplacer dans le commandement le satrape gouverneur d'Égypte, tombé dans la bataille d'Issus. Puis, il se rendit à Memphis, et défit les habitants dans un combat engagé sous les portes de leur ville. Mais les soldats s'étant ensuite livrés au pillage, les habitants firent une sortie, tombèrent sur les pillards dispersés dans la campagne et en tuèrent un grand nombre ; Amyntas lui-même se trouva parmi les morts. Telle fut la fin d'Amyntas qui avait conçu de si grands projets, mais qui fut déçu dans son espérance.

Quelques autres généraux qui s'étaient également sauvés de la bataille d'Issus avec quelques débris de troupes, suivirent la fortune des Perses. Les uns prirent des villes importantes et les gardèrent pour Darius ; les autres cherchaient à maintenir les provinces dans l'obéissance, rassemblaient des troupes et faisaient tout ce que les circonstances leur permettaient en faveur de la cause qu'ils défendaient.

L'assemblée des Grecs avait décrété d'envoyer quinze députés chargés, au nom de la Grèce, d'apporter à Alexandre une couronne d'or et de le congratuler de la victoire qu'il avait remportée en Cilicie.

Alexandre se dirigea sur Gaza, défendue par une garnison perse ; il s'empara de cette ville après un siége de deux mois.

XLIX. Aristophane étant archonte d'Athènes, les Romains nommèrent consuls Spurius Posthumius et Titus Véturius[1]. Dans cette année, Alexandre régla les affaires de Gaza, détacha Amyntas avec dix navires en Macédoine et lui ordonna d'enrôler pour

---

[1] Deuxième année de la CXII^e olympiade ; année 331 avant J.-C.

le service militaire les jeunes gens en état de porter les armes. Puis, à la tête de son armée, il entra en Égypte et s'empara, sans coup férir, de toutes les villes de ce pays ; car les Égyptiens, mécontents des Perses qui avaient profané leurs temples[1] et qui gouvernaient avec dureté, accueillirent avec joie les Macédoniens. Après avoir réglé l'administration de l'Égypte, Alexandre alla consulter l'oracle d'Ammon. Il était à moitié chemin lorsqu'il rencontra des députés cyrénéens qui lui apportaient une couronne et de riches présents, parmi lesquels étaient trois cents chevaux de guerre et cinq quadriges très-beaux. Le roi accepta ces dons et conclut avec les Cyrénéens un traité d'alliance. Puis, il se dirigea avec sa suite vers le temple d'Ammon. Ayant à traverser un pays désert et aride, il fit provision d'eau et parcourut une contrée pleine d'amas de sable. Dans quatre jours de marche, la provision d'eau fut épuisée et la pénurie mit bientôt tout le monde dans le découragement, lorsqu'une pluie abondante tomba du ciel et fit miraculeusement disparaître le manque d'eau. Cet événement parut une preuve évidente de l'intervention inespérée des dieux. On puisa l'eau d'une mare, et, au bout de quatre jours de traversée, on sortit du désert. La quantité de sable accumulée ayant fait perdre les traces du chemin, les guides annoncèrent au roi que des corbeaux, dont on entendait le croassement à la droite, indiquaient le sentier conduisant directement au temple d'Ammon. Alexandre considéra cet augure comme favorable, et, pensant que sa présence était agréable au dieu, il accéléra sa marche. Il rencontra ensuite un lac d'eau salée[2], et, après cent stades de course, il traversa l'endroit appelé les villes d'Ammon ; à une journée de là il atteignit l'enceinte du temple.

L. La contrée où est situé le temple est entourée d'un désert aride, sablonneux et tout à fait inhospitalier. Cette contrée, qui a environ cinquante stades de longueur et de largeur, est

---

[1] Voyez plus haut, I, 46 ; XVI, 52.
[2] C'était sans doute un de ces lacs dont les eaux étaient saturées de carbonate de soude (*natron*), et qu'on rencontre encore aujourd'hui dans cette région.

arrosée par beaucoup de belles sources d'eau et couverte de bois, surtout d'arbres fruitiers. On respire un air de printemps dans ce lieu privilégié ; le séjour y est sain, bien qu'il n'y ait autour que les sables brûlants du désert. Ce temple a été, dit-on, fondé par Danaüs l'Égyptien [1]. La région consacrée au dieu est limitée au midi et au couchant par les Éthiopiens, au nord par les Libyens nomades et par la tribu des Nasamons, qui s'étend dans l'intérieur du pays. Les Ammoniens habitent des villages, et, au milieu de leur pays, s'élève une citadelle environnée d'une triple enceinte. La première enceinte entoure le palais des anciens rois ; la seconde contient les habitations des femmes, des enfants, des parents de la maison royale, les corps de garde, le sanctuaire du dieu et la fontaine sacrée où l'on purifie les offrandes qu'on présente au dieu ; la troisième enceinte renferme le logement des satellites et des gardes du roi. En dehors de la citadelle, et à quelque distance de là, se trouve un autre temple d'Ammon, ombragé d'arbres nombreux et élevés. Près de ce temple existe une fontaine à laquelle un phénomène qui s'y passe a fait donner le nom de *fontaine du Soleil*. Son eau varie singulièrement de température aux différentes heures de la journée : au point du jour elle est tiède, et devient froide à mesure que le jour s'avance, jusqu'à midi où elle atteint son maximum de froid ; la température s'élève à partir de midi, jusqu'à ce qu'elle ait atteint son maximum à minuit ; à partir de ce moment, la chaleur va en diminuant jusqu'à ce qu'elle arrive au degré qu'elle avait au lever du soleil. La statue du dieu est couverte d'émeraudes et d'autres ornements, et elle rend ses oracles d'une manière toute particulière. Elle est portée, dans une nacelle dorée, sur les épaules de quatre-vingts prêtres ; ceux-ci la portent machinalement là où le dieu leur fait signe d'aller ;

---

[1] Comparez plus haut, III, 73 ; et Hérodote, II, 55.

[2] Cette observation peut s'appliquer à toutes les sources dont les eaux jaillissent d'une grande profondeur. Les différences de froid et de chaud viennent de ce que la source ne se trouve pas au même degré de température que l'air ambiant. Voyez tom. I, p. 119, note 2.

cette procession est suivie d'une foule de femmes et de jeunes filles, chantant pendant toute la route des hymnes et des cantiques, selon les rites anciens.

LI. Lorsqu'Alexandre fut introduit dans le temple et qu'il aperçut la statue du dieu, le prophète, homme très-âgé, s'avança vers lui et lui dit : « Salut, ô mon fils, recevez ce nom de la part du dieu. — Je l'accepte, ô mon père, répondit Alexandre, et désormais je me ferai appeler ton fils si tu me donnes l'empire de toute la terre. » Le prêtre entra alors dans le sanctuaire, et, au moment où les hommes désignés pour porter la statue du dieu se mirent en mouvement, sur l'ordre d'une voix mystérieuse, il assura Alexandre que le dieu lui accordait sa demande. Alexandre continua et dit : « Il me reste encore, ô dieu protecteur, à te demander si j'ai puni tous les assassins de mon père, ou si quelques-uns ont échappé à mes recherches. — Ne blasphème pas, s'écria le prêtre : aucun mortel ne pourra attenter à la vie de celui qui t'a donné le jour ; quant aux assassins de Philippe, ils ont tous reçu leur châtiment ; le succès de tes grandes entreprises sera une preuve que tu dois la naissance à un dieu ; personne n'a pu te vaincre jusqu'ici et tu seras à l'avenir tout à fait invincible. » Alexandre se réjouit de la réponse de l'oracle, consacra au dieu de magnifiques offrandes, et retourna en Égypte.

LII. Alexandre conçut le projet de fonder dans cette région une grande ville. Il ordonna à ceux qui étaient chargés de l'exécution de ce projet, de poser les fondements de cette ville entre la mer et le lac [Maréotis]. Après en avoir lui-même tracé le plan et divisé artistement la ville en rues coupées à angle droit, il lui donna, d'après lui-même, le nom d'Alexandrie. Cette ville, située très-avantageusement près du port du Phare, avait ses rues disposées de manière à donner accès aux vents étésiens. Ces vents soufflent de la haute mer, rafraîchissent l'air de la ville et entretiennent, par une douce température, la santé des habitants. Il entoura la ville d'une enceinte remarquable par son étendue et par son assiette forte ; car, placée entre le grand lac et la mer, elle n'est abordable du côté de la terre que par deux passages étroits et très-faciles à défendre. La forme de la ville représente assez bien une chlamyde[1]; elle est traversée presque au milieu par une rue admirable par sa longueur et sa largeur; car d'une porte à l'autre elle a quarante stades de longueur sur un plèthre de large[2]; cette rue était bordée de maisons et de temples magnifiques. Alexandre y fit construire un palais royal d'une construction large et imposante. Non-seulement Alexandre, mais presque tous les rois d'Égypte ont, jusqu'à notre époque, ajouté à l'embellissement de ce palais. Enfin, la ville d'Alexandrie a pris par la suite un tel accroissement qu'elle passe généralement pour une des premières villes du monde. En effet, elle l'emporte de beaucoup sur les autres villes par la beauté et la grandeur de ses édifices, ainsi que par ses richesses et l'abondance de tout ce qui tient aux besoins de la vie. Elle est également supérieure aux autres villes par sa population; car à l'époque où nous avons visité l'Égypte, ceux qui tiennent les registres du recensement nous assuraient que la population de la ville se composait de plus de trois cent mille hommes de condition libre, et que les revenus du roi d'Égypte étaient de plus de six mille talents[3].

Le roi Alexandre nomma quelques-uns de ses amis au gouvernement d'Alexandrie, régla toutes les affaires de l'Égypte, et revint avec toute son armée en Syrie.

LIII. Dès que Darius fut instruit de l'approche d'Alexandre, il rassembla de tous côtés des troupes et prépara tout ce qui est nécessaire pour une bataille. Il donna aux épées et aux piques plus de longueur, persuadé qu'Alexandre devait, en grande partie, à la supériorité de ses armes les avantages obtenus dans la bataille de la Cilicie. Il fit aussi construire deux cents chars armés de faux, invention propre à répandre la terreur et

---

[1] Pline, V, 10, explique cette forme : *ad effigiem macedonicæ chlamydis, orbe gyrato laciniosam, dextra lævaque anguloso procursu.*

[2] Cinq mille quatre cents mètres sur trente de large.

[3] Trois millions trois cent mille francs.

l'épouvante parmi les ennemis : à côté de chacun des chevaux attelés aux chars par des cordes, le timon portait des piques solidement attachées, de trois spithames de longueur[1], ayant la pointe dirigée à la face de l'ennemi. A l'essieu des roues, il y en avait deux autres tout aussi pointues, ayant la même direction, mais plus longues et plus larges que les premières; à leurs extrémités étaient fixées des faux[2].

Darius partit de Babylone à la tête de toutes ses troupes bien armées et commandées par des chefs valeureux. Cette armée était formée d'environ huit cent mille hommes d'infanterie, et au moins de deux cent mille cavaliers. Dans sa marche, il avait le Tigre à sa droite et l'Euphrate à sa gauche; il traversait un pays fertile, pouvant fournir abondamment des fourrages aux bestiaux et des vivres aux nombreux soldats. Il avait hâte de livrer bataille dans les belles plaines de Ninive, où il pouvait facilement déployer sa puissante armée. Il vint camper près du village d'Arbèles. Là il passait tous les jours ses troupes en revue et s'efforçait de les discipliner par une bonne tenue et des exercices continuels; car il n'était pas sans de grandes inquiétudes sur le sort de la bataille en voyant réunies tant de nations parlant des idiomes si différents.

LIV. Avant de commencer l'attaque, Darius envoya à Alexandre des parlementaires, pour lui céder tout le pays situé en deçà du fleuve Halys; il lui offrit, en outre, deux mille talents d'argent[3]. Mais ces offres n'ayant pas été acceptées, Darius fit partir une seconde députation chargée de remercier d'abord Alexandre des égards qu'il avait eus pour la mère de Darius, ainsi que pour les autres captifs, et de lui faire les propositions suivantes : les deux rois se considéreraient comme amis; Alexandre aurait tout le pays en deçà de l'Euphrate; il recevrait trois mille talents d'argent et Darius lui donnerait sa seconde fille en mariage; enfin Alexandre, devenu gendre du roi des Perses,

---

[1] Environ soixante-dix centimètres.
[2] Comparez Quinte-Curce, IV, 9.
[3] Onze millions de francs.

prendrait le rang d'un fils et serait associé à Darius dans le gouvernement de tout l'empire.

Alexandre réunit tous ses amis en conseil, leur communiqua les propositions qui lui étaient faites et invita chacun d'eux à émettre franchement son avis. Personne n'osa dire son opinion à cause de l'importance de la question, lorsque Parménion, se levant le premier, dit : « Si j'étais Alexandre, j'accepterais ces propositions et je signerais le traité. — Et moi aussi, reprit Alexandre, j'en ferais autant si j'étais Parménion. » Puis, développant ses projets dans un langage plein de fierté et plaçant la gloire bien au-dessus des présents qui lui étaient offerts, il rejeta les propositions du roi des Perses, et fit aux envoyés la réponse suivante : « De même que deux soleils troubleraient l'ordre et l'harmonie de l'univers, de même aussi deux rois ne pourraient pas à la fois tenir le sceptre de la terre, sans occasionner des troubles et des désordres. Allez dire à Darius que s'il tient à être le premier souverain, il aura à me disputer la monarchie universelle ; mais si, au contraire, méprisant la gloire, il préfère vivre au sein du luxe et des plaisirs, qu'il reconnaisse Alexandre pour maître, qui permettra alors à Darius de régner ailleurs comme son vassal. » Alexandre congédia le conseil, se mit à la tête de son armée et s'avança vers le camp de l'ennemi.

Dans cet intervalle, la femme de Darius mourut ; Alexandre lui fit de magnifiques funérailles.

LV. A la réception de cette réponse, Darius perdit tout espoir d'accommodement. Il exerçait journellement son armée aux manœuvres militaires et l'habituait à la discipline. Il détacha Mazée, un de ses amis, avec un corps d'élite pour garder le passage du fleuve et occuper les gués. Il fit partir d'autres détachements pour incendier le pays par où les ennemis devaient passer ; car il se croyait suffisamment à l'abri derrière le fleuve qui, selon lui, devait arrêter la marche des Macédoniens. Mazée, voyant que le passage était impossible à cause de la profondeur et de la rapidité des eaux du fleuve, négligea de ce côté toute défense, et se joignit aux autres détachements pour ravager une grande partie du pays, dans l'intention de le rendre inaccessible aux ennemis par défaut de vivres. Cependant Alexandre, arrivé sur les bords du Tigre, apprit de quelques indigènes un endroit guéable, et y fit passer son armée, quoique difficilement et avec beaucoup de danger. L'eau allait jusque au-dessus du sein et la rapidité du courant, qui ne permettait pas aux jambes de se poser solidement, entraînait beaucoup de monde. Les eaux du courant, frappant contre les armes, faisaient courir les plus grands dangers. Pour combattre la rapidité des eaux, Alexandre avait ordonné à tous ses soldats de s'enlacer par les mains et d'opposer au courant comme une digue l'épaisseur de leurs rangs. Après le passage du fleuve, les Macédoniens se trouvèrent à peu près hors de danger, et l'armée se reposa pendant toute cette journée. Le lendemain, Alexandre rangea les troupes en bataille, marcha contre l'ennemi et établit son camp à peu de distance de celui des Perses.

LVI. Alexandre resta éveillé pendant toute la nuit : il repassait dans son esprit les forces des Perses, les dangers qu'il courait et l'importance de la bataille qui allait se livrer. Ce ne fut qu'à l'heure de la garde du matin qu'il tomba dans un sommeil si profond que la lumière du jour ne put l'éveiller. Ses amis virent d'abord ceci avec joie, pensant que le roi n'en serait que plus dispos aux fatigues de la journée ; mais, lorsque ce sommeil continuait à se prolonger, Parménion, le plus ancien des amis du roi, donna lui-même les ordres nécessaires pour ranger les troupes en bataille. Enfin Alexandre continuant toujours à dormir, ses amis s'approchèrent de lui et ne parvinrent qu'avec peine à l'éveiller; tous témoignant leur surprise d'un tel phénomène et voulant en connaître la cause, Alexandre leur répondit : « En réunissant ses troupes dans un seul point, Darius m'a délivré de toutes mes inquiétudes. Une seule journée va donc décider de tant de fatigues et de périls[1]. » Il harangua ensuite

---

[1] On se rappelle que Napoléon dormit d'un profond sommeil la veille de la bataille d'Austerlitz. Ce sommeil, pour l'un comme pour l'autre de ces grands capitaines, n'était pas seulement le résultat des fatigues de l'esprit et du corps; c'était

les chefs et les exhorta, par des discours appropriés, à déployer toute leur bravoure. Enfin, à la tête de son armée rangée en bataille, il se porta sur les Barbares : les escadrons de cavalerie étaient en avant des phalanges de l'infanterie.

LVII. [L'armée d'Alexandre était disposée dans l'ordre suivant.] L'aile droite était occupée par un corps de cavalerie sous les ordres de Clitus surnommé le Noir; près de celui-ci était placé Philotas, fils de Parménion, commandant les meilleurs cavaliers du roi[1]; venaient ensuite sept autres escadrons de cavalerie, sous les ordres du même général. Derrière cette cavalerie était rangée la ligne d'infanterie des *argyraspides*[2] qui se distinguaient par l'éclat de leurs armes et par leur bravoure; ce corps était commandé par Nicanor, fils de Parménion. Immédiatement après venait la phalange des Élimiotes[3], sous les ordres de Cœnus, puis le corps des Orestiens et des Lyncestiens, sous le commandement de Perdiccas. Le corps qui venait après était commandé par Méléagre; à côté de celui-ci étaient placés les Stymphéens, sous les ordres de Polysperchon. Philippe, fils de Balacrus, commandait immédiatement après un corps qui touchait à un autre, sous les ordres de Crater. Ces divers corps de cavalerie étaient complétés par la cavalerie des Péloponnésiens, des Achéens, des Phthiotes, des Maliens, des Locriens et des Phocidiens, sous les ordres d'Érigyius de Mitylène. Au second rang était placée, sous les ordres de Philippe, la cavalerie thessalienne qui l'emportait sur toute autre par l'habileté de ses manœuvres. A la suite étaient placés les archers crétois et les mercenaires de l'Achaïe. La ligne de bataille était en forme de croissant, afin d'empêcher l'ennemi d'envelopper les Macédoniens, si inférieurs en nombre. Pour se garantir de l'action des chars armés de faux, Alexandre ordonna aux phalanges d'infanterie

---

surtout l'effet de cette tranquillité d'âme qui accompagne la conviction de la réussite d'une entreprise habilement combinée.

[1] Il y a dans le texte τοὺς ἄλλους φίλους, *les autres amis*.

[2] Corps d'élite, qui devait son nom à la blancheur de ses boucliers. Voyez Justin, XII, 7; Quinte-Curce, IV, 13.

[3] Élimie était le nom d'une ville de Macédoine.

de serrer bouclier contre bouclier, lorsqu'elles verraient les chars s'approcher, et de frapper sur ces boucliers avec leurs sarisses, afin d'effrayer les chevaux et les faire retourner en arrière. Il prescrivit à ses soldats d'ouvrir leurs rangs dans le cas où ces chars viendraient à forcer la ligne. Enfin il se mit lui-même à la tête de l'aile droite, donna au front une disposition oblique, et résolut de braver tous les dangers d'une bataille décisive.

LVIII. Darius disposa ses troupes par rang de nations, fit face à Alexandre et se porta sur les ennemis. Lorsque les deux armées étaient en présence l'une de l'autre, les trompettes sonnèrent la charge, et les soldats poussèrent un immense cri de guerre. D'abord les chars armés de faux, lancés avec force, répandaient la terreur dans les rangs des Macédoniens. Mazée, à la tête de la cavalerie de Darius, disposée par escadrons épais, secondait, par une attaque simultanée, l'action de ces chars. Mais les Macédoniens, conformément aux ordres du roi, serraient bouclier contre bouclier, sur lesquels ils frappaient avec leurs sarisses de manière à produire un bruit épouvantable. Effrayés par ce bruit, les chevaux attelés aux chars s'emportèrent, et, rebroussant chemin, portèrent le désordre dans les rangs même des Perses. Cependant quelques autres chars allaient tomber sur les phalanges macédoniennes, mais les soldats, ouvrant largement leurs rangs, les laissèrent passer ; parmi ces chars, les uns furent abîmés de coups, les autres échappèrent, quelques-uns, lancés avec force, atteignirent les rangs ennemis, et les lames de fer causèrent divers genres de mort ; car ces instruments meurtriers coupaient aux uns les bras entiers encore armés de leur bouclier, aux autres ils tranchaient le cou et faisaient rouler à terre les têtes ayant encore les yeux ouverts et conservant l'aspect de la physionomie ; d'autres enfin étaient coupés par le milieu des reins et expiraient sur-le-champ.

LIX. Cependant les deux armées s'étaient approchées de plus en plus, et lorsque les archers et les frondeurs eurent épuisé leurs armes, on en vint à un combat corps à corps. L'action s'engagea d'abord entre la cavalerie de l'aile droite des Macédoniens et la cavalerie de l'aile gauche des Perses commandée par Darius, qui avait pour compagnons d'armes ses parents, formant un escadron d'élite de mille cavaliers, tous distingués par leur valeur et leur affection pour la personne du roi, témoin de leur courage. Cet escadron d'élite, recevant avec fermeté la grêle de traits dirigés contre Darius, était soutenu par les *mélophores*[1] nombreux et courageux. Près d'eux se trouvaient les Mardes et les Cosséens, admirés pour leur taille et leur intrépidité. Ce corps était lui-même soutenu par les gardes du roi et par les meilleurs soldats indiens. Toutes ces troupes, poussant de grands cris, tombèrent sur l'ennemi, se battirent vaillamment et accablèrent de leur nombre les Macédoniens. De son côté Mazée, qui avait sous ses ordres l'aile droite, composée des meilleurs cavaliers perses, fit, dès la première décharge, perdre beaucoup de monde aux Macédoniens. Il détacha ensuite un corps de cavalerie d'élite de deux mille Cadusiens et de mille Scythes, qui avaient reçu l'ordre de tourner l'aile gauche de l'ennemi, de se diriger sur le camp et de se rendre maîtres des bagages. Cet ordre fut promptement exécuté. Le détachement perse pénétra dans le camp des Macédoniens, et quelques prisonniers, saisissant des armes, aidèrent les Scythes à piller les bagages. Cette attaque imprévue jeta la perturbation dans tout le camp. Les captives qui s'y trouvaient se joignirent aux Barbares; mais la mère de Darius, Sisyngambris, ne se laissa point entraîner par les autres captives : elle se tint sagement en repos, soit qu'elle se méfiât des caprices de la fortune, soit qu'elle eût une reconnaissance réelle pour les bontés d'Alexandre. Enfin, les Scythes, ayant pillé une grande partie des bagages, rejoignirent au galop Mazée et lui rapportèrent la nouvelle de leur succès. Pareillement, la cavalerie rangée autour de Darius avait accablé par son nombre les Macédoniens qui lui étaient opposés et les avait forcés à prendre la fuite.

---

[1] Μηλοφόροι, porte-pommes. Ils étaient ainsi appelés à cause d'une pomme d'or qui ornait l'une des extrémités de leurs lances. C'était un corps d'élite du roi des Perses.

LX. C'était là un second succès que les Perses venaient de remporter. Jaloux de réparer par lui-même ce double échec, Alexandre se mit à la tête de l'escadron royal, et, avec l'élite de ses cavaliers, se porta droit sur Darius. Le roi des Perses reçut le choc de l'ennemi : il combattit du haut de son char, et lança ses javelots contre les assaillants ; beaucoup de guerriers se battaient à ses côtés. Enfin les deux rois se portèrent l'un sur l'autre. Alexandre lança son javelot contre Darius, mais il le manqua, atteignit le cocher du roi et le renversa[1]. A cette chute, les gardes de Darius jetèrent des clameurs ; les soldats placés un peu plus loin crurent que c'était le roi lui-même qui venait de tomber ; ils commencèrent les premiers la fuite, et leur exemple gagna de proche en proche tous les rangs de l'armée de Darius, qui fut rompue. Enfin, un des côtés du char étant dégarni de défenseurs, le roi lui-même, saisi de frayeur, se livra à la fuite. Un nuage de poussière s'éleva sous les pas des chevaux qui emportaient les fuyards, et sous les pas de la cavalerie d'Alexandre qui les poursuivait ; ce nuage était si épais qu'il fut impossible de voir dans quelle direction Darius s'était enfui. L'air retentissait du gémissement des mourants, du bruit des chevaux et du claquement continuel des fouets. Pendant que ces choses se passaient, Mazée, qui commandait l'aile droite de l'armée des Perses, tomba avec une nombreuse cavalerie d'élite sur les rangs opposés de l'ennemi. Parménion, à la tête de la cavalerie thessalienne et de ses compagnons d'armes, soutint le choc de l'ennemi ; lui et ses cavaliers thessaliens firent des prodiges de valeur, mais Mazée accabla par le nombre et l'épaisseur de ses escadrons la cavalerie macédonienne. Le carnage fut terrible ; près de céder à l'impétuosité des Barbares, Parménion envoya quelques-uns de ses cavaliers auprès d'Alexandre pour le prier de venir promptement à son secours. Ces cavaliers partirent bien vite ; mais lorsqu'ils apprirent qu'Alexandre s'était éloigné du champ de bataille pour se mettre à la poursuite de

---

[1] Comparez Quinte-Curce, IV, 16.

l'ennemi, ils revinrent sans avoir rempli leur mission[1]. Parménion, se servant alors de ses escadrons thessaliens avec toute l'expérience d'un habile général, parvint, non sans peine, à culbuter les Barbares, terrifiés par la fuite de Darius.

LXI. Darius, en homme initié dans la stratégie, profita du nuage de poussière qui s'élevait du champ de bataille, et n'exécuta pas sa retraite comme les autres Barbares : il partit dans une direction opposée et parvint, caché par le nuage, à s'enfuir sans danger et à se sauver avec tous ses satellites dans les villages situés sur les derrières de l'armée macédonienne. Enfin, tous les Barbares avaient pris la fuite, et les Macédoniens atteignant les traînards les passèrent au fil de l'épée ; tous les environs du champ de bataille étaient jonchés de morts. Les Barbares perdirent dans cette bataille plus de quatre-vingt-dix mille hommes[2], tant de cavalerie que d'infanterie ; les Macédoniens ne comptaient que cinq cents morts, mais ils avaient un très-grand nombre de blessés, parmi lesquels se trouvait un des généraux les plus célèbres, Hephæstion, qui commandait les gardes du corps du roi; il avait été atteint au bras d'un coup de lance. Les généraux Perdiccas, Cœnus, Ménidas, et quelques autres non moins distingués, étaient également au nombre des blessés. Telle fut l'issue de la bataille d'Arbèles.

LXII. Aristophane étant archonte d'Athènes, Caïus Domitius et Aulus Cornélius furent revêtus à Rome de l'autorité consulaire[3]. Dans cette année, la nouvelle de la bataille d'Arbèles fut apportée en Grèce. Beaucoup de villes voyant avec défiance l'accroissement des Macédoniens, ne renonçaient pas encore à l'espoir de recouvrer leur indépendance, tant que les affaires des Perses ne seraient pas tout à fait désespérées. Elles comptaient encore sur le secours de Darius, persuadées qu'il leur fournirait de l'argent afin de pouvoir enrôler un grand nombre

---

[1] C'est ce que nient Arrien, III, 15, et Quinte-Curce.

[2] Ce nombre diffère considérablement de celui que donnent Arrien et Quinte-Curce.

[3] Troisième année de la CXII° olympiade; année 330 avant J.-C.

de mercenaires. Elles pensaient aussi qu'Alexandre ne serait pas en état de diviser ses forces; mais ces villes étaient surtout convaincues qu'en laissant les Perses succomber, les Grecs isolés ne seraient plus assez forts pour défendre leur indépendance. Ce qui contribuait encore à entretenir cet esprit de révolte, c'était l'état incertain de la Thrace qui était alors près de s'insurger. Memnon, gouverneur militaire de la Thrace, homme ambitieux et possédant une armée, poussa les Barbares à l'insurrection. S'étant ainsi révolté contre Alexandre, il mit bientôt sur pied de nombreuses troupes et lui déclara ouvertement la guerre. Antipater se mit aussitôt à la tête de toute son armée, traversa la Macédoine, pénétra en Thrace et combattit Memnon. Les choses en étaient là, lorsque les Lacédémoniens, croyant le moment propice pour se préparer à la guerre, appelèrent les Grecs à la liberté. Les Athéniens qui, de tous les Grecs, étaient ceux qui avaient reçu d'Alexandre le plus de témoignages d'estime, ne bougèrent pas. Mais la plupart des Péloponnésiens, et quelques autres peuples, se rangèrent du côté des Lacédémoniens; ils décrétèrent des contingents de troupes en raison de la population de chaque ville; ces contingents étaient composés de jeunes gens d'élite, formant une armée d'au moins vingt mille fantassins et d'environ deux mille cavaliers. Les Lacédémoniens étaient à la tête de cette ligue, décidée à tout, et le roi Agis avait le commandement en chef des troupes.

LXIII. En apprenant cette ligue des Grecs, Antipater mit aussitôt fin à la guerre de Thrace et s'avança avec toute son armée vers le Péloponnèse. A cette armée vinrent se joindre les alliés grecs, et Antipater réunit ainsi un total d'environ quarante mille hommes. Il s'engagea un grand combat dans lequel Agis perdit la vie. Les Lacédémoniens se défendirent longtemps avec opiniâtreté, mais leurs alliés ayant été battus, ils se retirèrent eux-mêmes à Sparte. Les Lacédémoniens, avec leurs alliés, perdirent dans cette bataille plus de cinq mille trois cents hommes; Antipater comptait trois mille cinq cents morts. Une circonstance particulière signala la mort d'Agis. Après une brillante défense, il tomba couvert de blessures, toutes reçues par devant. Ses soldats se disposaient à le transporter à Sparte ; mais Agis, sur le point d'être pris par l'ennemi, et désespérant de son salut, ordonna aux soldats de se retirer au plus vite et de conserver leurs jours pour le service de la patrie. Puis, il revêtit ses armes, mit un genou en terre, se défendit contre les ennemis, en tua quelques-uns à coups de lance, et rendit la vie. Il avait régné neuf ans. Après avoir jeté un coup d'œil sur les événements qui se sont passés en Europe, nous allons reprendre en détail l'histoire de l'Asie.

SECONDE PARTIE.

LXIV. Vaincu à la bataille d'Arbèles, Darius chercha un refuge dans les satrapies de l'Asie supérieure ; il avait hâte de profiter de la distance des lieux pour se reconnaître et gagner assez de temps pour mettre sur pied une nouvelle armée. Il arriva d'abord à Ecbatane en Médie ; il s'y arrêta, recueillit les fuyards et fournit des armes à ceux qui en étaient dépourvus. Il tira des soldats des nations voisines et envoya des messagers aux généraux ainsi qu'aux satrapes de Bactres et de l'Asie supérieure, les engageant à lui rester fidèles.

Alexandre, victorieux, rendit à ses morts les derniers devoirs. Il entra ensuite à Arbèles où il trouva des provisions en abondance, ainsi que des objets précieux, le trésor des Barbares et trois mille talents d'argent[1]. Songeant que l'air ne tarderait pas à devenir infect en raison de la grande quantité de cadavres gisant sur le sol, il leva son camp et marcha avec toute son armée sur Babylone. Les Macédoniens furent très-bien accueillis par les habitants qui les traitaient splendidement dans leurs loge-

---

[1] Seize millions cinq cent mille francs.

ments. Les troupes furent ainsi dédommagées de leurs souffrances. Alexandre resta plus de trente jours à Babylone au milieu de l'abondance des vivres et choyé par l'hospitalité des habitants. Il confia la garde de la citadelle à Agathon le Pydnéen, avec sept cents soldats macédoniens. Apollodore d'Amphipolis et Ménès de Pella, furent nommés gouverneurs militaires de la Babylonie et des satrapies qui s'étendent jusqu'à la Cilicie; ils reçurent mille talents d'argent, avec l'ordre d'enrôler le plus grand nombre possible de soldats étrangers. Alexandre donna le gouvernement de l'Arménie à Mithrinès, qui avait livré la citadelle de Sardes. Enfin sur l'argent pris à l'ennemi, il donna à chaque cavalier six mines[1], à chaque cavalier des alliés cinq[2], et deux à chaque homme de la phalange macédonienne[3]. Quant aux soldats étrangers, il les gratifia de deux mois de solde.

LXV. Le roi partit de Babylone, et pendant sa route il fut rejoint par cinq cents cavaliers macédoniens et six mille fantassins envoyés par Antipater. Il reçut, en outre, six cents cavaliers thraces, trois mille cinq cents Tralles, quatre mille fantassins et un peu moins de mille cavaliers, tirés du Péloponnèse; enfin, cinquante jeunes gens, fils des amis du roi, et envoyés par leur père pour servir de garde à Alexandre. Après avoir reçu ces troupes, le roi continua sa marche et atteignit en six jours l'éparchie de Sittace. Comme cette contrée était riche en subsistances, il y séjourna plusieurs jours, tant pour remettre ses troupes des fatigues de la route, que pour réorganiser son armée; il promut des officiers à des grades supérieurs et augmenta la force de l'armée par le nombre des soldats et la bravoure des chefs. Après avoir terminé ces dispositions, et soigneusement apprécié le mérite de ces officiers, Alexandre confia à un grand nombre d'entre eux des pouvoirs étendus, et en ajoutant à leur considération, il se les attachait fortement. Il étendit aussi ses soins aux simples soldats, pourvut à tous leurs besoins et

---

[1] Cinq cent cinquante francs.
[2] Environ quatre cent soixante francs.
[3] Environ cent quatre-vingt-dix francs.

améliora leur position. Ainsi il s'assura le dévouement de toute l'armée, et, pouvant compter sur l'obéissance et la bravoure de ses soldats, il se prépara à de nouveaux combats.

Alexandre entra dans la Susiane et s'empara sans coup férir du fameux palais du roi à Suse : le satrape Abulète avait livré la ville volontairement, ou, selon quelques historiens, d'après les ordres que Darius lui-même avait donnés à ses affidés. On ajoute que le roi des Perses en avait agi ainsi afin qu'Alexandre, une fois en possession des villes les plus célèbres et des immenses trésors de l'empire, vécût subjugué par les plaisirs, au sein de l'oisiveté, et laissât à Darius en fuite le temps de se préparer à une nouvelle campagne.

LXVI. Maître de Suse, Alexandre s'empara des trésors renfermés dans le palais, et y trouva plus de quarante mille talents en or et en argent non monnayés [1]. Ce trésor était, de temps immémorial, conservé intact par les rois, comme une ressource qui pouvait leur servir dans des cas de revers inattendus. Indépendamment de ces richesses, il y avait encore neuf mille talents d'or en monnaie de dariques [2].

Au moment où le roi prit possession de ces trésors, il arriva un incident singulier. Le roi s'étant assis sur le trône royal, il se trouva que ce siége était trop haut pour la taille d'Alexandre ; un des serviteurs voyant que les pieds du roi étaient loin de toucher au dernier degré du trône, prit la table de Darius et la plaça sous les pieds d'Alexandre. Le roi se montra content de celui qui avait trouvé ce moyen ingénieux. Mais un des eunuques assistant au trône, profondément ému de cette vicissitude du sort, versa des larmes. Alexandre s'en étant aperçu : « Quel mal-

---

[1] Environ deux cent vingt millions de francs (en talents attiques).

[2] Sept cent soixante-deux millions sept cent cinquante mille francs ; le talent d'or valant quatre-vingt-quatre mille sept cent cinquante francs. Miot, trouvant cette somme exagérée, propose de lire au lieu de talents d'or, *talents d'argent*, ce qui ne ferait que quarante-neuf millions cinq cent mille francs. Je n'ai pas adopté cette correction ; car je ne trouve ici rien d'exagéré dans l'évaluation du trésor du plus riche souverain de la terre. La somme de 762,750,000 francs, qui formait, pour ainsi dire, le trésor de réserve des rois de Perse (πρὸς τὰ παράλογα τῆς τύχης καταφυγή), est encore loin d'atteindre le chiffre du budget de la France.

heur, lui dit-il, t'est-il arrivé pour que tu pleures? — Je suis maintenant ton esclave, répondit l'eunuque; je l'étais naguère de Darius; comme j'aime mes maîtres, je gémis de voir un meuble auquel Darius attachait le plus grand prix, servir maintenant à un si vil usage. » Rappelé par ces paroles au souvenir du revers que venait d'éprouver l'empire des Perses, Alexandre se reprocha d'avoir commis un acte d'un orgueil insultant et qui n'était guère en harmonie avec les égards qu'il avait eus pour les captives. Il rappela donc celui qui avait apporté la table et lui ordonna de la retirer. Mais Philotas, placé à côté du roi, lui dit: « Il n'y a pas là d'insulte, le fait s'est passé sans ton ordre et par l'inspiration de quelque bon génie. » Le roi accepta l'augure, et ordonna de laisser la table au pied du trône.

LXVII. Alexandre laissa à Suse la mère, les filles et le fils de Darius, et leur donna des maîtres pour leur enseigner la langue grecque. Puis, il se remit en route avec son armée, et dans quatre jours il arriva aux bords du Tigre[1]. Ce fleuve prend sa source dans les monts Uxiens, parcourt d'abord un pays montueux et hérissé de précipices, dans un espace de mille stades; il traverse ensuite un pays plat où son cours se ralentit, et, après un trajet de six cents stades, il se jette dans la mer de Perse. Alexandre franchit le Tigre, et entra dans le pays des Uxiens, contrée fertile en fruits de toute espèce, et arrosée par des sources abondantes. C'est de ce pays que les marchands descendant le Tigre apportent à Babylone ces masses variées de fruits bien mûris par la chaleur d'automne et employés aux plaisirs de la table. Alexandre trouva les passages de cette contrée occupés par Madetès; c'était un parent de Darius, qui avait avec lui une armée considérable. Pendant que le roi examinait la position des lieux et voyait que ces défilés étaient impraticables, un naturel du pays, Uxien d'origine, et connaissant parfaitement les localités, offrit au roi de conduire, par un sentier étroit et difficile, un détachement de l'armée macédonienne et de le faire arriver à un poste qui

---

[1] C'est le *Pasitigre* dont il est ici question. Voyez Arrien, III, 17; et Quinte-Curce, V, 3.

dominerait les ennemis. Alexandre accepta cette offre : il fit partir avec ce guide un détachement suffisant, tandis que lui-même, pour se frayer le passage, attaqua les postes qui en gardaient l'entrée. Il s'engagea une action très-vive, et tandis que les Barbares étaient exclusivement occupés à ce combat, le détachement envoyé par le sentier se montra inopinément sur les hauteurs qui dominent les postes gardant l'entrée du défilé. Les Barbares saisis de frayeur se mirent en fuite ; Alexandre s'empara du défilé et bientôt après de toutes les villes de l'Uxiane.

LXVIII. Alexandre s'avança ensuite vers la Perse et arriva cinq jours après aux roches Susiades. Ce défilé était occupé par Ariobarzane, ayant sous ses ordres vingt-cinq mille hommes d'infanterie et trois cents cavaliers. Le roi, persuadé de forcer facilement le passage, traversa sans encombre un pays montueux et rempli de précipices. Les Barbares le laissèrent ainsi s'avancer un peu ; mais, lorsqu'il eut atteint le milieu du défilé, les Barbares l'attaquèrent soudain, en faisant rouler du haut des montagnes des quartiers de roche qui écrasaient un grand nombre de Macédoniens ; quelques autres lançaient, du sommet des rochers, leurs javelots sur les phalanges compactes dont l'épaisseur leur offrait un but certain ; d'autres, enfin, repoussaient à coups de pierres les Macédoniens qui tentaient de gravir les hauteurs. Ce fut ainsi que, grâce à la nature du terrain, les Barbares eurent le dessus, en tuant ou en blessant un grand nombre de Macédoniens. Dans cette position sans remède, Alexandre, voyant qu'il perdait beaucoup de soldats et que presque tous les siens étaient blessés, tandis que les ennemis ne comptaient pas un mort, ni même un blessé, fit sonner la retraite. Il revint donc à trois cents stades[1] en arrière, fit faire halte et demanda aux naturels du pays s'il n'y avait pas d'autre passage. Tous lui répondirent qu'il n'y en avait pas d'autre, à moins de faire un détour de plusieurs journées de marche. Pensant qu'il serait honteux de laisser ses morts sans sépulture, il résolut d'interroger tous les prisonniers avant de demander la per-

[1] Quinte-Curce, V, 3, ne parle que de trente stades.

mission humiliante d'enlever les morts, ce qui aurait été l'aveu d'une défaite. Parmi ces prisonniers, il y en eut un qui parlait les deux langues, le grec et le persan. Cet homme raconta qu'il était Lycien d'origine, qu'il avait été fait prisonnier de guerre et qu'il avait gardé, pendant plusieurs années, les troupeaux dans les montagnes, et que, connaissant parfaitement le pays, il pouvait conduire l'armée par un chemin boisé sur les derrières des Barbares qui gardaient le défilé. Le roi promit à cet homme de grandes récompenses, et, se servant de ce guide, il profita de la nuit pour prendre un chemin de montagne très-difficile, couvert de neige, garni de fondrières et de nombreux précipices. Enfin il se montra à l'improviste à l'avant-garde de l'ennemi qu'il passa au fil de l'épée; il tomba ensuite sur la seconde garde et en fit tous les hommes prisonniers, puis sur la troisième qu'il mit en fuite; enfin il resta maître du défilé, après avoir détruit la plus grande partie des troupes d'Ariobarzane.

LXIX. Alexandre se dirigea ensuite sur Persépolis. Pendant sa marche, il reçut une lettre de Téridate, gouverneur de cette ville, qui lui mandait que, dans le cas où il devancerait les troupes chargées par Darius de la défense de Persépolis, il se rendrait facilement maître de la ville. Alexandre pressa donc sa marche, jeta un pont sur l'Araxe et y fit passer son armée. Le roi poursuivait ainsi sa route, lorsqu'un spectacle aussi étrange qu'affreux s'offrit à ses regards, spectacle inspirant l'horreur contre ceux qui en étaient les auteurs, et la commisération pour de malheureuses victimes. Le roi vit venir à sa rencontre environ huit cents Grecs, en habit de suppliants : ils avaient été réduits à l'esclavage par les prédécesseurs de Darius. Ces malheureux, pour la plupart déjà avancés en âge, étaient tous mutilés : les uns avaient les mains coupées; les autres les pieds; d'autres les oreilles et le nez; ceux qui savaient quelque métier ou quelque industrie, on ne leur avait laissé que les membres nécessaires pour l'exercice de leur état. La vue de tous ces infortunés, respectables par leur âge et par leurs souffrances, excita au plus haut degré la sympathie d'Alexandre, qui ne put retenir ses larmes. Tous suppliaient à grands cris Alexandre de les soulager de leurs maux. Le roi appela près de lui les chefs de cette troupe, leur promit qu'il aurait grand soin d'eux, et, dans sa magnanimité, il songeait à les faire ramener dans leur patrie. Mais ces infortunés, après s'être réunis et consultés entre eux, déclarèrent qu'ils aimaient mieux demeurer là où ils étaient que de retourner dans leur patrie. « Car, disaient-ils, une fois de retour dans notre pays, nous serons dispersés dans différentes villes et notre misère ne sera partout qu'un objet de risée. Vivant au contraire en commun, ayant tous le même sort, nous trouvons dans notre infortune des consolations réciproques. » Telle fut la réponse qu'ils apportèrent au roi qu'ils priaient seulement de leur accorder aide et protection. Approuvant cette résolution, Alexandre fit distribuer à chacun d'entre eux trois mille drachmes[1], cinq vêtements d'homme et autant de vêtements de femme, deux couples de bœufs, cinquante moutons et cinquante médimnes de froment. Il les exempta de tout impôt royal et ordonna aux gouverneurs de veiller à ce qu'il ne fût fait de mal à aucun d'entre eux. Tels furent les bienfaits dont Alexandre, cédant à son bon naturel, combla ces infortunés.

LXX. Alexandre signala aux Macédoniens Persépolis, métropole de l'empire perse, comme la ville la plus ennemie des Grecs, et la livra, à l'exception du palais des rois, au pillage des soldats. Persépolis était alors la ville la plus riche qu'il y eût sous le soleil; les maisons des particuliers renfermaient toute sorte de richesses, accumulées depuis un temps immémorial; les Macédoniens y pénétrèrent, massacrant tous les hommes sur leur passage, et pillèrent les habitations pleines de meubles et d'objets précieux. Une masse d'argent et d'or, une immense quantité de riches vêtements, les uns teints en pourpre de mer, les autres tissus d'or, devinrent la proie des soldats, ou plutôt le prix de leur bravoure. Enfin, cette grande et si fameuse résidence des rois fut ainsi livrée aux insultes du soldat et vouée à une destruction complète. Une journée entière de pillage ne

---

[1] Plus de deux mille sept cents francs.

suffisait pas aux Macédoniens insatiables de butin; leur cupidité était telle qu'ils se battaient entre eux, et un grand nombre de ceux qui voulaient s'approprier une part trop large furent tués. Quelques-uns se servaient de leurs épées pour couper des morceaux d'étoffes précieuses et emportaient leur part; d'autres, transportés par la rage, coupaient les mains qui tenaient les objets disputés. Les femmes étaient violemment enlevées avec tous leurs ornements et vendues comme esclaves. Le sort de Persépolis fut donc aussi malheureux que sa prospérité avait été grande.

LXXI. Alexandre visita la citadelle et prit les trésors qui s'y trouvaient. Ces trésors, provenant des revenus accumulés depuis Cyrus, premier roi des Perses, jusqu'à cette époque, étaient pleins d'argent et d'or. Ils contenaient la valeur de cent vingt mille talents [1], en réduisant l'or à la valeur de l'argent. Le roi, qui avait l'intention d'emporter avec lui une partie de cet argent pour les besoins de la guerre, d'en déposer l'autre partie à Suse, fit venir de Babylone, de la Mésopotamie, et même de Suse, une multitude de mulets, tant de bât que de train, et trois mille chameaux pour faire transporter tout l'argent dans les lieux désignés. Car il connaissait les dispositions hostiles des naturels du pays, et se méfiait d'eux; il était d'ailleurs décidé à renverser Persépolis de fond en comble.

Nous ne croyons pas hors de propos de dire ici un mot des palais magnifiques que renfermait cette ville. La citadelle était considérable; elle était entourée d'une triple enceinte; la première, construite à grands frais, avait seize coudées de haut et était garnie de créneaux; la seconde enceinte, de même construction que la première, avait le double de hauteur; enfin la troisième, de forme carrée, avait soixante coudées de haut; bâtie en granit, elle semblait par sa solidité défier le temps. Chacun des côtés avait des portes d'airain, et près de ces portes étaient des palissades de même métal, de vingt coudées de haut, tant pour inspirer de la terreur que pour assurer la défense. Au

[1] Six cent soixante millions de francs.

levant, à quatre plèthres environ de la citadelle, se trouve le mont Royal où sont les tombeaux des rois. C'est un rocher taillé dont l'intérieur renferme plusieurs compartiments où étaient déposés les cercueils. Aucun passage, fait par la main de l'homme, n'y donnait accès; c'est au moyen de machines artificiellement construites que les corps étaient descendus dans les tombeaux. Quant à l'intérieur de la citadelle, on y voyait plusieurs appartements richement meublés, et destinés à loger les rois et les chefs de l'armée. La chambre où se conservaient les trésors était très-solidement construite.

LXXII. Alexandre, célébrant les victoires qu'il avait remportées, offrit aux dieux de pompeux sacrifices, et prépara à ses amis de splendides festins. Des courtisanes prirent part à ces banquets, les libations se prolongèrent, et la fureur de l'ivresse s'empara de l'esprit des convives. Une des courtisanes admises à ces banquets, Thaïs, née dans l'Attique, se mit alors à dire qu'un des plus beaux faits dont Alexandre pourrait s'illustrer en Asie, serait de venir avec elle et ses compagnes incendier le palais des rois, et de faire disparaître ainsi en un clin d'œil, par des mains de femme, ce fameux monument des Perses. Ces paroles, s'adressant à des hommes jeunes auxquels le vin avait déjà ôté l'usage de la raison, ne pouvaient manquer leur effet : l'un d'eux s'écria qu'il se mettrait à la tête, et qu'il fallait allumer des torches et venger les outrages que les temples des Grecs avaient jadis reçus de la part des Perses. Les autres convives y applaudirent, s'écriant qu'Alexandre seul était digne de commettre un tel exploit. Le roi se laissa entraîner, et tous les convives, se précipitant hors de la salle du festin, promirent à Bacchus d'exécuter une danse triomphale en son honneur. Aussitôt on apporta une multitude de torches allumées, et le roi s'avança à la tête de cette troupe de Bacchantes conduite par Thaïs : la marche s'ouvrit au son des chants, des flûtes et des chalumeaux de ces courtisanes enivrées. Le roi et, après lui, Thaïs, jetèrent les premières torches sur le palais; les autres suivirent cet exemple, et bientôt tout l'emplacement de l'édifice ne fut qu'une immense flamme. Ce qu'il y a de plus singulier, c'est que l'insulte que Xerxès, roi des Perses, avait faite aux Athéniens en brûlant leur citadelle, fut ainsi, au bout de tant d'années, vengée au milieu d'une fête, par une simple femme, citoyenne de la même ville d'Athènes.

LXXIII. Alexandre partit de Persépolis et se dirigea sur les autres villes de la Perse : il prit les unes d'assaut et subjugua les autres par sa clémence ; puis, il se remit sur les traces de Darius. Celui-ci essayait de rassembler les troupes de la Bactriane et des autres satrapies de l'Asie supérieure. Serré de près par l'ennemi, il allait se réfugier à Bactres avec trente mille hommes, tant Perses que mercenaires grecs, lorsqu'au milieu de sa retraite il fut arrêté par Bessus, satrape de Bactres, et assassiné. Darius n'était déjà plus, pendant qu'Alexandre le poursuivait encore avec sa cavalerie ; enfin, trouvant Darius mort, il s'empara de son corps et l'honora de la sépulture royale. Au rapport de quelques historiens, Darius respirait encore au moment où Alexandre le saisit, et ce dernier fut pris de commisération à l'aspect de tant d'infortune ; et, sommé par les dernières paroles de Darius de punir ce meurtre, il se mit aussitôt à la poursuite de Bessus. Mais le meurtrier, qui avait beaucoup d'avance sur Alexandre, s'était réfugié dans l'intérieur de la Bactriane. Alexandre, renonçant à l'espoir de l'atteindre, revint sur ses pas. Tels sont les événements arrivés en Asie.

En Europe, les Lacédémoniens, vaincus dans une grande bataille, furent réduits à traiter avec Antipater. Mais celui-ci leur répondit qu'il s'en rapporterait à la décision de l'assemblée générale des Grecs. Cette assemblée fut convoquée à Corinthe, et, après plusieurs discours prononcés de part et d'autre, les membres arrêtèrent de remettre l'affaire intacte à la décision d'Alexandre. Antipater prit en otage cinquante Spartiates choisis parmi les citoyens des plus illustres. Les Lacédémoniens envoyèrent des députés en Asie pour solliciter d'Alexandre le pardon de leurs torts.

LXXIV. L'année étant révolue, Céphisophon fut nommé archonte d'Athènes, et les Romains élurent pour consuls Caïus Valérius et Marcus Claudius[1]. Dans cette année, Bessus, après la mort de Darius, se réfugia au fond de la Bactriane avec Nabarzane, Barxaente et plusieurs autres complices, afin de se soustraire aux mains d'Alexandre. Nommé satrape de cette contrée par Darius, et connu en cette qualité des populations qu'il gouvernait, il appela les habitants aux armes pour défendre leur liberté. Il leur représentait que la nature du pays, d'un accès difficile, seconderait leurs efforts et que d'ailleurs les populations étaient assez nombreuses pour défendre leur indépendance. Il déclara qu'il conduirait lui-même la guerre; il harangua suffisamment la multitude et se proclama lui-même roi. Bessus leva donc des troupes, fit fabriquer des armes et travailla activement à tous les moyens de défense.

Cependant Alexandre, voyant que les Macédoniens considéraient la mort de Darius comme la fin de l'expédition, et qu'ils s'étaient mis dans la tête de retourner dans leur patrie, convoqua une assemblée où, par des paroles appropriées, il décida les soldats à le suivre dans de nouvelles entreprises. Il rassembla ensuite les troupes auxiliaires que lui avaient fournies les villes grecques alliées, fit l'éloge de leur conduite et les congédia après avoir donné à chaque cavalier un talent d'argent[2] et à chaque fantassin dix mines[3]. Indépendamment de ces récompenses, il leur paya la solde qui leur était due, et leur fournit les moyens de rentrer dans leurs foyers. Enfin, il donna trois talents à tous ceux qui préféraient continuer à servir le roi. En honorant les soldats de grandes récompenses, Alexandre obéissait à ses instincts généreux : il s'était aussi rendu maître d'immenses richesses par la poursuite de Darius; les trésoriers lui avaient remis huit mille talents; indépendamment de cette somme, tout ce qu'il avait distribué aux soldats, y compris les coupes d'or et autres objets précieux, s'élevait à plus de treize mille talents. Si

---

[1] Quatrième année de la CXII^e olympiade; année 329 avant J.-C.
[2] Cinq mille cinq cents francs.
[3] Neuf cent dix-neuf francs.

l'on voulait compter tout ce qui a été dérobé et pillé, on dépasserait de beaucoup ces sommes.

LXXV. Alexandre se remit en route vers l'Hyrcanie, et après trois jours de marche, il vint établir son camp près d'une ville appelée *Hécatompyle*. Comme cette ville était opulente et abondamment pourvue de vivres ; il y fit une halte de plusieurs jours. Puis, il parcourut un espace de cent cinquante stades, et vint camper près d'un grand rocher. Au pied de ce rocher se trouve un antre prodigieux d'où s'échappe un grand fleuve appelé *Stibatès*. Ce fleuve coule d'un cours rapide dans l'étendue de trois stades, il se brise ensuite contre un roc mamelonné, se divise en deux branches et se précipite dans un vaste gouffre qui s'ouvre sous ce roc. Ses eaux écumantes retentissent au loin, coulent ensuite sous terre dans un espace de trois cents stades et reparaissent de nouveau à la surface du sol.

Alexandre entra avec son armée dans le pays des Hyrcaniens et y soumit toutes les villes jusqu'à la mer Caspienne, que quelques-uns appellent aussi *mer Hyrcanienne*. On raconte que cette mer nourrit des serpents grands et nombreux, ainsi que diverses espèces de poissons, différents, par leur couleur, des poissons qui vivent ailleurs[1]. En traversant l'Hyrcanie, Alexandre rencontra les bourgs dits *fortunés* ; et ils le sont en effet, car ce pays est plus fertile en productions qu'aucun autre. Chaque cep de vigne y donne, dit-on, une mesure de vin ; parmi les figuiers il y en a qui produisent jusqu'à dix médimnes[2] de figues sèches. Enfin, à l'époque de la moisson, les grains de blé qui tombent sur la terre et qu'on y laisse, dispensent des semailles, germent et donnent une récolte abondante. On trouve dans ce pays un arbre qui a l'aspect d'un chêne ; ses feuilles distillent du miel que quelques habitants recueillent, et en font une nourriture abondante[3]. On y voit aussi un petit animal ailé qui s'appelle

---

[1] Quinte-Curce, VI, 4 : *Mare Caspium dulcius ceteris, ingentis magnitudinis serpentes alit ; pisces longe diversi ab aliis coloris.* On dirait ce passage presque littéralement traduit sur le texte de Diodore.

[2] Plus de quatre cent trente litres.

[3] Plusieurs arbres, mais particulièrement l'érable (*Acer saccharinus*) exsu-

anthredon; il est moins gros qu'une abeille, mais d'une très-belle apparence. Il habite les montagnes, suce le suc de toute espèce de fleurs, s'établit dans le creux des rochers ou des arbres frappés de la foudre, et y forme des ruches qui donnent un suc à peu près aussi doux que notre miel [1].

LXXVI. Alexandre continua sa marche à travers l'Hyrcanie, et soumit les tribus voisines de ce pays. Il reçut dans sa route la soumission de plusieurs chefs qui s'étaient enfuis avec Darius; il les traita avec humanité et ajouta encore à sa réputation de clémence. Bientôt après, les Grecs qui avaient servi dans l'armée de Darius, tous hommes pleins de bravoure, se rendirent à Alexandre et implorèrent leur grâce. Alexandre les incorpora dans son armée et leur donna la même paie qu'aux autres soldats. Après avoir traversé l'Hyrcanie maritime [2], il entra dans le pays des Mardes. Ces Barbares, d'une force physique remarquable, avaient jusqu'alors méprisé l'accroissement de la puissance du roi, et n'avaient fait aucune démonstration de déférence. Ils avaient occupé, avec un corps de huit mille hommes, les passages qui donnaient accès dans leur pays, et attendaient intrépidement l'arrivée des Macédoniens. Le roi les attaqua; dans la bataille qui fut livrée, il leur fit perdre beaucoup de monde et refoula le reste dans les défilés. Pendant que la contrée fut ravagée par le feu et le fer, il arriva que les domestiques chargés de conduire les chevaux du roi, s'écartèrent un peu du train de l'armée, et furent attaqués par quelques Barbares, qui enlevèrent le meilleur des chevaux. Ce cheval

---

dent, à l'époque du printemps, un suc mielleux qui se dépose comme une rosée à la face supérieure des feuilles. Ce suc n'est pas de la manne, mais du sucre de canne dissous dans une très-petite quantité d'eau. Par la chaleur du soleil, l'eau se vaporise et le sucre reste appliqué sur la feuille, sous forme d'une mince couche cristalline. C'est ce qui explique pourquoi on ne voit que le matin cet enduit sirupeux qui recouvre les feuilles de certains arbres. Quinte-Curce (VI, 4) parle ainsi de cet arbre à sucre, qui est probablement une espèce d'érable : *Frequens arbor faciem quercus habet, cujus folia multo melle tinguntur; sed nisi solis ortum incolæ occuparerint vel modico tepore succus extinguitur.*

[1] Comparez Aristote, *Hist. animal.*, IX, 43; Élien, *Hist. animal.*, XV, 1.
[2] Qui touche à la mer Caspienne.

lui avait été donné par Démarate, de Corinthe, et Alexandre l'avait monté dans tous les combats qu'il avait livrés en Asie[1]. [Cet animal était d'une intelligence remarquable] : lorsqu'il n'était pas sellé il ne se laissait monter que par l'écuyer ; mais aussitôt qu'il portait le harnais royal, il ne se laissait monter que par Alexandre auquel il livrait le dos en pliant les genoux. Vivement affecté de la perte de cet excellent animal, le roi ordonna de couper les arbres de la campagne et il publia une proclamation dans la langue du pays, annonçant que si on ne lui rendait pas son cheval, le pays serait complétement dévasté et tous les habitants égorgés. Cette menace eut un prompt effet ; les Barbares effrayés ramenèrent le cheval et apportèrent de très-riches présents ; ils lui envoyèrent en même temps cinquante hommes chargés de demander grâce. Alexandre se fit livrer en otage les hommes les plus considérés.

LXXVII. En retournant dans l'Hyrcanie, le roi reçut la visite de la reine des Amazones, Thalestris ; elle régnait sur le pays situé entre le Phasis et le Thermodon. Cette reine, d'une beauté et d'une force de corps remarquables, était admirée pour sa bravoure par ses compatriotes. Elle avait laissé son armée sur les frontières de l'Hyrcanie, et n'était accompagnée que de trois cents Amazones, ornées d'armures de guerre. Frappé de surprise à la vue imposante de cette femme guerrière, le roi demanda à Thalestris pourquoi elle était venue. « Je suis venue, répondit-elle, pour avoir de toi un enfant. De tous les hommes, tu es celui qui as accompli les plus grandes actions. Aucune femme ne l'emporte sur moi en force et en bravoure. Il est donc probable que de deux êtres aussi supérieurs aux autres, naîtra un enfant qui, par ses qualités, surpassera les autres mortels. » Ravi de cette réponse, le roi accueillit l'invitation de Thalestris, et, après avoir passé treize jours avec elle, il la renvoya comblée de beaux présents.

Alexandre ayant à peu près touché au but de son entreprise, et atteint au faîte du pouvoir suprême, commença à imiter le

---

[1] Ce cheval était le fameux *Bucéphale*. Voyez Quinte-Curce, VI, 5.

luxe des Perses et la magnificence des rois asiatiques. D'abord il introduisit à sa cour des appariteurs d'origine asiatique, et il s'entoura d'une garde composée des hommes les plus illustres du pays, parmi lesquels se trouvait même un frère de Darius Oxathrès. Bientôt il ceignit sa tête du diadème persique et se revêtit de la tunique blanche, de la ceinture et de tout le reste de l'habillement des Perses, à l'exception des anaxyrides[1] et des candys[2]. Il donna à ses mignons des vêtements de pourpre, et à ses chevaux des harnais perses. Enfin, il s'entoura, comme Darius, de concubines remarquablement belles, choisies parmi toutes les femmes de l'Asie; elles étaient en même nombre que les jours de l'année. Chaque nuit toutes ces belles femmes se rassemblaient autour du lit du roi, afin qu'il désignât lui-même celle qui devait passer la nuit avec lui. Cependant Alexandre usait de ces mœurs avec réserve et revenait le plus souvent à ses anciennes habitudes, dans la crainte de heurter les Macédoniens; et lorsque plusieurs d'entre eux lui reprochaient sa vie, il cherchait à les apaiser par des présents.

LXXVIII. A la nouvelle que Satibarzane, satrape de Darius, avait massacré un corps de troupes choisies, faisait cause commune avec Bessus et se préparait, de concert avec lui, à faire la guerre aux Macédoniens, Alexandre marcha contre lui. Satibarzane avait réuni son armée à Chortacane[3], la ville la plus célèbre de cette contrée, et naturellement fortifiée. Mais dès qu'il se trouva en présence du roi, il fut effrayé du nombre des Macédoniens et de leur réputation de valeur. Il se réfugia donc auprès de Bessus avec deux mille cavaliers, pour lui demander de prompts secours; et il ordonna aux autres [qui le suivaient] de chercher un asile sur une montagne appelée ***[4], remplie de défilés, et offrant toute sécurité à ceux qui n'osaient point com-

---

[1] Sorte de pantalons très-larges, comme en portent encore aujourd'hui les Orientaux.
[2] Espèce de surtout à manches.
[3] Arrien appelle cette ville *Artacoana*, Quinte-Curce *Artacaena*, et Strabon *Artacana*.
[4] Le texte est ici tronqué.

battre l'ennemi de front. Cet ordre était à peine exécuté, lorsque le roi, avec sa promptitude ordinaire, vint assiéger ceux qui s'étaient réfugiés sur un rocher fort et immense, et les força à se rendre à discrétion. Il s'empara ensuite, dans l'espace de trente jours, de toutes les villes de cette satrapie et sortit de l'Hyrcanie pour se rendre dans la résidence royale de Drangine ; il y établit ses quartiers, et fit reposer son armée.

LXXIX. A cette époque, Alexandre se rendit coupable d'une action mauvaise et en opposition avec sa bonté naturelle. Un des favoris du roi, nommé Dimnus, ayant eu à se plaindre du roi, se laissa emporter par la colère et conspira contre lui. Dimnus communiqua son projet à Nicomaque, son mignon. Mais celui-ci, qui était un tout jeune homme, le découvrit à son frère Cébalinus, qui, dans la crainte qu'un des complices ne le prévînt en dénonçant la conspiration au roi, se décida à tout dévoiler. Il se rendit donc à la cour, et, rencontrant Philotas, l'entretint du motif de sa visite et l'engagea à tout rapporter immédiatement au roi. Philotas, soit qu'il fût lui-même dans la confidence, soit négligence, n'eut aucun souci de ce qui venait de lui être dit ; et bien qu'il eût eu une longue conférence avec Alexandre sur divers objets, il ne lui dit rien de ce que Cébalinus lui avait dévoilé. En quittant le roi, il se rendit auprès de Cébalinus, lui dit que le moment n'avait pas été opportun pour s'occuper de cette affaire, et lui promit qu'il en ferait part au roi le lendemain, et qu'il lui raconterait tout. Mais le lendemain Philotas en fit autant, remettant l'affaire à un autre jour. Cébalinus, plus inquiet que jamais de courir du danger si un autre venait à révéler cette conspiration, renonça à l'entremise de Philotas ; il alla donc trouver un des serviteurs du roi et lui raconta tout ce qu'il savait, en le priant d'en faire au plus vite part au roi. Ce serviteur introduisit d'abord Cébalinus dans la salle d'armes et l'y cacha ; puis, il alla trouver le roi, alors dans le bain, rapporta ce qui lui avait été dit et ajouta qu'il avait mis Cébalinus sous bonne garde. Surpris de cette révélation, le roi fit aussitôt arrêter Dimnus, et, pour connaître tous les détails, il fit venir devant lui Cébalinus et Philotas. Après des aveux complets, Dimnus se suicida; mais Philotas nia d'être complice et ne s'avoua coupable que de négligence. Le roi le fit alors mettre en jugement devant un tribunal composé de Macédoniens.

LXXX. Après avoir entendu les discours de la défense et de l'accusation, le tribunal condamna à mort Philotas et ses complices. Au nombre de ces derniers se trouvait Parménion, qui passait pour le premier des amis d'Alexandre; il était alors absent, mais il était accusé de conspirer par l'intermédiaire de son fils Philotas. Philotas qui, mis d'abord à la torture, avait tout avoué, fut exécuté avec ses complices, selon l'usage des Macédoniens. Alexandre de Lynceste était également accusé d'avoir conspiré contre la vie du roi; il était détenu depuis trois ans, et, par l'intercession de son ami Antigone, le jugement avait toujours été ajourné. Mais il fut alors condamné à mort par le tribunal des Macédoniens, sans qu'il eût pu se défendre. Alexandre fit partir quelques affidés sur des dromadaires; arrivés à leur destination avant que Parménion eût reçu la nouvelle de la mort de Philotas, ils assassinèrent Parménion, père de Philotas. Parménion avait été nommé gouverneur de la Médie, et Alexandre lui avait confié la garde des trésors d'Ecbatane, renfermant cent quatre-vingt mille talents[1]. A la suite de ce procès, Alexandre écarta de l'armée des Macédoniens ceux qui se prononçaient trop librement sur son compte, ceux qui étaient indignés de la mort de Parménion, enfin ceux qui, dans les lettres qu'ils envoyaient en Macédoine, écrivaient à leurs parents des choses contraires aux intérêts du roi. De tous ces mécontents il forma un corps à part sous le nom de *bataillon des indisciplinés*, afin que, par leurs propos et leurs murmures, ils ne corrompissent pas le reste de l'armée macédonienne.

LXXXI. Après avoir terminé ces affaires et réglé le gouvernement de la Drangine, Alexandre marcha avec son armée contre les tribus, jadis appelées les Arimaspes, et qui se nomment maintenant les Évergètes; voici pourquoi : Cyrus, celui

---

[1] Neuf cent quatre-vingt-dix millions de francs.

qui transporta l'empire des Mèdes aux Perses, fut, pendant le cours de son expédition, arrêté dans une contrée déserte, entièrement dépourvue de subsistances; il y courut les plus grands dangers et vit ses soldats, pressés par la faim, se manger les uns les autres. Dans ce moment critique, les Arimaspes lui amenèrent trois mille chariots remplis de vivres. Sauvé par ce secours inattendu, Cyrus exempta la nation de tout impôt, l'honora de présents et changea son ancien nom en celui d'*Évergétes*[1]. C'est dans cette contrée qu'Alexandre arriva alors avec son armée; il fut accueilli des habitants avec empressement et leur témoigna son estime par des dons convenables. Le roi répondit par les mêmes faveurs à l'accueil hospitalier que lui firent les Cédrosiens, voisins des Arimaspes. Il confia à Téridate le gouvernement militaire de ces deux nations.

Tandis qu'il était occupé à ces affaires, il reçut la nouvelle que Satibarzane avait passé de la Bactriane chez les Ariens, et soulevé les habitants contre Alexandre. A la réception de cette nouvelle, le roi détacha une partie de son armée sous les ordres d'Érigyius et de Stasanor. Quant à lui, il se porta sur l'Arachosie et la soumit dans l'espace de peu de jours.

LXXXII. L'année étant révolue, Euthycrite fut nommé archonte d'Athènes; les Romains élurent pour consuls Lucius Plotius et Lucius Papirius, et on célébra la CXIII[e] olympiade[2]. Dans cette année, Alexandre marcha contre les Paropamisades. La région qu'habite ce peuple est située sous les Ourses[3]; elle est toute couverte de neige et inaccessible aux autres nations à cause de l'extrême froid qui y règne. La plus grande partie du pays est plate, déboisée, et garnie de villages. Les maisons de ces villages ont les toits formés de tuiles réunies en voûte et terminées en pointe. Au milieu de ce toit est pratiquée une

---

[1] Εὐεργέται, bienfaiteurs.

[2] Première année de la CXIII[e] olympiade; année 328 avant J.-C. — Cliton le macédonien était vainqueur à la course du stade. Ce nom manque dans le texte.

[3] La grande et la petite ourse. Il est inutile de rappeler que la locution si commune de κεῖται ὑπὸ τὰς ἄρκτους, ne doit pas être prise dans un sens trop littéral, et qu'elle s'applique en général aux pays situés vers le nord.

ouverture en guise de fenêtre par où sort la fumée. Tout autour la maison est bien close, et les habitants se mettent ainsi à l'abri de la rigueur du climat. A cause de l'abondance de la neige, les naturels du pays passent dans ces habitations la plus grande partie de l'année et y amassent leurs vivres. Ils recouvrent de terre les vignes et les arbres fruitiers, qui se conservent ainsi pendant l'hiver, et ils n'en ôtent la terre que lorsque la saison ranime la végétation. L'aspect du pays n'est ni verdoyant ni agréable; on n'y voit que la neige blanche et les glaçons réfléchissant la lumière. Aussi aucun oiseau, aucun animal sauvage n'y fixe son séjour; toute la région est inhospitalière et inaccessible. Cependant ces obstacles n'arrêtèrent point la marche du roi; avec son audace ordinaire et la persévérance des Macédoniens, il vint à bout des difficultés que la nature du pays lui opposait. Néanmoins, beaucoup de soldats n'ayant pas assez de forces pour suivre l'armée, quittèrent les rangs et furent abandonnés. Quelques-uns perdirent la vue par l'effet de la lumière réfléchie par la neige. On ne distinguait de loin que la fumée de ces villages s'élevant des foyers; les Macédoniens se servirent de cet indice pour s'y rendre et s'en emparer. Là, ils trouvèrent des vivres en abondance et les moyens de se refaire de leurs fatigues. Le roi se rendit promptement maître de ces populations indigènes.

LXXXIII. Alexandre s'approcha ensuite du Caucase que quelques-uns nomment aussi le *Paropamise*. Il mit seize jours à traverser cette montagne dans sa largeur et, à l'entrée dans la Médie, il fonda une ville à laquelle il donna le nom d'Alexandrie. Au milieu du Caucase, se trouve un rocher de dix stades de circonférence et de quatre de haut; dans ce rocher les naturels du pays montrent la grotte de Prométhée, la demeure de l'aigle qui, selon la tradition, était chargé du supplice de Prométhée, et la trace des chaînes qui le retenaient attaché. Alexandre fonda encore d'autres villes, à une journée de distance de cette nouvelle Alexandrie. Il y transféra sept mille Barbares, trois mille hommes de troupes irrégulières et les mercenaires de bonne volonté. A la nouvelle que Bessus avait ceint le diadème et qu'il rassemblait des troupes, Alexandre marcha sur la Bactriane. Telle était la situation des choses pour ce qui concerne Alexandre lui-même.

Les généraux envoyés dans l'Arie atteignirent les rebelles qui avaient réuni des forces considérables, commandées par un chef habile et brave, Satibarzane. Ils établirent leur camp dans le voisinage des ennemis. Il y eut d'abord de fréquentes escarmouches et divers combats entre des détachements peu nombreux. Enfin, il s'engagea une bataille en règle; la victoire était longtemps incertaine, lorsque Satibarzane, général des rebelles, ôtant de sa main le casque qui lui couvrait la tête, se montra à découvert et provoqua les généraux d'Alexandre à un combat singulier. Érigyius accepta le défi; les deux champions firent preuve d'une valeur héroïque; Érigyius cependant resta vainqueur. A la mort de leur chef, les Barbares, saisis de terreur, ne songèrent plus qu'à leur sûreté, et se rendirent à discrétion. Bessus, qui s'était lui-même proclamé roi, offrit aux dieux des sacrifices et invita ses amis à un banquet où il eut une querelle avec un de ses compagnons, nommé Bagodaras[1]. Cette querelle s'échauffa de plus en plus; Bessus, irrité, aurait tué Bagodaras, si ses amis ne l'eussent pas détourné de ce dessein. Bagodaras, échappé au danger, se réfugia de nuit auprès d'Alexandre. Les principaux chefs de l'armée de Bessus, informés que leur compagnon était sauvé, et séduits par la promesse de grandes récompenses qu'Alexandre avait fait proclamer, se concertèrent entre eux, arrêtèrent Bessus et le conduisirent devant Alexandre. Le roi les honora de présents magnifiques. Quant à Bessus, il le livra aux frères de Darius et à ses autres parents, pour qu'ils le punissent eux-mêmes. Ils assouvirent leur vengeance d'une manière cruelle et outrageante; ils coupèrent le corps de Bessus par morceaux et en dispersèrent les membres à coups de fronde [2] ****.

---

[1] Quinte-Curce (VII, 4) l'appelle *Cobares*.

[2] Le texte offre ici une lacune considérable. Cette lacune comprend l'espace d'une

LXXXIV.... Après que le traité fut conclu sous la foi du serment, la reine [1], admirant la grandeur d'âme d'Alexandre, envoya de très-beaux présents, et lui promit une soumission absolue.... Aux termes de la capitulation, les mercenaires sortirent immédiatement de la place, et, arrivés à la distance de quatre-vingts stades, ils établirent sans obstacle leur camp, sans se douter de ce qui allait leur arriver. Alexandre, qui était animé d'une haine implacable contre ces mercenaires, se mit en bon ordre à la poursuite des Barbares ; il les attaqua soudain et en fit un grand carnage. Les mercenaires se récrièrent d'abord de ce qu'on avait violé la foi du serment, et appelèrent sur les coupables la vengeance des dieux. Alexandre, de son côté, cria à haute voix qu'il leur avait permis de sortir de la

année. Pour ne pas interrompre le fil de la narration, j'ai intercalé ici la traduction des sommaires grecs que les manuscrits nous ont conservés. Quant aux détails, on les trouvera dans Quinte-Curce, livre VII et VIII, et dans Arrien, livre IV.

Alexandre traverse une région privée d'eau et perd un grand nombre de ses soldats.

Alexandre passe au fil de l'épée, comme coupables de trahison envers les Grecs, les Branchides, relégués jadis par les Perses aux confins de l'empire.

Le roi marche contre les Sogdiens et les Scythes.

Les principaux Sogdiens condamnés au dernier supplice sont sauvés miraculeusement.

Alexandre châtie les Sogdiens rebelles, et leur tue plus de cent vingt mille hommes.

Il châtie les Bactriens, soumet les Sogdiens pour la seconde fois, et fonde plusieurs villes dans des positions propres à tenir en respect les rebelles.

Troisième révolte des Sogdiens ; prise du rocher où ils s'étaient réfugiés.

Chasse dans le pays des Basistes ; immense quantité d'animaux sauvages.

Crime commis envers Bacchus ; mort de Clitus au milieu d'un banquet.

Mort de Callisthène.

Expédition du roi contre les Nautaques ; une partie des troupes périt dans les neiges.

Alexandre est épris de Rhoxane, fille d'Oxyarte ; il l'épouse et engage plusieurs de ses amis à se marier avec les filles des Barbares les plus distingués.

Préparatifs d'une expédition contre les Nautaques indiens.

Invasion dans l'Inde et destruction totale de la première nation de ce pays, afin d'intimider les autres.

Alexandre se montre bienfaisant envers la ville de Nysie, à cause de son origine qui se rapporte à la naissance de Bacchus.

Il prend d'assaut Massaque, ville forte.

[1] Il est ici probablement question de la reine *Cléophis*, dont parlent Quinte-Curce, VIII, 10, et Justin, XII, 7.

ville, mais qu'il ne les considérait pas moins comme les ennemis déclarés des Macédoniens. Malgré la grandeur du danger qui les menaçait, ces soldats ne se laissèrent point effrayer : ils se formèrent en carré au centre duquel étaient placés les enfants et les femmes, et firent de tous côtés intrépidement face à l'ennemi. Réduits au désespoir, ils déployèrent toute leur audace et toute leur bravoure éprouvée dans tant de combats, et, comme de leur côté les Macédoniens ne voulaient pas le céder en courage aux Barbares, la lutte devint affreuse. On se battait corps à corps, et divers genres de mort et de blessure atteignirent les combattants. Les Macédoniens arrachaient avec leurs sarisses les boucliers des Barbares et enfonçaient le fer de leurs lances dans la poitrine de l'ennemi. Les Barbares frappaient à leur tour sur les rangs serrés de leurs adversaires qui leur offraient un but immanquable. Enfin beaucoup d'hommes ayant été blessés ou tués, les femmes se saisirent des armes de ceux qui étaient tombés, et combattaient à côté de leurs maris ; car l'imminence du danger avait forcé ces femmes à faire violence à leur faible naturel. Quelques-unes d'entre elles, tout armées, servaient de boucliers à leurs maris ; d'autres, sans armes, se précipitaient sur les ennemis, saisissaient leurs boucliers et en entravaient les mouvements. Enfin tous, hommes et femmes, montrèrent par leur courage malheureux qu'ils préféraient une mort glorieuse à une vie achetée au prix de la lâcheté. [Le combat terminé], Alexandre fit emmener par ses cavaliers la foule inutile et désarmée qui restait, ainsi que les femmes qui avaient survécu au carnage.

LXXXV. Après avoir pris d'assaut beaucoup d'autres villes et battu les ennemis qui lui avaient résisté, Alexandre arriva devant un rocher connu sous le nom d'*Aornos*. C'est là que les naturels du pays s'étaient retirés, comme en un lieu de refuge inexpugnable. En effet, la tradition rapporte qu'Hercule l'ancien avait tenté d'investir ce rocher, mais que de grands tremblements de terre et d'autres prodiges l'avaient forcé de renoncer à son entreprise. Alexandre, ayant appris cette tradition, n'en mit que plus d'ardeur à prendre d'assaut cette forteresse et à disputer au dieu la palme de la gloire. Ce rocher avait cent stades de circonférence, et seize de hauteur; sa surface était plate et tout arrondie. Au midi, sa base était baignée par l'Indus, le plus grand fleuve de l'Inde; dans tous les autres points il était entouré de ravins profonds et de précipices inaccessibles. Alexandre avait reconnu la difficulté de la position et avait déjà renoncé à prendre la forteresse de vive force, lorsqu'il reçut la visite d'un vieillard accompagné de ses deux fils. Ce vieillard était tout pauvre; depuis longtemps il vivait dans ces contrées; il habitait une grotte où étaient taillés trois lits sur lesquels il se reposait lui et ses deux fils. Ce vieillard, connaissant donc parfaitement les lieux, s'approcha du roi, et, après lui avoir raconté son histoire, il promit de le conduire, par un chemin difficile, dans un endroit qui dominerait le rocher occupé par les Barbares. Alexandre [accepta cette offre et] promit de grandes récompenses à ce vieillard qui lui servit de guide. Il s'empara d'abord du passage qui conduit au rocher, et comme il n'y avait point d'autre issue, les Barbares se trouvèrent irrémédiablement bloqués. Puis il employa de nombreux bras à combler les ravins qui entouraient la base du rocher, et poussa vigoureusement le siége par de continuels assauts, livrés pendant sept jours et sept nuits de suite. Dans le premier moment, les Barbares eurent l'avantage à cause de la position naturellement forte qu'ils occupaient, et tuèrent un grand nombre d'assaillants téméraires. Mais lorsque le terrassement fut achevé et que l'on y plaça les balistes, les catapultes et autres instruments de guerre, et surtout lorsqu'ils virent le roi lui-même pousser le siége par sa présence, les Indiens furent épouvantés. Prévoyant avec sa sagacité ordinaire ce qui devait arriver, Alexandre fit sortir la garde qui occupait le passage et laissa aux ennemis la faculté de se retirer. Redoutant la valeur des Macédoniens et l'ardeur guerrière du roi, les Barbares quittèrent le rocher à la faveur de la nuit.

LXXXVI. C'est par ce stratagème qu'Alexandre vainquit les

Indiens et se rendit maître du rocher sans coup férir. Après avoir donné au guide les récompenses promises, il se remit en route avec son armée. A cette époque, un chef indien, Aphricès, se trouva sur le passage d'Alexandre avec vingt mille hommes et quinze éléphants. Mais ce chef fut tué par quelques assassins; ils portèrent sa tête à Alexandre, et par ce service ils achetèrent leur propre sûreté. Le roi les incorpora dans son armée et s'empara des éléphants qui erraient dans les champs. Il atteignit ensuite les rives de l'Indus; il prit les barques à trente rames qu'il y trouva toutes préparées, et en construisit un pont flottant. Il fit reposer son armée pendant trente jours et offrit aux dieux de pompeux sacrifices; puis il fit passer ses troupes sur l'autre rive, et fut témoin d'un incident inattendu. Le roi Taxile était mort depuis quelque temps; son fils Mophis[1], qui lui avait succédé, avait auparavant envoyé à Alexandre, qui était alors dans la Sogdiane, une députation chargée de lui offrir ses services pour combattre les Indiens qui lui résistaient; et dans ce moment même il lui envoya de nouveaux députés pour lui remettre son royaume. Alexandre n'était qu'à quarante stades de distance, lorsque Mophis rangea son armée en bataille, disposa ses éléphants comme pour le combat, et se porta en avant avec ses amis. Lorsque Alexandre vit une si grande armée s'avancer vers lui en ordre de bataille, il s'imagina que les promesses du roi indien n'avaient été qu'un piége pour attaquer les Macédoniens à l'improviste, et il ordonna aux trompettes de sonner la charge. Les soldats se rangèrent donc en bataille et allèrent à la rencontre des Indiens. Mophis s'étant aperçu du trouble des Macédoniens, et devinant la chose, laissa en arrière son armée et se porta en avant sur son cheval, accompagné d'un petit nombre de gardes, et, après avoir tiré les Macédoniens de leur erreur, il se livra lui et son armée au roi. Ravi de cette démarche, Alexandre lui rendit son empire. Par la suite, il eut toujours en Mophis un ami et un allié fidèle,

---

[1] Quinte-Curce (VIII, 12) l'appelle *Omphis*.

et lui fit changer son nom en celui de Taxile. Tels sont les événements arrivés dans le cours de cette année.

LXXXVII. Chrémès étant archonte d'Athènes, les Romains nommèrent consuls Publius Cornélius et Aulus Posthumius[1]. Dans cette année, Alexandre, après avoir laissé reposer ses troupes dans les États de Taxile, marcha contre Porus, roi des Indiens limitrophes. Ce roi avait plus de cinquante mille hommes d'infanterie, environ trois mille cavaliers, plus de mille chars de guerre et cent trente éléphants[2]. Il avait pour allié un autre roi du voisinage ; ce roi s'appelait Embisarus et commandait une armée à peu près aussi forte que celle de Porus. En apprenant que ce roi était encore à quatre cents stades de distance, Alexandre jugea à propos d'attaquer Porus avant sa jonction avec Embisarus. A la nouvelle de l'approche de l'ennemi, Porus rangea immédiatement son armée en bataille, et fit occuper les ailes par sa cavalerie ; il plaça ses éléphants, ornés d'un appareil guerrier formidable, sur le front à des distances égales ; les hoplites occupaient les intervalles laissés entre les éléphants et étaient chargés de veiller à ce que ces animaux ne fussent blessés aux flancs. Toute cette disposition présentait l'aspect d'une ville fortifiée : les éléphants servaient de tours, et les soldats figuraient les murs intermédiaires entre les tours. Après avoir reconnu l'ordre de bataille des ennemis, Alexandre disposa de son côté ses troupes de la manière la plus appropriée à la circonstance.

LXXXVIII. Dans l'engagement, qui eut d'abord lieu entre la cavalerie des deux armées, presque tous les chars des Indiens furent détruits ; ensuite, les éléphants, faisant usage de l'énorme masse de leurs corps ainsi que de leur force extraordinaire, prirent part au combat : les Macédoniens périssaient, les uns écrasés sous les pieds de ces animaux, qui brisaient à la fois les os et les armes ; les autres, saisis par les trompes, fu-

---

[1] Deuxième année de la CXIII^e olympiade ; année 327 avant J.-C.
[2] Dans l'énumération de ces forces, Arrien et Quinte-Curce ne s'accordent pas avec Diodore.

rent enlevés en l'air, et retombant à terre, essuyèrent des genres de mort affreux ; enfin beaucoup d'autres, percés par les défenses des éléphants, et ayant tout le corps lacéré, expirèrent sur-le-champ. Cependant les Macédoniens se défendaient avec intrépidité ; ils tuèrent les soldats placés dans les intervalles laissés entre les éléphants et rétablirent le combat. Bientôt ces animaux, irrités par de nombreuses blessures, ne se laissèrent plus retenir par les Indiens, leurs guides. Ils se précipitèrent donc sur les rangs des leurs et foulèrent sous leurs pieds, amis et ennemis. Le désordre fut extrême. Averti du danger, Porus monta lui-même sur le plus fort des éléphants, réunit autour de lui quarante de ces animaux que la frayeur n'avait pas encore saisis, et, se jetant avec cette lourde masse sur les phalanges macédoniennes, en fit un terrible carnage, secondé comme il l'était par la vigueur de son corps, dont la taille surpassait celle de tous ses compagnons d'armes. En effet, Porus avait cinq coudées de haut[1], et sa cuirasse était d'une largeur double de celle des plus forts guerriers : les lances parties de sa main étaient comme des traits lancés par des catapultes. Les Macédoniens, qui lui étaient opposés, furent épouvantés à la vue de la force extraordinaire de Porus ; Alexandre appela près de lui les archers et les bataillons légèrement armés et leur ordonna à tous de lancer leurs traits sur Porus. Les soldats exécutèrent promptement cet ordre ; une grêle de flèches tomba sur l'Indien ; aucun trait ne porta à faux, la grosseur de Porus servant de but certain. Enfin, après un combat héroïque, Porus, épuisé par la perte du sang qui coulait de ses nombreuses blessures, s'évanouit, et, du haut de l'éléphant qu'il montait, il tomba à terre. Le bruit s'étant répandu que le roi était mort, le reste de l'armée indienne se livra à la fuite et les fuyards furent décimés.

LXXXIX. Alexandre victorieux dans une si brillante bataille, fit sonner le rappel des troupes. Les Indiens avaient perdu plus de douze mille hommes, parmi lesquels se trouvaient deux fils de

---

[1] Deux mètres et demi environ.

Porus et les plus célèbres généraux ; plus de neuf mille Indiens furent faits prisonniers, ainsi que quatre-vingts éléphants. Porus, encore respirant, fût confié aux soins des Indiens. Les Macédoniens avaient perdu deux cent quatre-vingts cavaliers et plus de sept cents fantassins. Le roi rendit aux morts les derniers devoirs et honora les braves par des récompenses méritées. Il offrit ensuite un sacrifice au Soleil, comme si ce dieu lui avait accordé la conquête des régions du Levant. La montagne voisine était couverte de sapins élevés, de cèdres, de pins, enfin de bois propres aux usages de la marine ; Alexandre en profita pour construire un nombre suffisant de vaisseaux ; car il avait le projet de pénétrer jusqu'au bout de l'Inde, de soumettre tous les naturels du pays, et de redescendre le fleuve jusqu'à l'Océan. Il fonda en même temps deux villes, l'une au delà du fleuve dans l'endroit où il l'avait traversé, l'autre là où il avait vaincu Porus. Ces travaux furent promptement achevés, grâce au nombre de bras qui y étaient employés. Porus, guéri de ses blessures, fut rétabli dans son empire par Alexandre qui admirait la bravoure de ce roi. Alexandre laissa reposer son armée pendant trente jours au sein de l'abondance.

XC. Il existe quelques particularités dans les montagnes du voisinage. Indépendamment des bois de construction maritime qu'on y trouve, le pays produit un grand nombre de serpents d'une dimension prodigieuse : ils ont jusqu'à seize coudées de long[1]. On y voit plusieurs espèces de singes dont la taille varie. Ces animaux ont eux-mêmes suggéré l'art d'en faire la chasse, car ils ont l'instinct imitatif. Ils se laissent difficilement prendre de force, tant à cause de leur vigueur corporelle que de leur intelligence. Voici comment s'y prennent les chasseurs : les uns se frottent les yeux avec du miel, les autres se chaussent à la vue de ces animaux ; quelques autres attachent autour de leurs têtes des miroirs ; puis ils se retirent en laissant des chaussures entourées de lacets, de la glu à la place du miel, et des nœuds coulants fixés aux miroirs. Aussi, lorsque ces animaux veulent imiter les cho-

[1] Environ huit mètres.

ses qu'ils ont vu faire, ils se trouvent dans l'impossibilité de s'enfuir; les uns ont leurs paupières collées, les autres leurs pieds liés; d'autres enfin leur corps pris dans des filets. C'est ainsi que la chasse devient facile.

Alexandre frappa de terreur Embisarus, le roi allié de Porus, retardataire. Alexandre passa le fleuve avec son armée et traversa un pays extrêmement fertile. On y trouve des arbres d'une espèce particulière, qui ont soixante-dix coudées de haut [1], et sont d'une épaisseur telle que quatre hommes peuvent à peine les embrasser; ils couvrent de leur ombre un espace de trois pléthres [2]. Ce pays produit aussi une multitude de serpents de petite taille, et de couleurs variées; les uns ressemblent à des tiges d'airain, les autres portent un panache touffu et velu, et leur morsure cause rapidement la mort. Celui qui en a été blessé souffre d'atroces douleurs et de son corps ruisselle une sueur sanguinolente. C'est pourquoi les Macédoniens, pour se garantir des morsures de ces serpents, suspendaient leurs lits aux arbres et veillaient une grande partie de la nuit. Mais ils furent délivrés de leurs inquiétudes dès qu'ils eurent appris des indigènes la racine qui sert de contre-poison.

XCI. Pendant qu'Alexandre se porta en avant avec son armée, quelques personnes vinrent lui annoncer que le roi Porus, neveu de ce Porus qui venait d'être vaincu, avait quitté son royaume, et s'était réfugié chez la tribu des Gandarides [3]. Alexandre, irrité, détacha Héphæstion avec un corps d'armée et le chargea de donner les États de ce roi à Porus qui était resté fidèle. Alexandre marcha ensuite contre les Adrestes, soumit à son autorité les villes de la contrée, les unes par la force, les autres par la persuasion. De là il entra dans le pays des Cathéens. Chez ce peuple il est d'usage que les femmes se brûlent sur le bûcher de leurs maris. Cet usage avait été établi chez ces Barbares depuis qu'une femme avait empoisonné son mari.

---

[1] Environ trente-cinq mètres.
[2] Quatre-vingt-dix mètres carrés.
[3] Quelques auteurs les appellent *Gangarides*.

Le roi investit la ville la plus forte du pays, la prit d'assaut après avoir couru beaucoup de dangers, et y mit le feu. Il assiégea ensuite une autre ville considérable, mais, sur les instances des Indiens qui se présentaient devant lui sous le costume de suppliants, ils les exempta des dangers dont ils étaient menacés. Alexandre, continuant sa marche, se dirigea contre les villes soumises à Sopithès, et régies par des lois très-sages. Entre autres maximes qui font l'éloge du gouvernement, il y en a une qui a pour but d'honorer la beauté. On examine les enfants à leur naissance; ceux qui ont les membres bien proportionnés et promettent de devenir forts, sont élevés; ceux, au contraire, dont les corps offrent des vices de conformation, ne sont pas jugés dignes d'être nourris, et on les fait périr. Les mêmes maximes président aussi au mariage; la dot et d'autres objets précieux ne sont comptés pour rien, la beauté du corps est tout [1]. Aussi la plupart des habitants de ces villes se font-ils remarquer par leurs avantages physiques. Le roi Sopithès surtout était renommé pour sa beauté; il avait quatre coudées de haut [2]. Il sortit de la ville où était son palais, et se soumit lui et son royaume à l'autorité d'Alexandre; mais celui-ci, en vainqueur généreux, lui rendit ses États. Sopithès mit beaucoup d'empressement à traiter splendidement pendant plusieurs jours toute l'armée du roi.

XCII. Sopithès offrit à Alexandre des présents nombreux et beaux. Il lui donna cent cinquante chiens admirés pour leur taille, leur force et pour d'autres qualités. On les disait provenir de l'accouplement d'un chien avec des tigresses. Pour convaincre Alexandre de l'excellence de cette race, Sopithès fit entrer dans une enceinte palissadée un lion adulte et lâcher contre ce lion les deux chiens les plus faibles qu'il avait donnés à Alexandre; mais comme ils n'étaient point assez forts pour terrasser la

---

[1] Ces détails rappellent ceux qu'un géographe du moyen âge, le vénitien Marco-Polo, donne des mœurs des habitants de la *Cathara*, que plusieurs auteurs ont à tort prise pour la Chine.

[2] Environ deux mètres.

bête féroce, deux autres furent lâchés. Ces quatre chiens vinrent ainsi à bout du lion. A cet instant, Sopithès envoya dans l'enceinte un homme qui devait couper avec un coutelas la cuisse droite à un de ces chiens. Le roi se récria contre cet acte, et les gardes accoururent pour arrêter le bras de l'Indien ; Sopithès promit de lui donner trois autres chiens à la place de celui-là. Alors le chasseur saisissant la cuisse de l'animal, la coupa lentement sans que le chien émît aucun cri ni hurlement ; mais retenant sa proie avec les dents il resta dans cette position jusqu'à ce qu'il eût perdu tout son sang et qu'il tombât mort sur le corps de la bête [1].

XCIII. Dans cet intervalle, Hephæstion revint avec son détachement, après avoir soumis une grande partie de l'Inde. Alexandre fit l'éloge de sa bravoure. Il envahit ensuite les États de Phégée. Les indigènes accueillirent les Macédoniens avec empressement, et Phégée lui-même se rendit, avec de nombreux présents, au-devant du roi. Alexandre lui laissa son royaume et, après une halte de deux jours, pendant lesquels il reçut avec son armée une brillante hospitalité, il dirigea sa route vers les bords du fleuve Hypanis. Ce fleuve a sept stades de largeur [2] et six orgyes de profondeur [3] ; il a le courant très-rapide et le passage en est très-difficile. Alexandre apprit de Phégée qu'au delà de l'Indus se trouvait une contrée déserte dans une étendue de douze journées de marche, et qu'on arrivait ensuite aux bords d'un fleuve appelé le Gange, large de trente-deux stades et le plus profond des fleuves de l'Inde. Au delà du Gange habitaient, au dire de Phégée, les Praïsiens et les Gandarides ; Xandramès était leur roi ; il avait une armée de vingt mille hommes de cavalerie, de cent vingt mille fantassins, de deux mille chars et de quatre mille éléphants armés en guerre. Alexandre, n'ajoutant point foi à ce récit, fit venir Porus et lui demanda la vérité. Porus affirma que ces renseignements étaient

---

[1] Voyez sur cette race canine, Aristote, *Hist. animal.*, VIII, 29 ; et Élien, IV, 19.
[2] Environ treize cents mètres.
[3] Environ dix mètres.

exacts ; il ajouta aussi que le roi des Gandarides était un très-faible monarque, sans gloire, et passant pour le fils d'un barbier ; que son père, très-bel homme, avait été l'amant de la reine ; que celle-ci avait assassiné le roi son mari, et lui avait laissé son royaume. Bien qu'Alexandre comprit qu'une expédition contre les Gandarides fût une entreprise difficile, il n'y renonça pas ; plein de confiance dans la bravoure des Macédoniens et dans les sentences des oracles, il avait l'espoir de se rendre également maître de ces Barbares ; car, la pythie l'avait surnommé l'*invincible*, et l'oracle d'Ammon lui avait promis l'empire de la terre.

XCIV. Voyant que ses soldats étaient fatigués de ces longues campagnes, et que pendant près de huit ans ils avaient supporté toute sorte de misères, Alexandre jugea nécessaire de se servir de toute son éloquence pour déterminer les troupes à le suivre dans son expédition contre les Gandarides. Beaucoup de soldats avaient péri, et il n'y avait à espérer aucune trêve de la part des ennemis. Les sabots des chevaux étaient usés [1] par les marches continuelles, et la plupart des armes étaient détruites par la rouille. Les soldats n'étaient plus habillés à la grecque ; ils étaient réduits à se servir d'habillements barbares, coupés sur les manteaux des Indiens. Pour comble de misère, pendant soixante-dix jours il était tombé des torrents de pluie accompagnés d'éclairs et de tonnerres continuels. Prévoyant que ses troupes se montreraient contraires à ses desseins, il n'espérait plus réussir qu'en se les attachant par de grands bienfaits. Il permit donc à ses soldats de piller le pays ennemi, riche en productions de toutes sortes. Dans les jours où l'armée était ainsi occupée au pillage, Alexandre réunit les femmes des soldats et les enfants qu'ils en avaient ; à chacune de ces femmes il distribua une provision de blé pour un mois, et paya aux enfants la solde ordinaire qui revenait à leurs pères. Après que les soldats furent rentrés au camp, chargés d'un immense butin, il les réunit tous

---

[1] Il ressort de ce passage, que le ferrement des chevaux était à cette époque encore inconnu.

en une assemblée, et les engagea, par un discours habile, à marcher contre les Gandarides. Mais les Macédoniens firent la sourde oreille, et Alexandre se vit obligé de renoncer à son entreprise.

XCV. Alexandre se décida donc à mettre ici un terme à son expédition. Il éleva d'abord aux douze dieux des autels de cinquante coudées de haut[1] ; il traça ensuite le contour triple de celui d'un camp ordinaire ; il creusa un fossé de cinquante pieds de largeur et de quarante de profondeur ; et la terre accumulée en dedans du fossé servit à la construction d'un mur considérable. Il ordonna aux soldats d'infanterie de construire, chacun dans sa tente, deux lits de cinq coudées[2], et aux cavaliers d'y ajouter deux mangeoires, doubles de la grandeur ordinaire ; enfin, d'exagérer les proportions de tous les autres points du camp qu'ils allaient quitter. Il agissait ainsi afin de laisser après lui les vestiges d'une expédition héroïque, et, en même temps, de laisser aux indigènes les traces d'hommes d'une force de corps surnaturelle.

Après avoir achevé ces dispositions, il retourna avec toute son armée par les mêmes routes qu'il avait parcourues et atteignit les bords du fleuve Acésine. Il équipa les barques qu'il avait fait construire et en commanda d'autres. En ce même temps, il reçut de la Grèce des troupes d'alliés et de mercenaires, sous les ordres de leurs chefs ; ce renfort était formé de plus de trente mille hommes d'infanterie et de près de six mille cavaliers. On lui apporta en même temps des armures complètes élégamment fabriquées, au nombre de vingt-cinq mille, destinées à l'infanterie, et pour cent talents de médicaments[3]. Il distribua le tout aux soldats. Enfin, les préparatifs de la flotte furent achevés ; cette flotte se composait de deux cents bâti-

---

[1] Environ vingt-cinq mètres.
[2] Plus de deux mètres.
[3] Les interprètes ont à tort, selon moi, entendu par ἑκατὸν τάλαντα, le poids des médicaments ; et Miot a rendu φαρμάκων ἰατρικῶν ἑκατὸν τάλαντα, par : cent talents pesant de drogues et de médicaments ; ce qui ferait environ deux mille six cents kilogrammes de médicaments. Quelqu'ignorants qu'on suppose les médecins macédoniens, on ne peut pas croire qu'ils aient destiné d'aussi énormes charretées de drogues à une armée qui ne comptait pas cinquante mille hom-

ments ouverts et de huit cents navires de charge. Des villes fondées sur les rives du fleuve, l'une fût nommée *Nicée*, en souvenir des victoires remportées; l'autre, *Bucéphala*, en l'honneur du cheval d'Alexandre qui fut tué dans la bataille contre Porus.

XCVI. Il s'embarqua sur ces bâtiments avec ses amis et se dirigea vers le midi en descendant le fleuve jusqu'à l'Océan. Le gros de l'armée suivit à pied les rives du fleuve, sous les ordres de Cratère et d'Hephæstion. Arrivé aux confluents de l'Acésine et de l'Hydaspe, Alexandre fit débarquer les soldats et s'avança contre les Sibes. Ces peuples se disent descendants de ceux qui assiégèrent avec Hercule le rocher Aornos, et qui, après avoir échoué dans ce siége, furent établis dans ce pays par Hercule lui-même. Alexandre avait établi son camp près d'une ville très-célèbre ; là il reçut la visite des principaux citoyens qui, rappelant au roi leur origine commune, promirent de se soumettre volontiers à tous ses ordres et lui apportèrent de magnifiques présents. Alexandre accueillit leurs louanges, respecta l'indépendance de leurs cités et porta ses armes chez les nations limitrophes. Il rencontra les Agalasses qui avaient réuni quarante mille hommes d'infanterie et trois mille cavaliers; il leur livra un combat d'où il sortit vainqueur. Les Agalasses perdirent la plupart de leur monde, et se réfugièrent dans les villes du voisinage. Alexandre prit ces villes d'assaut et vendit comme esclaves ceux qui s'y étaient réfugiés. Une autre troupe d'indigènes, au nombre de vingt mille hommes, avait cherché un asile dans une grande ville qu'Alexandre prit également d'assaut ; mais comme les Indiens s'étaient barricadés dans les rues et qu'ils se défendaient intrépidement du haut des maisons, ils tuèrent un assez grand nombre de Macédoniens. Irrité de cette résistance, le roi incendia la ville et fit périr dans les flammes la plupart de ses habitants. Le reste des indigènes, au nombre de trois mille,

---

mes. Je persiste donc à prendre ἑκατὸν τάλαντα pour la *valeur* des φάρμακα ἰατρικά, ainsi nommés par opposition à φάρμακα δηλητήρια, les poisons.

[1] Le texte me paraît ici tronqué.

se réfugia dans la citadelle; mais, sur leurs supplications, ils furent épargnés.

XCVII. Alexandre se rembarqua avec ses amis et continua sa navigation jusqu'au confluent des deux fleuves cités et de l'Indus. Au point où ces trois fleuves se réunissent, les eaux forment beaucoup de tournants dangereux. Le courant y est si rapide que, malgré l'habileté des pilotes, deux vaisseaux longs chavirèrent et plusieurs autres échouèrent contre le rivage. Le vaisseau commandant fut lui même battu par d'énormes brisants; le roi se trouva dans un danger extrême; ayant la mort devant les yeux, il ôta son vêtement et cherchait à se sauver en se jetant tout nu dans les flots. Ses amis se mirent à nager autour et se préparaient à recevoir le roi au moment où il s'élancerait du navire. Le désordre fut extrême aux environs du bâtiment. Enfin la force des hommes luttant contre la force du fleuve, Alexandre parvint, non sans peine, à se jeter avec ses bâtiments sur le rivage. Ainsi sauvé miraculeusement, il offrit aux dieux un sacrifice, comme s'il avait échappé aux plus grands dangers, après avoir, comme Achille, lutté contre un fleuve.

XCVIII. Alexandre dirigea ensuite son expédition chez les Oxydraques[1] et les Malliens, nations populeuses et guerrières qui avaient réuni plus de quatre-vingt mille hommes d'infanterie, mille chevaux et sept cents chars de guerre. Ces nations étaient en guerre entre elles, avant l'arrivée d'Alexandre. Lorsque le roi s'approcha de leurs pays, elles se réconcilièrent et cimentèrent la paix en donnant et en recevant dix mille jeunes filles pour des mariages réciproques. Cependant ces nations n'entrèrent point en campagne [contre Alexandre], elles se disputaient le commandement suprême et se retirèrent dans les villes du voisinage. Alexandre s'approcha de la première de ces villes et décida de l'emporter d'assaut. Dans ce moment, un des augures, nommé Démophon, vint annoncer que, d'après le vol des oiseaux, le roi recevrait dans ce siège une blessure grave. Il supplia donc Alexandre de se désister pour le moment de

---

[1] Le texte porte *Syracuse*. C'est une erreur du copiste.

son entreprise et de songer à d'autres exploits. Le roi reçut fort mal cet augure et lui reprocha d'entraver le courage des combattants. Puis il fit les dispositions du siège et marcha le premier contre la ville, jaloux de la prendre de vive force. Les machines de guerre allant trop lentement, il enfonça une porte et se précipita dans la ville. Il tua un grand nombre d'ennemis, mit les autres en déroute et les poursuivit jusque dans la citadelle. Pendant que les Macédoniens étaient encore occupés à se battre aux remparts, Alexandre saisit une échelle, l'appliqua contre les murs de la citadelle et, tenant sa rondache au-dessus de la tête, il se disposa à y monter. L'empressement qu'il mit à prendre la citadelle ne laissa pas aux Barbares le temps de l'arrêter, et il atteignit rapidement le sommet du mur. Les Indiens, n'osant pas le combattre corps à corps, lui lancèrent à distance une grêle de javelots et de flèches ; le roi en fut accablé. Les Macédoniens, [s'en étant aperçus], appliquèrent deux autres échelles ; mais, tous s'y précipitant en masse pour y monter, les deux échelles se brisèrent et tous ceux qui s'y trouvaient tombèrent à terre.

XCIX. Le roi, abandonné de tout secours, osa accomplir un exploit inouï et digne de mémoire. Regardant comme honteux de quitter le mur et de rejoindre les siens sans avoir obtenu aucun résultat, il sauta tout armé et seul dans l'intérieur de la ville. Aussitôt les Indiens se jetèrent en masse sur lui ; mais il soutint intrépidement le choc des Barbares. Protégé à sa droite par un arbre qui avait sa racine au pied du mur, et à sa gauche par le mur lui-même, il se défendit contre les Indiens. En déployant ce courage, le roi, qui avait déjà accompli tant de hauts faits, ambitionnait de couronner sa vie par la fin la plus glorieuse. Après avoir reçu de nombreux coups sur le casque et sur le bouclier, il fut enfin atteint d'une flèche au-dessous du sein et tomba sur les genoux, épuisé par la blessure. Aussitôt l'Indien qui avait lancé cette flèche accourut bravement et allait porter un second coup, lorsque Alexandre lui enfonça son épée dans l'aine et étendit le Barbare roide mort ; saisissant ensuite une branche voisine, le roi se releva et provoqua les Indiens qui voudraient lutter avec lui. Dans ce moment, Peuceste, un des *hypaspistes*[1], monté sur une autre échelle, arriva le premier au secours du roi et le protégea de son bouclier. Après celui-là arrivèrent plusieurs autres Macédoniens, qui frappèrent de terreur les Barbares et sauvèrent Alexandre. La ville ayant été prise d'assaut, les Macédoniens, furieux [de la blessure] du roi, tuèrent tous les Indiens qui leur tombaient sous la main et remplirent la ville de cadavres. Le roi passa plusieurs jours à se faire traiter de sa blessure. Dans cet intervalle, le bruit se répandit que le roi était mort de sa plaie. A cette nouvelle, les Grecs, depuis longtemps établis dans la Bactriane et la Sogdiane, et qui étaient mécontents de se voir comme une colonie transplantés au milieu des Barbares, se révoltèrent contre les Macédoniens. Ils se réunirent au nombre de trois mille et supportèrent beaucoup de fatigues pour retourner dans leur patrie, mais plus tard, après la mort d'Alexandre, ils furent taillés en pièces par les Macédoniens.

C. Remis de sa blessure, Alexandre, pour célébrer sa guérison, offrit des sacrifices aux dieux et prépara à ses amis de grands festins. Il se passa un incident remarquable dans un de ces banquets. Parmi les convives se trouvait un Macédonien nommé Coragus, d'une grande force corporelle et qui s'était souvent distingué par sa valeur dans les combats. Cet homme, emporté par l'ivresse, provoqua à un combat singulier Dioxippe d'Athènes, athlète de profession et couronné plusieurs fois pour les plus brillantes victoires. Les convives, comme on peut se l'imaginer, excitèrent encore davantage les deux rivaux. Dioxippe ayant accepté le défi, Alexandre fixa le jour du combat. Ce jour venu, des milliers de curieux arrivèrent pour assister à ce spectacle. Les Macédoniens et le roi lui-même, comme compatriotes de Coragus, faisaient des vœux pour lui, tandis que les Grecs étaient pour Dioxippe. Le Macédonien entra dans l'arène, revêtu d'armes magnifiques; l'Athénien était tout nu, oint

---

[1] Ὑπασπιστής, qui protége avec le bouclier; nom des gardes du roi.

d'huile, et coiffé d'un bonnet rond ; tous deux excitaient, par la vigueur et les formes de leur corps, l'admiration des spectateurs qui semblaient assister à un combat des dieux. Le Macédonien, par sa force physique et ses armes resplendissantes, était imposant à voir comme le dieu Mars. Dioxippe, par sa vigueur extraordinaire, par son maintien d'athlète et la massue qu'il maniait si dextrement, offrait un aspect herculéen. Les deux antagonistes s'avancèrent l'un sur l'autre ; le Macédonien lança son javelot à une distance déterminée, mais son antagoniste évita le coup par une légère inclinaison du corps. Coragus se porta alors en avant, la sarisse macédonienne en arrêt; Dioxippe le laissa s'approcher et brisa la sarisse d'un coup de massue. Coragus, après avoir échoué dans ses deux attaques, eut recours à l'épée; mais au moment où il la tirait du fourreau, Dioxippe, le prévenant, sauta sur lui d'un bond, arrêta de sa main gauche le bras qui tirait l'épée, et de l'autre, branlant sa massue, il l'appliqua sur les jambes de son antagoniste et le fit rouler à terre ; puis il lui posa le pied sur la gorge, et, tenant sa massue haute, il leva les yeux sur les spectateurs.

CI. La multitude applaudit à grands cris à cet acte de bravoure si merveilleux et si extraordinaire. Le roi ordonna de lâcher le vaincu et termina le spectacle : il s'en alla mécontent de la défaite du Macédonien. Dioxippe lâcha son adversaire terrassé et reçut les félicitations de ses compatriotes comme si sa gloire devait rejaillir sur tous les Grecs. Mais la fortune ne laissa pas cet athlète se targuer longtemps de sa victoire ; le roi se montra toujours de plus en plus mal disposé à son égard; les amis d'Alexandre et tout ce qu'il y avait de Macédoniens à sa cour, étaient jaloux de la force de Dioxippe [et ils le lui firent bientôt sentir]. Un des domestiques, chargés du service de la table, avait reçu l'ordre secret de cacher sous l'oreiller de Dioxippe une coupe d'or, et, dans le repas qui eut lieu ensuite, on accusa de vol l'athlète, en donnant pour preuve la coupe trouvée sous son oreiller. Dioxippe, accablé de honte et d'infamie et voyant les Macédoniens accourir sur lui, sortit de table et se retira bientôt dans sa propre demeure. Là, il écrivit à Alexandre une lettre dans laquelle il lui dévoila toute la machination tramée contre lui; il donna cette lettre aux siens avec la recommandation de la remettre au roi, et se suicida. Si, en acceptant le défi, il avait montré peu de prudence, il était encore bien plus insensé de se donner la mort. Aussi beaucoup de gens critiquèrent cette folie de Dioxippe, en regrettant qu'un si grand corps eût renfermé un si petit esprit. Le roi, à la lecture de la lettre, se montra très-affligé de la mort de l'athlète, et le regretta souvent. Enfin, Alexandre, qui n'avait pas employé Dioxippe de son vivant, aurait voulu l'avoir à son service lorsqu'il n'était plus, et il reconnut qu'on avait calomnié cet homme valeureux, lorsque ses regrets étaient inutiles.

CII. Alexandre ordonna à son armée de marcher de conserve avec les bâtiments; lui-même descendit le fleuve pour se diriger vers l'Océan. Il aborda ainsi dans le pays des Sambastes [1]. Ce peuple est aussi puissant et brave qu'aucune autre nation de l'Inde. Les Sambastes habitent des villes gouvernées démocratiquement. A la nouvelle de l'approche des Macédoniens, ils réunirent soixante mille hommes d'infanterie, six mille cavaliers et cinq cents chars de guerre. Cependant la flotte d'Alexandre s'avançait toujours. Frappés de l'arrivée de l'ennemi, chose aussi nouvelle qu'étrange, intimidés par la renommée des Macédoniens, et cédant aux avis des vieillards qui leur conseillaient de ne pas combattre, les Sambastes envoyèrent cinquante députés, des plus illustres, pour supplier Alexandre de se conduire à leur égard avec humanité. Le roi loua ces députés, leur accorda la paix, et accepta les présents et les honneurs héroïques que lui avaient offerts les indigènes. Il soumit ensuite les Sodres [2] et les Massans qui habitent les deux rives du fleuve. Il fonda dans cette contrée, sur le bord du fleuve, une ville portant le nom

---

[1] Arrien (VI, 15) les appelle *Abastans*, et Quinte-Curce *Sabraques*.
[2] Wesseling pense que l'auteur a voulu dire Σόγδοι, *Sogdiens*. Voyez Arrien, VI, 15.

d'Alexandrie et y établit dix mille colons. De là, il envahit le territoire du roi Musican; il fit arrêter ce souverain, le tua, et subjugua toute la nation. Il pénétra ensuite dans le royaume de Portican, prit deux villes d'assaut, en abandonna le pillage à ses soldats et mit le feu aux maisons. Portican s'était réfugié dans une place forte, Alexandre le soumit et le tua. Puis, il prit d'assaut toutes les villes de ce roi et les rasa, ce qui répandit la terreur chez les peuples voisins. A la suite de ces exploits, Alexandre dévasta le royaume des Sambastes, détruisit la plupart des villes, vendit les habitants à l'enchère et tailla en pièces plus de quatre-vingt mille Barbares. Tels furent les désastres qu'essuya la nation des Brachmanes. Ceux qui avaient échappé au carnage, vinrent en habits de suppliants implorer la clémence du vainqueur. Le roi châtia les plus coupables et fit grâce aux autres. Le roi Sambus se réfugia avec trente éléphants dans la région située au delà de l'Indus, et échappa ainsi au danger qui le menaçait.

CIII. La ville située à l'extrémité du pays des Brachmans s'appelle Harmatelia; elle se confiait en sa position inaccessible et dans le courage de ses habitants. Alexandre détacha un petit nombre de ses amis avec l'ordre d'attaquer les ennemis, et de céder le terrain s'ils étaient serrés de près. Ce détachement, composé de cinq cents hommes, attaqua les murailles, mais il ne produisit aucun effet. La garnison, au nombre de trois mille hommes, fit une sortie, et les Macédoniens, feignant la terreur, prirent la fuite. En ce moment le roi arriva avec un petit nombre de troupes, et fit face aux Barbares qui poursuivaient son détachement; il s'engagea un combat sanglant dans lequel les Barbares furent, les uns tués, les autres faits prisonniers. Mais beaucoup de soldats du roi, qui avaient été blessés, coururent les plus grands dangers : le fer des flèches lancées par les Barbares était trempé dans du poison [1]; c'est ce qui avait donné

---

[1] φάρμακον θανάσιμον. Ces deux mots signifient tout simplement poison. Les traducteurs qui les rendent par poison mortel commettent un pléonasme qui n'existe même pas en grec; car φάρμακον est un mot anceps qui ne signifie médicament ou poison qu'autant qu'il est accompagné des adjectifs ἰατρικόν ou de

aux Indiens tant de confiance pour risquer un combat. Ce poison provenait de quelques espèces de serpents, pris à la chasse et dont ils exposaient les corps au soleil. La chaleur, putréfiant les chairs, en faisait sortir sous forme de gouttelettes un liquide d'où se retirait le poison de ces animaux [1]. Le corps de celui qui en avait été blessé était aussitôt saisi de torpeur suivie bientôt de douleurs aiguës, de convulsions et d'un tremblement général. La peau devenait froide et livide ; à ces symptômes succédaient des vomissements de bile ; une sanie noire s'écoulait de la plaie ; la putréfaction envahissait les parties nobles du corps et causait une mort affreuse. Ces accidents se manifestaient à la suite d'une légère égratignure aussi bien que d'une large plaie. De la perte de tant de blessés le roi ne s'affligea pas autant que de la maladie de Ptolémée, de celui qui devint roi par la suite et qu'Alexandre aimait alors tendrement. Il arriva, au sujet de Ptolémée, un incident inattendu que quelques-uns attribuent à la providence des dieux : aimé de tout le monde pour ses vertus et surtout pour sa générosité extrême, Ptolémée reçut un secours opportun. Le roi vit dans un songe un dragon tenant dans sa gueule une plante dont cet animal indiquait les propriétés et le lieu où elle croît [2]. A son réveil, Alexandre alla à la recherche de la plante, la broya, l'appliqua sur le corps de Ptolémée [3], en donna à boire le suc et rétablit son favori. L'utilité de cette

θανάσιμον, ὁλετήριον, etc. Lorsqu'il se trouve seul, c'est l'ensemble du texte qui indique le sens qu'il faut y attacher.

[1] Le poison dont il s'agit ici doit être rangé dans la classe des poisons septiques. Voyez, tom. I, pag. 311, note 2.

[2] Cicéron (*de Divinatione*, II, 66) et Strabon (XV, p. 1052 de l'édit. Casaub.) citent ce même fait. Quelques auteurs ont prétendu que cette plante indiquée par le dragon était l'*aristoloche*. On serait, je crois, fort embarrassé de trouver, parmi le nombre infini des plantes réputées efficaces contre la morsure des serpents, celle qu'Alexandre avait employée pour guérir Ptolémée.

[3] Καὶ πιεῖν δούς. Miot a rendu ces mots par : *et il lui en fit boire une infusion*. En étudiant l'histoire de la pharmacologie, on doit reconnaître que la préparation la plus simple, et celle qui devait venir la première à l'esprit, est l'extraction du suc de la plante ; puis venait la décoction ou la préparation des tisanes, et enfin l'infusion. Cette dernière opération suppose déjà un certain degré de raffinement dans l'art pharmaceutique : c'est un *digestum* par l'eau bouillante.

plante étant reconnue, tous les autres blessés s'en servirent et furent de même sauvés.

Alexandre se disposait à faire le siége d'Harmatelia, ville grande et forte, lorsque les habitants se présentèrent à lui en habits de suppliants, se soumirent et obtinrent leur grâce.

CIV. Alexandre continua de naviguer avec ses amis jusque dans l'Océan. Là il aperçut deux îles et il offrit immédiatement aux dieux de pompeux sacrifices. Il fit des libations et jeta à la mer les grandes et nombreuses coupes d'or [dans lesquelles ces libations avaient été faites.] Il éleva ensuite des autels à Téthys et à l'Océan, croyant mettre là un terme à son expédition. De là il retourna en arrière en remontant le fleuve et aborda à Hyala, ville célèbre dont le gouvernement ressemblait à celui de Sparte : deux rois, de deux familles différentes, et par ordre de succession, exerçaient dans la guerre l'autorité suprême, tandis qu'un sénat était à la tête de toute l'administration.

Alexandre mit le feu aux barques avariées et confia le reste de sa flotte à Néarque et à quelques autres de ses amis, avec l'ordre de visiter tout le littoral de l'Océan, jusqu'aux bouches de l'Euphrate, où ils devaient le rejoindre. Quant à lui, à la tête de son armée, il parcourut une grande étendue de pays, dompta ceux qui lui résistaient et traita humainement ceux qui se soumettaient. Il réunit à son pouvoir, sans coup férir, les Arbites et les Cédrosiens. Après avoir ensuite traversé une vaste région privée d'eau et presque déserte, il atteignit les frontières de l'Oritide. Là il divisa son armée en trois corps; Ptolémée reçut le commandement du premier, et Léonnatus celui du second. Ptolémée eut ordre de ravager le littoral, et Léonnatus l'intérieur du pays; Alexandre lui-même dévasta les vallées et les montagnes. C'est ainsi que, en un même moment, une vaste contrée fut désolée par le feu, le pillage et des massacres. Les soldats recueillirent donc en peu de temps une immense quantité de butin; des myriades de Barbares furent égorgés. Épouvantées de ces exécutions sanglantes, les nations voisines se rangèrent sous l'autorité du roi. Jaloux de fonder une ville sur les bords de l'Océan, il choisit un emplacement favorable dans le voisinage d'un excellent port, et y fonda une ville à laquelle il donna le nom d'Alexandrie.

CV. Le roi pénétra par des défilés dans le pays des Orites et le soumit bientôt tout entier à son pouvoir. Les Orites ont à peu près les mêmes mœurs que les Indiens; cependant on y remarque une coutume singulière et tout à fait incroyable. Lorsqu'un homme vient à mourir, les parents, tout nus, et armés de lances, emportent le corps. Ils le déposent dans une forêt de chênes, lui ôtent les ornements dont il était revêtu, et le laissent en pâture aux animaux. Puis, ils se partagent les habits du mort, offrent des sacrifices aux héros des enfers et font un repas de famille.

Alexandre pénétra ensuite dans la Cédrosie en longeant les côtes. Il rencontra une tribu inhospitalière et entièrement sauvage. Les indigènes laissent croître leurs ongles depuis leur naissance jusqu'à la vieillesse; ils laissent aussi pousser leurs cheveux, qui sont tout entrelacés; leur teint est bruni par le soleil, et ils se couvrent de peaux d'animaux sauvages. Ils se nourrissent de la chair des cétacés que la mer rejette; ils s'en servent en même temps pour construire leurs cabanes. Pour former les murs et le toit, ils emploient, en guise de poutres, les côtes de ces cétacés, qui ont jusqu'à dix-huit coudées de longueur; la peau écailleuse de ces animaux leur tient lieu de tuiles. En visitant cette nation, Alexandre eut à souffrir du manque de vivres; il entra ensuite dans un pays désert et dépourvu de tous les animaux utiles à la vie de l'homme. Beaucoup de soldats périrent faute de nourriture, l'armée des Macédoniens tomba dans un profond découragement, et Alexandre lui-même ne put contenir son chagrin et sa tristesse; car c'était un spectacle affligeant de voir mourir de faim, sans gloire, dans un désert, tous ces hommes vaillants dont les armes avaient vaincu le monde. Dans cette position critique, le roi envoya quelques coureurs dans la Parthie, dans la Drangine, dans l'Arie et les autres contrées voisines du désert, avec l'ordre de conduire immédiatement à l'entrée de la Carmanie des dromadaires, et des bêtes de somme chargées de provisions. Les messagers se rendirent en hâte chez les satrapes de ces provinces et firent venir dans l'endroit désigné des vivres en abondance. Cependant, avant l'arrivée de ces convois, Alexandre avait déjà perdu sans ressource beaucoup de ses soldats. Après qu'il se fut mis en route, quelques détachements d'Orites attaquèrent Léonnatus, et, ayant perdu beaucoup de monde, ils se retirèrent dans leur pays.

CVI. Alexandre franchit non sans peine ce désert, entra dans une contrée bien habitée et riche en subsistances. Il y fit reposer son armée; et, partant de là, il marcha pendant sept jours à la tête de son armée, en tenue de fête : il imita le triomphe de Bacchus, célébrant sa marche par des banquets et des festins.

Instruit que plusieurs satrapes et gouverneurs militaires avaient abusé de leur autorité en exerçant des violences et des outrages, Alexandre leur infligea une punition méritée. Le bruit de cette justice sévère s'étant répandu, beaucoup de gouverneurs militaires, se sentant également coupables, furent saisis de crainte ; quelques-uns, qui avaient à leur solde des mercenaires, s'insurgèrent contre le roi ; plusieurs autres rassemblèrent leurs richesses et prirent la fuite. A cette nouvelle, le roi écrivit à tous les satrapes et commandants militaires de l'Asie de licencier tous les mercenaires aussitôt après avoir lu sa lettre.

Vers ce même temps, le roi s'était arrêté dans une ville maritime nommée Salmonte. Pendant qu'il assistait, dans le théâtre, à des jeux scéniques, il apprit l'arrivée des navigateurs qu'il avait envoyés explorer les côtes de l'Océan. Ceux-ci se rendirent sur-le-champ au théâtre, saluèrent Alexandre, et lui annoncèrent le succès de leur expédition. Les Macédoniens, joyeux du retour de leurs compagnons d'armes, accueillirent cette nouvelle par de vifs applaudissements. Tout le théâtre était plein d'une joie inexprimable. Les voyageurs exposèrent alors les détails de leur navigation. Ils racontèrent qu'il existait dans l'Océan des flux et des reflux étranges; qu'au moment de la marée basse on voyait les sommets d'îles grandes et nombreuses qui étaient toutes submergées pendant la marée haute[1], et que, tout à coup, lancées par un vent violent, les lames blanchissaient de leur écume tout le rivage; mais que la particularité la plus remarquable était le nombre des énormes cétacés qu'ils avaient rencontrés; que ces animaux, qui menaçaient de renverser les navires, leur avaient causé beaucoup de frayeur et leur avaient d'abord fait craindre pour la vie; mais qu'en criant tous comme d'une seule voix, et en joignant à ces cris le bruit de leurs armes et le son des trompettes, ils étaient parvenus à épouvanter ces monstres, qui s'étaient replongés dans l'abîme[2].

CVII. Après avoir écouté ce récit, le roi donna aux commandants de la flotte l'ordre de diriger leur navigation vers les bouches de l'Euphrate; puis il se mit lui-même en route avec son armée et atteignit après une longue marche les frontières de la Susiane.

En ce temps, Calanus l'Indien, qui avait fait de grands progrès dans la philosophie, et qui jouissait de la faveur d'Alexandre, mit fin à sa vie d'une façon bien étrange. Cet homme, qui avait vécu soixante-treize ans, sans avoir jamais éprouvé d'infirmités, décida de quitter la vie, comme ayant comblé la mesure de bonheur que la nature humaine puisse atteindre. Sous l'influence d'une maladie qui faisait de jour en jour de rapides progrès, il pria le roi de faire construire un grand bûcher et d'ordonner à ses domestiques de mettre le feu après qu'il y serait monté. Alexandre chercha d'abord à le détourner de ce projet; mais voyant que tout était inutile, il accorda la demande de l'Indien. Le bûcher fut préparé, et une foule immense se réunit pour assister à ce singulier spectacle. Conformément aux doc-

---

[1] À en juger d'après mes propres impressions, ce devait être en effet un spectacle saisissant pour ceux qui, comme les Grecs, n'avaient jamais vu d'autre mer que la Méditerranée où la marée se fait à peine sentir.
[2] Comparez Arrien, VI, 21; et Quinte-Curce, IX, 10.

trines qu'il professait[1], Calanus monta courageusement sur le bûcher et périt dans les flammes. Parmi les spectateurs, les uns taxaient cet acte de folie, les autres y voyaient l'ostentation d'une vaine gloire; quelques-uns, cependant, admiraient cette force d'âme et ce mépris de la mort. Le roi fit à Calamus de magnifiques funérailles.

Il se rendit ensuite à Suse, où il épousa la fille aînée de Darius, Statira, et donna en mariage à Hephæstion la plus jeune, nommée Drypetis. Il conseilla aux plus distingués de ses favoris d'en faire autant et de s'allier aux filles les plus nobles de la Perse.

CVIII. A cette même époque arrivèrent à Suse trente mille Perses, tous extrêmement jeunes et choisis parmi les plus beaux et les plus robustes. Ils avaient été rassemblés d'après les ordres du roi et instruits pendant un temps suffisant dans l'art de la guerre. Ils étaient tous superbement armés à la macédonienne, et avaient élevé un camp sous les murs de la ville. Là ils montraient au roi par des exercices militaires les progrès qu'ils avaient faits dans leurs études; ils furent traités avec distinction. Le roi avait organisé ce corps, capable de se mesurer avec la phalange macédonienne, depuis que les Macédoniens s'étaient refusés à passer le Gange, depuis que souvent dans des assemblées ils avaient élevé des clameurs d'indiscipline, enfin depuis qu'ils persifflaient sa descendance de Jupiter Ammon. Telle était alors la situation d'Alexandre.

A Harpalus avaient été confiées la garde des trésors de Babylone, et la perception des impôts. Dès que le roi eut entrepris une expédition dans l'Inde, Harpalus crut que son maître n'en reviendrait plus. Il se livra alors à une vie luxurieuse et se déclara d'abord satrape d'une grande partie de la contrée; il outrageait les femmes des Perses, s'abandonnait à de coupables amours avec les Barbares, et dilapidait par ces jouissances effrénées une grande partie du trésor. Il faisait venir de fort loin, de la mer Rouge, une énorme quantité de poissons. Il appela d'Athènes

---

[1] L'une des principales doctrines des Brachmans (Brahmines) était l'immortalité de l'âme.

la plus célèbre des courtisanes, nommée Pythonice ; il la combla de présents royaux pendant qu'elle vécut, et après sa mort il lui fit de magnifiques funérailles et lui éleva dans l'Attique un riche monument funèbre. Après cela, il fit venir de l'Attique une autre courtisane nommée Glycère ; il vivait avec elle dans la jouissance et les dissipations. Pour se ménager un refuge, en cas d'un revers de la fortune, il s'était montré généreux envers le peuple d'Athènes. Au retour de l'Inde, Alexandre punit de mort plusieurs satrapes contre lesquels s'étaient élevées des accusations. Harpalus, craignant le même châtiment, réunit cinq mille talents d'argent, prit à sa solde six mille mercenaires et quitta l'Asie pour se rendre dans l'Attique. Mais comme personne ne semblait s'intéresser à lui, il laissa ses mercenaires au cap Ténare, dans la Laconie, prit avec lui une partie de ses trésors, et vint se présenter en suppliant devant le peuple d'Athènes. Mais Antipater et Olympias avaient demandé son extradition, et bien qu'il eût dépensé beaucoup d'argent pour corrompre les orateurs populaires d'Athènes, il s'échappa et vint rejoindre à Ténare ses soldats mercenaires. De là il aborda en Crète où il fut assassiné par Thimbron, un de ses amis. Les Athéniens firent une enquête au sujet des largesses d'Harpalus et condamnèrent Démosthène et quelques autres orateurs convaincus de corruption.

CIX. Pendant qu'on célébrait les jeux olympiques, Alexandre fit proclamer à Olympie que tous les bannis pourraient rentrer dans leurs foyers, à l'exception des sacriléges et des assassins. En même temps, il congédia les plus anciens citoyens qui servaient dans l'armée, au nombre d'environ dix mille. En apprenant que beaucoup d'entre eux étaient endettés, il acquitta en un seul jour pour près de dix mille talents de dettes [1]. Les Macédoniens qui, après le départ de ces vétérans, restaient encore dans l'armée, se montrèrent mécontents et murmurèrent dans l'assemblée. Irrité de cette infraction à la discipline, Alexandre leur adressa de vifs reproches. Il intimida tellement la foule assemblée, qu'en descendant de la tribune il put oser arrêter

---

[1] Cinquante-neuf millions de francs.

de sa propre main les auteurs des désordres et les livrer à ses satellites pour recevoir la punition méritée. Mais comme la sédition continua à s'accroître, le roi choisit parmi les Perses les officiers généraux. Alors les Macédoniens, pleins de repentir, vinrent en pleurant demander leur pardon qu'Alexandre n'accorda qu'après beaucoup de sollicitations.

CX. Dans cette année, Anticlès étant archonte d'Athènes, les Romains nommèrent consuls Lucius Cornélius et Quintus Popilius [1], Alexandre remplit les vides de son armée par des Perses et en établit mille à sa cour, pour lui servir d'hypaspistes [2]; enfin, il eut tout autant de confiance en ses nouvelles troupes qu'en les Macédoniens.

Dans ce même temps, arriva Peuceste, amenant avec lui vingt mille archers et frondeurs perses, qui, incorporés dans les anciennes troupes, formèrent une armée complète, entièrement refondue et tempérée, selon les vues d'Alexandre, par le mélange des deux nations. Le roi se fit aussi rendre un compte exact du nombre des enfants nés du commerce des Macédoniens avec les femmes captives. Le nombre de ces enfants s'élevait à près de dix mille. Il leur assigna une paie convenable pour leur entretien de personnes libres et pourvut à leur éducation en leur donnant des maîtres qui devaient les instruire.

Le roi se remit ensuite en marche, quitta Suse, passa le Pasitigre, et établit son camp dans les villages appelés les *Cares* [3]. De là, après quatre jours de route il atteignit Sita et se rendit ensuite à Sambana, où il s'arrêta pendant sept jours. De là, en trois jours de marche, il arriva avec son armée dans le pays des Célons, où s'est maintenue jusqu'à ce jour une race de Béotiens qui, ayant été transportée dans cette contrée lors de l'expédition de Xerxès, a conservé encore les mœurs de la patrie. Ces Béotiens parlaient deux idiomes ; l'un était semblable à celui des in-

---

[1] Troisième année de la CXIIIe olympiade ; année 326 avant J.-C.
[2] Voyez note 1, pag. 277.
[3] Ce nom paraît venir du chaldéen, כר (*kar*), *troupeau*, pour indiquer la richesse de ces hameaux.

digènes ; l'autre renfermait un très-grand nombre de mots et plusieurs idiotismes de la langue grecque. Alexandre resta quelques jours dans ce pays ; de là, il se rendit par curiosité, se détournant un peu du chemin direct, dans la Bagistane, contrée divine, fertile en arbres fruitiers et riche en toutes choses qui peuvent contribuer aux jouissances de la vie. Il arriva ensuite dans un pays qui nourrit d'immenses troupes de chevaux (on y comptait, dit-on, jadis plus de cent soixante mille de ces animaux à l'état sauvage ; mais à l'époque d'Alexandre il n'y en avait plus que soixante mille). Le roi resta trente jours dans ce pays. De là, il atteignit en sept jours Ecbatane dans la Médie. Cette ville a, dit-on, deux cent cinquante stades de tour[1] ; elle est la résidence royale de toute la Médie et renferme d'immenses trésors. Alexandre y laissa se reposer ses troupes pendant quelque temps, célébra des jeux scéniques et donna des banquets à ses amis. Ce fut là qu'Hephæstion, par suite d'une orgie, tomba malade et mourut. Profondément affligé de cette mort, le roi chargea Perdiccas de transporter le corps d'Hephæstion à Babylone où il avait l'intention de l'ensevelir avec pompe.

CXI. Dans le cours de ces événements, la Grèce fut le théâtre de troubles et de mouvements insurrectionnels. La guerre Lamiaque venait d'éclater par les causes suivantes : Alexandre avait ordonné à tous les satrapes de congédier leurs troupes mercenaires. Depuis l'exécution de cet ordre, beaucoup de ces soldats licenciés parcouraient en vagabonds toute l'Asie et ne vivaient que de rapines. Plus tard, ils se réunirent et mirent à la voile pour le cap Ténare en Laconie. Les satrapes et les autres généraux perses, derniers débris de l'empire de Darius, s'étaient également embarqués pour le cap Ténare, après avoir rassemblé leurs richesses et joint leurs soldats aux troupes mercenaires. Enfin, Léosthène, l'Athénien, homme d'un brillant courage et très-hostile à Alexandre, fut nommé commandant en chef. Ce général eut un entretien secret avec le sénat de Sparte qui lui donna cinquante talents pour la solde des troupes et une quan-

---

[1] Plus de trente-six kilomètres.

tité d'armes suffisante pour les besoins de la guerre. Il envoya ensuite une députation chargée de demander du secours aux Étoliens qu'il savait mal disposés pour le roi et pourvut ainsi à tout ce qui est nécessaire à une entrée en campagne. Telles sont les dispositions que prenait alors Léosthène pour une guerre qu'il prévoyait devoir être sérieuse.

Alexandre marcha promptement contre les Cosséens, qui avaient refusé de se soumettre. Cette nation, très-puissante, habite les montagnes de la Médie. Confiants dans la position forte des lieux ainsi qu'en leur bravoure, les Cosséens avaient toujours repoussé tout joug étranger et avaient conservé leur indépendance sous la domination des Perses; et même actuellement, ils ne se laissaient pas intimider par la valeur des Macédoniens. Mais le roi qui avait occupé d'avance les défilés, dévasta la plus grande partie du pays des Cosséens, l'emporta dans toutes les rencontres, tua beaucoup de Barbares et fit un grand nombre de prisonniers. Les Cosséens, vaincus partout et affligés de la perte de tant de prisonniers, furent obligés de se soumettre pour racheter la liberté des leurs. Ils se rendirent donc à discrétion, et obtinrent la paix, à la condition de vivre dans l'obéissance aux ordres du roi. Après avoir soumis en quarante jours entiers la nation des Cosséens, et fondé des villes considérables dans les positions les plus fortes du pays, il accorda à ses troupes quelque temps de repos.

CXII. Sosiclès étant archonte d'Athènes, les Romains élurent pour consuls Lucius Cornélius Lentulus et Quintus Popilius[1]. Dans cette année, Alexandre, après avoir dompté les Cosséens, se remit en mouvement avec son armée et se dirigea sur Babylone; il marcha lentement, à petites journées, et faisant souvent halte. A trois cents stades de Babylone, il rencontra les Chaldéens, si renommés pour leur science astronomique et dans l'art de prédire l'avenir par l'observation perpétuelle des astres; ils lui avaient envoyé en députation les hommes les plus âgés et les

---

[1] Quatrième année de la CXIII[e] olympiade; année 325 avant J.-C. Suivant Wesseling, les noms des consuls et de l'archonte sont une interpolation.

plus savants de leur pays. Sachant d'avance, par l'inspection des astres, que le roi devait mourir à Babylone, ces députés avaient ordre de prévenir le roi du danger qui le menaçait, et d'empêcher, par tous les moyens, son retour dans cette ville. Ils étaient en même temps chargés de lui annoncer qu'il échapperait à ce danger s'il relevait le tombeau de Bélus, détruit par les Perses, et si, abandonnant la direction projetée, il se détournait de la ville. Béléphantès, chef des députés chaldéens, n'osa pas aborder le roi de crainte de l'irriter par son discours. Il confia donc tous ces détails à Éarque, un des amis intimes d'Alexandre, et le pria de les communiquer au roi. En apprenant la prédiction des Chaldéens par l'intermédiaire de Néarque, Alexandre en fut vivement alarmé, et songeant à la sagacité de ces hommes, il en fut de plus en plus troublé. Enfin, il envoya à Babylone le plus grand nombre de ses amis, tandis que lui-même, faisant un détour, vint tranquillement camper à deux cents stades de Babylone. Tout le monde en fut surpris. Plusieurs Grecs, Anaxarque avec les philosophes de son école, allèrent trouver le roi, et, après avoir appris la cause de cette détermination, employèrent tous leurs raisonnements pour décider le roi à mépriser toute science divinatoire, et surtout celle tant vantée des Chaldéens. Convaincu par les raisonnements des philosophes, et guéri en quelque sorte de la blessure dont son esprit était atteint, le roi changea de résolution, et rentra avec son armée dans Babylone. Les habitants s'empressèrent, comme précédemment, de bien accueillir les soldats; tous se livrèrent aux plaisirs et se reposèrent au sein de l'abondance. Tels sont les événements arrivés dans cette année.

CXIII. Agésias étant archonte d'Athènes, Caïus Popilius et [Lucius] Papirius consuls à Rome, on célébra la CXIV[e] olympiade, dans laquelle Micinas de Rhodes fut vainqueur à la course du stade [1]. Dans cette année arrivèrent à Babylone des envoyés de presque toute la terre; les uns félicitaient le roi de ses vic-

---

[1] Première année de la CXIV[e] olympiade; année 324 avant J.-C.

toires; les autres lui offraient des couronnes, beaucoup d'entre eux lui apportaient des présents magnifiques, d'autres encore conclurent avec lui des traités d'amitié ou d'alliance; enfin quelques-uns vinrent pour se disculper des torts qui leur étaient reprochés. Outre les nations, les villes et les souverains de l'Asie lui offrirent leurs hommages; l'Europe et la Libye avaient député un grand nombre de représentants. Parmi ceux de la Libye, on remarquait les envoyés carthaginois et libyphéniciens, ainsi que ceux de tous les peuples qui habitent le littoral jusqu'aux colonnes d'Hercule. Quant aux envoyés de l'Europe, on remarquait ceux des villes grecques, de la Macédoine, de l'Illyrie, et de la plus grande partie des côtes de la mer Adriatique; enfin ceux des peuplades de la Thrace et des Galates, leurs voisins, dont la race commençait alors à être connue chez les Grecs. Alexandre se fit donner la liste de toutes ces députations et arrêta lui-même l'ordre dans lequel elles lui seraient présentées. Il reçut d'abord ceux qui étaient chargés de traiter des choses sacrées; ensuite ceux qui venaient lui offrir des présents; puis ceux qui avaient quelque différend à régler avec leurs voisins; en quatrième lieu, ceux qui étaient chargés d'affaires privées; en cinquième lieu, ceux qui se refusaient à l'exécution de l'ordonnance relative au rappel des bannis. Il donna donc d'abord audience aux Éliens, aux Ammoniens, aux Delphiens, aux Corinthiens, aux Épidauriens, ainsi qu'aux autres, en assignant à tous leur rang selon la célébrité des temples. Il accueillit avec bienveillance toutes ces députations, répondit à chacune d'elles, et les congédia aussi satisfaites que possible.

CXIV. Après avoir renvoyé les députations, le roi s'occupa des funérailles d'Hephæstion. Il avait mis tant de soin à la préparation de cette pompe funèbre, que, de mémoire d'homme, on n'en avait vu d'aussi magnifique, et que la postérité n'en *** *** *** plus belle; car le roi affectionnait vivement ce *** *** *** ès sa mort il l'honora au delà de toute expression. *** e, il l'avait traité avec plus de distinction que tous *** que Cratère le lui disputât en affection. Lorsqu'un jour l'un des favoris lui disait que Cratère ne l'aimait pas moins qu'Hephæstion, le roi s'écria : « Cratère aime le roi, mais Hephæstion aime Alexandre. » On se rappelle que, lorsque dans sa première entrevue, la mère de Darius avait salué Hephæstion comme roi, et qu'elle allait réparer sa méprise, Alexandre lui dit : « Ne vous mettez pas en peine, ô ma mère, car lui aussi est Alexandre. » En un mot, Hephæstion jouissait d'un tel crédit, d'une telle liberté de paroles, qu'Olympias, qui en ennemie jalouse l'avait maltraité dans une lettre et menacé de tout son ressentiment, reçut de lui une vive réprimande dans une lettre qui se terminait ainsi : « Cessez vos calomnies, ainsi que votre courroux et vos menaces; sinon, sachez que nous ne nous en soucions que médiocrement; car Alexandre est plus fort que tous. »

Le roi, tout occupé aux préparatifs de la pompe funèbre, ordonna aux villes voisines de contribuer, chacune selon ses moyens, à l'éclat des funérailles. Il prescrivit à tous les habitants de l'Asie d'éteindre soigneusement ce que les Perses appellent *le feu sacré*, et de ne le rallumer qu'après les obsèques. Cet usage ne se pratiquait chez les Perses qu'à la mort de leurs rois. Le peuple regarda cet ordre comme d'un mauvais augure et comme un présage annonçant la mort du roi. Il y eut encore d'autres prodiges annonçant également la fin prochaine d'Alexandre; mais nous en parlerons bientôt, lorsque nous aurons fini le récit des funérailles d'Hephæstion.

CXV. Tous les officiers et amis du roi, empressés de lui faire leur cour, firent fabriquer des images d'Hephæstion en ivoire, en or et en d'autres matières précieuses. Alexandre lui-même rassembla des architectes et une multitude d'ouvriers, chargés de démolir le mur de la ville dans une étendue de dix stades, et de mettre de côté les briques cuites. Puis il traça l'emplacement qui devait recevoir le bûcher, construit sous la forme d'un quadrilatère, chaque côté ayant un stade de dimension[1]. Cette bâtisse carrée était divisée en trente compartiments, recouverts de trente

---

[1] Cent quatre-vingt-quatre mètres.

palmiers. Le contour était garni de toutes sortes d'ornements. La base reposait sur deux cent quarante proues de quinquérèmes, munies de leurs épotides[1], qui portaient deux archers à genoux, de quatre coudées[2] de hauteur, ainsi que des statues d'hommes armés, de cinq coudées d'élévation. Les intervalles de ces pilotis étaient remplis par des draperies de pourpre. Au-dessus de cela reposait un second étage, orné de candélabres de quinze coudées de haut[3], dont les anses étaient représentées par des couronnes d'or ; au-dessus de la flamme qui s'en échappait étaient figurés des aigles aux ailes déployées et dont les têtes s'inclinaient en bas, et les piédestaux étaient ornés de dragons dont les regards fixaient les aigles. Au troisième étage étaient figurées des chasses de diverses espèces d'animaux ; au quatrième, le combat des centaures, sculptés en or ; au cinquième, alternativement des lions et des taureaux, également sculptés en or. La partie supérieure était remplie d'armures macédoniennes et barbares, indiquant tout à la fois les victoires et les défaites. Au sommet étaient placées des statues creuses de sirènes dont la capacité pouvait contenir ceux qui devaient chanter les hymnes funèbres en l'honneur du mort. Enfin, tout le monument avait plus de cent trente coudées de haut. Tous les officiers et soldats, ainsi que les envoyés et les indigènes, avaient rivalisé de zèle pour contribuer à l'éclat de cette pompe funèbre pour laquelle furent, dit-on, dépensés plus de douze mille talents[4]. Enfin, pour que tout fût en harmonie avec la magnificence de ces obsèques, Alexandre ordonna à tous de sacrifier à Hephæstion, comme à un dieu du premier ordre. Le hasard amena Philippe, un des amis d'Alexandre, apportant l'ordre de l'oracle d'Ammon de sacrifier au dieu Hephæstion. Joyeux de ce que la divinité eût ainsi sanctionné ses intentions, le roi offrit le premier un sacrifice pour lequel avaient été choisies dix mille victimes de toute espèce, et traita splendidement toute la population.

---

[1] Saillies de la proue.
[2] Deux mètres.
[3] Sept mètres et demi.
[4] Environ soixante-six millions de francs.

CXVI. Ces obsèques terminées, le roi passa sa vie dans les plaisirs et les fêtes. Il paraissait être arrivé au faîte de la puissance et de la prospérité, lorsque le destin vint abréger le terme naturel de son existence. Aussitôt la divinité annonça par plusieurs prodiges la fin d'Alexandre. Ce roi se fit un jour oindre de parfums : ses vêtements royaux et son diadème étaient déposés sur un trône. [Tout à coup] un indigène, qui avait été enchaîné, rompit ses liens et franchit inaperçu et impunément les portes du palais ; puis il revêtit les habits royaux, ceignit le diadème, s'assit sur le trône, et resta immobile. Surpris de cette étrange action, le roi s'approcha du siége et demanda doucement à cet homme : « Qui êtes-vous et que voulez-vous ? » Cet homme répondit qu'il n'en savait absolument rien. Le prodige fut rapporté aux devins, qui émirent l'avis de faire mourir cet homme afin de détourner sur lui le malheur prédit par l'augure. Alexandre reprit alors ses habits et sacrifia aux dieux *Apotropéens*[1]. Il fut alors vivement alarmé ; car il se rappelait en même temps la prédiction des Chaldéens, et il en voulait aux philosophes qui lui avaient conseillé d'entrer dans Babylone. L'art des Chaldéens et l'habileté de ces astrologues le remplissaient d'étonnement ; enfin il maudissait tous ces philosophes qui, par leurs sophismes, voulaient combattre la puissance de la fatalité. Peu de temps après, un autre augure vint menacer la royauté. Alexandre voulut un jour visiter le lac de la Babylonie ; il s'embarqua avec ses amis ; pendant plusieurs jours, la barque qu'il montait resta séparée de toutes les autres, et, voguant ainsi au hasard, il commença à craindre pour sa vie. Puis, il se trouva engagé dans un canal étroit, bordé d'arbres si touffus qu'une de leurs branches enleva le diadème du roi et le fit tomber dans le lac. Un des rameurs se jeta à la nage, et, pour sauver le diadème, il le mit sur sa tête et revint dans la barque en nageant. Enfin, le roi recouvra le diadème et n'échappa au danger qu'après avoir erré pendant trois jours et trois nuits. De retour à Babylone, il soumit ce nouvel augure à la science des devins.

[1] Θεοὶ ἀποτροπαῖοι, dieux qui détournent le malheur.

CXVII. Les devins conseillèrent d'offrir immédiatement aux dieux de pompeux sacrifices. Il se rendit ensuite à un banquet auquel l'avait invité un de ses favoris, Médius le Thessalien. Là, il but du vin immodérément et vida à la fin du banquet la grande coupe d'Hercule. Tout à coup, comme frappé d'un coup violent, il poussa un grand soupir et fut emporté sur les bras de ses amis. Les domestiques le placèrent aussitôt sur son lit et veillèrent auprès de lui assidûment. Comme le mal faisait des progrès, les médecins furent appelés, mais aucun ne put le guérir. Enfin, en proie à d'horribles souffrances, et désespérant de sa vie, le roi ôta son anneau du doigt et le remit à Perdiccas. Lorsque ses amis lui demandèrent à qui il léguait la royauté, il répondit : « Au plus fort. » Dans les dernières paroles qu'il prononça, il recommandait à ses principaux amis d'honorer sa tombe d'un grand combat funéraire. Telle fut la fin d'Alexandre; il avait régné douze ans et sept mois. Dans cet espace de temps, il avait accompli les plus grands exploits, tels que n'en avait fait aucun roi avant lui, et que n'en accomplirent aucun de ceux qui ont régné depuis jusqu'à nos jours. Comme quelques historiens, en parlant de la mort de ce roi, disent qu'il avait péri par le poison, nous croyons nécessaire de ne pas passer sous silence les raisons qu'ils en donnent.

CXVIII. Voici ce que prétendent ces historiens. Antipater, laissé en Europe comme gouverneur militaire, était en querelle avec Olympias, mère du roi. Antipater s'inquiétait d'abord peu d'Olympias, tant qu'Alexandre n'avait pas accueilli les accusations calomnieuses de sa mère. Mais comme cette haine allait par la suite en augmentant, et que le roi se faisait un devoir religieux de ne rien refuser à sa mère, Antipater fit éclater en plusieurs circonstances les ressentiments qu'il nourrissait contre le roi. A cela il faut ajouter que le meurtre de Parménion et de Philotas avait fait trembler les amis d'Alexandre. Antipater se servit donc de l'intermédiaire de son fils, échanson du roi, pour donner à celui-ci un breuvage empoisonné[1]. La mort d'Alexan-

---

[1] Quinte-Curce, X, 10 : *Veneno necatum esse credidere plerique; filium Anti-*

dre consolida la puissance d'Antipater en Europe ; et depuis que Cassandre son fils lui avait succédé, beaucoup d'historiens n'osèrent parler de cet empoisonnement. Quoi qu'il en soit, Cassandre se montra ouvertement par ses actions toujours très-opposé aux intérêts d'Alexandre. Il assassina aussi Olympias et laissa son corps sans sépulture[1] ; enfin il s'empressa de relever la ville de Thèbes qu'Alexandre avait détruite.

La mort d'Alexandre rendit inconsolable Sisyngambris[1], mère de Darius : déplorant l'abandon où elle se trouvait, et arrivée à l'extrême limite de sa carrière, elle expira cinq jours après, terminant ainsi sa vie tristement, mais non sans gloire[2].

Nous terminons ce livre à la mort d'Alexandre, ainsi que nous l'avions dit au commencement. Dans le livre suivant, nous exposerons l'histoire de ses successeurs.

patri inter ministros lollam nomine, patris jussu dedisse. La mort d'Alexandre peut être naturellement l'effet d'une hémorrhagie cérébrale (apoplexie foudroyante) qui s'observe fréquemment chez les personnes livrées aux excès de la boisson.

[1] Voyez plus bas. XIX, 51.

[2] Miot, dans sa traduction, semble faire entendre que la mère de Darius s'est laissée mourir de faim dans une chambre obscure. Voici comment il traduit : « Sisygambris, mère de Darius, déplorait dans sa douleur l'abandon où elle allait se trouver ; arrivée, comme elle l'était par son âge, pour ainsi dire à l'extrémité de la ligne de la vie, *elle résolut fermement de renoncer à la lumière ainsi qu'à la nourriture*, et mourut le cinquième jour après le trépas d'Alexandre. » Le texte grec porte : Σισύγγαμβρις, ἡ Δαρείου μήτηρ, πολλὰ καταθρηνήσασα, πεμπταία κατέστρεψε τὸν βίον, ἐπιλύπως μὲν, οὐκ ἀκλεῶς δὲ προεμένη τὸ ζῆν. On voit qu'il n'y est pas question « *de la ferme résolution de renoncer à la lumière, ainsi qu'à toute nourriture.* » Miot a emprunté cette phrase à la traduction latine, quelquefois inexacte de Rhodoman, qui dit : *Mater Darii Sisygambris cum et Alexandri mortem intempestivam et suam jam ab omnibus desertæ calamitatem lacrimis effusissimis deplorasset, in extrema vitæ (quod dicitur) linea CIBUM ET LUCEM AVERSATA, die quinto per inediam,* etc. J'ai insisté sur tout cela pour faire voir combien il importe d'écrire l'histoire avec les textes originaux sous les yeux, et non pas avec des traductions plus ou moins fidèles. Un historien doit être philologue et polyglotte.

LIVRE DIX-HUITIÈME.

SOMMAIRE.

Insurrection parmi les troupes, après la mort d'Alexandre.—Perdiccas est nommé régent du royaume ; partage des satrapies. — Révolte des Grecs dans les satrapies de l'Asie supérieure ; le général Python est envoyé auprès des rebelles. — Topographie de l'Asie et des satrapies qui s'y trouvent. — Python fait la guerre aux Grecs rebelles.— Les Athéniens déclarent la guerre à Antipater ; guerre Lamiaque. — Léosthène est nommé chef militaire, réunit une armée, est vainqueur d'Antipater, et le refoule dans la ville de Lamia. — Mort de Léosthène ; son oraison funèbre. — Les chefs prennent possession des satrapies qui leur sont échues en partage. — Combat de cavalerie entre les Grecs et Léonnatus ; victoire des Grecs.—Léonnatus est tué dans le combat ; Antipater s'adjoint l'armée de Léonnatus. — Clitus, nauarque des Macédoniens, remporte sur les Grecs deux victoires navales. — Perdiccas remporte sur le roi Ariarathès une victoire signalée ; il prend le roi vivant et fait beaucoup d'autres prisonniers. — Cratère vient au secours d'Antipater, bat les Grecs et met un terme à la guerre Lamiaque.—Comment Antipater se conduit envers les Athéniens et les autres Grecs. — Actes de Ptolémée à Cyrène. — Perdiccas envahit la Pisidie, réduit à l'esclavage les Larandéens, force les Isauriens assiégés à se donner la mort et à incendier leur ville.—Expédition d'Antipater et de Cratère contre l'Étolie. — Le corps d'Alexandre est transporté de la Babylonie à Alexandrie ; magnificence du char funèbre. —Eumène remporte une victoire sur Cratère, et tue, dans le combat, Néoptolème. — Perdiccas marche contre l'Égypte ; il est tué par ses amis. — Python, Arrhidée et enfin Antipater sont nommés tuteurs des rois. — Antipater, nommé généralissime, refait le partage des satrapies, dans un parc de la Syrie. — Antigone, nommé général par Antipater, fait la guerre à Eumène. — Eumène ; vicissitudes du sort.— Ptolémée conquiert la Phénicie et la Cœlé-Syrie. — Antigone remporte sur Alcétas une victoire éclatante. — Mort d'Antipater ; Polysperchon est investi de l'autorité royale. — Antigone, plein de hautes espérances depuis la mort d'Antipater, et enorgueilli de ses exploits, prétend à la royauté.—Accroissement inattendu de la puissance d'Eumène ; il se charge de la tutelle des rois et gouverne le royaume de Macédoine. — Accroissement de la puissance de Cassandre ; guerre contre Polysperchon, tuteur des rois ; conspiration d'Antigone.—Eumène se met, en Cilicie, à la tête des argyraspides, pénètre dans les satrapies supérieures, et met sur pied une armée considérable. — Habileté stratégique d'Eumène ; ses actes jusqu'à sa mort — État des affaires de Cassandre dans l'Attique ; Nicanor, chef de la garnison de Munychie. — Mort de Phocion, surnommé le Bon.— Polysperchon assiège les Mégalopolitains ; après des pertes réciproques, il se retire sans avoir obtenu aucun résultat. — Clitus, nauarque de Polysperchon, remporte une victoire navale sur Nicanor, nauarque de Cassandre.— Antigone défait Clitus dans un brillant combat naval, et devient maître de la mer. — Eumène est réduit par Seleucus, près de Babylone, à la dernière extrémité; il se sauve par son génie. — Polysperchon, méprisé et humilié par les Grecs, fait la guerre à Cassandre.

I. Pythagore de Samos et quelques autres physiciens anciens ont soutenu que l'âme de l'homme est immortelle. Conformément à cette doctrine, l'âme, du moment où la mort la sépare du corps, possède la faculté de connaître l'avenir. Le poëte Homère semble lui-même partager cette opinion, lorsqu'il nous représente Hector près d'expirer, prédisant à Achille qu'il ne tarderait pas à le suivre au tombeau[1]. C'est ainsi que dans des temps plus récents on a remarqué cette faculté de prédire l'avenir, à la mort de plusieurs personnes et particulièrement à l'occasion de celle d'Alexandre le Macédonien. Car ce roi, au moment d'expirer à Babylone, interrogé à qui il allait laisser sa couronne, avait répondu : « Au plus fort, car je prévois que mes amis me feront un grand combat funèbre. » C'est ce qui arriva en effet. Les principaux amis d'Alexandre se disputant la royauté, se livrèrent entre eux des guerres sanglantes, après la mort de leur maître. Le présent livre contiendra l'histoire des généraux d'Alexandre, ses successeurs, et mettra en évidence la prédiction que nous avons signalée. Le livre précédent comprenait le récit des exploits d'Alexandre, depuis son avénement au trône jusqu'à sa fin; et ce livre, dans lequel nous exposerons l'histoire de ses successeurs, se terminera à l'année qui précède l'établissement de la tyrannie d'Agathocle, et renfermera ainsi un espace de sept ans.

II. Céphisodore étant archonte d'Athènes, les Romains nommèrent consuls Lucius Furius et Décimus Junius[2]. Dans cette année, l'anarchie et de graves désordres éclatèrent à la mort d'Alexandre qui ne laissa pas d'enfant et dont on se disputait l'empire. La phalange d'infanterie porta au pouvoir souverain

---

[1] *Iliade*, X, 359.
[2] Deuxième année de la CXIV⁰ olympiade; année 323 avant J.-C.

Arrhidée, fils de Philippe, homme atteint d'une maladie mentale incurable ; mais les plus considérés des favoris et des gardes du corps se réunirent, et, après avoir entraîné dans leur parti le corps de cavalerie, surnommé les *Hétaires*[1], ils résolurent d'abord de combattre la phalange à main armée. Cependant, [avant d'en venir à cette extrémité,] ils envoyèrent auprès de la phalange d'infanterie une députation composée des hommes les plus distingués de l'armée, à la tête desquels se trouvait Méléagre. Cette députation était chargée d'employer la persuasion pour ramener la phalange à l'obéissance. Mais Méléagre, sans parler aucunement de l'objet de sa mission, loua au contraire la phalange de la résolution qu'elle avait prise et l'excita même contre ceux qui lui étaient opposés. Aussi les Macédoniens le mirent-ils à leur tête et s'avancèrent en armes contre leurs adversaires. Les gardes du corps sortirent de Babylone et se préparaient à une lutte, lorsque les chefs les plus aimés des troupes réussirent, par un langage conciliant, à rétablir la concorde. Aussitôt Arrhidée, fils de Philippe, fut proclamé roi, sous le nom de Philippe, et Perdiccas, auquel le roi en mourant avait remis son anneau, fut nommé lieutenant général du royaume. Les plus considérables des amis d'Alexandre et des commandants de la garde, se partagèrent ensuite entre eux les satrapies et jurèrent obéissance à Arrhidée et à Perdiccas.

III. Revêtu de l'autorité suprême, Perdiccas réunit en conseil tous les chefs de corps, et arrêta le partage suivant : Ptolémée, fils de Lagus, eut l'Égypte ; Laomédon de Mitylène, la Syrie ; Philotas, la Cilicie ; Python, la Médie ; Eumène, la Paphlagonie, la Cappadoce et toutes les contrées limitrophes que les circonstances avaient empêché Alexandre de visiter pendant son expédition contre Darius ; Antigone eut la Pamphylie, la Lycie et la grande Phrygie ; Cassandre, la Carie ; Méléagre, la Lydie[2] ; Léonnatus, la Phrygie de l'Hellespont. Tel fut le partage de ces satrapies. En Europe, Lysimaque reçut la Thrace et les

---

[1] Τὸ τῶν ἑταίρων σύστημα. Le corps des *compagnons* ou *amis*.

[2] Suivant Quinte-Curce et Arrien, la Lydie échut en partage à Ménandre.

nations qui avoisinent la mer du Pont. Antipater garda la Macédoine et les provinces qui en dépendent. Quant aux satrapies de l'Asie supérieure, on convint de ne pas y toucher, mais de les laisser sous l'autorité de leurs anciens gouverneurs. Les régions limitrophes de ces satrapies restèrent également sous l'autorité des rois vassaux de Taxile. La satrapie située près du Caucase, appelé le pays des Paropamisades, fut adjugée à Oxyarte, roi de Bactres, dont Alexandre avait épousé la fille Rhoxane. Sibyrtius eut en partage l'Arachosie et la Cédrosie; Stasanor le Solien, l'Arie et la Drangine; Philippe, la Bactriane et la Sogdiane; Phrataphernc, la Parthie et l'Hyrcanie; Peuceste, la Perse proprement dite, Tlépolème, la Carmanie; Atrapès[1], la Médie; Archon, la Babylonie; Arcesilas, la Mésopotamie. Seleucus eut le commandement du principal corps de cavalerie surnommé les *Hétaires*. Ce corps illustre avait d'abord eu pour chef Hephæstion, puis Perdiccas et enfin Seleucus qui vient d'être nommé. Taxile et Porus restèrent maîtres de leurs royaumes, ainsi qu'Alexandre lui-même l'avait ordonné. Arrhidée fut chargé du soin de préparer les funérailles du roi et de faire construire un char qui devait transporter les dépouilles du roi dans le temple d'Ammon.

IV. Cratère, un des plus célèbres chefs de l'armée, avait été envoyé par Alexandre dans la Cilicie avec dix mille vétérans libérés du service militaire. Il était en même temps porteur d'ordres écrits dont le roi lui avait confié l'exécution. Mais, après la mort d'Alexandre, ses successeurs ne jugèrent pas à propos de réaliser les projets du roi. Perdiccas, qui avait vu dans les mémoires du roi que les obsèques d'Hephæstion avaient déjà absorbé beaucoup de sommes, jugea utile de ne donner aucune suite à tant de grands projets qui devaient exiger des dépenses énormes. Mais, pour ne pas avoir l'air de trancher ces questions par lui-même et de porter en quelque sorte atteinte à la gloire d'Alexandre, Perdiccas réunit les Macédoniens en une assemblée

---

[1] Arrien (IV, 18) l'appelle *Atropates*, et Justin (XIII, 4) *Acropates*.

générale pour recueillir leurs avis. Les mémoires laissés par Alexandre renfermaient, entre autres grands projets, les suivants, les plus dignes d'être rapportés. Alexandre ordonnait de construire mille bâtiments de guerre, plus grands que les trirèmes, dans les chantiers de la Phénicie, de la Syrie, de la Cilicie et de l'île de Cypre. Ces bâtiments devaient être employés à une expédition contre les Carthaginois et les autres nations qui habitent les côtes de la Libye, de l'Ibérie et tout le littoral jusqu'en Sicile. Une route devait être pratiquée tout le long des côtes de la Libye jusqu'aux colonnes d'Hercule. Il ordonnait d'élever six temples magnifiques dont chacun devait coûter quinze cents talents[1], d'établir des chantiers et de creuser des ports dans les emplacements les plus propices pour recevoir tant de navires. Il voulait opérer une plus grande fusion dans les populations des États, transporter des colonies d'Asie en Europe et réciproquement, effectuer par des mariages et des alliances de famille une communauté d'intérêts entre ces deux grands continents. Les temples dont il a été parlé devaient être élevés à Délos, à Delphes, à Dodone, et, dans la Macédoine, un à Dium, consacré à Jupiter; un à Amphipolis, consacré à Diane Tauropole; un à Cyrrhe, dédié à Minerve: enfin un dernier temple aussi beau que les autres devait être construit à Ilion et consacré également à Minerve. Enfin, il voulait élever à son père, Philippe, un monument funèbre semblable à la plus grande des pyramides d'Égypte, qui sont, en général, comptées au nombre des sept merveilles du monde. Après la lecture de ces projets, les Macédoniens, malgré leur respect pour Alexandre, décidèrent de ne pas donner suite à ces projets, regardés comme trop ardus et inexécutables.

Perdiccas commença l'exercice de son autorité en faisant mourir une trentaine de soldats des plus mutins et des plus mal disposés pour lui. Eumène lui suscita une accusation personnelle contre Méléagre lui-même, qui dès la première révolte avait trahi mandataires, et le fit punir comme ayant conspiré contre lui. Enfin, les Grecs établis dans les satrapies de l'Asie supérieure s'étant soulevés, et ayant mis sur pied une armée considérable, Perdiccas envoya pour les combattre Python, un des hommes les plus distingués de l'armée.

V. Mais avant d'entrer dans le détail de ces événements, nous croyons convenable d'exposer d'abord les causes de ce soulèvement, et de dire en même temps un mot de la topographie de l'Asie entière, ainsi que de l'étendue et des particularités de chacune des satrapies. En mettant ainsi sous les yeux du lecteur en quelque sorte la situation de tous les lieux et les distances qui les séparent, nous rendrons notre récit plus facile à suivre pour lui.

A partir du Taurus en Cilicie, une chaîne non interrompue de montagnes s'étend à travers toute l'Asie jusqu'au Caucase, et jusqu'à l'Océan oriental. Cette chaîne se partage en diverses branches dont chacune a une dénomination particulière. L'Asie se trouve ainsi divisée en deux parties, dont l'une est inclinée vers le nord et l'autre vers le midi. Le cours des fleuves suit les versants de cette chaîne de montagnes : une partie de ces fleuves se jette dans la mer Caspienne, dans le Pont-Euxin et dans l'Océan arctique. Les autres, qui suivent un cours opposé, versent leurs eaux dans la mer de l'Inde, dans l'Océan qui avoisine ce continent, et dans la mer Rouge. C'est d'après cette distinction naturelle que les satrapies ont été distribuées; elles sont situées les unes au nord, les autres au midi. La première division, celle qui regarde le nord, comprend, sur le fleuve Tanaïs, la Sogdiane, la Bactriane, l'Arie, la Parthie, qui embrasse la mer Hyrcanienne; la Médie, la plus grande de toutes les satrapies, et qui porte encore beaucoup d'autres noms; puis l'Arménie, la Lycaonie, la Cappadoce, toutes situées dans un climat rigoureux. A ces contrées touchent en ligne droite la grande Phrygie, la Phrygie de l'Hellespont, et, sur les deux côtés, la Lydie et la Carie; enfin, au delà de la Phrygie et parallèlement à cette contrée, se trouve la Pisidie dont la Lycie est limitrophe. Sur le littoral de ces satrapies sont situées des villes grecques dont il serait ici inutile de dire les noms. Telle est la division des satrapies qui regardent le nord.

VI. Quant à la division des satrapies méridionales, la première au delà du Caucase est l'Inde, royaume immense et populeux habité par plusieurs nations indiennes dont la plus considérable est celle des Gandarides, contre laquelle Alexandre n'a pas marché, redoutant la multitude d'éléphants qu'elle nourrit. Cette région et la partie de l'Inde à laquelle elle touche, est limitée par le plus grand fleuve de ce pays : il a trente stades de large [1]. A cette région est confiné le reste de l'Inde qu'Alexandre avait soumis, pays arrosé de beaux fleuves et éminemment prospère. Là se trouvaient, entre plusieurs autres royaumes, ceux de Porus et de Taxile, traversés par l'Indus, fleuve qui donne son nom à toute la contrée. Contiguës à l'Inde sont les satrapies de l'Arachosie, de la Cédrosie, de la Carmanie ; vient ensuite la Perse proprement dite, qui comprend la Susiane et la Sittacène ; puis la Babylonie qui s'étend jusqu'à l'Arabie déserte. En remontant davantage, on trouve la Mésopotamie, circonscrite par deux fleuves, l'Euphrate et le Tigre, ce qui lui a valu la dénomination qu'elle porte. A la Babylonie touche la Syrie supérieure, à laquelle sont attenantes les provinces maritimes, la Cilicie, la Pamphylie, la Cœlé-Syrie qui comprend la Phénicie. Au delà des frontières de la Cœlé-Syrie et du désert limitrophe se trouve le Nil, dont le cours sépare la Syrie de l'Égypte qui est la plus belle et la plus productive de toutes les satrapies. Toutes ces provinces méridionales ont un climat chaud par opposition au climat froid des provinces septentrionales. Telles sont les satrapies soumises par Alexandre, et que ses principaux lieutenants se partagèrent entre eux.

VII. Les colonies grecques établies par Alexandre dans les satrapies supérieures regrettaient les mœurs et la manière de vivre de leur patrie, et se voyaient avec peine reléguées aux con-

---

[1] C'est sans doute le Gange dont Diodore veut parler.

fins de l'empire. Tant que le roi vivait, la crainte les retenait, mais une fois le roi mort, elles se soulevèrent et, d'un commun accord, choisirent pour chef Philon l'Ænian, qui réunissait sous ses ordres une armée considérable, composée de plus de vingt mille hommes d'infanterie et de trois mille cavaliers, tous ayant dans maints combats donné des preuves de leur valeur. A la nouvelle de ce soulèvement, Perdiccas leva un corps d'élite de Macédoniens formé de trois mille hommes d'infanterie et de huit cents cavaliers. Il donna le commandement de cette troupe à Python, ancien garde du corps d'Alexandre, homme plein d'intelligence et de connaissances militaires. Il lui remit en même temps des lettres pour les satrapes qui devaient fournir à Python dix mille fantassins et huit mille cavaliers, et le fit partir pour combattre les rebelles. Python, homme à grandes entreprises, reçut avec joie cette mission, car il avait conçu le dessein de traiter les Grecs amicalement, de joindre leurs forces aux siennes et d'agir pour son compte en se déclarant souverain des satrapies de l'Asie supérieure. Mais Perdiccas, soupçonnant ce dessein, lui donna l'ordre formel de ne faire aucun quartier aux rebelles et de distribuer aux soldats les dépouilles. Cependant Python se mit en route avec la troupe qui lui avait été confiée; il y joignit les soldats fournis par les satrapes, et marcha avec toute son armée contre les rebelles. Par l'intermédiaire d'un certain Ænian, Python parvint à corrompre Lipodorus, qui commandait dans les rangs des rebelles un corps de trois mille hommes, et se ménagea ainsi un succès complet. En effet, la bataille s'était engagée, et la victoire demeurait encore incertaine lorsque le traître, désertant les rangs, vint sans aucune raison occuper avec ses trois mille hommes une hauteur voisine. Les autres, prenant ce mouvement pour une défaite, lâchèrent pied et s'enfuirent en désordre. Python, victorieux, ordonna aux vaincus par la voix d'un héraut de déposer les armes et de se retirer dans leurs foyers sous la foi du serment. Ces conditions étant garanties par des serments réciproques, les Grecs se mêlèrent sans défiance aux Macédoniens, et Python fut tout joyeux de voir que ses projets allaient se réaliser. Mais les Macédoniens, se rappelant les ordres de Perdiccas, violèrent la foi du traité ; ils attaquèrent à l'improviste les Grecs qui étaient sans armes, les passèrent tous au fil de l'épée et se partagèrent leurs biens. Déçu dans ses espérances, Python revint avec ses Macédoniens auprès de Perdiccas. Tel était l'état des affaires en Asie.

VIII. En Europe, les Rhodiens chassèrent la garnison macédonienne et proclamèrent l'indépendance de leur ville. Les Athéniens déclarèrent alors à Antipater la guerre connue sous le nom de *guerre Lamiaque*. Il est indispensable d'exposer ici les causes de cette guerre, afin de faire mieux comprendre les détails qui vont suivre.

Peu de temps avant sa mort, Alexandre avait résolu de faire rentrer dans leurs foyers tous les bannis grecs ; il agissait ainsi tant pour sa propre gloire que pour se ménager dans chaque ville des partisans dévoués et toujours prêts à comprimer les germes de révolte. A l'époque des jeux olympiques, il envoya donc en Grèce Nicanor de Stagire, porteur de l'ordre du rappel des bannis. Nicanor devait faire lire cet ordre à la foule assemblée, au milieu de la solennité des jeux, par le héraut vainqueur. C'est ce qui fut fait, et le héraut lut la lettre suivante :

« Le roi Alexandre aux bannis des villes grecques,

« Nous n'avons pas été cause de votre exil, mais nous serons cause de votre rentrée dans la patrie, à l'exception des sacriléges. Nous avons écrit à ce sujet à Antipater afin qu'il emploie la force pour contraindre les villes qui voudraient se refuser à recevoir leurs bannis. »

Cette proclamation fut accueillie par de bruyants applaudissements de la foule rassemblée, qui, dans sa joie, portait jusqu'aux nues la générosité du roi. Tous les exilés, au nombre de plus de vingt mille, étaient présents à cette solennité. La plupart des Grecs prirent en bonne part le retour des bannis ; mais les Étoliens et les Athéniens s'en montrèrent très-mécontents : les Étoliens parce qu'ils s'attendaient à des représailles de la part des OEniades[1], qu'ils avaient chassés de leur patrie ; et, selon les menaces du roi, ce n'était pas les enfants des OEniades, mais Alexandre lui-même qui se chargeait du soin de cette vengeance. Les Athéniens, de leur côté, étaient mécontents parce qu'ils ne voulaient pas rendre l'île de Samos, qu'ils s'étaient partagée entre eux. Mais comme ils n'étaient pas assez forts pour résister aux armées du roi, ils se tinrent pour le moment tranquilles, en attendant une occasion plus favorable qui ne tarda pas à se présenter.

IX. En effet, peu de temps après la mort d'Alexandre, qui ne laissa pas d'enfants pour lui succéder, les Athéniens osèrent prétendre à leur indépendance et à leur ancienne suprématie sur toute la Grèce. Ils allaient se préparer à la guerre avec les sommes considérables d'argent qu'Harpalus leur avait laissées (circonstance dont nous avons parlé en détail dans le livre précédent), ainsi qu'avec les mercenaires que les satrapes avaient laissés sans solde, et qui, au nombre de huit mille, se trouvaient à Ténare, dans le Péloponnèse. Les Athéniens ordonnèrent donc secrètement à Léosthène de les engager d'abord à son service, comme pour son propre compte, et sans l'autorisation du peuple, afin qu'Antipater, méprisant Léosthène, ne mît aucun obstacle à ces préparatifs, et que les Athéniens eussent le temps de se procurer tout ce qui est nécessaire à une entrée en campagne. Léosthène prit donc tranquillement ces troupes à sa solde, et se trouva tout à coup à la tête d'une armée respectable ; car ces soldats avaient longtemps servi en Asie, ils avaient pris part à tant de combats, et étaient parfaitement aguerris. Tout cela eut lieu au moment même où la mort d'Alexandre n'était pas encore bien connue. Ce ne fut que lorsque quelques voyageurs, arrivant de Babylone, disaient avoir été témoins oculaires de la mort du roi, que le peuple d'Athènes déclara ouvertement la guerre. Il fit remettre à Léosthène une partie des som-

---

[1] Descendants d'OEneus, ancien roi d'Étolie.

mes d'argent d'Harpalus, ainsi qu'un grand nombre d'armures complètes, avec l'ordre d'agir ouvertement et suivant les intérêts de l'État. Léosthène donna aux mercenaires une solde régulière, distribua des armes à ceux qui n'en avaient point et entra dans l'Étolie pour soulever ce pays en sa faveur. Les Étoliens se rendirent volontiers à Léosthène, et fournirent sept mille hommes. Léosthène envoya ensuite des émissaires aux Locriens, aux Phocidiens et autres peuples voisins, pour les engager à ressaisir leur indépendance et à délivrer la Grèce du joug des Macédoniens.

X. Cependant, parmi les Athéniens, ceux qui avaient des biens conseillaient la paix ; mais les braillards démagogues, excitant la multitude, poussaient vivement à la guerre. Ce dernier parti, soutenu par le plus grand nombre, l'emporta ; il se composait d'hommes qui, habituellement, ne vivaient que de leur solde et pour lesquels, comme disait un jour Philippe, la guerre est une paix, et la paix une guerre. Bientôt les orateurs populaires réunirent tous leurs efforts pour faire rendre un décret dont voici la teneur : Le peuple appellera tous les Grecs à combattre pour la liberté commune ; les villes seront délivrées des garnisons étrangères ; on construira une flotte de quarante trirèmes et de deux cents tétrarèmes ; tous les Athéniens feront partie du service militaire actif jusqu'à l'âge de quarante ans ; trois tribus seront chargées de la garde de l'Attique et les sept autres se tiendront prêtes pour les expéditions entreprises hors du territoire ; on enverra des députés dans toutes les villes grecques, pour déclarer que si le peuple athénien, estimant la Grèce, la patrie commune des Grecs, a jadis combattu sur mer les Barbares venus pour leur apporter l'esclavage, il saurait bien maintenant, pour le salut commun des Grecs, risquer son existence, ses richesses et ses navires. Ce décret fut ratifié ; mais il flattait plutôt les passions populaires qu'il n'était réellement conforme aux intérêts de l'État. C'est ce qui fit dire aux Grecs les plus éclairés que le peuple athénien avait été bien conseillé pour sa gloire, mais qu'il avait manqué à ses intérêts. C'est avoir, ajoutaient-ils, mal choisi son temps, et courir sans aucune nécessité les chances d'une guerre contre des troupes nombreuses et réputées invincibles ; c'est là un projet d'autant plus insensé que le fameux exemple du désastre des Thébains devrait servir d'utile leçon. Quoi qu'il en soit, les députés partirent pour les diverses villes de la Grèce, et parvinrent par leurs discours incendiaires à en entraîner la plupart dans l'alliance des Athéniens, soit par nation soit par ville.

XI. Quant aux autres Grecs, les uns inclinèrent vers l'alliance des Macédoniens, les autres restèrent neutres. Tous les Étoliens suivirent donc les premiers la ligue athénienne ; après eux vinrent tous les Thessaliens, à l'exception des Pelinéens ; les OEtéens, moins les Héracléotes ; les Phthiotes de l'Achaïe, moins les Thébains ; les Méliens, à l'exception des Maliens ; puis tous les Doriens, les Locriens, les Phocidiens, les Ænians, les Alyzéens, les Dolopes, les Athamans, les Leucaniens et les Molosses, soumis à Aryptée qui, feignant d'entrer dans la ligue, embrassa en traître le parti des Macédoniens ; puis une grande partie des Illyriens et des Thraces par haine contre les Macédoniens ; ensuite, les Carystiens, dans l'Eubée ; enfin, dans le Péloponnèse, les Argiens, les Sicyoniens, les Éliens, les Messéniens et les habitants de l'Acté[1]. Voilà les Grecs qui entrèrent dans la ligue.

Cependant le peuple athénien envoya à Léosthène un renfort de cinq mille fantassins de milice nationale, de cinq cents cavaliers et de deux mille mercenaires. Pendant que cette troupe traversait la Béotie, les Béotiens firent éclater leurs ressentiments contre les Athéniens ; voici pourquoi. Après la destruction de Thèbes, Alexandre avait distribué aux Béotiens du voisinage tout le territoire de la ville. Ceux-ci s'étaient partagé les possessions des malheureux et en retiraient de grands revenus ; ils prévoyaient donc que si les Athéniens étaient victorieux, ces derniers rendraient aux Thébains leurs foyers et leur territoire. C'est pourquoi ils embrassèrent le parti des Macédoniens. Pen-

---

[1] Les Épidmériens et les Trézéniens.

dant qu'ils étaient campés près de Platée, Léosthène entra en Béotie avec une partie de son armée; il présenta la bataille aux indigènes, les défit, éleva un trophée et revint rapidement aux Thermopyles. Là, il s'arrêta quelque temps, occupa d'avance les défilés et attendit l'armée des Macédoniens.

XII. Antipater avait été laissé par Alexandre pour commander en Europe. En apprenant la mort du roi à Babylone et le partage des satrapies entre les chefs de l'armée, il fit prévenir Cratère, en Cilicie, de lui amener le plus promptement possible un renfort de troupes. On se rappelle que Cratère avait été détaché en Cilicie pour ramener en Macédoine les soldats qui, au nombre de trente mille[1], venaient d'être libérés du service militaire. Il demanda de même des secours à Philotas, qui avait obtenu la satrapie de la Phrygie hellespontique, et lui offrit une de ses filles en mariage. A la nouvelle de la ligue des Grecs, il laissa à Sippas le commandement de la Macédoine avec un nombre de troupes suffisant, en même temps il lui donna l'ordre de faire le plus d'enrôlements possible. Quant à lui, il se mit à la tête de l'armée macédonienne, composée seulement de treize mille fantassins et de six cents cavaliers; car la Macédoine avait été épuisée de milice nationale par les levées successives exigées pour le recrutement de l'armée en Asie. Il quitta la Macédoine et entra dans la Thessalie en marchant de conserve avec toute la flotte, composée de cent dix trirèmes, dont Alexandre s'était servi pour transporter en Macédoine les trésors royaux des Perses. Les Thessaliens, qui étaient d'abord les alliés d'Antipater, lui avaient envoyé un grand nombre d'excellents cavaliers; mais, séduits depuis par les Athéniens, ils firent passer leur cavalerie dans l'armée de Léosthène et combattirent avec les Athéniens pour la liberté de la Grèce. L'armée des Athéniens étant devenue ainsi de beaucoup supérieure à celle des Macédoniens, les Grecs l'emportèrent dans cette guerre. Antipater, vaincu, n'osant plus faire face à l'ennemi et dans l'impossibilité de regagner sûrement

---

[1] L'auteur ne parle plus haut (XVII, 109) que de dix mille.

la Macédoine, se réfugia dans la ville de Lamia. Là, il rallia son armée, fortifia la ville, y établit des magasins d'armes, de catapultes et de vivres, et attendit les renforts qui devaient lui venir de l'Asie.

XIII. Léosthène s'approcha de Lamia avec toute son armée. Après avoir retranché et environné son camp d'un fossé profond, il rangea ses troupes en bataille, les fit avancer jusqu'aux portes de la ville et provoqua les Macédoniens au combat. Ceux-ci n'osant point accepter la lutte, Léosthène livra à la place des assauts journellement renouvelés; mais les Macédoniens se défendirent vaillamment et firent essuyer de grandes pertes aux assaillants. La ville renfermait, outre une nombreuse garnison, des munitions de guerre en abondance; de plus, elle était entourée de fortes murailles; les assiégés pouvaient donc facilement l'emporter. Renonçant à l'espoir de prendre la ville d'assaut[1], Léosthène se contenta d'intercepter les convois de vivres, dans la conviction qu'il viendrait aisément à bout des assiégés par la famine. Dans ce dessein, il construisit une enceinte, et creusa un fossé large et profond pour empêcher les assiégés de communiquer avec le dehors. Bientôt après, les Étoliens demandèrent à Léosthène la permission de se retirer momentanément chez eux pour régler quelques affaires d'État, et revinrent ainsi tous en Étolie. Cependant Antipater était presque réduit à l'extrémité, et la ville, pressée par la famine, courait risque d'être prise, lorsqu'un heureux hasard rendit l'espoir aux Macédoniens. Dans un combat qu'Antipater livrait aux assiégeants occupés à creuser des fossés, Léosthène fut frappé d'un coup de pierre à la tête, il tomba sur-le-champ et fut transporté sans connaissance dans le camp. Trois jours après il mourut; il fut enseveli avec les honneurs héroïques, à cause de sa réputation guerrière; le peuple athénien lui décerna un éloge funèbre et chargea de le prononcer Hypéride, le premier orateur par son éloquence et par sa haine contre les Macédoniens. A cette épo-

---

[1] Comparez Justin, XIII, 5.

que, le coryphée des orateurs d'Athènes, Démosthène, était encore en exil, condamné pour avoir reçu de l'argent d'Harpalus. A la place de Léosthène, Antiphile, distingué par son habileté stratégique et son courage, fut nommé au commandement des troupes. Telle était la situation des affaires en Europe.

XIV. Après qu'en Asie les chefs de l'armée se furent partagé les satrapies, Ptolémée se mit, sans coup férir, en possession de l'Égypte. Il se conduisit avec bienveillance à l'égard des naturels du pays. Il employa huit mille talents à rassembler des mercenaires et à préparer des armées ; sa douceur fit accourir auprès de lui un grand nombre d'amis. Un de ses premiers soins fut d'envoyer une députation à Antipater et de conclure avec lui un traité d'alliance ; car il savait parfaitement que Perdiccas visait à la satrapie d'Égypte.

A cette époque, Lysimaque envahit la Thrace et marcha contre le roi Seuthès, qui se trouvait à la tête de vingt mille fantassins et de huit mille cavaliers; mais ces forces ne l'intimidèrent pas, et, bien qu'il n'eût pas plus de quatre mille fantassins et de deux mille cavaliers, il attaqua les Barbares. Le combat fut acharné. Lysimaque se montra supérieur en bravoure ; mais, accablé par le nombre, il perdit la plupart des siens et retourna dans le camp en laissant la victoire incertaine. Les deux armées se retirèrent alors de leurs positions et firent de plus grands préparatifs pour livrer une bataille décisive. Léonnatus, auprès duquel Hécatée s'était rendu en députation pour le prier de venir le plus promptement possible au secours d'Antipater et des Macédoniens, promit des secours. Il passa donc en Europe, entra en Macédoine et joignit un grand nombre de soldats macédoniens. Ayant ainsi rassemblé une armée de plus de vingt mille fantassins et de deux mille cinq cents cavaliers, il traversa la Thessalie et s'avança contre les ennemis.

XV. Les Grecs levèrent le siége; ils incendièrent leur camp et, pour alléger leurs mouvements, transportèrent tout le bagage inutile dans la ville de Mélitée ; puis ils allèrent à la rencontre de Léonnatus avant qu'il eût fait sa jonction avec Antipater. L'armée des Grecs se composait de vingt-deux mille hommes d'infanterie (tous les Étoliens étaient déjà antérieurement retournés chez eux, et beaucoup d'autres Grecs étaient alors également rentrés dans leurs foyers), et de plus de trois mille cinq cents cavaliers, dont deux mille Thessaliens, d'un courage éprouvé et sur lesquels reposait principalement l'espérance de vaincre. Il s'engagea un combat de cavalerie qui dura longtemps; les Thessaliens y firent des prodiges de valeur et Léonnatus, après une brillante résistance, fut acculé contre un marais et expira couvert de blessures. Ses soldats emportèrent son corps et le déposèrent près des bagages. Les Grecs remportèrent, grâce à Menon, commandant de la cavalerie thessalienne, une éclatante victoire; la phalange macédonienne, redoutant la cavalerie, se retira de la plaine pour gagner les montagnes et se retrancha dans une position forte. Dans cet état, la cavalerie thessalienne, qui combattait à l'avant-garde, devint inutile. Les Grecs dressèrent un trophée, enlevèrent les morts et se retirèrent du champ de bataille. Le lendemain, Antipater arriva avec son armée, fit sa jonction avec les vaincus et réunit tous les Macédoniens en une seule armée dont il prit le commandement en chef. Antipater résolut, pour le moment, de se tenir dans l'inactivité; et, voyant que les ennemis étaient supérieurs en cavalerie, il renonça au projet de se frayer un passage les armes à la main. Il se retira donc de ces lieux, passa par des chemins difficiles, et s'empara d'avance des postes élevés. Antiphile, commandant de l'armée grecque qui venait de vaincre les Macédoniens dans une bataille célèbre, s'arrêta en Thessalie pour observer les mouvements de l'ennemi. Tels étaient les succès que les Grecs avaient obtenus. Comme les Macédoniens étaient encore les maîtres de la mer, les Athéniens firent construire de nouveaux bâtiments, de manière à élever le total de leur flotte à cent soixante-dix navires. La flotte macédonienne, forte de deux cent quarante navires, était sous les ordres de Clitus, qui attaqua Étion, nauarque des Athéniens, le défit dans deux batailles navales, livrées près des îles Échinades, et fit perdre à l'ennemi un grand nombre de bâtiments.

XVI. Sur ces entrefaites, Perdiccas prit avec lui le roi Philippe et l'armée royale, et marcha contre Ariarathès, souverain de la Cappadoce. Ce chef ne s'était point soumis aux Macédoniens, et il avait été oublié par Alexandre, alors exclusivement occupé à combattre Darius. Ariarathès avait eu le temps de se reconnaître et de s'affermir dans la souveraineté de la Cappadoce. Au moyen de fortes sommes d'argent, fruit de ses revenus, il mit sur pied une armée considérable, composée de nationaux et d'étrangers. Se trouvant ainsi à la tête de trente mille hommes d'infanterie et de quinze mille cavaliers, il prétendait à la royauté et était prêt à tenir tête à Perdiccas. Mais celui-ci le vainquit en bataille rangée, lui tua quatre mille hommes et fit plus de cinq mille prisonniers, parmi lesquels se trouvait aussi Ariarathès qu'il fit ignominieusement mettre en croix ainsi que toute sa famille. Cependant Perdiccas accorda la vie aux vaincus, et, après avoir pacifié la Cappadoce, il en donna le gouvernement à Eumène de Cardia, auquel cette satrapie était primitivement échue. En ce même temps, Cratère partit de la Cilicie et se rendit en Macédoine pour venir au secours d'Antipater et réparer les pertes essuyées par les Macédoniens. Il emmena avec lui six mille hommes d'infanterie, débris de l'armée qu'Alexandre avait conduite en Asie; il y joignit quatre mille soldats recueillis en route, mille archers et frondeurs perses et quinze mille cavaliers. Arrivé en Thessalie, Cratère céda volontairement le commandement à Antipater et vint camper avec lui sur les bords du Pénée. Ces troupes réunies, y compris les soldats de Léonnatus, formèrent donc un total de plus de quarante mille hommes d'infanterie pesamment armés, de trois mille archers et frondeurs et de cinq mille cavaliers.

XVII. Dans ce même moment, les Grecs, beaucoup moins nombreux, vinrent établir leur camp en face de l'ennemi. Plusieurs de leurs alliés, méprisant l'ennemi depuis leurs derniers succès, étaient demeurés chez eux pour vaquer à leurs propres affaires. Beaucoup d'entre eux ayant quitté les rangs, il ne restait plus dans le camp que vingt-cinq mille hommes d'infanterie et trois mille cinq cents cavaliers. C'est sur cette cavalerie que reposait particulièrement l'espérance de la victoire, tant à cause de sa bravoure bien connue que parce qu'elle pouvait manœuvrer sur un terrain plat. Antipater fit tous les jours sortir du camp son armée et provoqua les Grecs au combat. Ceux-ci, d'abord résolus d'attendre leurs alliés, furent enfin forcés par les circonstances d'accepter un combat décisif. Ils rangèrent donc leur armée en bataille, et, comme ils cherchaient à décider le sort de la guerre par la cavalerie, ils la placèrent sur le front de la phalange d'infanterie. Il s'engagea donc un combat de cavalerie. Les Thessaliens l'emportant par la bravoure de leurs cavaliers, Antipater fit avancer sa phalange ; il tomba sur l'infanterie ennemie, et en fit un grand carnage. Les Grecs, succombant sous le poids et le nombre des ennemis, se retirèrent dans les lieux d'un accès difficile, tout en conservant l'ordre de leurs rangs. Ils gagnèrent ainsi les hauteurs qui dominaient le champ de bataille, et se défendirent de là facilement contre les Macédoniens. Cependant la cavalerie des Grecs l'emporta ; mais dès qu'elle apprit la retraite de l'infanterie, elle vint sur-le-champ la rallier ; à partir de ce moment de la lutte, la victoire commença à se déclarer pour les Macédoniens. Dans cette bataille, les Grecs perdirent plus de cinq cents hommes, et les Macédoniens cent trente. Le lendemain, Menon et Antiphile, généraux des Grecs, se réunirent pour délibérer s'il fallait attendre l'arrivée des autres alliés et se mettre en mesure de risquer un dernier combat décisif, ou s'il fallait céder aux circonstances, et envoyer des parlementaires pour négocier une trêve. On résolut d'envoyer des hérauts pour faire des propositions de paix. Antipater répondit à ces parlementaires qu'il fallait que chaque ville, en particulier, lui envoyât des députés, et qu'il ne traiterait pas d'un accommodement commun à toutes les villes. Comme les Grecs n'accueillirent point cet arrangement, Antipater et Cratère allèrent investir les villes de la Thessalie, et les prirent d'assaut sans que les Grecs eussent pu les secourir. Ce succès fit trembler les autres, et chacune d'elles envoya des députés pour traiter séparément; la paix leur fut accordée, et toutes furent traitées avec douceur. Les villes s'étant ainsi empressées de pourvoir à leur salut, la paix fut partout promptement rétablie. Les ennemis les plus acharnés des Macédoniens, savoir les Étoliens et les Athéniens, privés de leurs alliés, réunirent leurs propres généraux pour délibérer sur la conduite de la guerre.

XVIII. Après s'être montré habile général et avoir dissous la ligue des Grecs, Antipater dirigea toute son armée contre les Athéniens. Ceux-ci, sans alliés, se trouvaient dans un grand embarras; tous les regards se tournèrent alors vers Demade, et on cria qu'il fallait l'envoyer auprès d'Antipater pour négocier la paix. Mais Demade refusa de prendre part à la délibération; c'est qu'il avait été condamné trois fois pour avoir enfreint les lois, et qu'ainsi entaché d'infamie, il ne pouvait, selon les lois, être membre d'aucune assemblée délibérante. Alors le peuple le réhabilita, et l'envoya sur-le-champ en députation avec Phocion et quelques autres. Après avoir écouté attentivement les discours de ces députés, Antipater répondit qu'il ne traiterait avec les Athéniens qu'après qu'ils se seraient rendus à discrétion. C'était la même réponse qu'avait reçue Antipater lorsque, assiégé à Lamia, il demanda à traiter avec les Athéniens. Le peuple d'Athènes, dans l'impossibilité de résister à l'ennemi, fut forcé de se soumettre complètement à l'autorité d'Antipater. Le vainqueur se conduisit avec modération envers les vaincus; il laissa aux Athéniens leur ville, leurs biens et toutes leurs richesses, mais il changea la forme de leur gouvernement; il abolit la démocratie, établit un cens d'après lequel les propriétaires de plus de deux mille drachmes[1] auraient seuls droit au gouvernement et exerceraient le droit de suffrage. Il éloigna ainsi des affaires tous les turbulents et les malintentionnés dont le cens n'atteignait pas cette somme. En même temps il donna des terres à ceux qui

---

[1] Plus de mille huit cent vingt francs.

voulaient fonder des colonies dans la Thrace. Il y en eut plus de vingt-deux mille qui quittèrent ainsi leur patrie. Les citoyens compris dans le cens fixé étaient au nombre d'environ neuf mille ; ils furent déclarés maîtres de la cité et du territoire, et se gouvernaient d'après les lois de Solon. Ils conservèrent tous leurs propriétés intactes, mais ils furent obligés de recevoir une garnison sous les ordres de Ményllus qui devait veiller à l'ordre établi. Quant à l'île de Samos, son sort fut remis à la décision des rois. Les Athéniens furent donc mieux traités qu'ils ne l'espéraient, et obtinrent la paix ; jouissant depuis lors d'un gouvernement tranquille, ils se livrèrent sans crainte à la culture de leurs terres, et leur prospérité augmenta rapidement. De retour en Macédoine, Antipater combla Cratère d'honneurs et de présents, lui donna en mariage Phila, l'aînée de ses filles, et lui prépara sa rentrée en Asie. Antipater se conduisit avec la même modération à l'égard des autres villes grecques ; il établit partout un bon gouvernement, et mérita les éloges et les couronnes qui lui furent décernés.

Perdiccas restitua aux Samiens leur ville et leur territoire, et rappela dans leur patrie ceux qui en avaient été exilés depuis plus de quarante-trois ans.

XIX. Après avoir parlé en détail de la guerre Lamiaque, nous allons passer à la guerre qui eut lieu dans la Cyrénaïque. Mais, sans trop nous écarter de l'ordre chronologique, nous devons remonter un peu le cours des temps, afin de faire mieux comprendre notre récit.

Harpalus, s'étant enfui de l'Asie, aborda en Crète avec ses troupes soldées, ainsi que nous l'avons dit dans le livre précédent[1]. Thimbron, qui passait pour un de ses amis, assassina Harpalus, s'empara de ses richesses et se mit à la tête des soldats qui étaient au nombre de sept mille[2]. Il se rendit aussi maître des navires d'Harpalus, y embarqua ses soldats et fit voile pour la Cyrénaïque. Il avait emmené avec lui les bannis de Cyrène

---

[1] Chapitre 108.
[2] Il y a six mille dans le livre précédent, chap. 108.

qui, ayant une parfaite connaissance des lieux, lui servaient de guides. Thimbron marcha contre les Cyrénéens, les défit dans un combat et leur tua beaucoup de monde en faisant un non moins grand nombre de prisonniers. Il s'empara du port des Cyrénéens, bloqua Cyrène et força les habitants de capituler, à la condition de lui fournir cinq cents talents d'argent et la moitié de leurs chars de guerre. Il envoya ensuite des députés dans les autres villes de la côte pour les engager à se joindre à lui dans le but de soumettre toute la Libye limitrophe. Enfin il dévasta les magasins du port, livra les marchandises au pillage de ses soldats, dont il ranima ainsi l'ardeur guerrière.

XX. Les affaires de Thimbron prospéraient, lorsque la fortune humilia bientôt son orgueil. Il y avait parmi ses officiers un Crétois nommé Mnasiclès, d'une grande expérience militaire. Thimbron eut avec lui une querelle au sujet du partage du butin. Mnasiclès, d'un caractère turbulent et audacieux, passa dans le camp des Cyrénéens ; il accusa Thimbron de cruauté et de mauvaise foi, et persuada les Cyrénéens de rompre le traité et de défendre leur indépendance. Séduits par ces discours, les Cyrénéens, qui n'avaient encore payé que soixante talents de contribution, refusèrent de donner le reste de la somme. Thimbron, irrité contre les rebelles, arrêta les Cyrénéens qui se trouvaient dans le port au nombre d'environ quatre-vingts, dirigea immédiatement son armée sur la ville de Cyrène, et en fit le siége. Mais cette tentative ayant échoué, il revint dans le port. Comme les Barcéens et les Hespérites s'étaient déclarés pour Thimbron, les Cyrénéens laissèrent une partie de leur armée pour la défense de Cyrène, et allèrent avec l'autre partie dévaster les terres de leurs voisins. Ceux-ci appelèrent à leur secours Thimbron qui vint à leur aide avec toutes ses troupes. Dans ce moment, le Crétois, voyant le port sans défense, conseilla aux Cyrénéens, laissés dans la ville, de s'en emparer. Cette proposition fut accueillie avec empressement ; le Crétois se mit à la tête de la troupe, attaqua le port, et, favorisé par l'absence de Thimbron, s'en rendit facilement maître ; il fit ensuite rendre aux marchands les marchandises qui restaient encore, et assura avec soin la défense du port. Délogé de cette position favorable et ayant perdu ses bagages, Thimbron tomba d'abord dans le découragement. Cependant son courage se ranima par la suite, il prit d'assaut la ville de Teuchire et conçut de grandes espérances. Mais bientôt il essuya de nouveaux échecs. Les équipages des navires exclus du port manquant de vivres, descendaient tous les jours à terre pour se procurer des subsistances. Pendant que ces soldats s'étaient dispersés dans la campagne, les Libyens les firent tomber dans une embuscade, en tuèrent un grand nombre et firent beaucoup de prisonniers. Ceux qui avaient échappé au danger se réfugièrent dans les navires et firent voile pour les villes alliées ; mais une violente tempête s'étant élevée, la plupart des navires sombrèrent et le reste échoua sur les côtes de Cypre et sur celles d'Égypte.

XXI. Malgré ce désastre, Thimbron continua la guerre. Il détacha dans le Péloponnèse ses amis les plus fidèles, chargés d'enrôler les mercenaires qui se trouvaient au cap Ténare. Beaucoup de soldats sans solde erraient dans cette contrée, cherchant du service ; le nombre de ceux qui étaient stationnés au cap Ténare était de plus de deux mille cinq cents. Les émissaires de Thimbron les enrôlèrent et les transportèrent à Cyrène. Mais avant l'arrivée de cette troupe, les Cyrénéens, encouragés par les succès obtenus, avaient engagé la lutte et vaincu Thimbron, après lui avoir fait éprouver de grandes pertes. Abattu par ces revers, Thimbron allait désespérer des affaires de la Cyrénaïque, lorsqu'un événement imprévu vint ranimer son courage. Les mercenaires, arrivés par mer du cap Ténare, lui amenèrent un puissant renfort qui releva ses espérances. Les Cyrénéens, considérant que la guerre allait se rallumer, implorèrent le secours des Libyens limitrophes et des Carthaginois. En réunissant à la milice nationale tous les auxiliaires, ils parvinrent à mettre sur pied une armée de trente mille hommes, et furent prêts à livrer une bataille décisive. Un grand combat s'engagea ; Thimbron fut victorieux, après avoir tué un grand nombre d'ennemis, et, dans sa joie, il se voyait déjà maître des villes voisines. Les Cyrénéens, qui avaient perdu dans cette bataille tous leurs généraux, nommèrent le Crétois Mnasiclès avec quelques autres au commandement des troupes. Cependant Thimbron, exalté par sa victoire, bloqua le port des Cyrénéens et livra à la ville des assauts journaliers. Comme la guerre traînait en longueur, les Cyrénéens, manquant de vivres, se disputèrent entre eux. Le parti démocratique l'emporta ; les propriétaires, chassés de la ville et exilés de leur patrie, se réfugièrent les uns auprès de Thimbron, les autres cherchèrent un asile en Égypte. Ces derniers engagèrent Ptolémée à les faire rentrer dans leur patrie. Ils y revinrent en effet, appuyés par une forte armée et par une flotte sous les ordres d'Ophellas. A la nouvelle de cette approche, ceux qui s'étaient réfugiés auprès de Thimbron, tentèrent de les joindre secrètement la nuit ; mais leur projet se découvrit, et ils furent tous taillés en pièces. Les chefs du parti démocratique de Cyrène, redoutant la vengeance des exilés, traitèrent avec Thimbron et se préparèrent à faire en commun la guerre à Ophellas. Celui-ci battit Thimbron, le fit prisonnier, se rendit maître des villes et les soumit, ainsi que leur territoire, à l'autorité du roi Ptolémée. Ce fut de cette manière que les Cyrénéens et les villes limitrophes perdirent leur indépendance et furent rangés sous l'autorité royale[1] de Ptolémée.

XXII. Perdiccas et le roi Philippe ayant battu Ariarathès, et remis sa satrapie à Eumène, s'éloignèrent de la Cappadoce. Ils entrèrent de là dans la Pisidie pour y châtier deux villes rebelles, celle des Larandéens et celle des Isauriens. Encore du vivant d'Alexandre, les habitants de ces villes avaient massacré Balacrus, fils de Nicanor, qui avait été nommé commandant militaire et satrape de la contrée. La ville des Larandéens fut emportée d'assaut ; toute la population valide fut passée au fil de l'épée, les autres habitants vendus à l'enchère et la ville rasée.

---

[1] A cette époque Ptolémée n'était pas encore roi. Voyez XX, 54.

Isaura était une ville forte, considérable et remplie d'une brave garnison ; elle fut vigoureusement assiégée pendant deux jours. Enfin, après avoir éprouvé beaucoup de pertes, l'ennemi allait se retirer; car les habitants, abondamment pourvus d'armes et d'autres munitions, se défendaient intrépidement, prêts à mourir pour la liberté. Mais le troisième jour, après des pertes considérables, les rangs des défenseurs du mur se trouvaient éclaircis, et la garnison était pressée par la famine; en ce moment les Isauriens se décidèrent à une action héroïque et digne de mémoire. Se voyant exposés à une vengeance impitoyable et n'étant pas assez forts pour résister, ils se refusèrent à livrer leur ville et leurs biens à un ennemi qui ne ferait aucun quartier. Ils résolurent donc unanimement de périr, dans la nuit, d'une mort glorieuse : ils renfermèrent dans les maisons les enfants et les femmes, et y mirent le feu, donnant ainsi à tout ce qu'ils avaient de plus cher un bûcher et un tombeau communs. La flamme s'éleva soudain dans l'air; les Isauriens y jetèrent leurs biens et tout ce qui aurait pu être utile au vainqueur. Perdiccas, frappé d'étonnement, essaya avec son armée de pénétrer de toutes parts dans la ville. Mais les habitants défendirent leurs murailles et tuèrent beaucoup de Macédoniens; Perdiccas, de plus en plus stupéfait, chercha à savoir pourquoi ces hommes, qui avaient mis le feu à leurs maisons et brûlé tous leurs biens, mettaient tant d'acharnement à défendre leurs murailles. Enfin, Perdiccas et les Macédoniens, s'étant un peu éloignés de la ville, les Isauriens se précipitèrent eux-mêmes dans les flammes et trouvèrent leurs tombeaux sous la cendre de leurs maisons. Après que la nuit fut passée, Perdiccas donna la ville en pillage à ses soldats. Ces derniers éteignirent l'incendie et recueillirent une grande masse d'argent et d'or; car cette ville était depuis longtemps une des plus riches de la contrée.

XXIII. Après la défaite de ses ennemis, Perdiccas épousa deux femmes; l'une était Nicée, fille d'Antipater, avec laquelle il avait été fiancé [1]; l'autre était Cléopâtre, sœur germaine d'A-

---

[1] Suivant Strabon, elle épousa Lysimaque, après la mort de Perdiccas. Sa sœur,

lexandre, fille de Philippe, fils d'Amyntas. Perdiccas avait depuis longtemps jugé convenable de lier ses intérêts à ceux d'Antipater ; c'est pourquoi il avait contracté cette alliance, dans un moment où ses propres affaires n'étaient pas encore parfaitement consolidées. Mais depuis qu'il était investi du commandement des troupes royales, et de la tutelle des rois, il changea de plan ; aspirant lui-même à la royauté, il épousa Cléopâtre, et se flattait par cette alliance de décider les Macédoniens à lui décerner l'autorité souveraine. Cependant, pour ne pas dévoiler ses intentions secrètes, il épousa alors Nicée, afin qu'Antipater ne l'entravât pas dans ses projets ; mais comme par la suite Antigone, un des chefs les plus actifs de l'armée, lié d'amitié avec Antipater, devina ces desseins ambitieux, Perdiccas songea à s'en défaire. Dans ce but, il répandit contre Antigone des accusations injustes et calomnieuses, et ne fit plus un secret de sa perte, qu'il avait jurée. Mais Antigone, homme distingué à la fois par sa prudence et par son audace, déclara ouvertement qu'il voulait se défendre contre ces accusations. Mais il prépara en secret tout ce qui était nécessaire pour sa fuite, et s'embarqua la nuit avec ses amis et son fils Démétrius, sur des bâtiments attiques qui le transportèrent en Europe où il joignit Antipater.

XXIV. En ce même temps Antipater et Cratère marchèrent contre les Étoliens, à la tête de trente mille hommes d'infanterie et de deux mille cinq cents cavaliers. Les Étoliens étaient les seuls qui n'eussent pas été soumis dans la guerre Lamiaque. Malgré ces forces considérables dirigées contre eux, les Étoliens ne furent pas épouvantés ; ils appelèrent au service militaire toute la population valide, et après avoir rassemblé dix mille hommes, ils se réfugièrent dans les montagnes où ils avaient mis en sûreté les femmes, les enfants, les vieillards et toutes leurs richesses. Ils abandonnèrent ainsi les villes dont la position n'était pas assez forte, mirent dans les places fortes des garnisons respectables, et attendirent intrépidement l'arrivée des ennemis.

Cléopâtre, avait épousé en premières noces Alexandre, roi des Épirotes Voyez **Justin**, XIII, 6.

XXV. Cependant Antipater et Cratère pénétrèrent dans l'Étolie, et trouvant les villes désertes, ils marchèrent contre les populations qui s'étaient retirées dans les montagnes. En attaquant ces lieux d'un accès difficile, les Macédoniens perdirent d'abord beaucoup de monde ; car les Étoliens, sentant leur courage s'accroître par la nature des lieux, se défendirent aisément contre ceux qui couraient des dangers irrémédiables. Après ces tentatives, Cratère construisit des baraques pour faire bivouaquer ses troupes. Par ce moyen, il força les ennemis à passer l'hiver au milieu des neiges et dans des positions où la disette devait les réduire aux dernières extrémités. En effet, ils étaient dans l'alternative ou de descendre des montagnes et se mesurer avec des forces supérieures, commandées par des généraux célèbres, ou d'y rester, décidés à mourir de faim et de froid. Enfin, ils désespéraient déjà de leur salut, lorsque le hasard, comme un dieu miséricordieux, les sauva du péril. Antigone, après s'être enfui de l'Asie, était venu joindre Antipater et l'avait instruit de tous les projets de Perdiccas : il lui avait appris que ce dernier venait d'épouser Cléopâtre et qu'il ne tarderait pas à se montrer avec son armée en Macédoine pour se faire déclarer roi et dépouiller Antipater et Cratère de leur autorité. Ceux-ci, surpris d'une nouvelle si inattendue, réunirent en conseil les chefs de l'armée ; il fut convenu que l'on conclurait avec les Étoliens une trêve aux meilleures conditions possibles ; que des troupes seraient immédiatement envoyées en Asie, que Cratère y exercerait le commandement en chef, tandis qu'Antipater aurait le même pouvoir en Europe ; enfin qu'on ferait partir une députation auprès de Ptolémée qui était très-mécontent de Perdiccas et, au contraire, ami de Cratère et d'Antipater ; ils le croyaient donc disposé à faire avec eux cause commune. Conformément à ces résolutions, ils conclurent une trêve avec les Étoliens, en ajournant le projet de les soumettre et de transférer toute la population dans une contrée déserte, la plus reculée de l'Asie. Enfin, toutes ces dispositions prises, ils se préparèrent à l'expédition projetée. Cependant Perdiccas réunit en conseil ses amis et les chefs de l'armée ; il mit en délibération s'il fallait d'abord porter la guerre en Macédoine, ou marcher contre Ptolémée. Tous étant d'avis qu'il fallait d'abord combattre Ptolémée, afin de pouvoir agir plus librement en Macédoine, Perdiccas fit partir Eumène à la tête d'une armée considérable, avec l'ordre d'occuper les environs de l'Hellespont et de s'opposer au passage de l'ennemi. Perdiccas lui-même quitta la Pisidie, et dirigea sa route du côté de l'Égypte.

Tels sont les événements arrivés dans le cours de cette année.

XXVI. Philoclès étant archonte d'Athènes, les Romains nommèrent consuls Caïus Sulpicius et Caïus Ælius[1]. Dans cette année, Arrhidée, chargé du soin de transporter le corps d'Alexandre, avait fait construire le char qui devait servir à ce transport, et avait achevé les préparatifs de cette solennité, digne de la gloire d'Alexandre. Elle se distinguait de toutes les solennités de ce genre, tant par les énormes dépenses qu'elle occasionna que par la magnificence qui y fut déployée. Nous croyons donc convenable d'entrer ici dans quelques détails. On avait d'abord construit un premier cercueil, recouvert d'or laminé et rempli d'aromates, tout à la fois pour procurer une bonne odeur et pour conserver le cadavre. Ce cercueil était fermé par un couvercle d'or, s'adaptant parfaitement à la partie supérieure de la surface. Sur ce couvercle était jetée une belle draperie d'or et de pourpre, sur laquelle étaient déposées les armes du défunt, afin que rien ne manquât de ce qui peut frapper l'imagination dans de pareilles circonstances. Après cela, on s'occupa de la construction du char qui devait transporter le corps. [Voici le dessin de ce char] : le sommet représentait une voûte d'or, ornée de mosaïques disposées en écailles, de huit coudées de largeur sur douze de long. Au-dessous de cette voûte était placé un trône d'or occupant l'espace de toute l'œuvre ; il était de forme carrée, orné de mufles de bouquetin[2], auxquels étaient

---

[1] Troisième année de la CXIV[e] olympiade ; année 322 avant J.-C.

[2] J'ai rendu τραγέλαφοι par *bouquetins*. Le bouc sauvage (bouquetin) présente en effet dans son aspect un mélange de bouc (τράγος) et de cerf (ἔλαφος).

fixés des agrafes d'or de deux palmes d'épaisseur ; à ces agrafes était suspendue une guirlande funèbre, dont les couleurs resplendissantes imitaient des fleurs naturelles. Au sommet était attaché un filet portant de grandes cloches, qui, par leur bruit, annonçaient au loin l'approche du convoi. A chaque angle de la voûte s'élevait une Victoire d'or portant des trophées. Toute la voûte avec ses dépendances reposait sur des colonnes à chapiteaux ioniques. En dedans du péristyle, on voyait un réseau d'or, dont les fils, de l'épaisseur d'un doigt, portaient quatre tableaux de la même hauteur que le péristyle et parallèles aux colonnes.

XXVII. Le premier de ces tableaux représentait un char orné de ciselures, sur lequel était assis Alexandre, tenant dans ses mains un sceptre très-beau. Autour du roi était placée en armes sa maison militaire, composée de Macédoniens, de Perses mélophores, précédés des écuyers. Le second tableau représentait, comme suite de la maison militaire, des éléphants équipés en guerre, montés en avant par des conducteurs indiens, et en arrière par des Macédoniens revêtus de leurs armes ordinaires. Sur le troisième tableau, on avait figuré des escadrons de cavalerie faisant des évolutions et des manœuvres militaires. Enfin, le quatrième tableau représentait des vaisseaux armés en guerre, préparés à un combat naval. Au bord de la voûte se voyaient des lions d'or fixant leurs regards sur ceux qui s'approchaient du char. Dans les interstices des colonnes se voyaient des acanthes d'or, s'élevant presque jusqu'aux chapiteaux des colonnes. Sur le dos de la voûte était étendue une draperie de pourpre sur laquelle reposait une immense couronne d'olivier en or ; les rayons du soleil tombant sur cette couronne produisaient au loin, par leurs réflexions, l'effet d'éclairs éblouissants. Tout le train reposait sur deux essieux autour desquels tournaient quatre roues persiques dont les moyeux et les rayons étaient dorés, et dont les jantes étaient garnies de fer. Les saillies des essieux étaient en or et portaient des mufles de lion tenant entre les dents le fer d'une lance. Au milieu du fond du char, d'une part, et au milieu de la voûte, de l'autre, était fixé dans toute la hauteur du monument un mécanisme tournant pour préserver la voûte des secousses qu'aurait pu lui imprimer le char en roulant sur un terrain inégal et raboteux. Quatre timons étaient fixés au char, et à chaque timon un train de quatre jougs, et chaque joug composé de quatre mulets, ce qui formait un attelage de soixante-quatre mulets, choisis parmi les plus vigoureux et les plus élancés. Chacun de ces animaux portait sur sa tête une couronne d'or ; aux deux mâchoires étaient suspendues deux sonnettes d'or, et les cols étaient ornés de colliers de pierres précieuses.

XXVIII. Tel était l'appareil de ce char, plus beau à voir qu'on ne peut le faire comprendre par une simple description. Grand était le nombre des spectateurs qu'attirait la magnificence de ce convoi funèbre. La foule accourait de toutes parts dans les villes où il devait passer, et ne pouvait se rassasier de l'admirer ; et cette foule, se confondant avec les voyageurs, les artistes et les soldats qui suivaient le convoi, ajoutait encore à la pompe de ces splendides funérailles. Arrhidée, qui avait employé presque deux ans aux travaux de ces obsèques, s'était donc mis en marche pour transporter, de Babylone en Égypte, les dépouilles du roi. Ptolémée, pour rendre les honneurs à Alexandre, alla avec son armée au-devant du convoi jusqu'en Syrie. Il reçut le corps avec les plus grandes marques de respect. Il jugea plus convenable de le transporter pour le moment, non dans le temple de Jupiter Ammon, mais dans la ville fondée par Alexandre, et qui était déjà devenue presque la plus célèbre du monde. Il y fit construire un temple qui, par sa grandeur et sa beauté, était digne de la gloire d'Alexandre ; il y célébra un service funèbre par des sacrifices héroïques et des solennités de jeux. Ptolémée fut récompensé par les hommes et par les dieux pour avoir ainsi honoré la mémoire d'Alexandre. La générosité et la grandeur d'âme de Ptolémée fit accourir à Alexandrie une multitude d'étrangers empressés de servir dans son armée ; et quoiqu'ils eussent bientôt à combattre l'armée royale, et qu'ils n'ignorassent pas les dangers auxquels ils s'exposaient, ils étaient tous prêts à donner leur vie pour Ptolémée. Les dieux, en récompense de tant de vertus, sauvèrent inopinément Ptolémée des plus grands périls.

XXIX. Perdiccas, qui prit ombrage de la puissance de Ptolémée, avait résolu de se mettre avec les rois[1] à la tête de la plus grande partie de l'armée et de marcher contre l'Égypte. Eumène avait été [comme nous l'avons dit] envoyé sur les côtes de l'Hellespont pour s'opposer au passage d'Antipater et de Cratère en Asie. Perdiccas lui avait adjoint plusieurs autres chefs de l'armée dont le plus célèbre était Alcétas, son frère, et Néoptolème; il leur avait prescrit de se soumettre entièrement aux ordres d'Eumène, connu pour ses talents militaires et sa fidélité éprouvée. Arrivé sur les côtes de l'Hellespont avec les troupes qui lui avaient été confiées, Eumène s'occupa d'abord à tirer de sa satrapie une grande quantité de chevaux, et combla les vides de l'armée. Cependant Cratère et Antipater parvinrent à faire passer des troupes d'Europe en Asie. Néoptolème, jaloux d'Eumène et ayant avec lui un détachement considérable de Macédoniens, eut des intelligences secrètes avec Antipater, traita avec lui et dressa des embûches à Eumène. Sa trahison ayant été découverte, il fut forcé à livrer bataille ; Néoptolème faillit être tué et perdit presque toute son armée. Eumène, victorieux, fit entrer dans les rangs le reste de la troupe de Néoptolème; ses forces s'accrurent ainsi, non-seulement par la victoire qu'il venait de remporter, mais encore par la jonction d'un brave corps de Macédoniens. Néoptolème déserta le champ de bataille avec trois cents cavaliers et vint à bride abattue joindre Antipater. Celui-ci réunit les généraux en conseil; il fut arrêté que les troupes seraient partagées en deux corps, dont l'un, sous les ordres d'Antipater, s'avancerait vers la Cilicie pour combattre Perdiccas, et l'autre, commandé par Cratère, tomberait sur Eumène, et, après l'avoir battu, viendrait rejoindre Antipater. Après la concentration des troupes et leur réunion au corps auxiliaire

---

[1] L'un était Arrhidée, proclamé roi sous le nom de Philippe, l'autre était le fils d'Alexandre et de Rhoxane.

de Ptolémée, ils devaient, selon le plan convenu, être supérieurs en nombre aux armées royales.

XXX. Instruit de ce mouvement de l'ennemi, Eumène rassembla de toutes parts des troupes et particulièrement de la cavalerie. Dans la conviction que son infanterie ne pourrait jamais égaler la phalange macédonienne, il espéra principalement en sa cavalerie pour l'emporter sur l'ennemi. Les deux armées s'avançant l'une sur l'autre, Cratère convoqua ses troupes, les exhorta au combat dans un discours approprié, et promit aux soldats, dans le cas où ils seraient victorieux, de leur abandonner en pillage tous les bagages des ennemis. Ce discours produisit l'effet désiré. Cratère rangea l'armée en bataille, prit le commandement de l'aile droite et donna à Néoptolème le commandement de l'aile gauche. Son armée était formée de vingt mille hommes d'infanterie, dont la plupart étaient des Macédoniens d'un courage éprouvé, et sur lesquels était surtout fondée l'espérance de la victoire. Le nombre des cavaliers s'élevait à plus de deux mille. L'armée d'Eumène se composait de vingt mille hommes d'infanterie, mélange de toutes les nations, et de cinq mille cavaliers sur lesquels il comptait plus particulièrement. Des deux côtés, la cavalerie était postée aux ailes et bien en avant du front de la phalange. Cratère commença l'attaque avec un corps d'élite et fit des prodiges de valeur; mais son cheval ayant fait un faux pas il tomba à terre; au milieu de la confusion et de l'épaisseur des escadrons qui s'avançaient, il se perdit, fut foulé aux pieds des chevaux et périt misérablement. Exaltés par la mort de Cratère, les ennemis se précipitèrent de toutes parts sur leurs adversaires et en firent un grand carnage. C'est ainsi que toute l'aile droite fut culbutée et forcée de se replier sur la phalange d'infanterie.

XXXI. A l'aile gauche, Néoptolème se trouva en face d'Eumène lui-même. Une égale ardeur anima les deux chefs; on les reconnaissait à l'équipement de leurs chevaux et à d'autres insignes; ils se précipitèrent l'un sur l'autre et engagèrent un combat singulier qui devait décider la victoire. Ils s'attaquèrent d'abord à l'épée ; mais bientôt cette attaque se changea en un combat à outrance. Emportés par la colère et par la haine qu'ils se portaient l'un l'autre, ils lâchèrent de leur main gauche les rênes de leurs chevaux et se mirent à lutter corps à corps. Les chevaux, n'étant plus retenus par leurs guides, s'échappèrent de dessous leurs cavaliers qui tombèrent à terre. En raison de la rapidité et de la violence de leur chute, ils ne purent se relever que difficilement, d'autant plus qu'ils étaient embarrassés du poids de leurs armes. Cependant Eumène parvint à se relever avant son adversaire, et frappa Néoptolème au jarret. L'étendue et le siége de la blessure empêchèrent celui-ci de se tenir debout. Néanmoins, la force de l'âme l'emporta sur la faiblesse du corps : Néoptolème se dressa sur ses genoux et porta à son antagoniste trois blessures au bras et aux cuisses. Mais aucune ne fut mortelle, et Eumène, couvert de ces blessures toutes saignantes, atteignit Néoptolème d'un second coup au col et l'étendit roide mort[1].

XXXII. Pendant que ces choses se passaient, le reste de la cavalerie se livra de son côté à un combat sanglant. Des deux côtés, il y eut un nombre à peu près égal de morts et de blessés, et la victoire fut exactement balancée. Mais, après que la nouvelle de la mort de Néoptolème se fut répandue, l'aile gauche lâcha le terrain et la fuite devint bientôt générale ; tous les cavaliers se replièrent sur la phalange d'infanterie pour s'y mettre à l'abri comme derrière une forte muraille. Eumène, se contentant de ce succès, s'empara des corps des deux généraux et fit sonner la retraite. Il éleva un trophée, fit enterrer les morts et envoya une députation à la phalange des vaincus pour lui proposer de se réunir à lui, en même temps qu'il accorda à chaque soldat la faculté de se retirer du service. Les Macédoniens acceptèrent ces conditions de paix, et après voir échangé, sous la foi du serment, des garanties réciproques, les soldats obtinrent la permission de se cantonner dans les villages voisins et

[1] Comparez Plutarque (*Eumènes*) et Cornelius Nepos, *Eumen.*, ch. 1.

de s'y procurer des vivres. Mais ils violèrent leurs serments et trompèrent Eumène ; car, après s'être reposés de leurs fatigues, et bien pourvus de subsistances, ils partirent la nuit et vinrent secrètement rejoindre Antipater. Eumène se mit à leur poursuite pour les châtier de leur mauvaise foi ; mais la bravoure bien connue de la phalange, en même temps que la douleur de ses blessures, le firent renoncer à ce projet. Au reste, Eumène se couvrit de gloire pour avoir été victorieux dans un combat brillant et avoir tué deux grands généraux.

XXXIII. Antipater recueillit les débris de son armée et se dirigea vers la Cilicie, empressé de venir au secours de Ptolémée. A la nouvelle de la victoire remportée par Eumène, Perdiccas marcha avec plus d'ardeur contre l'Égypte. Arrivé près du Nil, il établit son camp à peu de distance de la ville de Péluse. Mais, tandis qu'il essayait de faire nettoyer un ancien canal, un débordement du fleuve détruisit les travaux ; plusieurs de ses amis le quittèrent en ce moment pour se retirer auprès de Ptolémée. Perdiccas, par son caractère cruel et ses habitudes de commandement absolu, s'était aliéné les esprits des autres chefs de l'armée. Ptolémée, au contraire, était d'un caractère doux, généreux, et laissait à tous les officiers leur franc parler ; de plus, il avait pourvu de fortes garnisons et de magasins de guerre les places les plus importantes de l'Égypte. Il était donc parfaitement préparé. Il réussissait le plus souvent dans ses entreprises, car il pouvait compter sur le dévouement de ses troupes.

Perdiccas, pour réparer l'échec qu'il venait d'essuyer, réunit ses officiers, chercha à gagner les uns par des présents, les autres par des promesses magnifiques et tous par des paroles de bienveillance. Après les avoir attachés à ses intérêts, il les exhorta à braver de nouveaux dangers et à se tenir prêts à marcher. En effet, vers le soir il mit son armée en mouvement sans dire à personne le point sur lequel il avait résolu de se diriger. Après avoir passé toute la nuit en marches forcées, il vint établir son camp sur les bords du Nil, près d'une place forte appelée le

Mur des Chameaux. Au lever du jour, l'armée passa le fleuve ; les éléphants ouvraient la marche ; puis venaient les hypaspistes et les soldats portant des échelles et tout ce qui peut servir à l'attaque d'une enceinte ; enfin, l'élite de la cavalerie, que Perdiccas voulait opposer à celle de Ptolémée dès qu'elle se montrerait, ferma la colonne.

XXXIV. Les troupes de Perdiccas n'avaient encore atteint que le milieu du fleuve, lorsque Ptolémée accourut pour la défense de la forteresse. Les soldats de Ptolémée, ayant l'avance sur l'ennemi, se précipitèrent dans cette place et annoncèrent leur présence par le son des trompettes et par des cris. Mais Perdiccas ne se laissa pas intimider, et attaqua hardiment les retranchements de la place. Aussitôt les hypaspistes appliquèrent les échelles aux remparts et se disposèrent à y monter pendant que les éléphants arrachaient les palissades et renversaient les créneaux. Ptolémée, entouré de ses meilleurs soldats et voulant donner à ses officiers et à ses amis l'exemple du courage, saisit lui-même une sarisse, et, se plaçant sur une saillie du rempart, d'un coup de son arme il aveugla l'éléphant placé en tête de la colonne et blessa l'Indien assis sur l'animal ; puis, frappant bravement les soldats qui montaient aux échelles, il les fit rouler tout armés dans les eaux du fleuve. Les amis de Ptolémée en firent autant, et les éléphants, dont les conducteurs indiens étaient blessés, devinrent bientôt complétement inutiles. Cependant les soldats de Perdiccas, relevés par des troupes fraîches, soutinrent longtemps le combat et mirent la plus grande ardeur à s'emparer de la place ; mais Ptolémée, déployant toute sa bravoure et faisant appel tout à la fois au dévouement et à la valeur de ses amis, provoqua des combats héroïques. Les pertes furent grandes de part et d'autre ; Ptolémée avait l'avantage de la position et Perdiccas celui du nombre. Enfin, après avoir passé toute la journée dans des escarmouches, Perdiccas leva le siége et rentra dans son camp. Il se mit de nouveau en route pendant la nuit et se dirigea en silence sur un point situé en face de Memphis. Là le Nil, se divisant en deux branches, forme une île où une très-grande armée pouvait camper en sécurité. C'est là qu'il fit passer ses troupes et effectua ce trajet, non sans peine, à cause de la profondeur du fleuve; car les soldats avaient de l'eau jusqu'au menton, et leurs corps, alourdis par leurs armes, étaient battus par un courant très-rapide.

XXXV. Perdiccas, s'apercevant de la difficulté de ce passage, plaça les éléphants à la gauche de la colonne pour amortir le choc du fleuve; il plaça à la droite la cavalerie qui devait recueillir les fantassins que le courant aurait emportés et les ramener sur l'autre rive. Pendant ce passage de l'armée, il survint un incident singulier et tout à fait inattendu : les premiers rangs parvinrent à traverser heureusement le fleuve, mais les rangs subséquents coururent les plus grands dangers : les eaux, sans aucune cause apparente, étaient devenues plus profondes et les soldats, perdant pied, couraient risque d'être noyés. Les explications que l'on donne de cet accroissement soudain du fleuve ne reposent sur aucune raison valable. Les uns soutenaient qu'une digue, élevée dans un point supérieur, s'était rompue et avait ainsi produit la crue subite des eaux; d'autres prétendaient que des pluies tombées dans la haute Égypte avaient exhaussé le niveau du Nil. Aucune de ces deux explications n'était exacte : ceux qui passèrent les premiers avaient trouvé sous leurs pieds un point d'appui solide sur les sables formant le lit du fleuve; mais, dans le passage des chevaux, des éléphants et des hommes qui se succédaient, ce sable, continuellement remué par le mouvement des pieds, s'était mélangé aux eaux et avait ainsi donné lieu à un lit plus profond. Voilà la cause qui mit le reste de l'armée dans l'impossibilité de passer le fleuve. Perdiccas tomba dans un grand embarras : ceux qui se voyaient sur la rive opposée n'étaient pas assez forts pour résister à l'ennemi, et ceux qui étaient en deçà du fleuve se trouvaient dans l'impossibilité de venir au secours de leurs camarades. Il ordonna donc à tous de revenir sur leurs pas. Obligés de traverser une seconde fois le courant, les hommes robustes et sachant bien nager eurent beaucoup de peine à traverser le Nil sous le poids de leurs armes; les autres qui ne savaient pas nager furent noyés ou tombèrent au pouvoir de l'ennemi; le plus grand nombre, après avoir longtemps lutté contre les eaux du courant, furent dévorés par les animaux féroces du fleuve.

XXXVI. Plus de deux mille hommes, au nombre desquels se trouvaient quelques chefs distingués, périrent ainsi, et l'armée se montra fort mécontente de Perdiccas. Cependant Ptolémée recueillit les corps qui étaient tombés en son pouvoir, les fit brûler, et, après leur avoir rendu les honneurs funèbres, il envoya les os à la famille et aux amis des morts. Cette action eut pour effet d'exciter encore davantage le ressentiment des Macédoniens contre Perdiccas, et de les disposer favorablement pour Ptolémée. A l'approche de la nuit, tout le camp se remplit de gémissements et de deuil; on pleurait le sort de tant d'hommes qui avaient été sacrifiés stupidement et sans avoir reçu de blessures glorieuses; car plus de mille hommes étaient devenus la proie des monstres. Plusieurs chefs se réunirent, mirent Perdiccas en accusation, et toute la phalange d'infanterie manifesta son indignation par des cris menaçants. Près de cent chefs, dont le plus célèbre était Python, se révoltèrent les premiers. C'était ce même Python qui avait apaisé les Grecs rebelles[1], et qui, en courage et en réputation, ne le cédait à aucun des amis d'Alexandre. Quelques cavaliers, mis dans la conspiration, pénétrèrent dans la tente de Perdiccas, se précipitèrent tous sur lui et l'égorgèrent[2]. Le lendemain l'armée se réunit en assemblée; Ptolémée y parut, saluant affectueusement les Macédoniens; il fit ensuite l'apologie de sa conduite, et, comme les vivres manquaient, il fit distribuer aux troupes du blé en abondance et pourvut le camp de toutes sortes de provisions. Cette conduite lui fit beaucoup d'honneur et lui acquit l'affection de l'armée, qui l'aurait laissé prendre la tutelle des rois; mais ce n'était pas là son ambition, et, par reconnaissance pour Python et Arrhidée, il leur ouvrit la voie pour arriver à l'autorité suprême. En

---

[1] Voyez plus haut, chap. 7.
[2] Comparez Cornelius Nepos, *Eumenes*, c. 5.

effet, les Macédoniens mirent en délibération à qui on confierait cette autorité ; ils s'empressèrent tous, sur la proposition de Ptolémée, de nommer Python et Arrhidée, le même qui avait transporté les dépouilles d'Alexandre, tuteurs des rois et chefs absolus de l'armée. Ce fut ainsi que Perdiccas, après un règne de trois ans, perdit tout à la fois l'empire et la vie.]

XXXVII. Aussitôt après la mort de Perdiccas, on apporta la nouvelle de la bataille qui s'était livrée en Cappadoce ; on annonça la victoire d'Eumène, la défaite et la mort de Cratère et de Néoptolème. Si cette nouvelle était arrivée deux jours avant le meurtre de Perdiccas, personne n'aurait osé, à cause de ce grand succès, porter la main sur lui ; elle lui aurait sauvé la vie. Instruits donc de ce qui s'était passé du côté d'Eumène, les Macédoniens condamnèrent Eumène à mort et avec lui cinquante chefs illustres, parmi lesquels se trouvait Alcétas, frère de Perdiccas ; ils massacrèrent aussi les amis les plus fidèles de Perdiccas, ainsi que sa sœur Atalante, mariée à Attalus qui avait le commandement de la flotte. Lorsqu'Attalus, qui stationnait alors avec sa flotte dans les parages de Peluse, eut appris la mort de sa femme et celle de Perdiccas, il leva l'ancre et fit voile pour Tyr. Archélaüs, Macédonien d'origine, commandant de la garnison de cette ville, accueillit Attalus amicalement, lui remit la place ainsi que les trésors dont Perdiccas lui avait confié la garde et qui s'élevaient à huit cents talents [1]. Attalus resta à Tyr et y recueillit les amis de Perdiccas qui étaient parvenus à se sauver du camp de Memphis.

XXXVIII. Cependant Antipater avait passé en Asie. Les Étoliens, qui avaient traité avec Perdiccas, envahirent la Thessalie pour faire une diversion et obliger Antipater d'éparpiller ses forces. Leur armée se composait de douze mille hommes d'infanterie et de quatre cents cavaliers sous les ordres d'Alexandre, Étolien. Ils assiégèrent, en passant, la ville des Amphissiens Locriens, dévastèrent leur territoire et prirent quel-

---

[1] Quatre millions quatre cent mille francs.

ques bourgs du voisinage. Les Étoliens vainquirent ensuite en bataille rangée Polyclès, général d'Antipater, et lui firent perdre beaucoup de monde ; quant aux prisonniers, ils vendirent les uns et tirèrent des autres une forte rançon. Ensuite ils pénétrèrent en Thessalie et engagèrent la plupart des Thessaliens à prendre part à cette guerre contre Antipater. Ils parvinrent ainsi en peu de temps à réunir un total de vingt-cinq mille hommes d'infanterie et de quinze cents cavaliers. Pendant que les Étoliens entraînaient ainsi les villes de la Thessalie, les Acarnaniens, depuis longtemps hostiles aux Étoliens, entrèrent dans l'Étolie, ravagèrent le territoire et assiégèrent plusieurs villes. A la nouvelle que leur patrie était en danger, les Étoliens laissèrent en Thessalie leurs alliés sous les ordres de Ménon de Pharsale, revinrent promptement en Étolie, et délivrèrent leur patrie, en frappant d'épouvante les Acarnaniens. Sur ces entrefaites, Polysperchon, investi du commandement militaire de la Macédoine, envahit la Thessalie à la tête d'une forte armée ; il défit les ennemis en bataille rangée, tua leur général Ménon, leur fit éprouver de grandes pertes et se remit en possession de la Thessalie.

XXXIX. En Asie, Arrhidée et Python, nommés tuteurs des rois, quittèrent avec les troupes royales les bords du Nil et se rendirent à Triparadisum, dans la haute Syrie. Là la reine Eurydice[1], très-intrigante de son naturel, s'immisça dans les affaires de la régence. Python, mécontent de ces intrigues, et voyant d'ailleurs que les Macédoniens se montraient de plus en plus soumis aux ordres de cette reine, convoqua une assemblée et abdiqua la tutelle qui lui avait été confiée. Les Macédoniens investirent alors Antipater de l'autorité suprême de la régence. Peu de jours après, celui-ci arriva à Triparadisum, et fit arrêter Eurydice qui avait fomenté une insurrection et excité les Macédoniens contre lui. Cet acte fit éclater des troubles dans les armées ; Antipater convoqua alors une assemblée géné-

---

[1] Également nommée Ada ; elle était sœur d'Alexandre et femme d'Arrhidée.

rale ; par ses discours, il calma la sédition et décida Eurydice, par des menaces, à se tenir tranquille. Ces troubles apaisés, il procéda à un nouveau partage des satrapies. Ptolémée garda l'Égypte comme une propriété conquise à la pointe de l'épée ; et il aurait été d'ailleurs impossible de l'en faire sortir. Laomédon le Mityléneen obtint la Syrie ; Philoxène, la Cilicie ; parmi les satrapies de l'Asie supérieure, Amphimaque reçut en partage la Mésopotamie et l'Arbélie ; Antigone, la Susiane pour s'être déclaré le premier contre Perdiccas ; Peuceste, la Perse proprement dite ; Tlépolème, la Carmanie ; Python, la Médie ; Philippe, la Parthie ; Stassandre de Cypre, l'Arie et la Drangine ; Stasanor de Solium, également originaire de Cypre, la Bactriane et la Sogdiane ; Oxyarte, père de Rhoxane, mariée à Alexandre, le pays des Paropamisades ; Python, fils d'Agénor, la contrée de l'Inde voisine des Paropamisades. Quant aux royaumes indiens, celui qui était situé au delà de l'Hydaspe échut à Taxile ; car il n'était guère possible de déplacer ces rois de leurs États. Pour ce qui concerne les provinces septentrionales, Nicanor eut la Cappadoce ; Antigone, la grande Phrygie et la Lycie qu'il possédait antérieurement ; Cassandre, la Carie ; Clitus, la Lydie, et Arrhidée, la Phrygie de l'Hellespont. Antigone fut nommé commandant de l'armée royale, et chargé de soumettre Eumène et Alcétas. Antipater lui adjoignit comme chiliarque son fils Cassandre, afin qu'Antigone ne pût agir secrètement pour son propre compte. Enfin Antipater se remit en route avec son armée et avec les rois qu'il ramena en Macédoine.

XL. Antigone, investi du commandement militaire de l'Asie avec l'ordre de soumettre Eumène, fit sortir les troupes de leurs quartiers d'hiver. Après avoir terminé ses préparatifs de guerre, il marcha contre Eumène qui séjournait alors en Cappadoce. Un des chefs les plus célèbres, nommé Perdiccas, s'était alors révolté contre Eumène, et était venu avec les soldats, entraînés dans sa défection, établir son camp à trois journées de marche de celui d'Eumène. Il avait avec lui trois mille hommes d'infanterie et cinq cents cavaliers. Eumène envoya contre ce rebelle Phénix de Ténédos, à la tête de quatre mille fantassins d'élite et de mille cavaliers. Phénix, après une rapide marche de nuit, tomba à l'improviste sur les rebelles vers la deuxième garde de la nuit, et les surprit encore au sommeil; il fit Perdiccas prisonnier et se rendit maître de l'armée. Eumène fit mettre à mort les chefs de la révolte, et incorpora dans ses rangs les simples soldats qu'il s'attacha par sa conduite bienveillante. Cependant Antigone avait envoyé un de ses affidés auprès d'Apollonide, général de cavalerie d'Eumène; il avait engagé ce général, par de grandes promesses faites en secret, à trahir et à déserter sur le champ de bataille. Pendant qu'Eumène se trouva avec son armée en Cappadoce, au milieu d'un pays de plaines favorables au déploiement de la cavalerie, Antigone apparut avec toute son armée et occupa les hauteurs qui dominent ce pays de plaines. L'armée d'Antigone comptait en ce moment plus de dix mille hommes d'infanterie (dont la moitié était des Macédoniens d'une bravoure éprouvée), deux mille cavaliers et trente éléphants. De son côté, Eumène n'avait pas moins de vingt mille hommes d'infanterie et cinq mille cavaliers. Au plus fort du combat, Apollonide quitta sans motif les rangs de l'armée d'Eumène, et vint avec sa cavalerie joindre Antigone qui remporta la victoire, tua environ huit mille ennemis, et s'empara de tous leurs bagages. Cette défaite et la perte des bagages répandit la consternation et le découragement parmi les soldats d'Eumène.

XLI. Après ce revers, Eumène résolut de se réfugier en Arménie et de faire entrer dans son parti quelques habitants de ce pays; mais pressé par l'ennemi et voyant ses soldats déserter auprès d'Antigone, il vint occuper une place forte nommée Nora[1]. Cette place, de très-peu d'étendue, n'avait pas plus de deux stades de circuit, mais elle était d'une assiette admirablement forte : les maisons étaient bâties sur un rocher élevé; la nature des lieux et les travaux de l'art avaient contribué à rendre cette

[1] *Phrygiæ castellum*, dit Cornelius Nepos, *loc. cit.* Selon Plutarque, c'était une place située sur les frontières de la Lycaonie et de la Cappadoce.

place imprenable. Elle possédait en outre des magasins de blé, de bois et d'autres provisions, de manière à pouvoir, pendant plusieurs années, entretenir ceux qui s'y seraient réfugiés. Ce fut donc là qu'Eumène chercha un asile avec ses amis les plus dévoués et décidés à se défendre jusqu'à la dernière goutte de sang. Cette poignée d'hommes s'élevait environ au nombre de six cents, tant fantassins que cavaliers.

Ayant recueilli les troupes d'Eumène, et maître des revenus de ses satrapies, Antigone porta ses vues vers de plus grandes entreprises. Aucun des généraux de l'Asie n'avait alors une armée assez puissante pour lui disputer le premier rang. Il affecta en ce moment des sentiments d'amitié pour Antipater, mais il avait déjà arrêté en lui-même que, dès que ses affaires se seraient consolidées, il se rendrait indépendant du roi et d'Antipater. Il commença alors à bloquer ceux qui s'étaient réfugiés dans la place de Nora, qu'il entoura d'un double mur de circonvallation, ainsi que de fossés et d'immenses palissades. Il eut ensuite avec Eumène une conférence, renoua avec lui ses anciens liens d'amitié et l'invita à faire avec lui cause commune. Eumène, profitant de ce rapide revirement de la fortune, demanda des concessions plus grandes que les circonstances ne semblaient le lui devoir permettre; car il exigea qu'on lui rendît ses anciennes satrapies et qu'il fût absous de toutes les accusations portées contre lui. Antigone en référa à Antipater, laissa devant la place des troupes suffisantes, et se remit en mouvement pour combattre les chefs ennemis qui tenaient encore la campagne avec des forces considérables. Ces chefs étaient Alcétas, frère de Perdiccas, et Attalus, commandant de toute la flotte.

XLII. Eumène, de son côté, envoya des députés à Antipater pour traiter d'un accommodement. A la tête de cette députation se trouvait Hieronymus, le même qui a écrit l'histoire des successeurs d'Alexandre [1]. Éprouvé dans sa vie par tant de vicissitudes, Eumène ne se laissa pas abattre, sachant fort bien que

---

[1] Voyez plus bas, XIX, 44.

la fortune amène, soit d'un côté soit de l'autre, de rapides changements. Il voyait que les rois macédoniens n'étaient que des fantômes de rois et que des hommes ambitieux se disputaient le pouvoir, chacun pour son compte. Il espérait donc, ce qui devait arriver, que beaucoup d'entre eux, appréciant son intelligence, son expérience militaire et son extrême fidélité, viendraient implorer son secours. [En attendant, il tenait ses troupes prêtes à tout événement.] Voyant que les chevaux, renfermés dans un espace étroit, ne pouvaient prendre aucun exercice et deviendraient ainsi inutiles à la guerre, il trouva un moyen aussi singulier qu'ingénieux pour parer à cet inconvénient : il faisait attacher les têtes des chevaux, au moyen de cordes, à des poutres ou à des poteaux d'une certaine élévation, et forçait ainsi ces animaux à se tenir debout sur les pieds de derrière, ceux du devant étant séparés du sol par un petit espace. Dans cette position, le cheval faisait, par le mouvement de son corps et de ses jambes, tous ses efforts pour toucher le sol avec les pieds antérieurs; tous les membres prenaient part à cet exercice violent; une sueur abondante couvrait le corps de l'animal, et cet excès de fatigue avait le résultat d'un exercice ordinaire. Eumène donnait à tous ses soldats la même nourriture et prenait lui-même part à leur régime, ce qui lui gagna l'affection de tout le monde et maintint la concorde parmi ses compagnons d'armes. Telle était la situation d'Eumène et de ceux qui s'étaient réfugiés avec lui dans la forteresse de Nora.

XLIII. En Égypte, Ptolémée conserva l'Égypte comme sa conquête, depuis qu'il avait, contre toute attente, battu Perdiccas et détruit l'armée royale. La Phénicie et la Cœlé-Syrie, pays voisin de l'Égypte, semblaient à sa convenance; il songea donc à se rendre maître des villes de ces contrées. Il choisit pour cette expédition un de ses amis, Nicanor, avec une armée suffisante. Celui-ci pénétra en Syrie, fit le satrape Laomédon prisonnier, et soumit toute la province. Il soumit également les villes de la Phénicie, y établit des garnisons, et retourna en Égypte. Tel fut le résultat de cette courte et active expédition.

XLIV. Apollodore étant archonte d'Athènes, les Romains nommèrent consuls Quintus Popilius et Quintus Publius[1]. Dans cette année, Antigone, après avoir battu Eumène, résolut de marcher contre Alcétas et Attalus. Ces deux chefs respectables, reste des amis de Perdiccas, auquel ils étaient unis par les liens du sang, avaient encore assez de force pour faire balancer la fortune. Antigone quitta donc la Cappadoce avec toute son armée, se dirigea vers la Pisidie où se trouvait alors Alcétas, franchit, par une marche forcée, dans un espace de sept jours et sept nuits, une distance de deux mille cinq cents stades, et atteignit Crétopolis. Grâce à cette marche rapide, il s'empara, à l'insu de l'ennemi qui ne se doutait point de sa présence, de quelques hauteurs et positions fortes. Lorsque Alcétas fut enfin averti de l'arrivée de l'ennemi, il rangea sa phalange en bataille, attaqua la cavalerie qui occupait les hauteurs et déploya tous ses efforts pour les en déloger. La mêlée fut sanglante; il tombait beaucoup de monde de part et d'autre, lorsque Antigone, à la tête de six mille cavaliers, se précipita au galop au-devant de la phalange de l'ennemi, et parvint à lui couper la retraite ainsi que la communication avec Alcétas. Après que cette manœuvre fut exécutée, le corps posté sur la hauteur, ayant l'avantage du nombre et de la position, acheva la déroute de l'ennemi. Alcétas, voyant toute communication interceptée avec l'infanterie sur laquelle il aurait pu se replier, et se trouvant enveloppé par l'ennemi, croyait sa perte inévitable. Dans cette position désespérée, il se fraya une route à travers les rangs ennemis et parvint, après de grandes pertes, à rallier la phalange.

XLV. Antigone fit descendre des hauteurs les éléphants et toute son armée, et effraya l'ennemi, de beaucoup inférieur en nombre; car Alcétas et tous ses alliés n'avaient que seize mille hommes d'infanterie et neuf cents cavaliers, tandis qu'Antigone, outre ses éléphants, comptait plus de quarante mille fantassins et plus de sept mille cavaliers. En même temps que les élé-

---

[1] Deuxième année de la cxve olympiade; année 319 avant J.-C.

phants faisaient face à l'ennemi, la cavalerie nombreuse l'enveloppa de toutes parts, et l'infanterie, tout aussi nombreuse, composée de braves guerriers et ayant l'avantage de la position, le serrait de près. La confusion et le désordre s'emparèrent des troupes d'Alcétas, auquel l'attaque rapide et vigoureuse d'Antigone n'avait pas laissé le temps de se bien ranger en bataille. La déroute devint bientôt générale; Attalus, Docimus, Polémon et beaucoup d'autres chefs distingués furent faits prisonniers. Alcétas parvint avec sa garde, ses domestiques et quelques Pisidiens qui avaient servi dans son armée, à se réfugier à Termesse, ville de la Pisidie. Antigone accorda une capitulation au reste des troupes d'Alcétas, les incorpora dans son armée et augmenta considérablement ses forces par une conduite pleine d'humanité. Les Pisidiens, au nombre de six mille, tous très-robustes, exhortèrent Alcétas à prendre courage et l'assurèrent qu'ils ne l'abandonneraient jamais. Voici pourquoi les Pisidiens étaient tant attachés à Alcétas.

XLVI. Après la mort de Perdiccas, Alcétas, se voyant sans alliés en Asie, songea à gagner les Pisidiens par des bienfaits, dans la conviction qu'il trouverait en eux des alliés braves, habitant un pays d'un accès difficile et rempli de forteresses. En conséquence, il traitait avec la plus grande distinction tous les Pisidiens qui servaient dans l'armée; il les faisait participer au partage du butin et leur donnait la moitié des dépouilles; il leur parlait familièrement, et tous les jours invitait à sa table les principaux d'entre eux; il les comblait en outre de présents et parvint ainsi à se les attacher. Ce fut donc en eux qu'Alcétas avait placé toute son espérance; aussi cette espérance ne fut point déçue.

Cependant Antigone s'avança avec toute son armée, établit son camp près de Termesse, et demanda qu'on lui livrât Alcétas. Les anciens furent d'avis d'accéder à cette demande; mais les jeunes gens se déclarèrent ouvertement contre l'avis de leurs pères, et décrétèrent qu'ils se défendraient jusqu'à la mort pour sauver Alcétas. Les anciens essayèrent d'abord de persuader la jeunesse de ne pas ruiner la patrie pour la vie d'un seul Macédonien ; mais, voyant ensuite que leurs conseils étaient sans effet, ils se concertèrent en secret et firent partir pendant la nuit une députaion auprès d'Antigone. Cette députation devait annoncer à Antigone qu'on lui livrerait Alcétas mort ou vif; pour y parvenir, on engageait Antigone d'attaquer la ville, de harceler les assiégés pendant quelques jours par de légères escarmouches, et, après avoir fait sortir la garnison de la place, de faire semblant de fuir; pendant que la jeunesse serait ainsi occupée à se battre hors de la ville, les anciens auraient une occasion favorable pour exécuter leur dessein. Antigone approuva ce plan. Il établit son camp un peu plus loin de la ville, et, par quelques escarmouches, il attira les jeunes gens hors de la place. Les anciens, voyant Alcétas isolé, réunirent les plus dévoués de leurs esclaves, ainsi que ceux de leurs concitoyens valides qui n'avaient pas servi sous Alcétas, et tombèrent ainsi inopinément sur leur hôte, pendant l'absence des jeunes gens. Mais ils ne parvinrent pas à le faire prisonnier, car il s'était d'avance donné la mort pour ne pas tomber vivant au pouvoir de l'ennemi. Ils placèrent son corps sur une litière, et, l'ayant couvert d'un manteau de toile grossière, ils le transportèrent clandestinement hors des murs et le livrèrent à Antigone.

XLVII. Si les anciens de la ville avaient eu assez d'esprit pour détourner de la patrie les dangers qui la menaçaient, ils ne furent pas assez forts pour se garantir du ressentiment des jeunes citoyens. Lorsqu'en revenant du combat ceux-ci apprirent ce qui s'était passé, l'excès de leur attachement pour Alcétas se changea en furie contre leurs concitoyens. Ils s'emparèrent d'abord d'une partie de la ville, résolus à mettre le feu aux maisons, à sortir en armes, à occuper les montagnes et à ravager la province d'Antigone ; mais ils changèrent ensuite d'avis, et, abandonnant la résolution d'incendier la ville, ils se livrèrent à des brigandages et à des incursions dans le pays ennemi qu'ils dévastèrent dans une grande étendue. Antigone prit le corps d'Alcétas, l'outragea pendant trois jours, et, lorsque le cadavre fut tombé en putréfaction, il l'abandonna sans sépulture et quitta la Pisidie. Les jeunes citoyens de Termesse, conservant toujours la même affection pour le corps outragé, le recueillirent et lui rendirent avec pompe les derniers devoirs. Ainsi, il y a dans la nature des bienfaits quelque charme irrésistible qui fait que ceux qui les ont reçus gardent une affection inaltérable pour leur bienfaiteur. En partant de la Pisidie, Antigone s'avança avec toute son armée vers la Phrygie. A peine fut-il arrivé à Crétopolis qu'Aristodème de Milet lui apprit qu'Antipater était mort, et que l'autorité suprême et la tutelle des rois étaient passées dans les mains de Polysperchon le Macédonien. Antigone se réjouit de cet événement qui l'enfla d'espérance : il avait le projet de s'emparer des affaires de l'Asie, et de ne céder le pouvoir à personne. Telle était la situation d'Antigone.

XLVIII. En Macédoine, Antipater, atteint d'une maladie aggravée par la vieillesse, touchait au terme de sa vie. Les Athéniens envoyèrent à Antipater Demade qui passait pour un habile négociateur dans les affaires de la Macédoine, et le chargèrent d'engager Antipater à retirer de Munychie la garnison macédonienne, comme on en était primitivement convenu. Antipater accueillit d'abord Demade affectueusement ; mais, après la mort de Perdiccas, on trouva dans les papiers royaux plusieurs lettres, dans lesquelles Demade pressait fortement Perdiccas de retourner en Europe et de marcher contre Antipater ; ce dernier en conserva alors une haine secrète. Aussi, lorsque Demade, conformément aux instructions qu'il avait reçues, alla jusqu'à demander avec des menaces qu'on retirât la garnison de Munychie, Antipater, sans donner même une réponse, livra Demade et son fils Déméas, qui faisait partie de la députation, à l'autorité de la justice. Le père et le fils furent ainsi mis en prison et condamnés à mort pour les motifs qui viennent d'être rapportés.

Antipater, déjà à toute extrémité, désigna comme tuteur des rois et commandant en chef des troupes, Polysperchon, à peu près le plus ancien des généraux qui avaient servi sous Alexandre, et particulièrement considéré des Macédoniens. Il nomma en même temps son fils Cassandre chiliarque; seconde dignité de l'empire. La fonction de chiliarque, établie à la cour des rois de Perse, était une des premières par le rang et les titres qui y étaient attachés. Cette charge avait existé avec les mêmes honneurs sous Alexandre, zélé imitateur des mœurs des Perses. C'est pourquoi Antipater, suivant les mêmes maximes, nomma chiliarque son fils Cassandre.

XLIX. Mais Cassandre ne se conforma point à la volonté de son père; il regarda comme une injure de remettre entre les mains d'un homme étranger à sa famille l'autorité qu'avait exercée son père; le fils s'irrita de ne pas se voir à la tête des affaires, lui qui était capable de les conduire et qui avait déjà donné des preuves de sa capacité et de son courage. Il commença donc par se retirer à la campagne avec ses amis; il eut avec eux de fréquents entretiens, et profita des circonstances et du temps pour s'emparer de l'autorité souveraine. Prenant ensuite chacun à part, il les engageait tous à l'aider dans ses projets, et cherchait à les décider à cette entreprise par de grandes promesses. Il envoya secrètement des députés à Ptolémée pour renouer leurs anciens liens d'amitié; il l'engagea à venir à son secours et à diriger promptement une flotte de la Phénicie vers l'Hellespont. Il fit partir également des députés auprès des autres chefs et dans les villes pour solliciter leur assistance. Sous le prétexte d'une chasse qui devait durer plusieurs jours, il était parvenu à détourner de lui tout soupçon de révolte.

Polysperchon, investi de la régence, rappela, avec l'assentiment de ses amis qu'il avait consultés, Olympias pour lui confier l'éducation du fils d'Alexandre, encore enfant, et l'inviter à venir en Macédoine où elle jouirait des prérogatives royales. Olympias avait été antérieurement obligée de s'enfuir en Épire pour se soustraire à la haine d'Antipater. Telle était la situation des affaires en Macédoine.

nouveaux troubles ; les chefs aspiraient à se rendre indépendants. En première ligne, se trouva Antigone, qui venait de vaincre Eumène dans la Cappadoce. Après avoir incorporé les soldats d'Eumène dans son armée, il battit Alcétas et Attalus dans la Pisidie, dont il incorpora également les troupes dans les rangs de son armée. Enfin, investi par Antipater du commandement militaire absolu de l'Asie, et mis à la tête d'une puissante armée, il était plein d'orgueil et d'ambition. Nourrissant l'espoir de s'emparer de l'autorité souveraine, il résolut de n'obéir ni aux rois ni à leurs tuteurs. Disposant de forces supérieures aux leurs, il comptait se rendre sans obstacle maître des trésors de l'Asie. Il avait alors sous ses ordres soixante mille hommes d'infanterie, dix mille cavaliers et trente éléphants. A ces forces il espérait au besoin en ajouter d'autres, car les trésors de l'Asie auraient perpétuellement suffi à la solde des troupes étrangères. Après avoir arrêté ses projets, il fit venir auprès de lui Hieronymus l'historien, ami et compatriote d'Eumène de Cardia, et qui s'était, avec les autres, réfugié dans la forteresse de Nora. L'ayant gagné par de magnifiques présents, il l'envoya en députation auprès d'Eumène pour engager ce dernier à oublier la guerre qu'ils s'étaient faite en Cappadoce, à devenir son ami et son allié, à accepter des présents beaucoup plus considérables que ceux qu'il avait eus antérieurement, à recevoir un gouvernement plus étendu et enfin à faire avec lui, comme le premier de ses amis, cause commune, pour s'emparer de l'autorité souveraine. Antigone réunit en même temps tous ses amis en conseil, et, après les avoir initiés dans ses projets, il conféra aux plus distingués d'entre eux des satrapies et des commandements militaires. Enfin, après leur avoir fait entrevoir de grandes espérances, il parvint à les décider à entrer dans son plan qui consistait à parcourir l'Asie, à en expulser les satrapes qui y étaient, et à distribuer les gouvernements à ses amis.]

LI. Sur ces entrefaites, Arrhidée, satrape de la Phrygie hellespontique, informé des projets d'Antigone, résolut de mettre sa villes principales. La plus grande, et la mieux située de toutes ces villes, était Cyzique. Arrhidée se dirigea donc sur cette ville avec plus de dix mille fantassins mercenaires, mille Macédoniens, cinq cents archers et frondeurs perses, et huit cents cavaliers ; il avait avec lui des catapultes, des balistes et d'autres machines de guerre. Il attaqua la ville inopinément ; comme la plus grande partie de la population se trouvait à la campagne, il commença immédiatement le siége, frappa de terreur les citoyens qui restaient dans la ville et les força à recevoir une garnison. Les Cyzicéniens, déconcertés par une attaque aussi imprévue, n'étaient nullement préparés à soutenir un siége, d'autant moins que la plupart des habitants étaient à la campagne et qu'il n'en restait que fort peu dans l'intérieur de la ville. Cependant ceux qui restaient, résolus à défendre leur liberté, envoyèrent ouvertement des députés à Arrhidée pour négocier la levée du siége, en lui proposant de mettre toute la ville à sa disposition, hormis la garnison qu'elle ne recevrait pas. Mais, en même temps, ils rassemblèrent secrètement tous les jeunes gens et les domestiques les plus robustes, leur distribuèrent des armes et garnirent les remparts de défenseurs. Arrhidée insistant sur l'admission d'une garnison, les Cyzicéniens répondirent qu'ils allaient en référer à l'assemblée du peuple. Le satrape leur accorda un délai, et les habitants passèrent ce jour et la nuit suivante à mettre dans le meilleur état leurs moyens de défense. Arrhidée, joué par ce stratagème, perdit un temps précieux, et fut déçu dans son espérance. En effet, les Cyzicéniens habitant une ville forte et parfaitement bien gardée du côté de la terre (car elle forme une presqu'île)[1], et maîtres de la mer, se défendirent facilement contre les ennemis. Ils firent en outre venir de Byzance des troupes, des armes de trait et toutes les munitions nécessaires pour soutenir un siége. Ces secours leur ayant été promptement fournis, leur espoir se ranima, et ils affrontèrent bravement les périls. Ils avaient en même temps mis en

---

[1] Voyez Strabon, XII, 861, édit. Casaub.

mer leurs vaisseaux longs pour recueillir le long des côtes les habitants répandus dans les champs et les ramener dans la ville. Ainsi pourvus de troupes, ils parvinrent à repousser les assiégeants dont ils tuèrent un grand nombre. Dupe de la ruse des Cyzicéniens, Arrhidée retourna dans sa satrapie sans avoir obtenu aucun résultat.

LII. Antigone était à Celænes[1], lorsqu'il apprit le siége de Cyzique. Jugeant utile à ses projets de s'attacher cette ville par le secours qu'il lui apporterait, il fit partir une élite de vingt mille hommes d'infanterie et de trois mille cavaliers, et se porta promptement au secours des Cyzicéniens; mais il arriva un peu trop tard, et il n'eut que le temps de montrer sa bonne volonté, sans atteindre son but. Il envoya cependant des députés à Arrhidée pour lui reprocher d'abord d'avoir osé assiéger une ville grecque alliée qui ne s'était rendue coupable d'aucun tort ; puis de s'être mis en révolte ouverte et d'avoir voulu se rendre indépendant dans son gouvernement ; enfin, il lui ordonna de sortir de sa satrapie, de se contenter d'une seule ville qui fournirait à son entretien et de se tenir en repos. Arrhidée fut indigné du discours hautain des députés, déclara qu'il ne sortirait jamais de sa satrapie, qu'il mettrait des garnisons dans les villes et qu'il essaierait de se défendre les armes à la main contre Antigone. Conformément à cette réponse, il se retrancha dans les villes, et détacha une partie de son armée sous les ordres d'un général. Il ordonna à celui-ci de joindre Eumène, de lever le siége de la place de Nora et de faire alliance avec Eumène, après l'avoir délivré des dangers dont il était environné.

Antigone, brûlant de se venger d'Arrhidée, dirigea contre lui une armée pour le combattre ; il se mit lui-même à la tête d'un fort détachement, et se porta sur la Lydie dans le dessein d'en expulser le satrape Clitus. Celui-ci, averti de l'approche de l'ennemi, mit en état de défense les villes les plus considérables et s'embarqua pour la Macédoine, afin de dénoncer aux rois et à

---

[1] Capitale de la Phrygie ; elle était située sur les frontières de la Lydie.

Polysperchon la révolte et les entreprises audacieuses d'Antigone, et de demander du secours. Cependant Antigone prit, en passant, Éphèse, grâce aux intelligences qu'il s'était ménagées dans l'intérieur de cette ville. Bientôt après, aborda à Éphèse Eschyle le Rhodien, venant de la Cilicie avec quatre navires chargés de six cents talents d'argent, qui devaient être envoyés en Macédoine pour le service des rois. Antigone s'empara de cette somme, disant qu'il en avait besoin pour payer ses mercenaires. Cet acte prouva jusqu'à l'évidence qu'il n'agissait plus que pour son propre compte et qu'il était en révolte ouverte contre les rois. Après l'occupation d'Éphèse, il mit le siége devant les autres villes et prit les unes par la force, les autres par la persuasion.

LIII. Après avoir fait connaître la situation d'Antigone, nous allons passer à celle d'Eumène. Cet homme, en butte aux vicissitudes de la fortune, passa sans cesse sa vie entre l'espoir et la crainte. Antérieurement à ces événements, il avait combattu pour Perdiccas et les rois, et, pour prix de ses services, il avait obtenu la satrapie de la Cappadoce et de la contrée limitrophe. Maître d'immenses richesses et de forces imposantes, il jouissait d'une immense prospérité. Il avait vaincu en bataille rangée, et tué Cratère et Néoptolème, deux fameux chefs qui commandaient les invincibles armées macédoniennes. Il se croyait au faîte du pouvoir, lorsque, par un revirement subit de la fortune, il fut à son tour battu par Antigone et obligé de se réfugier avec un petit nombre d'amis dans une chétive place. Là, bloqué par l'ennemi qui avait entouré la place d'un double mur de circonvallation, il était privé de tout secours. Ce siége avait déjà duré un an, et Eumène avait renoncé à tout espoir de salut, lorsqu'un événement imprévu lui fit entrevoir le terme de ses infortunes. Antigone, qui bloquait ainsi Eumène et avait juré sa mort, changea subitement de conduite, en proposant à Eumène de s'associer à ses entreprises. Cette proposition acceptée et garantie par des serments réciproques, Eumène fut délivré du siége. Sauvé ainsi contre toute attente, Eumène resta quelque temps en Cappadoce, joignit ses anciens partisans, et rassembla ses compagnons d'armes qui erraient au hasard. Il se trouva ainsi, en très-peu de temps, à la tête d'une nombreuse troupe qui s'était volontairement associée à ses espérances. Cette troupe se composait de plus de deux mille hommes, indépendamment des cinq cents partisans qui avaient essuyé avec lui le siége de Nora. Enfin, la fortune aidant, il arriva bientôt à un tel degré de puissance qu'il fut chargé du commandement des armées royales et du châtiment des rebelles. Mais nous parlerons de tout cela dans un temps plus convenable.

LIV. Après avoir exposé au long les événements survenus en Asie, nous allons raconter ce qui s'est passé en Europe. Cassandre, trompé dans son espoir de s'emparer de l'autorité souveraine en Macédoine, ne s'était pas laissé abattre; mais il revint à son premier dessein, regardant comme honteux de voir la place de son père occupée par d'autres. Mais, lorsque le choix des Macédoniens se fut fixé sur Polysperchon, il se concerta avec ses amis, et en envoya secrètement quelques-uns dans l'Hellespont. Quant à lui, il continua à séjourner pendant quelques jours à la campagne, et à s'amuser à la chasse. Il parvint ainsi à faire répandre l'opinion qu'il ne songeait à rien moins qu'au pouvoir. Après avoir fait, à l'abri de cette opinion, tous ses préparatifs de voyage, il quitta secrètement la Macédoine, et se rendit dans la Chersonèse, et de là dans l'Hellespont. Là, il s'embarqua pour rejoindre, en Asie, Antigone, dont il sollicita l'appui, en lui annonçant qu'il était sûr de l'alliance de Ptolémée. Antigone accueillit avec empressement les ouvertures qui lui étaient faites, promit à Cassandre de le seconder en tout et de lui fournir sur-le-champ une flotte et une armée de terre. Il agissait ainsi sous prétexte de l'amitié qu'il avait eue pour Antipater, mais en réalité pour susciter à Polysperchon des guerres et de grands embarras qui permettraient à lui, Antigone, de parcourir impunément l'Asie et de se créer un empire absolu.

LV. Tandis que ces choses se passaient, Polysperchon, tuteur des rois, prévit la gravité de la guerre qu'il aurait à soutenir contre Cassandre ; ne voulant prendre aucune mesure sans l'avis de ses amis, il réunit en conseil tous les chefs de l'armée et les Macédoniens les plus considérables. Il était évident que Cassandre, tout à fait gagné par Antigone, chercherait d'abord à s'emparer des villes de la Grèce, dont les unes étaient occupées par les garnisons de son père, et les autres gouvernées par des oligarques, attachés à Antipater par les liens de l'amitié et de l'hospitalité. Il n'était pas non plus douteux que Ptolémée, maître de l'Égypte, et Antigone, déjà en révolte ouverte contre les rois, prêteraient leur appui à Cassandre ; que l'un et l'autre possédaient des forces et des richesses immenses, et qu'ils gouvernaient des populations nombreuses et des villes puissantes. Polysperchon mit donc en délibération la question de savoir comment il fallait conduire la guerre. Après plusieurs discours prononcés par divers orateurs, il fut arrêté que les villes de la Grèce seraient rendues à la liberté, et que les gouvernements oligarchiques établis par Antipater seraient dissous. Cette mesure devait affaiblir l'influence de Cassandre, et attirer à Polysperchon de nombreux alliés et une grande considération. On fit alors venir les envoyés des villes grecques qui se trouvaient présents, on les exhorta à prendre courage, et on leur promit de rendre aux villes le gouvernement démocratique. Ce décret fut ratifié, rédigé et remis aux envoyés avec la recommandation de retourner immédiatement dans leur patrie, et de faire connaître au peuple la bienveillance des rois pour les Grecs. Voici la teneur de cet acte.

LVI. « Nos ancêtres ont été souvent les bienfaiteurs des Grecs. Nous voulons conserver les mêmes sentiments et faire connaître à tous l'affection particulière que nous avons toujours eue pour les Grecs. Depuis qu'Alexandre a disparu du milieu des hommes[1], nous avons hérité de la royauté, et nous regardons comme le premier devoir de ramener la paix dans toutes les villes de la Grèce, et de rendre à chacune d'elles la forme de gouver-

---

[1] Cette expression, μεταλάττειν ἐξ ἀνθρώπων, est particulièrement consacrée à la mort des héros et des demi-dieux.

nement qu'y avait établie notre père Philippe. Des messagers, envoyés dans toutes les villes, ont déjà fait connaître nos intentions à ce sujet. Il est vrai, lorsque nous étions loin d'ici, quelques Grecs mal informés de nos intentions déclarèrent la guerre aux Macédoniens; et cette guerre, dans laquelle nos généraux ont été victorieux, a été une calamité pour plusieurs villes. Mais les malheurs de cette guerre ne doivent être imputés qu'aux commandants militaires. Nous vous honorons donc de notre ancienne affection et nous vous apportons la paix. Nous vous rendons également les formes de gouvernement dont vous avez joui sous Philippe et sous Alexandre, et nous vous confirmons dans le droit de maintenir l'intégrité de leurs ordonnances. Nous rappelons tous ceux qui ont été bannis par nos généraux depuis l'époque où Alexandre est passé en Asie, et nous voulons que ces bannis, rentrés dans leurs foyers, soient complétement amnistiés et déclarés capables de prendre part au gouvernement; que tout décret porté contre eux soit aboli. Il n'y aura d'exception qu'à l'égard des assassins et des sacriléges, bannis conformément aux lois. Ainsi ne pourront rentrer dans leur patrie, les Mégalopolitains exilés avec Polyænète pour cause de trahison [1], ni les Amphissiens, ni les Triccéens, ni les Pharcadoniens, ni les Héracléotes. Tous les autres doivent être rentrés avant le trente du mois xanthique [2]. Si quelques-unes des institutions politiques de Philippe ou d'Alexandre étaient contraires aux intérêts des villes, que celles-ci nous envoient des députés, afin qu'il soit statué à leur égard. Les Athéniens conserveront toutes les franchises que leur ont accordées Philippe et Alexandre. Les Oropiens resteront dans la possession actuelle d'Orope. Nous rendons Samos aux Athéniens, puisque cette île leur avait été donnée par notre père Philippe. Un décret solennel ordonnera à tous les Grecs de ne jamais entrer en campagne contre nous et de ne rien entreprendre de contraire à nos intérêts; que

---

[1] On ne sait rien de précis sur cet événement.
[2] Nom d'un mois macédonien comprenant la fin de mars et le commencement d'avril.

le coupable d'un tel crime soit banni, lui et sa famille, et privé de ses biens. Nous avons ordonné à Polysperchon de veiller à l'exécution des dispositions que renferme le présent édit. Quant à vous, ayez soin de vous y conformer, ainsi que nous vous l'avons déjà prescrit ; car nous ne laisserons pas impunément enfreindre les articles que nous venons de décréter. »

LVII. Après que cet édit eut été publié dans toutes les villes de la Grèce, Polysperchon transmit par écrit à Argos et à quelques autres villes, l'ordre d'exiler ceux qu'Antipater avait placés à la tête du gouvernement, d'en condamner plusieurs à mort et de confisquer leurs biens afin que ce parti, tout à fait affaibli, n'osât rien tenter en faveur de Cassandre. Il écrivit aussi à Olympias, mère d'Alexandre qui, pour se soustraire à la haine de Cassandre, s'était retirée en Épire ; il l'engagea à rentrer au plus tôt en Macédoine, où elle devait se charger de l'éducation du fils d'Alexandre jusqu'à ce qu'il eût atteint l'âge adulte et qu'il fût lui-même en état de prendre les rênes de l'empire de ses ancêtres. Il envoya également à Eumène une lettre dans laquelle il lui écrivait au nom des rois de ne point cesser les hostilités contre Antigone, d'embrasser tout à fait le parti des rois, soit qu'il voulût revenir en Macédoine où il partagerait avec lui, Polysperchon, la tutelle des rois, soit qu'il préférât rester en Asie où il recevrait des troupes et l'argent nécessaire pour combattre Antigone qui s'était déjà ouvertement révolté. Polysperchon ajouta dans sa lettre à Eumène que les rois lui rendraient la satrapie dont Antigone l'avait dépouillé, ainsi que tous les priviléges qu'il avait antérieurement possédés en Asie. En un mot, qu'il devait convenir à Eumène, plus qu'à tout autre, d'être le soutien et le défenseur de la maison royale, comme une conséquence de ce qu'il avait déjà fait pour elle. Enfin il terminait sa lettre en disant que si Eumène avait besoin d'une plus grande armée, lui, Polysperchon, quitterait la Macédoine avec les rois et viendrait le rejoindre en Asie à la tête de toutes les troupes royales. Tels sont les événements arrivés dans le cours de cette année.

LVIII. Archippe étant archonte d'Athènes, les Romains élurent pour consuls Quintus Ælius et Lucius Papirius[1]. Eumène, à peine sorti de la forteresse de Nora, reçut les lettres que lui avait envoyées Polysperchon et dans lesquelles, indépendamment de ce que nous venons de rapporter, celui-ci annonçait que les rois gratifiaient Eumène de cinq cents talents d'argent pour l'aider à réparer les pertes qu'il avait éprouvées. En effet, les rois avaient donné ordre aux commandants militaires et aux trésoriers de la Cilicie de compter à Eumène les cinq cents talents d'argent promis, et de lui fournir toutes les sommes qu'il demanderait pour enrôler des troupes étrangères ou pour d'autres besoins du service. Les officiers des argyraspides, formés de trois mille Macédoniens[2], reçurent également l'ordre de joindre Eumène et de lui obéir comme au commandant en chef de toute l'Asie. Eumène reçut aussi une lettre d'Olympias qui le priait instamment de venir secourir les rois et elle-même; elle ajoutait qu'il était le seul ami resté fidèle et capable de relever la maison royale de l'abandon où elle était tombée. Olympias lui demandait, en outre, des conseils pour savoir s'il valait mieux rester en Épire et se défier de ceux qui, sous le nom de tuteurs, usurpaient la royauté, ou s'il fallait réellement revenir en Macédoine. Eumène répondit sur-le-champ à Olympias; il lui conseillait de rester pour le moment en Épire et d'attendre que la guerre eût pris une tournure décisive. Eumène, conservant aux rois un dévouement inaltérable, résolut de refuser les propositions d'Antigone qui cherchait à s'approprier la royauté, et d'affronter tous les périls pour sauver les rois et pour venir au secours de ce jeune orphelin, fils d'Alexandre, livré à l'ambition des chefs de l'armée.

LIX. Eumène donna aussitôt le signal du départ; il sortit de la Cappadoce à la tête d'environ cinq cents cavaliers et de plus de deux mille hommes d'infanterie. Il n'eut pas le temps d'atten-

---

[1] Troisième année de la CXVᵉ olympiade; année 318 avant J.-C.
[2] Le corps des argyraspides (porteurs de boucliers d'argent) faisait partie de l'ancienne garde d'Alexandre.

dre l'arrivée de ceux qui avaient promis de rallier son armée; car Antigone avait dirigé contre lui un fort détachement sous les ordres de Ménandre pour s'opposer au séjour d'Eumène dans la Cappadoce, depuis que celui-ci s'était déclaré ennemi d'Antigone. Mais ce détachement fut trois jours en retard, et, ne pouvant atteindre Eumène, il revint en Cappadoce. Cependant Eumène, forçant sa marche, franchit rapidement le Taurus et arriva en Cilicie. Les chefs des argyraspides, Antigène et Teutamus, obéissant aux ordres des rois, se portèrent avec leurs amis à une grande distance au-devant d'Eumène; ils le saluèrent cordialement et le félicitèrent d'avoir échappé si miraculeusement aux plus grands dangers, et enfin ils protestèrent de leur entier dévouement dans tout ce qu'il leur commanderait de faire. Les Macédoniens argyraspides, au nombre d'environ trois mille, montrèrent le même empressement. Tous s'étonnèrent de ce changement de fortune inattendu, en voyant ces mêmes rois, ces mêmes Macédoniens, qui, peu de temps auparavant, avaient condamné à mort Eumène et ses amis, non-seulement oublier et annuler les sentences qu'ils avaient rendues, mais encore confier à Eumène le gouvernement de tout le royaume. Cet étonnement était en effet fondé. Qui d'ailleurs ne serait frappé de ces vicissitudes de la vie humaine et de ces balancements de la fortune? Et qui, confiant en sa prospérité, oserait mettre son esprit au-dessus de la faiblesse humaine? La vie de l'homme, dont un dieu tient en quelque sorte le gouvernail, s'écoule dans un cercle éternel où le bien alterne avec le mal[1]. Ce n'est donc pas une merveille qu'une chose qui arrive sans avoir été prévue; ce serait bien plus merveilleux si rien n'arrivait sans avoir été prévu. C'est là que l'on reconnaît l'utilité de l'histoire. Car c'est l'incertitude et l'instabilité des choses humaines qui abaissent l'orgueil de ceux qui vivent dans la prospérité, et relèvent l'âme des malheureux.

LX. De pareilles réflexions portèrent Eumène à se tenir en

---

[1] *L'homme s'agite et Dieu le mène*, a dit un homme d'État de nos jours.

garde contre les caprices de la fortune. Étranger à la famille royale, voyant ces mêmes Macédoniens qui l'avaient autrefois condamné à mort, soumis maintenant à son autorité, et les chefs militaires nourrir les projets les plus ambitieux, Eumène comprit qu'il deviendrait sous peu un objet de mépris et de haine, et qu'enfin sa vie serait menacée. Car il n'ignorait pas que l'homme n'obéit qu'à contre-cœur à celui qu'il croit son inférieur, et qu'il ne veut pas se laisser dominer par ceux qui sont plutôt faits pour la servitude que pour le commandement. Entraîné par ces idées, il commença d'abord par refuser les cinq cents talents que les rois lui avaient assignés pour le rétablissement de ses affaires. Il ajouta que n'aspirant à aucun commandement, il pouvait se passer d'une telle somme d'argent; que ce n'était point volontairement, mais pour obéir aux ordres des rois, qu'il avait accepté la charge dont il était revêtu; enfin, qu'usé par un long service militaire, il n'était plus en état de supporter les fatigues et les mouvements de la guerre; qu'au surplus, en sa qualité d'étranger, exclu des prérogatives des Macédoniens, il ne se croyait pas en droit d'exercer l'autorité souveraine.

Eumène raconta ensuite qu'il avait eu pendant son sommeil une vision extraordinaire et qu'il jugeait nécessaire de la faire connaître à tous, car elle devait, selon lui, puissamment contribuer à la concorde et à l'intérêt public. « J'ai vu en songe, dit-il, le roi Alexandre, vivant et revêtu des insignes de la royauté, prononcer des arrêts, distribuer des ordres aux généraux et administrer avec énergie toutes les affaires de l'empire. Je juge donc convenable, ajouta-t-il, de prendre dans le trésor royal l'argent nécessaire pour faire fabriquer un trône d'or sur lequel seront déposés le diadème, le sceptre, la couronne et les autres ornements royaux; et que tous les matins, les commandants militaires offrent un sacrifice, avant de se réunir autour de ce trône pour recevoir les ordres au nom du roi, comme s'il était vivant et comme s'il présidait à l'administration de son empire. »

LXI. La proposition d'Eumène fut unanimement accueillie.

Le trésor royal étant plein d'or, on en tira aussitôt tout l'argent nécessaire à ces dépenses. On dressa une tente magnifique ; on y plaça le trône portant le diadème, le sceptre et les armes dont Alexandre se servait ordinairement. Tout près se trouvait un foyer allumé ; tous les chefs de l'armée y brûlaient de l'encens et d'autres parfums précieux tirés d'une boîte d'or, et ils adoraient Alexandre comme un dieu. On avait, en conséquence, placé dans la tente un grand nombre de siéges où venaient s'asseoir tous les chefs militaires. C'est là qu'ils tenaient conseil et délibéraient sur les affaires urgentes [1]. Dans toutes ces délibérations, Eumène ne se montrait que l'égal des autres chefs ; par sa bienveillance et la familiarité de ses entretiens, il écarta l'envie et se concilia l'affection des chefs. En même temps, par le culte superstitieux qu'il vouait au roi Alexandre, il inspira à tous les plus belles espérances, comme si un dieu exerçait le commandement. Par sa conduite politique, il s'attira également l'estime des Macédoniens argyraspides qui le regardaient comme digne de défendre les intérêts des rois. Enfin il choisit parmi ses amis les plus intelligents, et les fit partir avec de fortes sommes d'argent pour enrôler des troupes étrangères auxquelles il donna une solde élevée. De ces émissaires, les uns se rendirent immédiatement dans la Pisidie, dans la Lycie et dans les contrées limitrophes, et s'acquittèrent exactement de leur mission ; les autres allèrent dans la Cilicie, la Cœlé-Syrie, la Phénicie ; quelques-uns enfin abordèrent dans les villes de l'île de Cypre. Le bruit de ces enrôlements et de la solde élevée donnée aux mercenaires s'étant répandu, on vit accourir des villes de la Grèce des volontaires qui vinrent prendre service dans l'armée d'Eumène. C'est ainsi que furent rassemblés en peu de temps plus de dix mille hommes d'infanterie et deux mille cavaliers, non compris les argyraspides et les troupes qu'Eumène avait amenées avec lui.

LXII. Pendant que la puissance d'Eumène s'accrut d'une

---

[1] Comparez Cornelius Nepos, *Eumenes*, c. 7.

manière aussi prompte qu'inattendue, Ptolémée aborda avec sa flotte à Zéphyrium en Cilicie. De là il envoya des députés aux chefs des argyraspides pour les engager à ne point suivre Eumène que tous les Macédoniens avaient frappé d'une sentence de mort. Il fit les mêmes tentatives de séduction auprès des commandants des forts de Cuindes, les conjura de ne pas fournir d'argent à Eumène, et leur garantit leur sécurité. Mais Ptolémée n'eut aucun succès dans ses négociations; car les rois, leur tuteur Polysperchon, et même Olympias, mère d'Alexandre, avaient publié des ordres qui prescrivaient à tous d'obéir à Eumène comme au lieutenant général du royaume.

Antigone était surtout mécontent de l'accroissement de la puissance d'Eumène et de l'autorité immense dont il le voyait revêtu. Il comprenait bien que Polysperchon avait opposé ce rival redoutable à lui, Antigone, qui s'était révolté contre les rois. Il résolut donc d'agir en conséquence. Il fit choix de Philotas, un de ses amis, pour conduire le complot qu'il méditait. Il lui donna une lettre adressée aux argyraspides et aux autres Macédoniens, partisans d'Eumène. Puis il le fit partir avec trente Macédoniens intrigants et beaux parleurs (il leur avait recommandé de s'aboucher en particulier avec les chefs des argyraspides, Antigène et Teutamus, et d'arrêter, de concert avec eux, un plan de conspiration contre Eumène); il promit aussi à ces deux chefs de grandes récompenses et des satrapies plus considérables. Enfin ces émissaires devaient s'entendre avec les plus considérés des argyraspides ainsi qu'avec les principaux citoyens, et les séduire par des présents. Mais ces tentatives demeurèrent sans succès. Teutamus, l'un des chefs des argyraspides, s'était, il est vrai, laissé corrompre, et cherchait même à entraîner dans le complot Antigène, son collègue; mais celui-ci, homme remarquable par sa prudence et sa fidélité, non-seulement s'y refusa, mais il fit même changer d'avis à son collègue en lui montrant qu'il était bien plus conforme à leurs intérêts de laisser vivre Eumène plutôt qu'Antigone. « Si Antigone l'emporte, disait-il, il réservera les meilleures satrapies pour ses amis ; tandis qu'Eumène, comme étranger, n'osera point agir pour son propre compte ; comme général, il nous traitera en amis, et si nous le secondons dans ses efforts, il nous conservera nos satrapies et y en ajoutera peut-être d'autres. » C'est ainsi qu'échouèrent les intrigues dirigées contre Eumène.

LXIII. Cependant Philotas remit aux chefs militaires la lettre d'Antigone, qui leur était adressée en commun. Les argyraspides et les autres Macédoniens, sans avertir Eumène, se réunirent en une assemblée privée, et firent donner lecture de cette lettre. Elle contenait une accusation formelle contre Eumène ; les Macédoniens y étaient invités à se saisir d'Eumène sur-le-champ et à le faire mourir. Dans le cas où ils s'y refuseraient, Antigone viendrait à la tête de toute son armée les traiter en ennemis et infliger aux désobéissants le châtiment mérité. La lecture de cette lettre jeta les chefs et tous les Macédoniens dans le plus grand embarras : s'ils se décidaient pour le parti des rois, ils devaient s'attendre à la vengeance d'Antigone ; si, au contraire, ils obéissaient à Antigone, ils avaient à redouter Polysperchon et les rois. Les esprits étaient dans cette perplexité, lorsqu'Eumène arriva. Après avoir lu la lettre d'Antigone, il exhorta les Macédoniens à obéir aux ordres des rois et à repousser les propositions du rebelle. Il parla ainsi longtemps d'une manière très-convenable, et parvint non-seulement à se délivrer des dangers qui le menaçaient, mais encore à se concilier plus que jamais l'affection de l'armée. Ainsi, quoiqu'entouré de nouveaux périls inattendus, Eumène réussit à réunir autour de lui des forces imposantes. Il donna ensuite l'ordre du départ, et s'avança vers la Phénicie. Il s'empressa de tirer de toutes les villes de cette contrée un nombre de navires suffisant pour composer une flotte respectable. Au moyen de cette flotte, tirée de la Phénicie, Polysperchon devait se trouver maître de la mer, et en état de faire passer à tout moment des troupes de la Macédoine en Asie pour combattre Antigone. Ce fut donc l'armement d'une flotte qui retint Eumène dans la Phénicie.

LXIV. Pendant que ces événements se passaient, Nicanor,

qui occupait Munychie, fut averti que Cassandre venait de quitter la Macédoine pour se réfugier auprès d'Antigone, et que Polysperchon ne tarderait pas à descendre dans l'Attique avec une armée; il supplia donc les Athéniens de demeurer fidèles à Cassandre. Mais comme personne ne voulait l'écouter et que tous insistaient pour qu'il fît au plus tôt sortir sa garnison de Munychie, il circonvint le peuple de manière à obtenir quelques jours de délai, promettant qu'à l'expiration de ce terme il agirait conformément aux intérêts de la ville. Les Athéniens attendirent donc tranquillement quelques jours. Mais Nicanor mit ce temps à profit pour faire entrer la nuit des soldats par petits détachements dans le port de Munychie, et parvint ainsi à augmenter sa garnison au point d'être en état de soutenir un siége contre ceux qui viendraient l'attaquer. Les Athéniens, s'apercevant alors que Nicanor les avait joués, envoyèrent une députation auprès des rois et de Polysperchon, pour les prier de venir à leur secours et réclamer l'exécution ponctuelle de l'édit concernant l'indépendance des Grecs. Ils se réunirent plusieurs fois en assemblée et délibérèrent sur les mesures à prendre pour faire la guerre à Nicanor. Mais, tandis qu'ils étaient occupés à ces délibérations, Nicanor, qui avait secrètement recruté un grand nombre de mercenaires, fit une sortie pendant la nuit, et s'empara de l'enceinte du Pirée et des fortifications de ce port. Les Athéniens furent doublement irrités de ne pas avoir recouvré le port de Munychie, et d'avoir perdu encore le Pirée. Ils choisirent donc une députation composée des citoyens notables qui étaient liés d'amitié avec Nicanor, tels que Phocion, fils de Phocus, Conon, fils de Timothée, Cléarque, fils de Nausiclès, et la firent partir pour se plaindre de ce qui venait de se passer et pour réclamer leur indépendance aux termes de l'édit. Nicanor leur répondit qu'il fallait négocier avec Cassandre; que c'était lui qui lui avait confié le commandement de la garnison et qu'il n'avait personnellement aucun pouvoir pour traiter avec eux.

LXV. En ce même temps, Nicanor reçut une lettre d'Olympias qui lui prescrivait de rendre aux Athéniens Munychie et le Pirée. Averti que les rois et Polysperchon devaient rappeler Olympias en Macédoine, lui confier l'éducation du jeune prince, et rendre à la mère les honneurs dont jouissait pendant sa vie son fils Alexandre, Nicanor promit de rendre ces deux places; mais, sous divers prétextes, il ajourna l'exécution de sa promesse. Les Athéniens, qui avaient toujours eu beaucoup de respect pour Olympias et qui étaient persuadés qu'on lui rendrait réellement tous ses honneurs, se livraient déjà à la joie, parce qu'ils se flattaient que, par elle, ils parviendraient, sans coup férir, à recouvrer leur indépendance. Les promesses de Nicanor n'avaient point encore été remplies, lorsque Alexandre, fils de Polysperchon, entra dans l'Attique à la tête d'une armée. Les Athéniens s'imaginèrent qu'il venait pour leur faire remettre Munychie et le Pirée; mais ce n'était point là sa véritable intention; il prit au contraire ces deux postes pour son propre compte comme utiles en temps de guerre. Car quelques-uns des amis d'Antipater vivaient encore, et, comme ils avaient, ainsi que Phocion, à redouter la vindicte des lois, ils allèrent au-devant d'Alexandre et lui démontrèrent qu'il était dans son intérêt d'occuper ces positions pour son compte, et de ne les rendre aux Athéniens que lorsque Cassandre aurait été soumis. Alexandre vint donc établir son camp tout près du Pirée; il n'admit point les Athéniens dans les entrevues qu'il eut avec Nicanor, entrevues privées et toutes secrètes; il était donc évident qu'il agissait contre les Athéniens. Le peuple d'Athènes se réunit alors en assemblée générale, destitua ses anciens magistrats, les remplaça par les démocrates les plus ardents, et condamna tous ceux qui avaient pris part au gouvernement oligarchique, les uns à la peine de mort, les autres au bannissement et à la confiscation de leurs biens. Au nombre de ces derniers condamnés se trouvait aussi Phocion, qui, du temps d'Antipater, avait exercé l'autorité souveraine.

LXVI. Tous les bannis se réfugièrent auprès d'Alexandre, fils de Polysperchon, qui devait, selon eux, leur accorder aide et protection. Alexandre les reçut amicalement et leur donna des lettres pour son père Polysperchon, dans lesquelles il lui recommandait Phocion et ses partisans qui lui avaient alors promis de le seconder dans tous ses efforts. Le peuple s'adressa de son côté à Polysperchon pour mettre Phocion en accusation, et insister pour que Munychie fût rendue aux Athéniens avec leur indépendance. Polysperchon désirait cependant vivement garder le Pirée, parce que ce port pouvait lui être très-utile pendant la guerre ; mais d'un autre côté, comme il était honteux pour un homme loyal d'agir contrairement aux termes de l'édit, et de blesser si grossièrement une ville aussi célèbre que celle d'Athènes, il changea d'avis. Il écouta donc les envoyés du peuple athénien et leur donna une réponse pleine de bienveillance. Il fit arrêter Phocion et ses partisans, les envoya enchaînés à Athènes, et laissa le peuple maître de les condamner ou de les absoudre. Le peuple d'Athènes se réunit donc en assemblée et cita devant son tribunal Phocion et ses amis. Un grand nombre de ceux-ci avaient été bannis sous Antipater, contre lequel ils avaient fait de l'opposition. Ils furent condamnés à la peine de mort. Le principal chef d'accusation portait sur ce que Phocion et ses partisans avaient été les instigateurs de la guerre Lamiaque, qu'ils avaient réduit la patrie à l'esclavage et renversé le gouvernement populaire et les lois. Enfin, lorsque vint le tour de la défense, Phocion se leva pour répondre. Mais en ce moment il éclata un tel tumulte dans l'assemblée, qu'il fut impossible à l'orateur de se faire entendre. Enfin le silence s'étant rétabli, Phocion recommença sa défense, lorsque la foule poussa de grands cris et empêcha de nouveau l'orateur de se faire entendre. Cette foule était composée de démocrates longtemps éloignés des affaires du gouvernement, et qui, rappelés contre toute attente, conservaient un ressentiment profond contre ceux qui avaient enlevé aux citoyens le droit de se gouverner par leurs propres lois.

LXVII. Malgré ces entraves apportées à la défense, Phocion chercha néanmoins, dans cette situation désespérée, à disputer sa vie, et put se faire entendre de ceux qui se trouvaient le plus près de lui et les convaincre de la justice de sa cause; ceux qui se trouvaient plus éloignés n'entendaient rien à cause du tumulte qui régnait dans l'assemblée; ils voyaient seulement les mouvements de son corps et la variété de ses gestes animés en raison de la grandeur du danger. Enfin, renonçant à tout espoir de salut, Phocion demanda à grands cris qu'on le condamnât seul à mort et qu'on épargnât les autres[1]. Cependant la foule continua de gronder; quelques amis essayèrent de soutenir Phocion par leurs discours; on en écouta d'abord le commencement; mais lorsque ces orateurs arrivèrent à parler en faveur de Phocion, ils furent interrompus par le tumulte et les cris de l'opposition. Enfin, on alla aux voix, et la peine de mort fut prononcée. Pendant qu'on conduisait Phocion et ses amis dans la prison, un grand nombre d'honnêtes citoyens l'accompagnèrent en lui témoignant les plus vives sympathies. En effet, ces condamnés, illustres par leur naissance et par leurs actions, n'avaient point été jugés d'après les règles de la justice, ce qui faisait trembler beaucoup d'entre eux pour l'avenir : et la fortune est inconstante pour tous. Quant à la masse du peuple, elle poursuivait les condamnés en insultant à leur malheur et en leur disant d'amères injures. Car la haine qui se tait pour ceux qui sont dans la prospérité, dégénère en fureur contre ceux qui, par un changement soudain de la fortune, tombent dans le malheur. Phocion et ses compagnons d'infortune moururent, suivant la coutume ancienne, en buvant la ciguë; leurs corps, laissés sans sépulture, furent jetés hors du territoire de l'Attique. Telle fut la fin de Phocion et de ses coaccusés.

LXVIII. Cependant Cassandre entra dans le Pirée avec trente-cinq vaisseaux longs et quatre mille soldats que lui avait fournis Antigone. Il fut reçu par Nicanor, commandant de la garnison, qui lui livra le Pirée et les clefs du port. Nicanor garda Mu-

---

[1] Les autres accusés étaient Nicoclès, Thudippe, Hégémon et Pythoclès. Voyez Plutarque, *Phocion*.

nychie avec un détachement suffisant pour la défense de ce poste.

Polysperchon se trouva alors avec les rois aux environs de la Phocide. Dès qu'il apprit la descente de Cassandre dans le Pirée, il entra dans l'Attique et vint camper près de ce port. Il avait avec lui vingt mille fantassins macédoniens, quatre mille alliés, mille cavaliers et soixante-cinq éléphants. Il entreprit de bloquer Cassandre. Mais, manquant de vivres et prévoyant que le siège serait long, il laissa dans l'Attique, sous le commandement de son fils Alexandre, une partie de l'armée proportionnée aux ressources alimentaires du pays. Puis il se mit lui-même à la tête du gros de l'armée, entra dans le Péloponnèse et força les Mégalopolitains à se soumettre aux rois. Les Mégalopolitains avaient embrassé le parti de Cassandre et se gouvernaient d'après le système oligarchique établi par Antipater.

LXIX. Tandis que Polysperchon était occupé à cette expédition, Cassandre se mit en mer avec sa flotte, rallia les Éginètes, et vint bloquer les Salaminiens qui lui étaient hostiles. Amplement pourvu d'armes et de soldats, il pressa le blocus tous les jours par des attaques incessantes et réduisit les Salaminiens à la dernière extrémité. La ville de Salamine allait être emportée de vive force, lorsque Polysperchon détacha des forces de terre et de mer considérables pour attaquer les assiégeants. Cassandre, déconcerté par cette attaque imprévue, leva le blocus et rentra dans le Pirée. Polysperchon retourna ensuite dans le Péloponnèse pour y arranger toutes les affaires conformément à ses intérêts : il réunit les délégués des villes en une assemblée générale et leur fit des propositions d'alliance. Il envoya aussi dans les villes des députés chargés d'exiger que tous les chefs du gouvernement oligarchique, institué par Antipater, fussent mis à mort; en même temps, il fit annoncer qu'il rendrait aux peuples leur indépendance. Ces ordres furent en grande partie exécutés : les villes devinrent le théâtre d'exécutions sanglantes; quelques habitants furent condamnés à l'exil, et tous les partisans d'Antipater périrent dans ces désordres. Enfin les gouvernements prirent des allures démocratiques et s'allièrent à Polysperchon. Les Mégalopolitains seuls demeurèrent fidèles à Cassandre. C'est pourquoi Polysperchon résolut d'assiéger leur ville.

LXX. Avertis des projets de Polysperchon, les Mégalopolitains firent, par un décret, rentrer dans la ville les richesses de la campagne. Ils firent ensuite le dénombrement des citoyens, des étrangers et des esclaves, et trouvèrent quinze mille hommes en état de porter les armes. Ces hommes furent immédiatement enrégimentés ; aux uns fut confié le soin des travaux, aux autres la défense des murailles. On vit ainsi en même temps une partie des habitants occupés à creuser autour de la ville un fossé profond, une autre occupée à apporter des matériaux pour construire des palissades ; quelques autres étaient employés à réparer les murailles ; d'autres enfin à la fabrication des armes, des balistes et des catapultes. L'ardeur des habitants à l'approche du danger avait transformé toute la ville en un vaste atelier. [En effet, le danger était grand ;] il n'était bruit que des forces imposantes des rois, de la multitude des éléphants qui les suivaient, de la vigueur et de l'impétuosité irrésistible de ces animaux.

Tous ces préparatifs étaient déjà terminés, lorsque Polysperchon se montra avec son armée et vint à quelque distance de la ville diviser ses troupes en deux camps, l'un occupé par les Macédoniens, l'autre par les alliés. Il fit ensuite construire des tours en bois plus élevées que les murs de la ville ; il les dirigea contre les points les plus accessibles, et, après les avoir garnies d'armes et de combattants, il repoussa par ses attaques les ennemis échelonnés sur les remparts. Pendant qu'on était occupé de ce côté, Polysperchon fit miner les murailles, les étaya sur des pilotis en bois, y mit le feu, et parvint à faire crouler les trois plus grosses tours ainsi que les courtines qui joignaient ces tours entre elles. A cette chute terrible et inattendue, tous les Macédoniens jetèrent des cris de joie, tandis que les habitants de la ville furent frappés d'épouvante. Les Macédoniens pénétrèrent par cette brèche dans l'intérieur de la ville. Les Mégalopolitains se partagèrent alors en deux corps : l'un, chargé de tenir tête aux ennemis, se retrancha derrière les décombres de cette large brèche et engagea un combat sanglant ; l'autre s'employa nuit et jour à construire des palissades dans toute l'étendue de la brèche et à relever les murailles. Ces travaux furent promptement achevés, grâce à l'abondance des matériaux et au grand nombre de bras qui y étaient occupés. Les Mégalopolitains réparèrent ainsi bien vite l'échec qu'ils venaient d'essuyer ; et ils se servirent de leurs catapultes pour repousser ceux qui étaient venus les attaquer sur leurs tours de bois, tandis que d'un autre côté leurs frondeurs et archers blessaient un grand nombre d'ennemis.

LXXI. Il y eut des deux côtés beaucoup de morts et de blessés. A l'approche de la nuit, Polysperchon fit sonner la retraite et rappela ses soldats dans le camp. Le lendemain il fit déblayer la brèche et la rendit praticable au passage des éléphants : il comptait sur la force de ces animaux pour emporter la ville ; les Mégalopolitains remportèrent de grands avantages sous la conduite de Damis. Cet homme avait fait partie de l'expédition d'Alexandre en Asie, et connaissait parfaitement les qualités naturelles des éléphants et le parti qu'on en pouvait tirer. En effet, il trouva un moyen ingénieux pour résister à la force de ces animaux et paralyser la masse de leur corps. Il garnit bon nombre de larges planches de clous pointus ; puis il plaça ces planches dans des fosses peu profondes, de manière que la terre cachait à peine la pointe des aiguillons. Ces chausse-trappes furent dressées dans les avenues qui conduisaient dans l'intérieur de la ville. Aucun soldat ne se présenta de front au-devant des éléphants : ils devaient être attaqués sur les flancs par une grêle de javelots, de flèches et de catapultes. Cependant Polysperchon, après avoir déblayé le terrain et frayé la route aux éléphants, fut témoin d'un spectacle étrange. Personne ne se présentant de front pour mettre obstacle à la marche de ces animaux, les Indiens, leurs conducteurs, les forcèrent à se jeter dans la ville. Les éléphants, s'appuyant de tout le poids de leur corps sur les planches armées de clous, eurent les pieds traversés par les pointes, de manière à ne pouvoir ni avancer ni reculer. Dans ce même moment, les habitants lancèrent une nuée de traits et tuèrent les conducteurs indiens ou les blessèrent au point de les mettre dans l'impossibilité de continuer leur service. Quant aux éléphants, accablés de flèches et souffrant des blessures qu'ils s'étaient faites aux pieds, ils se précipitèrent sur les rangs amis et foulèrent sous les pieds un grand nombre d'hommes. Enfin le plus courageux et le plus formidable de ces animaux tomba mort; les autres, non-seulement devinrent complétement inutiles, mais encore ils portèrent la mort dans les rangs de ceux qui les avaient menés au combat. Le succès de cette journée releva les espérances des Mégalopolitains.

LXXII. Polysperchon se repentit alors d'avoir entrepris ce siége. Ne pouvant rester plus longtemps sous les murs de Mégalopolis, il y laissa une partie de son armée et porta son activité sur d'autres objets plus pressés. Il fit partir toute sa flotte, sous le commandement de Clitus, avec l'ordre de croiser dans les eaux de l'Hellespont et de s'opposer au passage des troupes ennemies d'Asie en Europe. Arrhidée, qui s'était réfugié avec ses soldats dans la ville des Cianiens [1], s'était déclaré contre Antigone. Clitus fit donc voile pour l'Hellespont; il s'empara des villes de la Propontide, et à peine avait-il réuni ses forces à celles d'Arrhidée, qu'il rencontra dans ces parages Nicanor, commandant de la garnison de Munychie. Il avait été envoyé par Cassandre avec toute la flotte qui, jointe aux navires d'Antigone, était composée de plus de cent bâtiments. Un combat naval se livra non loin de la ville de Byzance; Clitus fut victorieux : il coula bas dix-sept navires ennemis et en prit au moins quarante avec tout leur équipage ; le reste se réfugia dans le port des Chalcédoniens.

Après une telle victoire, Clitus pensa que l'ennemi n'oserait plus se mesurer avec lui sur mer. A la nouvelle de la défaite de son allié, Antigone mit en œuvre toutes les ressources de son

---

[1] Ville de la Bithynie ; elle reçut plus tard le nom de *Prusias*.

génie pour réparer cet échec. Pendant la nuit il fit venir de Byzance des bâtiments de transport ; il y embarqua des archers, des frondeurs, ainsi qu'un nombre suffisant de soldats armés à la légère, et les fit passer, à la faveur de la nuit, sur la rive opposée. Cette troupe tomba avant le jour sur les ennemis descendus à terre, et répandit l'épouvante parmi les gens de Clitus. Saisis de frayeur, tous se jetèrent aussitôt en désordre dans leurs navires ; l'embarras des bagages et le nombre des prisonniers ajoutèrent à la confusion. Cependant Antigone arma ses vaisseaux longs : il y fit monter un grand nombre de marins, les plus robustes, et les exhorta à combattre courageusement, sûr qu'il remporterait une victoire complète. Nicanor, arrivé pendant la nuit, tomba soudain, à la pointe du jour, sur les ennemis encore en désordre, et les mit en fuite dès la première attaque ; il déchira leurs navires à coups d'éperon, balaya les bancs des rameurs, et s'empara sans coup férir de ceux qui s'étaient livrés avec tout l'équipage. Enfin tous les navires, à l'exception du vaisseau amiral, tombèrent, avec leurs équipages, au pouvoir de l'ennemi. Clitus, abandonnant son vaisseau, se réfugia à terre et chercha à gagner la Macédoine. Mais il tomba entre les mains de quelques soldats de Lysimaque et fut égorgé.

LXXIII. Cette grande victoire valut à Antigone la réputation d'un grand et habile général. Il avait l'ambition de devenir maître de la mer, et de s'assurer en Asie une autorité sans partage. Dans ce but, il tira de toute l'armée une élite de vingt mille hommes d'infanterie légère et de quatre mille cavaliers ; puis il s'avança à leur tête vers la Cilicie, pressé de battre Eumène avant qu'il eût le temps de rassembler des forces plus considérables. Eumène fut instruit de l'approche d'Antigone au moment où il était occupé à remettre les rois en possession de la Phénicie, injustement enlevée par Ptolémée. Mais pressé par le temps, il quitta la Phénicie, traversa avec son armée la Cœlé-Syrie et tâcha de gagner les satrapies de l'Asie supérieure. Arrivé sur les bords du Tigre, il fut surpris par les habitants du pays et perdit plusieurs soldats. Plus loin, dans la Babylonie, il fut attaqué par Seleucus, sur les bords de l'Euphrate, et faillit voir périr toute son armée par la rupture d'un canal dont les eaux submergèrent tout le camp. Mais, grâce à son habileté ordinaire, il parvint à se réfugier sur une digue, détourna le canal, et se sauva lui et son armée. Après avoir miraculeusement échappé des mains de Seleucus, il se dirigea sur la Perse avec une armée composée de quinze mille hommes d'infanterie et de treize cents cavaliers. Il laissa ses troupes se reposer des fatigues de la marche, et invita les satrapes et les commandants militaires des satrapies supérieures à lui fournir des soldats et de l'argent. Tels sont les événements arrivés en Asie dans le cours de cette année.

LXXIV. En Europe, Polysperchon, depuis l'échec éprouvé devant Mégalopolis, vit tomber sa puissance dans le mépris. La plupart des villes grecques se détachèrent de la cause des rois et passèrent dans le parti de Cassandre. Les Athéniens, ne pouvant se défaire de la garnison macédonienne ni par Polysperchon ni par Olympias, un des citoyens notables osa avancer, au milieu d'une assemblée publique, qu'il était conforme aux intérêts de l'État de traiter avec Cassandre. Là-dessus s'éleva un grand tumulte entre ceux qui soutenaient cette proposition et ceux qui la repoussaient. Enfin il fut unanimement décrété qu'on enverrait des députés à Cassandre pour traiter avec lui sur les meilleures bases possibles. Après plusieurs pourparlers, la paix fut conclue aux conditions suivantes : les Athéniens, en qualité d'amis et d'alliés de Cassandre, conserveront leur ville, leurs terres, leurs revenus, leurs navires et tous leurs autres biens. Munychie sera pour le moment occupée par Cassandre jusqu'à la fin de la guerre contre les rois ; le droit de participer au gouvernement sera fondé sur un cens fixé à dix mines[1] ; un citoyen d'Athènes désigné par Cassandre sera investi de l'administration de la ville. Le choix de Cassandre s'arrêta sur Démétrius de Phalère. Celui-ci entra immédiatement en fonction, gouverna pacifiquement, et se montra bienveillant envers les citoyens.

---

[1] Environ neuf cent seize francs.

LIVRE XVIII.

LXXV. Ce traité était déjà conclu, lorsque Nicanor rentra dans le Pirée avec sa flotte ornée de rostres, trophées de sa victoire navale. Cassandre lui fit d'abord un excellent accueil en raison de ses succès. Mais voyant ensuite que Nicanor nourrissait des projets ambitieux, et qu'il continuait à occuper Munychie avec ses troupes, il le traita en ennemi et le fit assassiner.

Cassandre entra ensuite avec son armée dans la Macédoine, où il trouva beaucoup de partisans. Les villes grecques étaient animées d'un même zèle pour l'ancienne alliance d'Antipater. Polysperchon, par sa nonchalance et son incapacité, était jugé incapable de conduire les affaires de la monarchie et de ses alliés; tandis que Cassandre, par son activité et ses manières obligeantes, vit de plus en plus accroître son influence.

Conformément à notre plan, nous terminons le présent livre à l'année qui précède l'avénement d'Agathocle à la tyrannie de Syracuse. Là commencera le livre suivant dans lequel nous continuerons le fil de notre histoire.

FIN DU TOME TROISIÈME.

www.ingramcontent.com/pod-product-compliance
Lightning Source LLC
Chambersburg PA
CBHW050536170426
43201CB00011B/1454